Début d'une série de documents en couleur

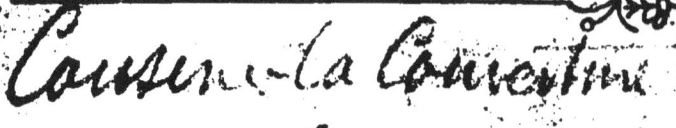

L'ALGÉRIE,

PAR

M. DUREAU DE LA MALLE,

MEMBRE DE L'INSTITUT DE FRANCE,
DES ACADÉMIES DE BERLIN, DE TURIN, DE BRUXELLES, ETC.

HISTOIRE DES GUERRES DES ROMAINS,
DES BYZANTINS ET DES VANDALES,

ACCOMPAGNÉE D'EXAMENS SUR LES MOYENS EMPLOYÉS ANCIENNEMENT
POUR LA CONQUÊTE ET LA SOUMISSION DE LA PORTION
DE L'AFRIQUE SEPTENTRIONALE NOMMÉE AUJOURD'HUI

L'ALGÉRIE.

MANUEL ALGÉRIEN.

PARIS,
LIBRAIRIE DE FIRMIN DIDOT FRÈRES,
IMPRIMEURS DE L'INSTITUT,
RUE JACOB, 56.

LIBRAIRIE DE FIRMIN DIDOT FRÈRES, RUE JACOB

CHEFS-D'OEUVRE DE LA LITTÉRATURE FRANÇAISE

Grand in-18, format anglais, avec portraits, notices et commentaires.

PRIX : TROIS FRANCS LE VOLUME.

	vol
AZAÏS, Traité des compensations.	1
BEAUMARCHAIS, son Théâtre complet.	1
BERNARDIN DE SAINT-PIERRE. Paul et Virginie. Chaumière indienne. Café de Surate et autres écrits.	1
— Études de la nature.	1
BOILEAU, Poésies complètes.	1
BOSSUET, Oraisons funèbres, et choix de Fléchier et de Mascaron.	1
— Histoire universelle.	1
— Sermons choisis.	1
BUFFON, Histoire des animaux.	1
— Époques de la nature, discours académiques, histoire de l'homme.	1
CHATEAUBRIAND, Atala, René, les Abencerrages, voyage en Amérique.	1
— Génie du christianisme.	2
— Les Martyrs.	1
— Les Natchez.	1
— Itinéraire de Paris à Jérusalem. Notes sur la Grèce.	2
— Études historiques.	1
— Analyse de l'histoire de France.	1
— Les quatre Stuarts. Mélanges.	1
CERVANTES, Don Quichotte, traduit par Florian.	1
CORNEILLE, OEuvres complètes.	2
COURIER (Paul-Louis). Pamphlets. Daphnis et Chloé. Correspondance.	1
CUVIER, Discours sur les révolutions du globe, avec planches et notes.	1
D'AGUESSEAU (le chancelier). Mercuriales.	1
DE FOË, Robinson Crusoé.	1
DELILLE, Géorgiques. Jardins. Homme des champs. Malheur et Pitié.	1
DIDEROT, OEuvres choisies, avec une préface de M. Génin.	1
FÉNELON, Télémaque et Fables.	1
— Éducation des filles. Dialogues.	1
— Traité de l'existence de Dieu.	1
FLORIAN, Fables, suivies de ses poèmes et des fables de Lamothe.	1
FROISSARD, Choix de mémoires.	1
HAMILTON, Mémoires du chevalier de Grammont.	1
GENOUDE, Vie de Jésus-Christ.	1
LA BRUYÈRE et Théophraste. Caractères.	1
— Id., par M. Walckenaër.	2
LA FONTAINE, Fables. Notes de Walckenaër.	1
LA ROCHEFOUCAULD, MONTESQUIEU ET VAUVENARGUES, Maximes, Pensées.	1
LE SAGE, Gil Blas.	1
LOUIS RACINE, Poëme de la religion. Notice par son petit-fils, l'abbé de la Roque.	1
MALHERBE, J. B. ROUSSEAU, LEBRUN.	1
MARMONTEL, Éléments de littérature.	1
MASSILLON, Petit Carême. Sermons.	1
MAURY, Éloquence de la chaire.	1
MOLIÈRE, son Théâtre, avec notes.	1
MONTESQUIEU, Grandeur des Romains. Lettres persanes. Temple de Gnide.	1
— Esprit des lois, avec commentaires.	1
PASCAL, Provinciales. Notices sur sa vie, par Bordas Dumoulin.	1
— Pensées. Vie de Pascal, par Mme Périer, sa sœur. Pensées de Nicole.	1
PASQUIER (Étienne), Recherches sur l'Histoire de France, à 4 fr. le volume.	2
RACINE, Théâtre complet.	1
REGNARD, Théâtre. Voyages. Poésies.	1
ROLLIN, Traité des études.	
— Histoire ancienne.	
ROUSSEAU, Nouvelle Héloïse.	1
— Émile.	1
— Confessions.	1
— Contrat social. Discours.	1
SAINT-ÉVREMOND, Choix. Correspondance.	1
SARRAZIN, DE RETZ, BUSSY-RABUTIN, HÉNAULT, SAINT-RÉAL, FONTENELLE. Petits chefs-d'œuvre historiques.	1
SCRIBE, son Théâtre, cinquante pièces.	1
SÉVIGNÉ, Nouveau choix de lettres.	1
— Lettres complètes, avec commentaires.	1
STAËL (Mme de), Corinne ou l'Italie.	1
— De l'Allemagne.	1
SILVIO PELLICO, Mes Prisons, traduit.	1
VOLTAIRE, Henriade et poèmes choisis.	1
— Théâtre. Discours sur la tragédie.	1
— Contes, satires, poésies.	1
— Siècle de Louis XIV.	1
— Siècle de Louis XV. Parlement de Paris.	1
— Charles XII. Pierre le Grand. Anecdotes.	1
— Commentaires sur Corneille.	1
— Romans.	1

THÉÂTRE.

TRAGIQUES. — ROTROU, Crébillon, la Fosse, Saurin, de Belloy, Chénier, Ducis, Lemercier.	2
COMIQUES. — SCARRON, Montfleury, Boursault, Baron.	1
DANCOURT, Dufresny.	1
BRUEYS ET PALAPRAT, le Sage, la Chaussée.	1
DESTOUCHES, Racine, Boissy.	1
MARIVAUX, Piron, Gresset, Voltaire, Rousseau.	1
DES HAMES, de la Noue, Saurin, Poinsinet.	1
SEDAINE, Marmontel, Collé, Andrieux, etc.	1
COLLIN D'HARLEVILLE, Fabre d'Églantine, Desforges, Lemercier.	1

BIBLIOTHÈQUE DES MÉMOIRES

RELATIFS A L'HISTOIRE DE FRANCE,
AVEC NOTICES ET PRÉFACES PAR M. BERVILLE.

DE STAAL, DELAUNAY, M. d'Argenson. Extraits de Saint-Simon.	1
DUCLOS, Sur Louis XIV, la Régence et Louis XV.	1
MADAME DU HAUSSET ET ...	1
MÉMOIRES de Bezenval et Collé.	1
MARMONTEL, Mémoires d'un père.	1
MÉMOIRES de Clairon, Lekain, Garrick.	1
MÉMOIRES de Weber.	1
MÉMOIRES de madame Roland.	1
MÉMOIRES de Cléry, de la Ducherie, Journal du duc de Normandie.	1
MÉMOIRES de madame de Campan.	1
MÉMOIRES de Dumouriez.	1
MÉMOIRES de Louvet et Buzot.	1

CHEFS-D'OEUVRE ÉTRANGERS

DANTE et Commentaires.	1
TASSE, La Gerusalemme liberata.	1
ARIOSTE, L'Orlando furioso.	1
PÉTRARQUE, Le Rime, etc.	1
BOCCACE, Il Decamerone.	1
CAMOËNS, Os Lusiadas.	1
DANTE, La Divina Comedia.	1

PARIS. — TYPOGRAPHIE DE FIRMIN DIDOT FRÈRES, RUE JACOB, 56

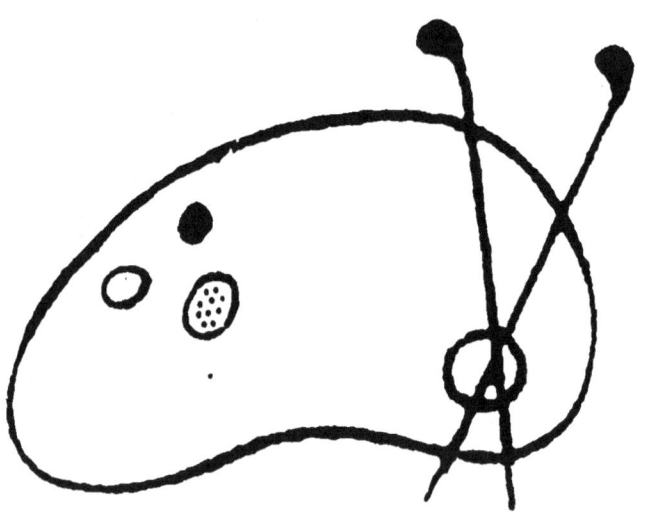

Fin d'une série de documents en couleur

MANUEL ALGÉRIEN.

PARIS. — TYPOGRAPHIE DE FIRMIN DIDOT FRÈRES, RUE JACOB, 56.

L'ALGÉRIE,

PAR

M. DUREAU DE LA MALLE,

MEMBRE DE L'INSTITUT DE FRANCE,
DES ACADÉMIES DE BERLIN, DE TURIN, DE BRUXELLES, ETC.

HISTOIRE DES GUERRES DES ROMAINS,
DES BYZANTINS ET DES VANDALES,

ACCOMPAGNÉE D'EXAMENS SUR LES MOYENS EMPLOYÉS ANCIENNEMENT
POUR LA CONQUÊTE ET LA SOUMISSION DE LA PORTION
DE L'AFRIQUE SEPTENTRIONALE NOMMÉE AUJOURD'HUI

L'ALGÉRIE.

MANUEL ALGÉRIEN.

PARIS,

LIBRAIRIE DE FIRMIN DIDOT FRÈRES,
IMPRIMEURS DE L'INSTITUT,
RUE JACOB, 56.

1852.

DÉDICACE

A SON SAVANT CONFRERE

C. B. HASE.

CE LIVRE EST DÉDIÉ

PAR

A. J. C. A. DUREAU DE LA MALLE,

En souvenir de leurs communs efforts pour l'Algérie,
leur fille adoptive,

Et en mémoire d'une amitié qui date du dernier siècle, qui a résisté à bien des révolutions, et qui ne s'est point en allée avec les ambitions, les intérêts et les années.

AVERTISSEMENT.

MANUEL ALGÉRIEN.

Ce livre a été resserré en un très-petit format, pour que le soldat, le sous-officier, l'officier supérieur ou inférieur qui se sentirait du goût pour la géographie, l'administration ancienne, en un mot, pour l'archéologie de l'Afrique, pût le mettre dans son sac, et le parcourir pendant ses loisirs de bivouac ou de garnison.

Il contient le récit ou la mention de tous les faits mémorables qui se sont succédé dans la partie de l'Afrique septentrionale connue, il y a 22 ans, sous le nom de Régence d'Alger, et maintenant sous celui d'Algérie.

Le tout a été fidèlement traduit sur les textes originaux. Il a semblé à l'auteur que la publication de ce Manuel répondait à un désir, peut-être même à un besoin généralement exprimé.

INTRODUCTION.

RÉSUMÉ DES FAITS HISTORIQUES.

Il n'est pas inutile peut-être de rappeler à l'impatience et à la légèreté française l'exemple de la constance et de la ténacité prudente des Romains dans la conquête de l'Afrique.

On s'étonne qu'en quatre années on n'ait pas soumis, organisé, assaini, cultivé toute la régence d'Alger, et l'on oublie que Rome a employé deux cent quarante ans pour la réduire tout entière à l'état de province sujette et tributaire; on oublie que cette manière lente de conquérir fut la plus solide base de la durée de sa puissance. Cette impétuosité française, si terrible dans les batailles, si propre à envahir des royaumes, deviendrait-elle un péril et un obstacle quand il s'agit de garder la conquête, et d'achever lentement l'œuvre pénible de la civilisation?

Retraçons brièvement les faits :
En 553 de Rome, Scipion l'Africain a battu Annibal,

réduit Carthage aux abois, vaincu et pris Syphax¹. Il peut rayer le nom Punique de la liste des nations, et former une province romaine du vaste pays qui s'étend depuis les Syrtes jusqu'au fleuve Mulucha². Le sénat romain se borne à affaiblir Carthage par un traité, et donne à Massinissa tous les États de Syphax³.

L'an de Rome 608, Scipion Émilien a détruit Carthage, occupé tout son territoire, et cependant le sénat romain ne le garde pas tout entier : il détruit toutes les villes qui avaient aidé les Carthaginois dans la guerre, agrandit les possessions d'Utique qui l'avait servi contre eux, fait du surplus la province romaine d'Afrique⁴, et se contente d'occuper les villes maritimes, les comptoirs, les colonies militaires ou commerciales, que Carthage avait établis depuis la petite Syrte jusqu'au delà d'Oran⁵. Rome, de même que la France jusqu'à ce jour, prend position sur la côte, et ne s'avance pas dans l'intérieur.

En 646, Rome, insultée par Jugurtha, est forcée d'abattre la puissance de ce prince, inquiétante pour les nouvelles possessions en Afrique. Métellus, Marius et

---

¹ Tit. Liv., XXX, viii, 11, 44.
² *Malva* de d'Anville, *Moulouiah* actuelle.
³ Voyez le détail des articles dans Polybe, XV, xviii.
⁴ Appian, *Punic.*, cap. cxxxv.
⁵ Scylax, p. 51, ed. Huds. ; Polybe, t. I, p. 458, ed. Schweigh ; Heeren, *Politique et commerce des peuples de l'antiquité*, sect. I, chap. ii, t. IV, pag. 58, trad. française.

Sylla viennent à bout de l'habile et rusé Numide; il est conduit en triomphe, mené au supplice : ses États semblaient acquis au peuple romain et par le droit de la guerre, et par droit de réversion; car il ne restait plus d'héritier direct de Massinissa, à qui Rome, un siècle auparavant, avait donné ce royaume. Cependant le hardi Marius n'en propose pas l'adjonction entière à l'empire. Il réunit quelques cantons limitrophes à la province d'Afrique[1]. On donne à Hiempsal le reste de la Numidie, moins la partie occidentale dont le sénat gratifie Bocchus, ce roi maure qui avait livré Jugurtha[2].

L'an 708, Juba Ier, fils d'Hiempsal II, veut relever le parti de Pompée, abattu par César, à Pharsale. Juba défait d'abord, près d'Utique, Curion, lieutenant de César, et se joint ensuite à Scipion pour combattre le dictateur. La bataille de Thapsus décide du sort de l'Afrique[3] : Juba vaincu se tue lui-même. César réduit la Numidie en province romaine, et la fait régir par Salluste l'historien, qu'il honore du titre de proconsul[4].

Auguste, en 721, après la mort de Bocchus et de

---

[1] Président de Brosses, *Histoire de la république romaine*, t. I, p. 212, note.
[2] Salluste, *Jug.*, c. CXIX.
[3] Hirt., *Bell. Afr.*, c. LXXXVI.
[4] *Ibid.*, c. XCVII.

Bogud, rois des Mauritanies Césarienne et Tingitane, forme de leurs États une province[1] : mais en 724 il rend à Juba II, élevé à sa cour et l'un des hommes les plus instruits de son siècle, une partie de l'ancien royaume de Massinissa[2]; il le marie à Cléopâtre Sélèné, fille de M. Antoine et de la fameuse Cléopâtre. L'an 729, Auguste change ces dispositions : il reprend à Juba la Numidie, et en compose la nouvelle province d'Afrique; il lui donne pour compensation quelques portions de la Gétulie et les deux Mauritanies, déjà un peu façonnées au joug de la domination romaine[3]. Ptolémée, fils de Juba et de Cléopâtre, devient victime de la capricieuse jalousie de Caligula[4] en 793, et c'est en 795 de Rome, l'an 43 de l'ère vulgaire, que Claude fait de ce royaume, sous le nom de Mauritanies Césarienne et Tingitane[5], deux provinces qui, avec celles de Numidie, d'Afrique et de Cyrénaïque, composaient l'ensemble des possessions romaines dans l'Afrique septentrionale.

Cet exposé succinct, mais fidèle, montre quelle prudente circonspection, quelle patience persévérante la république romaine crut devoir employer dans la

---

[1] Dio., XLIX, xliii.
[2] *Ibid.*, LI, xv; Reimar., not. 93, et la dissertation de Sévin, *Mém.*, Acad. des inscr., t. VI, p. 144 sqq.; Plin., V, i, xvi.
[3] Dio., LIII, xxvi.
[4] *Ibid.*, LIX, xxv; Suétone, *Caligula*, c. xxxv.
[5] Dio. LX, ix.

conquête, l'occupation et la colonisation de la Numidie et de la Mauritanie Césarienne seulement : et ce fut dans l'apogée de sa puissance, dans les trois siècles les plus féconds en grands capitaines, en hommes d'État distingués, quand l'armée avait la confiance que donnent une instruction supérieure et huit siècles de victoires; ce fut enfin dans la période comprise entre l'époque du premier Scipion et celle de Corbulon, que des vainqueurs tels que Marius et Sylla, César et Pompée, Auguste et Agrippa, jugèrent cette lenteur d'action utile et nécessaire : tant cette Afrique, plus peuplée, plus agricole, plus civilisée néanmoins que de nos jours, alors que, grâce à une religion presque identique, on n'avait point à triompher d'un obstacle énorme, leur parut périlleuse à conquérir, difficile à subjuguer.

On voit les Romains marcher pas à pas; maîtres de la province punique et de la Numidie tout entière, ils la rendent, l'une à un ennemi affaibli, l'autre à un roi allié. Le téméraire Marius semble se glisser en tremblant dans cette même Numidie que Massinissa, pourtant, avait laissée si productive et si peuplée[1]; il n'ose la garder après l'avoir conquise; il se borne à assurer la possession des villes maritimes, des colonies militaires, des positions fortes, héritage des Carthaginois recueilli

---

[1] Polybe, XXXVII, III, 7.

par les victoires de Scipion Émilien. Le grand César lui-même, ce génie supérieur, pour qui le temps, l'espace, le climat, les éléments ne sont point un obstacle, le grand César recule devant la conquête d'une faible portion de l'Afrique; il subjugue la Numidie, et rend à Bocchus la Mauritanie Césarienne.

Auguste, dans un règne de cinquante-huit ans, emploie toutes les ressources de sa politique habile et rusée pour triompher des résistances de l'indépendance africaine. La Numidie, pillée et vexée par Salluste, menaçait de se soustraire au joug imposé par César: Auguste lui rend la liberté, un gouvernement national, un roi issu du sang de Massinissa. Mais ce roi a été élevé à Rome; il a pris les goûts, les mœurs, les habitudes et l'instruction du siècle d'Auguste. L'empereur l'a formé de ses propres mains au respect, à l'adulation et à la servitude. C'est le modèle de ces *reges inservientes*, ces rois esclaves, si bien peints par Tacite. Juba est chargé de façonner son peuple à la crainte de Rome et à la soumission. Quand Bocchus et Bogud sont morts, laissant leurs États au peuple ou plutôt à l'empire romain, Auguste reprend à son élève la Numidie *romanisée*, si l'on peut hasarder ce mot, par ses soins et par son exemple; il la réduit en province, et donne à Juba les Maures farouches, les Gétules indomptés, pour apprivoiser lentement ces bêtes sauvages des déserts africains. Ce n'est enfin que lorsque ces rois esclaves ont rempli leur mission, lorsque deux règnes successifs de princes mariés à des Romaines, lorsque des colonies civiles ou militaires, formées de Romains, de Latins, d'Italiens, ont infiltré de plus en plus dans le pays l'usage de la langue, le désir des lois, le goût des mœurs, des habitudes, des vertus et même des vices du peuple conquérant; ce n'est qu'après avoir si bien préparé les voies, que le sénat décrète la réunion à l'empire, que les deux Mauritanies sont à jamais réduites en provinces sujettes et tributaires.

On se tromperait cependant sur le véritable état des choses, si l'on croyait que Rome n'a tiré aucun avantage de l'Afrique que lorsqu'elle a eu détruit entièrement son indépendance.

Les rois qu'elle y avait créés, ceux qu'elle y laissait végéter à l'ombre de son alliance, étaient, comme Hiéron, comme Attale, des espèces de vassaux soumis à ses ordres, prévenant ses désirs, et qui, au moindre signe du peuple-roi, lui apportaient leurs blés, leur argent, leurs éléphants, leur excellente cavalerie, pour l'aider dans les guerres lointaines qui leur étaient tout à fait étrangères. Massinissa, le plus puissant de tous, dans le cours d'un règne de cinquante ans, fournit de nombreux exemples de cette soumission prévenante : ce fut une loi pour ses successeurs. Le sénat conférait même à ces rois vassaux une sorte d'investiture en leur envoyant, d'après un décret en forme, les insignes du pouvoir, la chaise curule, le sceptre d'ivoire, la pourpre du manteau royal; et cette marque de servitude était briguée comme un honneur, comme une rémunération de services.

Sous l'empire, l'étendue des conquêtes, la nécessité d'entretenir, pour les conserver, de nombreuses légions permanentes, contraignirent Auguste à étendre beaucoup le droit de cité, à se donner une base plus large pour le recrutement des armées nationales. Il voulut faire de l'Afrique une seconde Italie : sa politique, dans tout le cours de son règne, tendit à ce but. Mais c'était une œuvre de temps et de patience. Il fallait changer les mœurs, le langage, déraciner les habitudes et les préjugés nationaux; il fallait substituer la civilisation grecque et romaine à celle de Tyr et de Carthage, et la langue qui était arrivée de l'Inde dans la Grèce et dans l'Italie, à celle que l'Arabie et la Palestine avaient portée dans l'Afrique.

Deux cent trente-deux ans avaient été nécessaires pour opérer la fusion des peuples, pour cimenter leur union, pour bâtir enfin le durable édifice de la domination romaine en Afrique. Mais, dans le siècle suivant, cette fusion était si complète; mais, cent ans après Auguste, l'Afrique était devenue tellement romaine, que, sous le règne de Trajan, la loi qui infligeait l'exil à un citoyen et qui l'excluait du territoire de l'Italie lui interdisait aussi le séjour de l'Afrique[1], où il eût retrouvé, disait-elle, les mœurs, les habitudes, le langage de Rome, toutes les jouissances du luxe et tous les agréments de sa patrie.

Les motifs de prudence que j'ai déduits furent exprimés en 553, après la bataille de Zama, dans une délibération du sénat qu'Appien seul[2] nous a conservée. Après avoir rappelé, en citant la marche suivie à l'égard des Latins, des Étrusques, des Samnites et du reste de l'Italie, que c'est par des conquêtes lentes et successives que Rome a établi et consolidé sa puissance, l'orateur pose cette question : « Faut-il détruire Carthage, s'emparer de la Numidie? — Mais Carthage a encore de grandes forces, et Annibal pour les diriger. Le désespoir peut les doubler. — Donner à Massinissa Carthage et son territoire? — Mais ce roi, maintenant notre allié, peut devenir un jour un ennemi dangereux. — Adjoindre le pays au domaine public? — Le revenu sera absorbé par l'entretien des garnisons : il faudra de grandes forces pour contenir tant de peuples barbares. — Établir des colonies au milieu de cette Numidie si peuplée? — Ou elles seront dé-

[1] Tacit., *Ann.*, II, L; Plin. Jun., II, XI, 19.
[2] *Punic.*, lib. VIII, LVII-LXI.

truites par les barbares, ou, si elles parviennent à les subjuguer, possédant un pays si vaste, supérieur en tout à l'Italie, elles aspireront à l'indépendance et deviendront redoutables pour nous. Suivons donc les sages conseils de Scipion ; donnons la paix à Carthage. » Ce parti prévalut.

Que l'expérience des siècles passés nous guide et nous instruise ! Que la France, que la grande nation, dans la conquête d'Alger, ne se laisse pas décourager si vite ! Que cette devise, *Perseverando vincit*, qui résume tout le prodige de la puissance de Rome et de l'Angleterre, soit inscrite sur nos drapeaux, sur nos édifices publics, dans la colonie africaine.

Cette épigraphe serait à la fois un souvenir, un exemple et une leçon.

Nous avons vu, dans la première partie de cette introduction, que la Mauritanie fut réunie à l'empire l'an 43 de l'ère vulgaire, sous le règne de Claude. Deux ans auparavant, le dernier roi de cette contrée, Ptolémée, fils de Juba[1], avait été sacrifié aux cruels caprices de Caligula : ce fut sous son règne qu'eut lieu la guerre de Tacfarinas, si bien racontée par Tacite. A la suite de cette catastrophe, tout le littoral de l'Afrique, depuis le Ras Dellys et Mers-el-Fahm (*Saldæ*),

---

[1] Sueton., *Caligula*, cap. xxxv ; Dion. Cassius, lib. LIX, cap. xxv.

à 25 lieues E. d'Alger, jusqu'à Ceuta, devint province romaine. Dans le petit nombre d'historiens anciens que le temps a respectés, nous ne trouvons presque aucun détail sur cette occupation, effectuée probablement par des troupes embarquées dans les ports de l'Espagne, et préparée de longue main sous le règne de Juba le Jeune, prince instruit mais faible[1], qui ne s'était maintenu sur son trône chancelant que par une soumission aveugle aux volontés d'Auguste et de Tibère.

L'indifférence du polythéisme a facilité partout les conquêtes de Rome; et les villes maritimes de la Mauritanie, craignant peut-être l'interruption de leur commerce avec l'Espagne, la Gaule et l'Italie, surveillées par les colonies romaines qui existaient déjà au milieu d'elles, paraissent avoir reçu sans difficulté les garnisons de l'empire. Un seul mouvement insurrectionnel eut lieu, probablement dans la partie occidentale de la Mauritanie. Sous le prétexte de venger la mort du roi Ptolémée, un de ses affranchis, nommé Œdémon, se mit à la tête d'une armée d'indigènes, grossie sans doute par les tribus nomades de l'Atlas; et, pour soumettre l'intérieur du pays, l'empereur Claude fut obligé d'envoyer en Afrique un général distingué, Caïus Suetonius Paulinus, qui plus tard, sous le règne de Néron,

---

[1] « Juba, Ptolemæi pater, qui primus utrique Mauritaniæ imperavit, « studiorum claritate memorabilior etiam quam regno. » PLIN., V, 1, 16.

devint consul en 66[1]. L'issue de la guerre dont les environs de Fez, de Méquinez et de Safrou ont dû être le principal théâtre, fut heureuse pour les armes de l'empire.

Suetonius Paulinus, observateur éclairé non moins que militaire habile, avait écrit lui-même l'histoire de ses campagnes; et si son ouvrage nous était parvenu, nous n'y trouverions peut-être pas l'élégante simplicité de style qu'on admire dans les récits de César; mais, vu la masse des faits et des renseignements précieux que cet ouvrage devait contenir sur des pays que nous ne connaissons nous-mêmes qu'imparfaitement, nous placerions probablement les commentaires du conquérant de la Mauritanie à côté de ceux du conquérant de la Gaule.

Aujourd'hui nous savons seulement, par les courts extraits qui se trouvent dans Pline, qu'après avoir pacifié les contrées au nord et à l'ouest de l'Atlas, Paulinus conduisit ses troupes en dix marches jusqu'aux hautes chaînes de cette montagne, couvertes de neiges profondes et éternelles; et que, peut-être pour punir quelques tribus du désert d'avoir soutenu la révolte d'Œdémon, il s'avança au delà jusqu'au fleuve Ger,

---

[1] Dion Cassius, lib. LX, cap. IX; Pline, V, I, II. « Romana arma « primum Claudio principe in Mauritania bellavere, Ptolemæum re- « gem à C. Cæsare interemptum ulciscente liberto Œdemone, refugien- « tibusque barbaris, ventum constat ad montem Atlantem. »

que nous croyons être le fleuve Niger ¹. Cette expédition, entreprise avec une armée sans doute peu nombreuse, mais du moins bien choisie, suffit pour inspirer au loin une terreur salutaire, et pour faire prendre à Rome, en Mauritanie, l'attitude de la souveraineté. Paulinus rentra dans les limites de sa nouvelle province, et, d'après l'ancienne maxime du sénat d'entretenir toujours les forces les plus imposantes sur les points les plus rapprochés des hostilités présumables, une occupation militaire habilement combinée marqua la séparation entre les nomades indépendants de l'Afrique et l'Europe, ses enfants actifs et sa civilisation envahissante. Pendant que Paulinus ou ses premiers successeurs construisaient dans les hautes vallées de la Moulouia, aux environs d'Aksabi-Suréfa, cette ligne de forteresses dont les ruines, avec des inscriptions en caractères inconnus, excitaient encore au seizième siècle l'attention des Mogrébins qui y reconnaissaient l'ouvrage des *Roumi*², pendant ce temps, dis-je, de nouvelles colonies continuaient à rendre général sur la côte

---

¹ Pline, V, 1, xiv. « Verticem altis, etiam æstate, operiri nivibus. « Decumis se eo pervenisse castris, et ultra ad fluvium qui Ger voca- « retur. »

M. Horace Vernet étant en mer par le travers de Bougie, le 27 mai 1835, a vu et dessiné la chaîne de l'Atlas. « Tous les points culminants étaient, m'a-t-il dit, couverts de glaciers et de neiges qui ne fondent jamais. »

² Léon l'Africain, p. 165 sqq.

l'usage de la langue latine, et à propager les perfectionnements de la vie sociale. Sous le règne de Claude, il n'est pas impossible qu'on ait vu arriver avec plaisir sur la côte d'Afrique les citoyens romains de l'Espagne, de la Gaule et de l'Italie, qui vinrent avec leurs familles habiter les colonies de Lixos (Larache), place de commerce sur l'océan Atlantique[1], et de Tingis (Tanger)[2], dont au surplus les anciens habitants avaient déjà reçu de l'empereur Auguste le droit de cité[3].

L'occupation fut consolidée par d'autres colonies, les unes existant déjà dans le pays depuis le règne d'Auguste et de Juba, les autres envoyées par Claude et par ses successeurs.

En résumé, au commencement du règne de Vespasien, la Mauritanie Césarienne renfermait au moins treize colonies romaines, trois municipes libres, deux colonies en possession du droit latin, et une jouissant du droit italique. Toutes les autres villes étaient des villes libres ou tributaires.

La Numidie, du temps de Pline, avait douze colonies romaines ou italiques, cinq municipes et trente et une villes libres : les autres étaient soumises au tribut.

---

[1] Pline, V, 1, 3 : « Colonia a Claudio Cæsare facta Lixus. »

[2] Pline, V, 1, 2 : « Nunc est Tingi quondam ab Antæo conditum ; « postea a Claudio Cæsare, quum coloniam faceret, appellatum *Traducta Julia*. »

[3] Dion Cassius, XLVIII, XLV : Τοῖς Τιγγιτάνοις ἡ πολιτεία ἐδόθη.

On voit combien de centres de civilisation, d'entrepôts pour les échanges mutuels, de remparts pour la défense du territoire, *propugnacula imperii*, les Romains s'étaient créés en Afrique par l'établissement de ces colonies militaires, véritables forteresses que Cicéron, dans son style poétique, appelle les *créneaux de l'empire*, et par la fondation de ces colonies pacifiques qu'il nomme ailleurs la *propagande de la civilisation romaine*.

Au surplus, malgré le système d'une occupation fortement combinée, malgré le grand nombre des troupes régulières qui occupaient les villes, malgré les tribus alliées et indigènes auxquelles on parait avoir abandonné de préférence la garde des positions avancées qui ne présentaient pas les conditions de salubrité désirables pour de jeunes soldats venus de la Mésie, de la Germanie et de la Gaule (depuis le premier siècle de notre ère, ces trois provinces formaient la principale force de l'empire); malgré tout cela, disons-nous, il ne faut pas croire que ces avantages et ces précautions aient procuré à la Mauritanie Césarienne une paix perpétuelle et un calme non interrompu. Déjà en 726, cinq ans après la réduction en province romaine, Cossus, général d'Auguste, avait été forcé de réprimer les incursions des Musulans et des Gétules[1]. Le défaut de matériaux

---

[1] P. Oros., VI, xxi : « In Africa Musulanos et Gœtulos latius vagantes, « Cossus, dux Cæsaris, arctatis finibus coercuit, atque romanis limitibus

nous empêche de rendre compte de tous les actes d'hostilité commis par les tribus insoumises du désert contre les colonies et les possessions romaines ; mais nous savons que, peu d'années après le règne glorieux de Trajan, Adrien se vit dans la nécessité de réprimer les tentatives des Maures ; qu'il envoya contre eux Martius Turbo, l'un des meilleur, généraux de Trajan, à qui on décerna une statue pour honorer ses vertus civiles et guerrières ; et qu'Antonin le Pieux les força à demander la paix.

C'est de cette guerre d'Antonin contre les Maures que parle Pausanias[1] : « L'empire, dit-il, fut attaqué par « les Maures, peuplade la plus considérable des Li« byens indépendants. Ces Maures, nomades comme « les Scythes, sont bien plus difficiles à vaincre que ces « peuples, puisqu'ils voyagent à cheval eux et leurs « femmes, et non sur des chariots. Antonin les ayant « chassés de toute la partie de l'Afrique soumise aux « Romains, les repoussa aux extrémités de la Libye, « dans le mont Atlas et sur les peuples voisins de cette « chaîne. »

« abstinere metu coegit. » Dio., LV, xxviii ; Vellejus, II, cxvi ; Florus, IV, xii, 40. Cossus reçut les ornements triomphaux et le surnom de *Gætulicus*. Adi ap. Dion. Reimari, not. l. c. Vid. Orelli. *Inscr. select.*, n. 559, 560, sur une Cornélia, fille de Cossus Gætulicus, et sur Silanus, son petit-fils.

[1] Lib. VIII, *Arcadica*, chap. XLIII.

Le biographe de Marc-Aurèle nous révèle encore un fait important et curieux : ni les garnisons romaines qui occupaient le littoral, ni le détroit de Gadès, n'empêchèrent les hordes de l'Atlas de prendre l'offensive, de pénétrer en Europe, et de ravager une grande partie de l'Espagne. Tel est du moins le sens qui semble ressortir des paroles un peu vagues de Jules Capitolin[1], à moins qu'on ne veuille supposer que ces hostilités, réprimées enfin par les lieutenants de l'empereur, s'exerçaient par mer, et qu'il y avait déjà alors sur les côtes de l'Afrique des corsaires ou des pirates, comme de nos jours nous en avons vu sortir des ports d'Alger.

Les inscriptions découvertes en 1829 à Tarquinies, que l'un de nous a expliquées[2], prouvent qu'il y eut des mouvements sérieux en Afrique et dans la Bétique. En effet, dans cette province sénatoriale nous voyons un P. Tullius Varro, procurateur de la Bétique[3], c'est-à-dire gouverneur de la province au nom de l'empereur. Dans ces inscriptions, où l'ordre de prééminence des titres est très-régulier, le mot *procurateur* succède à celui de *légat propréteur* et précède le titre de préteur.

---

[1] Jul. Capitol., *Ant. Philos.*, c. xxi : « Cum Mauri Hispanias prope omnes vastarent, res per legatos bene gestæ sunt. »

[2] *Institut. archeolog. Memor.*, t. IV, p. 165-170.

[3] *Proc. prov. Bæticæ ulterioris Hispaniæ, leg xii fulminatæ, prætori.* Inscript. II, lign. 9-13, p. 168.

Or, Capitolin[1] nous apprend que Marc-Aurèle fut contraint, par les nécessités de la guerre, de changer la hiérarchie établie pour les provinces.

De même l'Afrique, province sénatoriale, dont ce même Varron avait été proconsul, s'était révoltée plus tard, ou avait été attaquée par les Maures, puisque Marc-Aurèle y envoya des troupes et la rendit province impériale, dont le gouverneur Dasumius n'eut plus dès lors que le titre seul de légat, ou celui de légat propréteur[2].

Nous exposerons ici le résumé de longues méditations sur cette période obscure de l'histoire romaine.

Trois grandes causes de destruction envahissaient l'empire : la corruption des mœurs, le décroissement de la population libre, et l'établissement du christianisme. L'un de nous les a développées dans un grand ouvrage inédit sur l'économie politique des Romains. Mais l'histoire de la décadence de l'empire (on sent bien que nous ne parlons pas de la forme et du style) nous semble encore à retoucher, même après Montesquieu et Gibbon. Nous fixerions l'origine de cette décadence au règne d'Adrien, et la cause immédiate à l'épuisement

---

[1] Cap. xxii, *Ant. Philos* : « Provincias ex proconsularibus consulares, « aut ex consularibus proconsulares aut prætorias pro belli necessitate « fecit. » Vide h. l. Casaubon et Salmas, not. 3, t. 1, p. 374, ed. 1671.

[2] *Inscript.* IV, lign. 13. Voy. l'explication, t. IV, p. 163, 165, 168, 170.

produit par les conquêtes excentriques de Trajan. De là une réaction de tous les peuples voisins de l'empire[1], comme celle de l'Europe sur Napoléon de 1812 à 1815; de là l'abandon des provinces au delà du Danube et de l'Euphrate, attribué par Gibbon et Montesquieu à la pusillanimité d'Adrien, mais, selon nous, chef-d'œuvre de politique et de prudence; de là ses voyages continuels dans toutes les parties de l'empire; car partout, par les causes indiquées, troubles, résistances, révoltes ou dangers. Dès cette époque, *la fabrique de l'espèce humaine* s'active chez les barbares; l'instinct de conservation, la nécessité commandent; on cultive pour produire non de l'argent, mais des hommes. Le principe actif de population se développe dans toute son énergie. Pour vivre, il faut se défendre et conquérir. Ces peuples sont ce qu'était Rome vis-à-vis de l'Italie dans les cinq premiers siècles de la république : c'est le même fait, la même histoire en sens inverse, et transportée du centre aux extrémités. Aussi, vains efforts d'Adrien pour rétablir la discipline des légions, fortifications des limites naturelles, grande muraille élevée en Bretagne, enfin paix achetée, à prix d'or, des barbares. De plus, on en remplit les armées. Les expéditions lointaines de Trajan avaient dégoûté du service

---

[1] Spartian. *Adrian.* ch. v.

militaire les citoyens romains, et créé, pour résister à la conscription, la force d'inertie qui perdit Napoléon en 1814. De là les esclaves armés par Marc-Aurèle[1], et plus tard, mais trop tard, l'édit de Caracalla qui donne le droit de cité à tous les sujets de l'empire. Et ce n'est pas seulement par avidité, comme on l'a écrit, c'est par nécessité d'une pépinière de soldats pour le recrutement des armées.

Sous Antonin, l'histoire est vide ; les faits manquent. On nous indique plusieurs révoltes[2]. Juifs, Gètes, Égyptiens, Maures, Daces, Germains, Alains, attaquent partiellement les extrémités de l'empire.

Sous Marc-Aurèle[3], la ligue se forme. Parthes et barbares de l'Orient, nations slaves, gothiques, germaniques, bucoles en Égypte, partout et toujours guerres sur guerres, et guerres obstinées. C'est en grand l'attaque des Cimbres et des Teutons, moins la force de résistance. La ligue se porte sur l'Italie ; c'est au cœur de l'empire qu'elle frappe, comme les peuples unis sur la France en 1814. Elle trouve, comme eux, des auxiliaires dans les armées, formées alors non plus de Romains seuls, mais pour moitié de barbares,

---

[1] Capitolin, XXI.

[2] Cf. Appian. praef.; Dio. Capitol. l. c.; Vict. Epitom.; Pausan. Arcad. l. c.

[3] Capitolin., *M. Anton. Philos*, VIII, IX, et *Verus*, VII, et *M. Anton. Philos.*, XII, XIII, XIV.

comme chez nous de Français mêlés également de Polonais, d'Espagnols, de Portugais, d'Italiens. L'empire romain résiste encore; mais il a donné le secret de sa faiblesse; et en deux siècles le principe actif de population d'une part, fabriquant des hommes libres et des soldats, de l'autre, l'obstacle privatif, la corruption des mœurs romaines, la chasteté des mœurs chrétiennes éteignant la population libre et guerrière, achèvent la ruine et le démembrement du colosse politique formé de tant de débris, et appelé pendant tant de siècles l'univers romain, *orbis romanus*.

Des chrétiens pouvaient-ils être unis de cœur et d'intérêt à un empire qui leur ôtait les droits civils et politiques, qui proscrivait leur culte, leurs mœurs, et jusqu'à leur croyance? Eh bien, les Antonins sont forcés de les ménager, et d'en remplir leurs légions.

Des barbares, adorateurs de Teutatès, d'Odin et de Mithra, étrangers aux Romains de goûts, de mœurs, de lois et de langages, pouvaient-ils s'incorporer facilement dans la législation et la civilisation romaines? Eh bien, les Antonins sont contraints de s'appuyer sur eux pour repousser d'autres barbares plus ignorants, plus féroces, plus dangereux.

En résumé, le détail des faits manque pour ces quatre-vingts ans de l'histoire : mais les causes sont évidentes, sont palpables. Il ne faut qu'observer, méditer ce qui précède et ce qui suit.

A cet exposé concis des effets et des causes, deux des inscriptions de Tarquinies[1] ajoutent un témoignage sûr, une autorité imposante. L'histoire nous dit que sous Antonin le Pieux tous les Maures se soulèvent. La Mauritanie n'est séparée de l'Espagne que par un détroit de cinq lieues : on est obligé d'y porter des forces, de mettre la province sous le régime militaire. Aussi, dans l'inscription citée, nous la voyons soustraite à l'autorité du sénat, et cette province sénatoriale recevoir, non un proconsul en toge, et ne pouvant, d'après les lois de l'empire, porter l'épée, mais un procurateur (*procurator provinciæ Bæticæ*) revêtu, depuis Claude, de tout le pouvoir civil et militaire affecté à l'empereur lui-même. Le procurateur alors est un vice-roi.

Ces marbres mêmes, bien observés, bien étudiés, donnent des dates ou au moins des époques. On y lit que la révolte de la Mauritanie précéda celle de la province d'Afrique ; car ce P. Tullius Varro à qui l'inscription est dédiée, y est nommé proconsul de la province d'Afrique (*procos. prov. Africæ*)[2], donc alors pro-

---

[1] L. c, n° II, lign. 9, 10, et n° IV, lign. 13.
[2] N° II, ligne 4.

vince sénatoriale, et plus bas[1] procurateur de la Bétique ; preuve certaine que cette province sénatoriale d'Espagne était devenue, à cause du danger, province impériale.

En comparant le texte du n° II avec celui du n° IV, on voit que la première inscription a précédé l'autre. On distingue même clairement que l'insurrection de la Mauritanie a gagné la province d'Afrique, sa voisine ; car cette même province d'Afrique, sénatoriale quand Varron en était proconsul, devient impériale dans le marbre n° IV[2], puisque L. Dasumius Tullius Tuscus en est nommé légat (*leg. prov. Africæ*). Évidemment le danger était pressant ; il fallait concentrer dans une main habile et fidèle tout le pouvoir civil et militaire ; aussi Marc-Aurèle y envoie Dasumius, d'abord le conseiller privé d'Adrien, d'Antonin, le pontife de son temple, son trésorier, son chancelier, et qui, de plus, avait fait la guerre, comme légat propréteur, dans les provinces frontières et importantes de la Germanie et de la Pannonie supérieure. Pour mériter de tels emplois de la prudence d'Adrien, d'Antonin, de Marc-Aurèle, il fallait à coup sûr des talents remarquables ; et ce Dasumius, qui n'est pas même nommé ni dans les fastes ni dans l'histoire, ne paraît pas un homme or-

---

[1] Ligne 9, 10.
[2] Ligne 13.

dinaire; du reste, sa famille était riche et dans les honneurs depuis le règne de Trajan [1].

L'histoire, depuis Marc-Aurèle jusqu'au règne de Valentinien, fournit bien peu de détails sur cette partie de l'Afrique. Nous savons seulement que, sous Alexandre Sévère, Furius Celsus remporta des victoires dans la Mauritanie Tingitane [2]; que sous le règne de Gallien l'Afrique éprouva des tremblements de terre épouvantables [3], mais qu'elle resta fidèle à l'empire, et que l'usurpateur Celsus n'eut que sept jours de règne [4].

La vie de Probus, racontée par Vopiscus et par Aurelius Victor, offre, sur l'Afrique, quelques faits qu'il ne faut pas négliger de recueillir. Chargé du commandement de cette contrée probablement par les empereurs Gallien, Aurélien et Tacite, il déploya de grands talents, un grand courage personnel dans la guerre contre les Marmarides, qu'il parvint enfin à subjuguer [5]. Il passa de la Libye à Carthage, dont il ré-

[1] Voyez le testament de Dasumius, *Inst. archéol., Mém.*, t. III, p. 387, 392, et Tavola d'aggiunta C.

[2] Æl. Lamprid., *Alex. Sever.*, c. LVIII : « Actæ sunt res feliciter et in « Mauritania Tingitana per Furium Celsum. »

[3] « Mota est Libya ; hiatus terræ plurimis in locis fuerunt, cum aqua « salsa in fossis appareret. Maria etiam multas urbes occupaverunt. » Trebell. Pollio, *Gallien*, chap. v.

[4] « Septimo imperii die interemptus est (Celsus). Corpus ejus a ca« nibus consumptum est, Siccensibus qui Gallieno fidem servaverant, « perurgentibus. » Trebell. Pollio, *Triginta Tyranni*, cap. XXVIII.

[5] « Pugnavit et contra Marmaridas in Africa fortissime, eosque deni-

prima les rébellions. Il provoqua et tua en combat singulier un chef de tribus africaines, nommé Aradion; et, pour honorer le courage remarquable et la défense opiniâtre de ce guerrier, il lui fit élever par ses soldats un grand monument funéraire de deux cents pieds de largeur, qui existe encore, nous dit Vopiscus[1]. Il avait pour principe qu'il ne fallait jamais laisser le soldat oisif. Il fit construire à ses troupes des ponts, des temples, des portiques, des basiliques ; il les employa à désobstruer l'embouchure de plusieurs fleuves et à dessécher un grand nombre de marais, dont il forma des champs parés de riches moissons.

Le long règne de Dioclétien, qui ne nous est connu que par des abrégés secs et décharnés, vit s'allumer en Afrique une guerre importante, puisque Maximien s'y rendit en personne. Une ligne d'A. Victor[2]: « Julianus et les Quinquégentiens agitaient violemment « l'Afrique; » deux lignes d'Eutrope copié par Zonaras : « Herculius (Maximianus) dompta les Quinquégen- « tiens[3] qui avaient occupé l'Afrique, » sont, avec une

---

« que vicit. » Flav. Vopisc., *Probus*, cap. IX. Les Marmarides habitaient entre l'Égypte et la Pentapole. Cf. Cellarii t. II, *Geogr., Antiq.*, IV, II, p. 838 sqq.

[1] « Sepulchro ingenti honoravit... per milites, quos otiosos esse nun- « quam est passus. » Vopisc., *Probus*, cap. IX.

[2] *De Cæsaribus*, cap. XXXIX. Eutrop. IX, XV. « Maximianus bellum « in Africa profligavit, domitis Quinquegentianis et ad pacem redactis. »

[3] Que Zonaras nomme πέντε τινῶν Γεντιανῶν. *Ann.*, XII, 31, t. I,

phrase de panégyrique[1], à peu près tout ce qui nous reste au sujet de cette expédition.

Ce fut cette même année 297[2] que le nombre des provinces d'Afrique fut augmenté, et que Maximien, après avoir dompté les Maures et les avoir transplantés de leur sol natal dans des contrées qu'il leur assigna, fixa la délimitation des nouvelles provinces[3].

La Byzacène fut formée d'un démembrement de la province proconsulaire d'Afrique, et nommée d'abord *Valeria* en l'honneur de l'empereur Valerius Diocletianus[4] : alors la Numidie fut gouvernée par un consulaire[5], de même que la Byzacène, et prit le deuxième rang après la province d'Afrique.

La Mauritanie Sitifensis fut composée d'une portion de la Mauritanie Césarienne. Ces deux provinces étaient gouvernées chacune par un *præses*.

La contrée située entre les deux Syrtes, jusqu'à la Cyrénaïque, s'appela *Tripolitaine*, et fut régie par un

---

p. 641. Voyez pour cette guerre le P. de Rivas, *Éclaircissements sur le martyre de la légion Thébéenne*; un vol. in-8°, 1779.

[1] *Panegyr. Vet.*, VI, xviii : « Tu ferocissimos Mauritaniæ populos, « inaccessis montium jugis, et naturali munitione fidentes, expugnasti, « recepisti, transtulisti. »

[2] Morcelli, *Afr. chr.*, t. I, p. 23-25 ; t. II, p. 177.

[3] Ce morcellement est indiqué par Lactance, *de Mort. Persec.*, c. vii, n° 4.

[4] Morcelli, t. I, p. 23.

[5] *Not. dign. imp.*, c. xxxiv, xlvi.

præses, qui était pour le rang et la dignité au-dessous du consulaire[1].

L'Afrique fut donc alors divisée en six provinces, qui étaient, en allant de l'est à l'ouest, la Tripolitaine, la Byzacène, la Proconsulaire (*Africa*), la Numidie, la Mauritanie Sitifensis, et la Mauritanie Césarienne.

La Mauritanie Tingitane était attribuée à l'Espagne, dont elle formait la septième province[2].

Zosime[3] nous apprend que, l'an 311, Maxence, déjà maître de Rome, réunit à son domaine l'Afrique, qui avait d'abord refusé de le reconnaître, et où s'était fait proclamer empereur un certain Alexandre, paysan pannonien, qui pendant plus de trois ans régna sur cette contrée.

Maxence avait arraché l'Afrique à cet Alexandre, aussi lâche et aussi incapable que lui-même. Volusianus, préfet du prétoire, y avait été envoyé par ce tyran avec quelques cohortes : un léger combat suffit pour abattre le pouvoir chancelant de ce paysan parvenu. La belle province d'Afrique, dit Aurelius Victor[4], Carthage, la merveille du monde, *terrarum decus*, fut

---

[1] Morcelli, t. I, p. 24.
[2] Sext. Rufus, *Brev.*, cap. v; Isidor., *Géogr.*, c. iv; *Inscript.*, p. 361, n. 1, Gruter. PER PROVINCIAS PROCONSULAREM ET NUMIDIAM, BYZACIUM AC TRIPOLIM, ITEMQUE MAURITANIAM SITIFENSEM ET CÆSARIENSEM.
[3] Lib. II, A. Victor, *Epitom.*, c. xl.
[4] *De Cæsaribus*, cap. xl.

pillée, ravagée, incendiée par les ordres de Maxence, tyran farouche et inhumain, dont le penchant à la débauche redoublait la férocité. Il paraît certain que la Numidie avait aussi accepté la domination d'Alexandre, et même que ce timide usurpateur, après avoir perdu Carthage presque sans combat, s'était, comme Adherbal, réfugié sous l'abri de la position forte de Cirta. Telle est du moins l'induction très-probable qu'on peut tirer de la phrase de Victor, qui nous dit, avec sa concision ordinaire[1], que Constantin, vainqueur de Maxence, fit relever, embellir la ville de Cirta qui avait beaucoup souffert dans le siége d'Alexandre, et qu'il lui donna le nom de *Constantine*.

Un fait assez curieux qui nous a été conservé par Aurelius Victor[2] et par une inscription, c'est que Constantin, chrétien fervent, qui, dans sa guerre contre Maxence, avait fait placer le *labarum*[3] sur ses drapeaux, qui, après sa victoire, refusa de monter au Capitole pour rendre grâce à Jupiter, se fit élever en Afrique, plusieurs années après et dans les lieux les plus fréquentés, un grand nombre de statues d'airain, d'or ou d'argent; c'est qu'en outre il fit ériger dans cette contrée un temple, et instituer un collége de

---

[1] « Cirtæque oppido, quod obsidione Alexandri ceciderat, reposito « exornatoque, nomen Constantina inditum. »
[2] *De Cæsaribus*, cap. XL.
[3] La croix avec ces mots : *In hoc signo vinces.*

prêtres en l'honneur de la famille Flavienne, de la *gens Flavia*, dont il se disait descendu[1].

Étrange bizarrerie de l'esprit humain! Ce prince, propagateur zélé du christianisme, qui porta même jusqu'au fanatisme les croyances religieuses; ce même prince qui, dans la Grèce et l'Asie, fermait les temples, abattait les idoles, Constantin établissait dans une partie de son empire, pour lui-même, pour la sainte Hélène sa mère, pour le pieux Constance son père, une véritable idolâtrie. Il agissait en Asie comme un apôtre du Christ, en Afrique comme un enfant de Vespasien.

Ce culte idolâtre de la *gens Flavia* subsistait encore en 340, sous Constance. Cette inscription[2] le prouve : L. ARADIO VAL. PROCULO V. C. AUGURI PONTIFICI FLAVIALI. L'Afrique fut la dernière à recevoir le christianisme. On n'y aperçoit, dit Gibbon[3], aucune trace sensible de foi et de persécution, avant le règne des Antonins. Le premier évêque de Carthage connu est Agrippinus, élu en 197, la sixième année de Septime Sévère[4].

---

[1] « Statuæ (Constantini) locis quam celeberrimis, quarum plures ex auro, aut argenteæ sunt : tum per Africam sacerdotium decretum Flaviæ genti. »
[2] Grut., p. 361, n° 1; Morcelli, *Afr. Chr.* t. I, p. 25.
[3] *Décad. de l'emp. rom.*, t. III, p. 126.
[4] Morcelli, *Afr. chr.*, ann. 197.

L'Afrique même, peut-être à cause de cette adoration si flatteuse pour les princes, sous quelque forme qu'elle se présente, fut, pendant le règne de Constantin, l'une des provinces les plus favorisées de l'empire. Il y bâtit des forteresses, restaura plusieurs villes, les décora de monuments; il rétablit le cours de la justice, institua une police vigilante, établit des secours pour les pères chargés d'enfants[1], réprima les exactions du fisc, diminua les impôts, et affranchit les Africains de ces dons gratuits de blé et d'huile, qui, d'abord offerts par la reconnaissance à Septime Sévère, s'étaient changés, depuis son règne, en un impôt annuel et régulier[2].

Sous les règnes de Constantin et de Constance, l'Afrique ne fut troublée que par le schisme des Donatistes[3]. Cependant la secte des circoncellions, paysans grossiers et barbares, qui n'entendaient que la langue punique, et qu'animait un zèle fanatique pour l'hérésie de Donat, se mit en révolte déclarée contre les lois de l'empire. Constantin fut obligé d'employer les armes

---

[1] *Cod. Theod.*, l. XI, tit. xxvii, c. ii, et not. de Godefroy, c. f. l. V, tit. vii-viii.

[2] « Remotæ olei frumentique adventitiæ præbitiones quibus Tripolis ac Nicæa (lege Oea) acerbius angebantur. Quas res superiores, Severi imperio, gratanies civi obtulerant, verteratque gratiam muneris in perniciem posterorum dissimulatio. » Aurel. Vict., *De Cæsaribus*, cap. XLI.

[3] Lebeau, *Hist. du Bas-Empire*, II, 56; III, 12. 13.

contre ces sectaires¹. On en tua un grand nombre, dont les donatistes firent autant de martyrs. L'Afrique fut jusqu'à sa mort en proie à ces dissensions, qui, en affaiblissant l'autorité impériale, préparèrent le soulèvement des tribus indigènes, toujours disposées à saisir les occasions de recouvrer leur indépendance.

Dès le commencement du règne de Valentinien Ier, la révolte éclata sur deux points à la fois, vers Leptis, dans la Tripolitaine, et autour de Césarée, dans la Mauritanie². Les nations africaines, trouvant des auxiliaires dans une hérésie qui, depuis trente-trois ans, avait dégénéré en guerre civile³, et qui paralysait les forces de l'empire, jugèrent l'occasion favorable pour secouer le joug des Romains.

Firmus, fils de Nubel, un roi maure, vassal de l'empire, se déclara empereur⁴, et fut bientôt maître de la Mauritanie Césarienne. La révolte éclata d'abord sur les monts Jurjura, dans le pays des Quinquégentiens, que Maximien n'avait subjugués qu'avec peine, et dont il avait transporté quelques tribus au delà de l'Atlas. Théodose, père de l'empereur du même nom, fut chargé

---

[1] Depuis 316 jusqu'en 337. Lebeau, III, 20; Dupin, *Hist. Donat.*; Vales., *De schism. Donat.*

[2] « Africam, jam inde ab exordio Valentiniani imperii, exurebat barbarica rabies; per procursus audentiores et crebris cædibus et rapinis intenta. » Ammian. Marcell., XXVII, IX, 1, XXVIII, VI, 1, 26.

[3] Optatus, *De schism. Donat*, III, 3-9.

[4] En 372.

de la réprimer. On peut inférer du récit détaillé de cette guerre, qu'Ammien Marcellin nous a transmis d'après les rapports officiels du général[1], que Firmus sut rallier à ses vues d'ambition privée des intérêts généraux très-puissants. Les donatistes trouvaient en lui un défenseur contre la persécution; les nations africaines, un chef pour les conduire à l'indépendance; enfin, les tribus, chassées de leur pays par une rigueur outrée, aspiraient au plaisir d'une juste vengeance, et se flattaient de recouvrer, par sa victoire, leurs héritages paternels et les tombeaux de leurs ancêtres. Théodose, habile général, qu'Ammien compare à Corbulon[2], prévoyait toutes les difficultés de cette guerre. Il fallait conduire, dans un pays brûlé par des chaleurs excessives, des soldats habitués au climat humide et froid de la Gaule et de la Pannonie. Avec des troupes peu nombreuses, il avait à combattre une nuée de cavaliers infatigables, des troupes légères excellentes[3]. C'était une guerre de postes, d'escarmouches et de surprises, contre un ennemi exercé à voltiger sans cesse,

---

[1] XXIX, v, 1-56. Voyez plus bas la section *Géographie ancienne*.

[2] Ammian, XXIX, v, 4.

[3] « Agensque in oppido (Theodosius) sollicitudine diducebatur ancipiti, multa cum animo versans, qua via quibusve commentis per exustas caloribus terras pruinis adsuetum duceret militem; vel hostem caperet discursatorem et repentinum, insidiisque potius clandestinis quam præliorum stabilitate confisum, etc. » Ammian., XXIX, v, 7.

aussi redoutable dans la fuite que dans l'attaque, et qui avait tous les habitants pour lui.

Dans sa guerre d'Afrique, l'œil perçant de César avait reconnu tout d'un coup les obstacles que lui opposaient ce climat et ce genre d'ennemis. Il lui fallut toutes les ressources de son génie, toutes les fautes de ses adversaires, pour en triompher. Ses légions si fermes, indomptables dans les Gaules et à Pharsale, ses vétérans exercés par tant de victoires, s'épouvantèrent devant ces Parthes de l'Afrique, ces Numides insaisissables, qu'ils dispersaient sans les vaincre, qui ne leur laissaient pas un seul moment de relâche, et qui, comme les insectes importuns de ces contrées, quand ils les avaient chassés loin d'eux, quand ils les croyaient en déroute, se retrouvaient en un clin d'œil sur leur front, sur leur dos, sur leurs flancs.

Dans la guerre contre Firmus, qui dura trois années consécutives, avec des alternatives continuelles de revers et de succès, Théodose eut encore à combattre les obstacles du terrain. C'était dans la région la plus âpre et la plus escarpée de l'Afrique qu'existait le foyer le plus ardent de l'insurrection. C'est ce réseau de montagnes abruptes ; c'est cet amas de gorges, de défilés, de pics, de lacs et de torrents qui se croisent sans interruption de Sétif à Cherchel, entre les deux chaînes de l'Atlas ; c'est cette contrée presque inviable que Firmus avait habilement choisie pour y amener les Romains, et en faire le théâtre de la guerre.

Des plans si bien concertés échouèrent. Firmus, de même que Jugurtha, succomba après une défense opiniâtre. Si l'histoire de cette époque n'était muette sur les détails des opérations militaires, Théodose, comme général, serait placé sans doute à côté de Metellus et non loin de Marius. D'un caractère dur et inflexible, il sut maintenir dans son armée la plus exacte discipline; sa politique habile et rusée sut désunir ses adversaires, en leur prodiguant à propos les trésors de l'empire. Sans doute il établit par des victoires la terreur de ses armes; mais l'inconstance et la corruptibilité des Maures furent pour lui de puissants auxiliaires, et l'aidèrent à triompher des efforts obstinés de l'indépendance africaine.

A Valens succéda Théodose le Grand, fils du général vainqueur de Firmus. Né dans la même contrée, issu de la même famille qui avait produit Trajan[1], il fut comme Trajan un empereur belliqueux, comme lui redoutable aux nations barbares voisines de l'empire. Le même fait que j'ai déjà signalé se renouvelle encore une fois: le génie militaire de Théodose, l'éclat de ses victoires, l'importance et l'étendue de ses conquêtes inspirent à

---

[1] « Genere Hispanus, originem a Trajano principe trahens. » Aurel. Vict., *Epitom.*, c. XLVIII.

ces peuples de vives craintes pour leur indépendance; l'empire romain, réuni sous la main ferme de ce grand prince, est partagé après sa mort¹ entre ses deux fils Arcadius et Honorius, héritiers du trône et non des vertus de leur père. Alors commence la réaction des peuples assujettis contre le peuple dominateur, et le refoulement des nations pressées par les hordes sauvages de l'Asie. L'Afrique tout entière se sépare de l'empire d'Occident ², et se donne au frère de Firmus, au Maure Gildon, qui l'avait gouvernée pendant douze ans avec le titre de comte.

Un autre frère de Firmus et de Gildon, Mascézil, qui était resté fidèle aux Romains, fut choisi par Stilichon pour combattre et réduire l'usurpateur. La petite armée de Mascézil ne montait qu'à cinq mille hommes, et ce petit nombre de soldats éprouvés suffit pour ramener à l'obéissance toute cette vaste contrée. Gildon, vaincu d'avance par sa vieillesse, par ses débauches et par ses vices, est trahi par ses troupes, et s'enfuit sans combattre.

Ces deux ordres de faits, l'accession si prompte de l'Afrique entière à l'usurpation de Gildon, sa soumission plus prompte encore à l'empire du faible Hono-

---

¹ En 395. Lebeau, XXV, LIV.
² En 397. Voyez Lebeau, XXVI, XLV; Gibbon, Décad, t. V, p. 412; et Claudien, Bello Gild. de laud. Stilic.. I, 248; in Eutrop., I, 399 sqq.

rius, ces deux faits ont une cause générale qu'on a jusqu'ici négligé de rechercher, mais qui nous semble évidente et palpable.

Gildon était Maure et païen, mais protecteur zélé des circoncellions et des donatistes; il était frère de Firmus, qui était mort en combattant pour la liberté du pays : il représentait donc deux intérêts généraux très-puissants, celui de l'indépendance africaine, et celui d'une secte religieuse fort active et fort étendue : l'accession du pays fut prompte et volontaire.

Mais la famille de Gildon était chrétienne et orthodoxe; sa femme, sa sœur et sa fille furent des saintes[1]. Son règne dégénère en tyrannie. Sa cruauté, sa lâcheté, son avarice et ses débauches, plus offensantes dans un vieillard, lui aliènent le cœur de ses partisans. Mascézil arrive devant lui avec une poignée de soldats : il représente, aux yeux des Maures, le sang des rois indigènes, fils de Nubel; aux yeux des chrétiens, la religion orthodoxe qui, depuis l'épiscopat de saint Cyprien, avait jeté en Afrique de profondes racines. Mascézil trouve des auxiliaires dans la famille même du tyran; il s'appuie à son tour sur des intérêts généraux tout-puissants : l'Afrique entière se soumet presque sans résistance.

---

[1] Lebeau, *Hist. du Bas-Empire*, l. XXVI, chap. LI.

Aussi, la conquête achevée, Stilichon, politique à la vue perçante, mais peu délicat sur les moyens, se débarrasse de Mascézil par un crime, qu'il déguise sous les apparences d'un accident fortuit[1]. Stilichon, trop instruit des secrets de la faiblesse de l'empire, eut évidemment pour but, en sacrifiant Mascézil, d'ôter un chef redoutable à l'indépendance africaine.

Un seul chiffre démontre quel appui la rébellion pouvait trouver en Afrique. On compta en 411, au concile de Carthage, composé de cinq cent soixante-seize membres, deux cent soixante-dix-neuf évêques donatistes[2]; et cette secte, depuis quarante ans, appuyait toutes les tentatives formées pour se séparer de l'empire. Aussi tous les efforts du gouvernement, toute l'énergie des Pères de l'Église, dirigée par saint Augustin, s'appliquèrent à extirper cette hérésie, qui menaçait à la fois la religion et l'État.

L'Afrique même profita pendant quelque temps des malheurs de l'Italie et du démembrement de l'empire; un grand nombre de fidèles s'y réfugia pour échapper à l'invasion des barbares, et vint accroître les forces du parti catholique et impérial. Enfin, depuis la révolte de Gildon jusqu'à l'arrivée des Vandales[3], cette

---

[1] Lebeau, XXVI, LII; Gibbon, t. V, p. 424, an 398.

[2] Morcelli, *Afr. chr.*, an 411, c. VII. Les évêques catholiques étaient presque trois cents. *Ibid.*, c. V.

[3] Depuis 398 jusqu'en 428.

partie du monde ne fut déchirée par aucune guerre civile ou étrangère.

Le comte Boniface gouvernait toute l'Afrique. Habile général, administrateur intègre, ce grand homme, que Procope[1] appelle le *dernier des Romains*, sut manier les rênes du pouvoir d'une main douce et ferme à la fois. Il avait réprimé les incursions des Maures, fait fleurir le commerce, l'agriculture, l'industrie[2], et, au milieu des convulsions de l'empire, fait jouir les vastes pays confiés à sa vigilance de tous les avantages de la paix. Une intrigue de cour qui menace sa vie le pousse à la révolte : il s'unit avec Genséric, et partage l'Afrique avec lui : toute la nation vandale[3] abandonne l'Espagne, et traverse la mer avec son roi.

Quoique l'histoire ne spécifie point quelles provinces furent abandonnées aux Vandales, il paraît que Boniface leur céda les trois Mauritanies, et que le fleuve Ampsaga fut la limite de cette concession[4].

Genséric, peu content de ce partage inégal, attaque Boniface qui s'était réconcilié avec l'empire, détruit l'armée romaine, s'empare d'Hippône, occupe la Numidie, l'Afrique proconsulaire et la Byzacène, moins

---

[1] *Bell. Vandal.*, I, III, p. 322, ed. Dindorf.; Bonn., 1833.

[2] Victor, *Vit. persec. Vand.*, I, I.

[3] « Vandali omnes eorumque familiæ. » Idat. *chron.* apud Lebeau, XXXI, XVII, n° 3.

[4] Lebeau, *ibid.*, chap. XVI.

Carthage et Cirta. Un traité, conclu en 435[1] avec Valentinien III, lui assure, moyennant un tribut, la possession de ce qu'il occupait, et rend à l'empire les trois Mauritanies, déjà probablement abandonnées par les Vandales, trop peu nombreux[2] pour garder un si vaste territoire. Genséric livre même son fils Hunéric en otage, preuve que cet empire qui s'écroule est encore à craindre aux barbares. Genséric, en 439, se rend maître de Carthage, et il établit dans les provinces soumises à sa domination une sorte de système féodal ou bénéficiaire. Il avait trois fils; il leur abandonna les terres et la personne même des plus riches habitants, qui devinrent les esclaves de ces princes. Il fit deux lots des autres terres : les meilleures et les plus fertiles furent distribuées aux Vandales, exemptes de toutes redevances, mais certainement à la charge d'un service militaire. Ces propriétés étaient concédées à perpétuité, et, du temps de Procope[3], portaient encore le nom d'*héritages des Vandales*. Ce fut l'Afrique proconsulaire qu'il partagea ainsi. Par ce moyen, il retenait ses soldats près de Carthage, où il avait fixé sa résidence; il

---

[1] Le 3 des ides de février, c'est-à-dire le 11 de ce mois. Morcelli, an 435, c. 1.

[2] Cinquante mille combattants, selon Procope; quatre-vingt mille hommes de tout âge (senes, juvenes, parvuli, servi vel domini), selon Victor de Vite, I, 1.

[3] I, v : Καὶ ἀπ' αὐτοῦ κλῆροι Βανδίλων οἱ ἀγροὶ οὗτοι ἐς τόδε καλοῦνται τοῦ χρόνου.

s'était réservé la Byzacène, la Gétulie et une partie de la Numidie[1]. Quant aux fonds d'un moindre rapport, il les laissa aux anciens possesseurs, et les chargea d'impôts très-considérables. Je suis étonné qu'on n'ait point encore signalé cette distribution de la propriété dans une conquête faite par des peuples teutoniques, comme le premier germe du système féodal, qui ne s'établit en Europe que cinq siècles après.

La Tripolitaine et les Mauritanies restèrent soumises à l'empire d'Occident jusqu'en 451[2]. Elles en étaient déjà séparées l'an 460. Depuis la mort de Valentinien III en 455, Genséric s'était rendu maître du reste de l'Afrique[3], c'est-à-dire de la Tripolitaine, de la Numidie entière, et des trois Mauritanies. Ce fait historique, raconté par un évêque africain, par un écrivain contemporain peu favorable à Genséric, nous a paru digne d'être signalé à l'attention du gouvernement. Il doit engager la France à persévérer, et démontre même que la conquête du pays n'offre pas des difficultés insurmontables; car les Vandales n'avaient au plus que cinquante mille combattants. Ils étaient ariens par conséquent, plus haïs peut-être des catholiques fervents

---

[1] « Exercitui Zeugitanam vel Proconsularem funiculo hæreditatis « divisit, sibi Byzacenam, Abaritanam atque Gætuliam, et partem Nu- « midiæ reservavit. » Victor Vit., I, iv.

[2] Morcelli, *Afr. chr.*, an. 460, c. 1; an. 461, *ibid.*

[3] *Idem*, i, 4 : « Post cujus mortem totius Africæ ambitum obtinuit. »

qui composaient alors presque toute la population de l'Afrique, que les chrétiens aujourd'hui ne le sont des musulmans. Ils avaient tout le pays contre eux. La seule différence de langue, de couleur, de lois, de mœurs et d'usages devait entretenir entre les Africains et les conquérants teutoniques une division constante et des haines acharnées. Mais Genséric sut comprendre que le temps et la persévérance sont des éléments nécessaires pour la fondation d'un empire. Débarqué en 428, il s'empare en 431 d'Hippône et d'une portion de la Numidie. En 435, un traité par lequel il rend à l'empire les trois Mauritanies, lui donne la possession de la Byzacène et de l'Afrique proconsulaire. En 439 il se rend maître de Carthage, et ce n'est qu'en 455, après s'être affermi dans ses nouvelles conquêtes, qu'il attaque et soumet les trois Mauritanies. Alors quatre-vingt mille Vandales occupaient complétement la vaste contrée qui s'étend de la Méditerranée jusqu'au Ger, et depuis l'océan Atlantique jusqu'aux frontières de Cyrène.

Cette soumission complète se maintint pendant tout le long règne de Genséric. Ce prince, pour se garantir contre les révoltes des habitants, avait fait démanteler toutes les villes fortifiées de l'Afrique, excepté Carthage. Procope remarque que ce fut une des causes qui facilitèrent les progrès de l'invasion de Bélisaire. Mais il nous dit lui-même[1] que les Vandales ne savaient pas combattre à pied, ni se servir de l'arc et du javelot; qu'ils étaient tous cavaliers[2], et n'avaient pour armes offensives que la lance et l'épée. Avec une armée ainsi composée, la démolition des murs de toutes les villes était une mesure indispensable pour maintenir le pays dans l'obéissance. Cependant, comme les Vandales ne pouvaient pas anéantir les forteresses naturelles, le pays de montagnes fut le premier qui leur échappa. Déjà, sous le règne de Hunéric, les Maures s'étaient emparés de toute la chaîne des monts Aurasius, et ils surent s'y maintenir pendant toute la durée de la domination des Vandales[3]. Mais enfin, avec de la cavalerie seule et quatre-vingt mille combattants au plus, les Vandales conservèrent pendant quatre-vingt-quinze ans la possession de presque toute l'Afrique septentrionale.

Bélisaire, en 533, avec une armée de dix mille fantassins et de cinq ou six mille cavaliers, leur enleva tout le pays de plaine, et Carthage, siége de leur domination. Salomon, successeur de cet habile général, et qui avait appris l'art de la guerre en exécutant les sa-

---

[1] *Bell. Vandal.*, I, viii, p. 349.
[2] Ἱππεῖς τε ἦσαν ἅπαντες, *ibid.* Il serait curieux de rechercher si cette prédominance de l'arme de la cavalerie dans la composition des armées n'est pas une conséquence immédiate de l'établissement du système féodal.
[3] Procop., I, viii, p. 345.

vantes combinaisons de ce grand capitaine, Salomon reprit aux Maures le pays de montagnes, la province de Zab, porta les frontières de l'empire aux limites du désert, et s'avança vers le sud jusqu'à 40 lieues au delà du grand Atlas. La conquête si prompte d'un pays si étendu, avec une armée si peu nombreuse, aurait droit de nous étonner; mais les causes du succès nous semblent palpables et évidentes. Les Vandales étaient ariens. La population catholique ne les voyait qu'avec horreur. Ils avaient usurpé les deux tiers des propriétés foncières de l'Afrique. Tous les Romains, dépossédés par la violence, avaient un intérêt puissant à secouer le joug de cette aristocratie spoliatrice; cet arbre, planté par la conquête, qui n'avait pas jeté de racines dans le pays, devait être renversé au premier souffle. Les Vandales, comme la pospolite de la Pologne, leur ancienne patrie, ne combattaient qu'à cheval et de près; une seule arme faisait toute leur force. Bélisaire se présente avec une armée peu nombreuse, mais complète et régulière. Il l'avait formée de l'élite des Romains et des nations barbares. La cavalerie romaine était très-exercée à tirer de l'arc, l'infanterie à se servir des catapultes et des balistes; les Goths étaient redoutables l'épée à la main; les Huns étaient des archers admirables; les Suèves, de bons soldats d'infanterie; les Alains étaient pesamment armés, et les Hérules étaient une troupe légère. Bélisaire prit dans toutes ces nations les divers corps de troupes qui convenaient à ses desseins, et combattit contre une seule arme avec les avantages de toutes les autres.

Salomon avait le même avantage vis-à-vis des Maures. Ceux-ci ne se servaient que de la fronde et du javelot. C'étaient, en infanterie, en cavalerie, des troupes légères excellentes. La rudesse et l'âpreté de leur pays, les escarpements de l'Aurasius et de l'Atlas, convenaient merveilleusement à cette manière de combattre. Ils avaient de plus tous les habitants pour eux. Cependant la supériorité de l'organisation militaire l'emporta sur le nombre, sur les difficultés du terrain, et en moins de trois campagnes ces Maures indomptables furent vaincus et soumis.

Toutefois les limites de l'empire de Justinien ne s'étendirent pas à l'ouest au delà de la Mauritanie Sitifensis. La Césarienne et la Tingitane, moins Césarée et Ceuta, restèrent au pouvoir des Maures.

En 543, il se forma une ligue des nations maures, jalouses de reconquérir leur indépendance. Nous ne connaissons l'histoire de cette guerre que par quelques lignes de Procope et par un poëme latin de Cresconius Corippus, récemment découvert et publié à Milan[1].

---

[1] En 1820, par P. Mazuchelli, d'après un manuscrit unique du quatorzième siècle, qui existe dans cette ville au musée Trivulce.

Après quelques alternatives de succès et de revers, Jean Troglita, qui avait servi sous Bélisaire, et que Justinien investit du pouvoir suprême sur toute l'Afrique, défit complétement les Maures dans deux grandes batailles, et les convainquit si bien de l'infériorité de leurs forces, qu'à partir de cette époque ils furent entièrement soumis, et que même, selon Procope[1], ils semblaient de véritables esclaves. L'Afrique alors jouit pendant longtemps d'une paix tranquille et assurée, et, délivrée du ravage de ces tribus turbulentes, elle vit refleurir de nouveau son agriculture et son industrie.

Justinien[2] y établit un vice-roi, sous le nom de *préfet du prétoire d'Afrique*. Il réforma l'administration civile, institua une bonne organisation militaire, et assigna les fonds nécessaires au traitement des divers employés, qui tous étaient soumis au pouvoir unique et suprême de son délégué. L'Afrique, séparée par la mer du reste de l'empire, avait besoin d'un seul chef et d'une forte centralisation. Il y eut cependant, après la mort de Justinien[3], quelques soulèvements des Maures, quoique ces peuples eussent alors embrassé volontaire-

---

[1] *Bell. Goth.*, IV, xvii : Οἱ Μαυρουσίων τῶν ἐν Βυζακίῳ τε καὶ Νουμιδίᾳ τὸ κράτος εἶχον.... εἵποντό τε αὐτῷ ἐν ἀνδραπόδων λόγῳ.

[2] *Cod. lib.* I, tit. xxvii, *de Officio præfect. præ'orio Africæ, et de omni ejusdem diœceseos statu.* cccxcvi viros per diversa scrinia et officia.

[3] En 569. Joann. abb. Biclar. *Chron.* · Lebeau, L, xxiv, n. 4; Morcelli, ann. 569, 570.

ment le christianisme. Deux exarques d'Afrique furent vaincus et massacrés par leur roi Gasmul, qui, devenu tout-puissant par ses victoires, donna à ses tribus errantes des établissements fixes[1], et s'empara peut-être de Césarée, soumise aux Romains depuis la conquête de Bélisaire.

Ce roi maure semble même avoir été un conquérant ambitieux et assez entreprenant; car, l'année suivante, nous le voyons marcher contre les Francs et tenter l'invasion de la Gaule[2]. A la vérité, il échoua dans cette entreprise; mais cette expédition lointaine atteste sa puissance, et ce fait curieux pour l'histoire du Bas-Empire, pour l'histoire de l'Afrique et celle de notre pays, méritait d'être recueilli par deux écrivains français très-érudits, Lebeau et Saint-Martin, qui l'ont entièrement laissé dans l'oubli.

Tibère succède au faible Justin, tombé en démence; il choisit pour vice-roi de l'Afrique[3] Gennadius, habile général et soldat intrépide. Ce guerrier reproduit dans cette contrée l'exemple des hauts faits d'armes de Probus. Il défie en combat singulier le roi Gasmul, remarquable par sa force, son courage et son expérience dans les armes; il le tue de sa propre main, remporte

---

[1] Joann. Biclar. *Chron.*; Morcelli, an. 574.

[2] Marius Aventic., in *Chron.*; Morcelli, *Afr. chr.*, an 575.

[3] En 579. Morcelli, l. c. Il avait alors le titre de *decar*. Simocatta, l. VII. c. VI.

une victoire complète sur les Maures, extermine leur race, et leur reprend toutes les conquêtes qu'ils avaient faites sur les Romains [1].

A partir de cette époque, pendant les règnes de Tibère, de Maurice et de Phocas, l'histoire se tait sur l'Afrique. Ce silence est presque une preuve du calme et de la tranquillité uniforme dont jouit alors cette contrée. Les époques stériles pour les historiens sont généralement heureuses pour les peuples.

Sous l'empire d'Héraclius [2], l'Afrique septentrionale tout entière, depuis l'océan Atlantique jusqu'à l'Égypte, était soumise au trône de Byzance; car ce prince en tire de grandes forces pour sa guerre contre les Perses. Suinthilas, roi des Goths espagnols, profite du moment pour s'emparer de plusieurs villes situées sur le détroit de Cadix, qui faisaient partie de l'empire romain. Ce fait, qui nous a été conservé par Isidore [3], a encore été négligé par Lebeau, Gibbon et Saint-Martin. Il méritait, à ce qu'il nous semble, d'être consigné dans leurs écrits, puisqu'il nous montre l'étendue des limites occidentales de l'empire à une époque fameuse par la fondation de l'islamisme, qui devait bientôt ébranler le trône de Byzance, et lui arracher ses plus belles provinces.

---

[1] Joann. Biclar., in *Chron.*; Morcelli, ann. 579.
[2] La douzième année de son règne, en 621.
[3] *Hist. Gothor.* in fin.; Morcelli, *Afr. chr.*, ann. 621, 622.

En 647, les Arabes s'emparent de la Cyrénaïque et de la Tripolitaine[1].

En 658, un traité partage l'Afrique entre Constant et Moawiah, qui se soumet, disent les Grecs, à payer un faible tribut[2].

En 666 ou 670, ce même Moawiah fonde la ville de Kairouan, qui devient le siége de la domination musulmane en Afrique[3].

Enfin, en 697, Carthage est prise et détruite par Hassan, et le nom grec et romain effacé de l'Afrique[4].

Ici se termine notre tâche : à partir de l'an 647, les sources orientales sont presque les seules qui soient fécondes et abondantes pour cette partie du globe, pour cette époque de l'histoire. Nous nous sommes bornés à indiquer les faits principaux. Nous laissons à nos savants confrères qui ont fait de l'Orient leur domaine, le soin de développer la série et l'enchaînement des faits historiques depuis la fin du septième siècle jusqu'à l'époque du dix-neuvième, qui a vu la domination barbare de la régence d'Alger s'écrouler en un clin d'œil sous l'impétuosité des armes françaises.

---

[1] Elmacin, *Hég*. 27 ; Fredegar. in *Chron.*, n. 81

[2] Theoph., *Chron.*, p. 288.

[3] *Leo Afr*., p. 575, ed. Elzev.; Mariana, lib. VI, c. xi; Elmacin, *Hégir.* 46 ; Otter, *Hist. Acad. inscr.*, t. X, p. 203, éd. in-12 ; et Theoph. Elmacin, *Art de vérifier les dates*, t. V, p. 148.

[4] Theoph.; Elmacin, *ibid.*, p. 148.

GUERRE DE SCIPION
CONTRE ANNIBAL.

Hirtius nous parle de Zama, où Juba et Petréius s'enfuient après la bataille de Thapsus [1], où César se rend pour régler l'administration de la Numidie, qu'il réduit en province romaine ; il indique près de cette ville la villa de Juba, où se tuèrent Juba et Petréius. Comme c'est dans le canton de Zama que se livra la bataille célèbre entre Annibal et Scipion, nous emploierons les renseignements d'Hirtius dans la discussion des marches de ces grands capitaines, tracées par Polybe, Tite-Live et Appien [2].

La position de cette ville est encore incertaine. D'Anville [3] s'exprime avec bien du doute. Si Naraggara, que Shaw [4] place à Cassir-Djebbir, était fixée, nous serions près d'atteindre Zama. Y a-t-il deux Zama, l'une dans la province d'Afrique, l'autre dans la Numidie? Le savant Morcelli [5] a reproduit, en 1822, cette opinion, déjà émise par les commentateurs de Tite-Live [6] et par Cellarius [7]. Cependant, dans la table de Peutinger [8], Zama est placée à

---

[1] *Bell. Afr.*, c. XCI, XCII, XCIV.
[2] Voyez dans le manuscrit arabe, Bibliothèque nationale, n° 580, d'*Abou-Obaid-Bekir*, le récit des guerres puniques par le médecin de Kairouan, Abou-Djafar-Ahmed-ben-Ibrahim.
[3] *Géogr. anc.*, p. 88, t. III.
[4] Page 163.
[5] Tome I, page 368.
[6] XXX, 29.
[7] *Géogr. ant.*, t. II, p. 904.
[8] Segm. 3.

10 milles est d'Assurus, ville que Morcelli[1] met entre Sicilibba et Tucca. L'Azama de Ptolémée est portée trop à l'ouest, et doit être une autre ville que Zama. Mais Naraggara est placée par lui près d'Assurus, et non loin de Sicca (Keff). Il semble qu'avec ces points bien connus on peut circonscrire les limites du doute, et rectifier, d'après le conseil de d'Anville[2], « les positions données par Ptolémée, « qui paraissent, dit-il, être dans un grand désordre, en « suivant le tracé des voies romaines, dont cette contrée « africaine est plus remplie qu'aucune autre dans les an- « ciens Itinéraires. »

Or, dans l'Itinéraire d'Antonin[3], par la route d'Hippo-Regius à Carthage, Naraggara, ou Cassir-Djebbir selon Shaw et selon MM. Hase et Lapie, est distante de Carthage de 152 milles, ou 110 mille toises. La distance prise au compas est de 1° 52′, et s'accorde très-bien. Voici le détail des distances : d'Hippo-Regius à Thagaste, 53 milles ; de Thagaste à Naraggara, 25 ; de Naraggara à Sicca-Veneria, 30 ou 32, par la route de Musti à Cirta[4].

De Musti à Sicca (Keff), 32 ou 34 milles; de Sicca à Naraggara (Cassir-Djebbir), 30 milles; de Naraggara à Thagura (El-Gattar), 20 milles. Nous verrons que ces données s'accordent avec les distances de Carthage à Zama fournies par Polybe et Tite-Live, et qu'il n'est pas nécessaire de créer, dans la province proconsulaire d'Afrique, une autre Zama, qui n'est nommée par aucun écrivain ancien.

Polybe, homme de guerre, historien exact, qui avait visité cette contrée, où il passa trois ans avec Scipion Émilien, est, sans nul doute, l'autorité la plus imposante. Tel

---

[1] Tome I, page 83.
[2] *Géogr. anc.*, t. III, p. 87 et 88.
[3] Pag. 12, nouv. édit., p. 44, édit. Wesseling.
[4] Page 11, nouv. édit., p. 41, édit. Wesseling.

est son récit de la guerre du premier Scipion contre Annibal, en 552 de Rome. Annibal est débarqué à Adrumet[1], Scipion était campé à Tunis[2]. Sa flotte bloquait Utique. La trêve est rompue. Scipion, pour réduire Carthage à faire la paix, pourvoit à la sûreté de sa flotte, nomme Bæbius son lieutenant général (ἀντιστράτηγον), le met à la tête des troupes qu'il laisse à Utique et à Tunis, et s'avance avec le reste de son armée dans l'intérieur de la province carthaginoise, où il s'empare de plusieurs villes : il fait sentir au pays toutes les horreurs de la guerre[3], il rappelle Massinissa et Lélius qui étaient allés conquérir les États de Syphax.

Les Carthaginois pressent Annibal de venir arrêter ces ravages. Il part d'Adrumet et vient camper à Zama, située à l'ouest de Carthage, et distante de cette ville de cinq journées de marche[4]. De là, il envoie des espions pour connaître le lieu où Scipion était campé, le nombre et l'état de l'armée romaine. Scipion leur fait tout montrer en détail, et les renvoie, bien traités, à Annibal, qui, sur leur rapport, demande une entrevue et propose la paix[5].

Scipion, que Massinissa avait rejoint avec dix mille hommes, va camper à Naraggara, position avantageuse de tout point, et qui, de plus, avait de l'eau à la distance d'une portée de trait[6]. Là il dénonce à Annibal qu'il accepte l'entrevue.

[1] XV, 1, 10.
[2] Tite-Live, XXX, 10, 16.
[3] Polyb., XV, 1, 2, 3, 5.
[4] Ζάμα ἐστι πόλις, ἀπέχουσα Καρχηδόνος ὡς πρὸς τὰς δύσεις ὁδὸν ἡμερῶν πέντε (XV, 5, 3). La distance prise au compas, entre Adrumet et Cassir-Djebbir (Naraggara) se trouve la même que celle entre Cassir et Carthage, 55 lieues de 2,000 toises. Il faut rejeter comme fausse ou altérée dans les manuscrits la distance de 3,000 stades, donnée par C. Nepos (*Annibal*, c. VI) et répétée par Appien (*Punic.*, VIII, 47), qui ferait 282,000 toises, et même 153,000 en employant le plus petit stade connu.
[5] Polyb., XV, v, sect. 7 à 9.
[6] Καὶ παραγενηθεὶς πρὸς πόλιν Ναράγαρα κατεστρατοπέδευσε πρός τε τὰ ἄλλα τόπον εὐφυῆ καταλαβόμενος, καὶ τὴν ὑδρείαν ἐντὸς βέλους ποιησάμενος. (Polyb., XV, v, 14.)

Annibal, sur cette réponse de Scipion, décampe, et, arrivé à 30 stades du camp romain[1], prend position sur une colline (τίνα λόφον) qui lui parut avantageuse pour tout le reste, excepté que l'eau était un peu plus éloignée[2]. Ce fut entre ces deux points que se donna la bataille[3].

D'après ce récit circonstancié, Annibal, fort en infanterie et faible en cavalerie (il avait obtenu à peine deux mille chevaux de Tychée, prince numide, ami de Syphax[4]), était forcé par cette circonstance de suivre les routes du pays de montagnes, et de s'appuyer sur la Numidie de Syphax, qui lui offrait ces ressources. Scipion cherche à le couper en se portant sur ses derrières à Naraggara. Il a une nombreuse cavalerie; Massinissa l'a rejoint : il gagne de vitesse Annibal, qui est forcé de livrer bataille pour ne pas faire retraite à la vue d'un ennemi plus fort que lui en cavalerie et en troupes légères. Ainsi, chose singulière! la cavalerie numide, qui en Italie, avec Annibal, avait décidé les victoires de Trébies, de Trasimènes et de Cannes, décida en Afrique, contre le même Annibal, la perte de la bataille décisive de Zama.

On voit déjà que la fameuse bataille de Zama ne se livra pas plus auprès de cette ville, que la bataille d'Arbelles auprès de la ville de ce nom. Zama et Arbelles, étant deux cités plus connues que les autres, ont donné leur nom à ces deux faits d'armes, qui ont eu lieu réellement près de Gaugamèles et de Naraggara.

Il faut préciser les positions. Les distances fournies par les Itinéraires s'y accorderont très-bien, comme on le verra bientôt.

---

[1] « Quatuor millibus, » dit Tite-Live, XXX, 29, qui a fidèlement traduit Polybe en cet endroit.
[2] Τὴν ὑδρείαν ἀποτέρω μικρὸν εἶχε. (Ibid., VI, 2.)
[3] Polybe, XV, 9; Tite-Live, XXX, 52.
[4] Polybe, XV, III, 5.

Si Polybe avait détaillé la marche de Scipion de Tunis à Naraggara, s'il avait nommé les villes que ce général emporta sur sa route, la position de Zama relativement à ces villes eût été fixée depuis longtemps[1]. Appien, négligé jusqu'ici dans cette discussion, viendra à notre aide, et sera confirmé par l'Itinéraire d'Antonin. « Scipion, dit-il, après avoir pris d'assaut Parthos, grande ville, va camper près d'Annibal. Celui ci décampe, recule vers l'intérieur; de là il envoie les espions, il demande l'entrevue. La colline que vint occuper Annibal, avant la bataille, est près de Killa[2]. Scipion le prévient, s'empare de la position : Annibal est forcé de passer la nuit au milieu d'une plaine aride, et d'y creuser des puits qui ne fournissent à son armée qu'une eau mauvaise et insuffisante. Le lendemain, Scipion marcha sur Annibal, qui, voyant son armée menacée de périr de soif s'il restait dans ce lieu, et, d'autre part, craignant de faire retraite devant l'ennemi, se décida enfin à livrer bataille. »

Parthos[3] est une ville inconnue, située probablement entre Tunis et Naraggara. Du reste, elle importe bien moins que Killa a la détermination des points de Zama et de Naraggara. Mais Killa, que nous croyons le Djellah de Shaw, vient nous fournir un point fixe aux environs de Cassir-Djebbir, l'ancienne Naraggara.

Enfin, le récit du siége de Zama par Métellus[4] prouve que

---

[1] Appien, *Punic*, VIII, 39, a peut-être copié Sosilus ou Sostratus, qui avaient écrit en grec la vie d'Annibal, peut être quelque historien latin perdu pour nous Il est sûr qu'il n'a imité ni Polybe ni Tite-Live. Une bonne dissertation *De fontibus Appiani*, comme celle de Heyne sur Diodore, est encore à faire, et serait fort utile.

[2] Πόλις δ' ἐγγὺς ἦν Κίλλα, καὶ παρ' αὐτὴν λόφος εὐφυὴς ἐς στρατοπεδείαν. (App, *Punic.*, VIII, 40 incip.)

[3] Peut-être Pertusa, entre Carthage et Unuca, p. 43, 6d. Wess., et p. 12, nouv. éd., *Itin. Ant.*, et T. Peuting., Segm. IV; Morcelli, *Afric. christ.*, t. I, p. 253

[4] Salluste, *Jugurth.*, C. LX, LXIV.

cette ville était voisine de Sicca (Keff), où Marius alla chercher du blé pour nourrir les assiégeants. Salluste la peint, ainsi que Vitruve, comme située dans une plaine, devant sa force à l'art plus qu'à la nature, riche en armes et en combattants, enfin ne manquant de rien de ce qui était utile à la défense. Salluste indique en outre que Zama était voisine de la province romaine d'Afrique, où Metellus mit ses troupes en quartier d'hiver, sur les frontières de la Numidie.

Tout cela nous porte près du fleuve Bagrada, qui prend le nom de *Serrat* dans cette partie de son cours. Killa, dont le nom se retrouve conservé dans le Gellah de Shaw [1], est située aux confins des royaumes d'Alger et de Tunis, sur une montagne au pied de laquelle il y a des ruines romaines.

Quant à Zama, sa position précise sera facile à retrouver si on voyage dans le pays, tant les indications de Vitruve [2] sont détaillées ; et pourtant elles ont été généralement négligées par les géographes.

Zama, dit-il, est une ville d'Afrique, dont le roi Juba a entouré les maisons d'une double enceinte de murailles ; il s'y est bâti une résidence royale. A vingt milles de Zama, est Ismuc ; dans le territoire de cette ville, la terre a la propriété de faire mourir les serpents, et les eaux de Zama ont la vertu de rendre la voix des chanteurs forte et mélodieuse [3]. Pline [4] reproduit cette assertion.

Sans chercher à établir la réalité du phénomène, Vitruve

---

[1] Carte de la partie orientale du royaume d'Alger, long. 6°, latit. 35° 50', p. 163, à 5 lieues sud-sud-est d'El-Gattar, qui est à 8 lieues de Tiffesch ou Theveste, à 11 lieues de Tajeelt, l'ancienne Teglata.

[2] VIII, III, 24-27, ed. Schneider, 1808. (Ibi vid. not.)

[3] « Zama est civitas Afrorum, cujus *mœnia* rex Juba *duplici muro sepsit,* « ibique regiam domum sibi constituit. Ab ea millia passuum viginti est op-« pidum Ismuc ; in ejus agris nulla serpens nascitur, aut allata, statim mori-« tur, etc. » VIII, III, 24-27.

[4] « Zama in Africa fontem quo canoræ voces fiunt. »

cite son autorité : « Et c'est, dit-il, un prince numide client de J. César[1], qui fit la guerre avec lui, qui possédait presque toutes les terres de cette ville. Ce prince a été mon hôte, a logé longtemps chez moi ; nous dinions tous les jours ensemble, et j'ai appris de lui que les sources de Zama possédaient la propriété singulière de faire naître de belles voix ; que c'était un usage établi d'y importer de beaux esclaves des deux sexes qu'on mariait ensemble, pour que leurs enfants joignissent aux charmes d'une belle voix les avantages de la figure. »

Ce passage curieux de Vitruve, où il parle d'après un témoin oculaire, un propriétaire de terres autour de Zama et d'Ismuc, doit inspirer de la confiance pour la distance de 20 milles romains, donnée par cet écrivain entre ces deux villes.

La tradition de la propriété merveilleuse attribuée aux terres d'Ismuc, aux eaux de Zama, doit se retrouver dans le pays ; plus une légende est incroyable, plus le peuple ignorant et crédule en garde avec ténacité le souvenir.

De plus, cette particularité d'une double enceinte de murs qui, à Zama, renfermait les maisons, les édifices publics, *moenia*, et le palais royal, sera facile à reconnaître sur les lieux, n'en restât-il que des substructions.

Dans Vitruve, la position d'Ismuc n'est pas orientée ; il faudra la chercher dans un rayon de 20 milles autour de Zama.

Quant à Zama, si on la place au nord-est entre Cassir, Keff et Gellah, Naraggara, Sicca et Killa, ce point s'accordera très-bien avec la distance de 152 milles romains donnée par l'Itinéraire entre Carthage et Naraggara, et celle de 5 journées de marche que donne Polybe entre Zama

---

[1] Vitruve le nomme *C. Julius*, du nom de son patron le dictateur. (Voyez les notes de Schneider, h. l.)

et Carthage. Ce sont des journées de piéton leste, εὐζώνου ἀνδρὸς, de 26 à 28 mille toises, 13 à 14 lieues de poste. Plus loin, nous déterminerons avec soin la journée de marche du courrier à pied, *tabellarius*. Cette position cadre aussi fort bien avec le récit de Salluste [1], qui indique Zama comme voisine de Sicca (Keff), point déterminé par les inscriptions, et comme étant située dans une plaine (*in campo situm*), aux confins de la Numidie et de la province d'Afrique [2].

[1] *Jugurth.*, c. LX.
[2] *Ibid.*, c. LXV.

EXAMEN

DES

MOYENS EMPLOYÉS PAR LES ROMAINS

POUR LA CONQUÊTE

ET LA SOUMISSION DE L'AFRIQUE SEPTENTRIONALE.

APERÇU GÉOGRAPHIQUE SUR LA NUMIDIE.

L'ancienne Numidie, telle que Massinissa l'avait léguée à ses successeurs, occupait au nord de l'Afrique une étendue de côtes d'environ deux cent cinquante lieues[1], en allant de l'ouest à l'est, depuis l'embouchure du Mulucha (aujourd'hui Moulouia) jusqu'à Tabarca. La largeur de ce royaume du nord au midi était de trente à cinquante lieues, depuis la mer jusqu'à la chaîne du grand Atlas, excepté dans la portion orientale qui occupe cent lieues en profondeur, à partir de Tabarca jusqu'à l'extrémité sud du *Palus-Libya*, qui est aujourd'hui la grande lagune Salée ou Sibkah[2]. A l'est, la Numidie était bordée entièrement par la province romaine d'Afrique[3], composée de la Zeugitane et de la Byzacène, enlevées par Scipion Émilien aux Carthaginois.

---

[1] De vingt-cinq au degré.
[2] *Excurs. in Algiers and Tunis*; par le major sir Grenville-Temple, tome II, pages 159 et suiv.; London, 1835. Shaw le nomme lac des Marques السبخة العودة; El-Sebkhah-el-'aoudyeh, la lagune des Traces d'ânesse.
[3] C'est aujourd'hui la régence de Tunis.

Elle est traversée d'occident en orient par les monts Atlas[1], composés de plusieurs chaînes parallèles, séparées par de profondes vallées, et quelquefois réunies par des chaînons intermédiaires. La plus septentrionale de ces chaînes est ce qu'on nomme aujourd'hui le petit Atlas : elle est peu éloignée de la mer, dont elle se rapproche même assez sur un grand nombre de points, pour faire disparaître entièrement la zone de plaines qui partout ailleurs l'en sépare.

De la constitution géologique et de la configuration physique du sol de la Numidie, dont une très-grande portion est représentée par l'Algérie actuelle ou l'ancienne régence d'Alger, il résulte :

D'abord, que cette contrée est arrosée par beaucoup de petits cours d'eau, mais qu'il n'y a pas de rivière considérable ; secondement, que le sol des vallées et des plaines, encadrées de montagnes, est généralement fertile ; mais que les rivières, à cause de la direction des crêtes, n'ayant pas toujours un libre cours vers la mer, sont obstruées par des barres à leur embouchure, ou que les eaux forment çà et là, dans l'intérieur, des lacs d'eau douce, des lagunes salées, et des marais dont les miasmes, développés par la chaleur, influent sur la salubrité du pays ;

Enfin, que les montagnes, s'abaissant par une suite de gradins successifs, ont conservé leur humus végétal, excepté sur les pentes abruptes, et sont généralement verdoyantes et boisées. Si, prenant pour bases les données invariables de la configuration du terrain, nous les appliquons à la stratégie, la comparaison des temps anciens et modernes nous conduira à des conséquences qui nous semblent fort remarquables, quoiqu'elles n'aient pas encore été complétement aperçues ni développées.

---

[1] Deux grandes chaînes principales qui vont de l'est à l'ouest, selon Desfontaines, t. I, p. 523.

La direction des crêtes étant parallèle à la mer, qui est le point de départ des Français, toutes les chaînes de l'Atlas deviennent autant de remparts que ceux-ci sont obligés de franchir, et qu'ils ne peuvent tourner pour porter leurs armes dans l'intérieur [1].

Les Romains, au contraire, quand ils ont entrepris la conquête de la Numidie, avaient sur nous un immense avantage.

Paisibles possesseurs de la province d'Afrique, qui s'étendait dans un espace de 4° le long des frontières orientales de la Numidie, ils pouvaient, en débouchant de leurs frontières, prendre en flanc et à revers le pays ennemi.

Au lieu d'escalader directement les contre-forts successifs des diverses chaînes de l'Atlas, ils pouvaient le tourner au midi, ou l'attaquer par les grandes vallées parallèles. Ils pénétraient en quelque sorte par les portes et par les fossés de cette immense forteresse, que la nature semble avoir élevée, pour l'Afrique, contre l'Espagne, la Gaule et l'Italie. En partant de leur province sur la Numidie, ils attaquaient ce grand corps par ses parties faibles, et s'insinuaient, pour ainsi dire, dans son cœur et dans ses viscères.

Leur position était bien plus avantageuse alors que la nôtre aujourd'hui. Ils tenaient les villes et les ports de la côte, moins ensablés qu'à présent. La province d'Afrique leur fournissait des vivres, des moyens de transport, des quartiers d'hiver sûrs et commodes.

Il n'est qu'un seul point où l'égalité se rétablisse entre eux et nous.

L'absence de grandes rivières dans le pays sillonné par l'Atlas privait les Romains comme elle prive aujourd'hui les Français de bonnes lignes d'opérations pour une conquête

---

[1] Voy. *Annales Algériennes*, par E. Pellissier, capitaine d'état-major, chef du bureau des Arabes à Alger; Paris, 1836, t. I, p. 5.

générale, rapide et simultanée. Aussi ce peuple, sage même dans son excessive ambition, a su obéir aux nécessités qui dérivent de la nature des lieux, et diriger ses expéditions en conséquence de cet obstacle.

Nous avons exposé, dans l'introduction de nos recherches sur la colonisation de l'Afrique septentrionale par les Romains, la marche prudente et circonspecte que ce peuple guerrier a constamment suivie pour arriver à son but, la conquête et la pacification de l'Afrique. Nous avons montré à l'impatience française que le sénat romain comptait le temps au nombre de ses plus puissants auxiliaires, et que deux cent trente-deux ans avaient été nécessaires pour opérer la fusion des peuples, pour cimenter leur union, pour bâtir enfin le durable édifice de la domination romaine en Afrique.

Nous devons maintenant examiner en détail les moyens militaires, la composition des armées, le nombre des troupes de différentes armes, la direction des marches, le choix des positions, soit comme pivot d'opérations, soit comme forteresses avancées ou camps stationnaires, la confection et le tracé des ports, des routes, des ponts destinés à faciliter l'approvisionnement de l'armée.

Nous devons exposer en même temps l'état de la culture et de la population des diverses contrées que représente aujourd'hui l'Algérie, et qui, dans quinze ou vingt ans, seront, il faut l'espérer, entièrement soumises à la domination française.

Nous devons signaler les mœurs, les usages des habitants, leur vie nomade ou agricole, leurs penchants à l'indépendance sauvage, ou à une civilisation plus avancée.

Enfin, toutes les fois que l'exposition des faits amènera naturellement ces sortes de rapprochements, nous ne craindrons point (car notre but est essentiellement d'être utile) de comparer les temps anciens et modernes, de confronter les Numides, les Maures et les Libyens aux Arabes et aux Cabayles de notre époque, et de chercher dans l'examen scrupuleux des lieux, des faits et des circonstances, les motifs impérieux qui ont déterminé les chefs des légions romaines et ceux des armées de la France à suivre tel ou tel plan d'opérations, telle ou telle direction dans leurs marches, lorsqu'ils se sont trouvés sur le même terrain, et soumis à des nécessités pour ainsi dire invariables.

Nous retranchons de notre sujet, après y avoir mûrement réfléchi, les guerres du premier Scipion contre Annibal, et de Scipion-Émilien contre la ville de Carthage. Nous les avons touchées dans la première partie de ces recherches et dans un ouvrage spécial[1]. D'ailleurs elles ont eu pour théâtre la portion de l'Afrique qui forme aujourd'hui la régence de Tunis; et ces expéditions s'étant portées dans une province peuplée, cultivée et civilisée à l'égal des pays les plus florissants de l'antiquité, ne nous fourniraient aucun renseignement utile pour la conquête de l'Algérie, qui se rapproche peut-être beaucoup plus des Mauritanies Sitifensienne, Césarienne et Tingitane, que la province africaine de Carthage ne s'éloigne des plus riches départements de la France.

Nous allons donc examiner scrupuleusement, sous les points de vue indiqués au commencement de ce mémoire, le curieux monument que Salluste, proconsul de Numidie, nous a laissé avec le titre de *Guerre de Jugurtha*. Ce sujet, traité par un habile capitaine qui fit la guerre en Afrique avec Jules César[2], et qui gouverna la province dans laquelle

---

[1] *Recherches sur la Topographie de Carthage*, par M. Dureau de la Malle, p. 44 et passim.
[2] *Vid. Hist. bell. Afric.* 8. De Brosses, *Vie de Salluste*, c. XVII, p. 336, 339, prouve que cet historien avait du talent et de la capacité comme militaire. César en jugea ainsi.

se passèrent les actions qu'il décrit, est une mine féconde, et nous fournira de riches matériaux.

ÉTAT DU PAYS.

Dans la période qui comprend le septième et le huitième siècle de Rome, les Numides, sous l'administration ferme et éclairée de Massinissa et de ses successeurs, avaient changé en grande partie leur vie pastorale et à demi sauvage pour une civilisation plus avancée [1]. Polybe, dans l'éloge de ce prince [2], assure qu'il transforma la plupart des tribus nomades en tribus agricoles; et que dans cette Numidie qu'on jugeait jusque-là condamnée à une stérilité complète, il créa les cultures les plus florissantes en grains et en toute espèce de productions [3]. A coup sûr si la France, qui, par ses progrès dans les sciences, l'industrie et la civilisation, doit avoir une grande influence sur les peuples barbares, obtenait en vingt-cinq ans un semblable résultat, on pourrait répéter avec Polybe que cette transformation rapide de mœurs et d'habitudes invétérées serait une œuvre merveilleuse et presque divine : τὸ δὲ μέγιστον καὶ θεώτατον.

Dans les quarante années qui suivirent la mort de Mas-

---

[1] Il se trouve encore dans l'Algérie des hommes vertueux et éclairés comme Massinissa et Micipsa, Hiempsal II et Juba Ier. M. Pellissier cite Mombarek, le marabout de la province d'Alger, et le cadi de Blidz qui, élevé aux écoles de Fez, est versé dans les sciences physiques et mathématiques, dans l'histoire et la philosophie, et qui possédait une belle bibliothèque. *Ann. Alg.*, t. I, p. 305.

[2] Liv. XXXVII, III, 7, 8, 9. Voyez aussi Appien, *Pun.* CVI, 43. Cet auteur n'a fait que copier Polybe. La comparaison des deux chapitres me ferait présumer que déjà au temps des Antonins, époque où Appien écrivit son histoire, le trente-septième livre de Polybe était aussi mutilé qu'il l'est aujourd'hui; car cet écrivain, penseur profond et homme d'État éclairé, n'avait point négligé sans doute d'exposer les moyens employés pour opérer cette métamorphose si remarquable.

[3] Valère-Maxime, VIII, 15, p. 718, éd. Var., fait de Massinissa le même éloge : Terram quam vastam et desertam acceperat, perpetuo culturæ studio frugiferam reliquit.

sinissa[1], la Numidie jouit d'une paix complète, et l'agriculture n'avait probablement pas subi de décadence remarquable ; car Salluste nous apprend que lorsque Métellus entra dans ce royaume, du côté de la province romaine d'Afrique, les champs étaient couverts de troupeaux et de cultivateurs, et qu'aux approches des villes et des bourgades l'armée trouvait toujours des préfets du roi qui venaient offrir de livrer des blés, des voitures, des provisions nécessaires à la subsistance des troupes[2]. Plus loin, le même auteur décrit d'autres contrées de la Numidie remarquables par l'état florissant de leur culture, couvertes de villes, de châteaux où l'armée romaine trouve des grains et d'autres provisions en abondance[3] : et même un passage du cinquante-huitième chapitre de la *Guerre de Jugurtha* indique que dans l'intérieur de la Numidie au-dessus de Zama, entre Macomatia et Théveste, les habitudes agricoles avaient pénétré profondément, et détruit en partie les mœurs nomades ; car Jugurtha, après la bataille du Muthul, ne trouve dans cette contrée, pour recruter son armée, que des bergers et des laboureurs[4]. Cependant les portions méridionales du royaume étaient moins bien cultivées. La plupart des habitants étaient nomades. Salluste le dit positivement : « A « Capsa et dans toute cette partie de l'Afrique plus inculte,

---

[1] Arrivée en 604 de Rome, 148 avant notre ère.

[2] In Numidiam procedit, ubi tuguria plena hominum, pecora cultoresque in agris erant. Ex oppidis et mapalibus præfecti regis obvii procedebant, parati frumentum dare, commeatum portare, postremo omnia, quæ imperarentur, facere. *Bell. Jug.*, 50, éd. Havere.

[3] In loca opulentissima Numidiæ pergit, agros vastat ; multa castella et oppida temere munita, aut sine præsidio, capit incenditque ; militibus,..... frumentum et alia quæ usui forent affatim præbita. (*Ibid.*, 57.) Ces passages et ceux de Tite-Live (XLV, 13), qui mentionnent les grandes quantités de grains que Massinissa et ses successeurs envoyèrent sans cesse aux armées romaines, impliquent positivement l'existence de bonnes routes en Numidie. Sans cela, l'exportation de denrées aussi pesantes que le blé, le vin, l'huile, etc., de l'intérieur à la mer, eût été très-difficile.

[4] Ibi cogebat exercitum, numero hominum ampliorem, sed hebetem infirmumque, *agri et pecoris magis, quam belli cultorem. Jug.*, 57.

« à mesure qu'on s'éloignait de la mer, l'eau était rare et
« saumâtre; mais ce genre d'incommodité était plus tolé-
« rable, parce que les Numides ne se nourrissent ordinaire-
« ment que de lait et de la chair des animaux sauvages, et
« qu'ils ne connaissent ni le sel ni toutes nos sensualités
« irritantes [1]. »

Le sénat romain pouvait donc entreprendre la guerre contre Jugurtha avec des forces considérables, puisque le pays était en général assez bien cultivé; que la plus grande partie de la population était agricole et stationnaire [2]; qu'ils possédaient sur les côtes de la Numidie plusieurs ports, plusieurs villes, dont ils avaient hérité par la conquête du domaine de Carthage [3]; que la province proconsulaire, qui touchait à l'est et au sud le royaume des Numides, pouvait leur fournir des quartiers d'hiver sûrs et abondants, et, de plus, les vivres, les bêtes de somme ou de trait, les machines de guerre et tout l'attirail de siége nécessaires dans une expédition de ce genre [4].

Le sénat prévoyait sans doute les grandes difficultés que rencontreraient les légions dans la conformation physique

---

[1] Capsenses jugi aqua, cetera pluvia utebantur. Id ibique, et in omni Africa, quæ procul a mari incultius agebat, eo facilius tolerabatur, quia Numidæ plerumque lacte et ferina carne vescebantur, et neque salem neque alia irritamenta gulæ quærebant. *Jug.*, 94.

[2] Voyez p. 4.

[3] Appian. *Pun.* CXXXVI, Tipasa, Collops, Pithinsa, etc.; Scylax., p. 51, ed. Huds.; Heeren, t. IV, p. 57, 58, trad. française, etc.

[4] Cette fertilité de la province d'Afrique se soutint jusqu'au règne de Constance. Nous en avons la preuve dans ce passage de Junior : Abbinc provincia Africæ ; regio dives in omnibus invenitur : omnibus enim bonis ornata est, fructibus quoque et jumentis, et pene ipsa omnibus gentibus usum olei præstare potest.

Ce document ancien, recueilli il y a peu d'années par monseigneur Maï, prouve que sous le règne de Constance, au quatrième siècle de notre ère, la Numidie conservait encore sa fertilité, qu'elle possédait abondamment des grains de toute sorte, et qu'elle exportait des espèces choisies d'animaux utiles et des étoffes de différents genres : Post Mauritaniam sequitur Numidia fructibus abundans : negotia autem hæc habet vestis variæ et animalium optimorum. Maï, t. III, p. 405, *Orb. Descriptio sub Constantio imp.*, a Juniore Philos.

du pays, les habitudes nomades et la manière de combattre des Africains, appuyés sur la valeur et le génie militaire de Jugurtha ; car cette aristocratie, si puissante et si jalouse du pouvoir, endura patiemment les outrages dont Jugurtha ne cessa de l'abreuver en dépossédant ses deux frères Hiempsal et Adherbal, auxquels Scipion, suivant les maximes prudentes de l'ancienne politique romaine, avait, à la mort de Micipsa, fait adjuger les deux tiers de la Numidie [1]. Elle pressentait sûrement de quels dangers menaçait ses possessions en Afrique, et même par la suite Rome et l'Italie, un prince guerrier et ambitieux, qui, étendant alors sa domination absolue sur toutes les vastes contrées comprises entre les frontières de la Tripolitaine et le fleuve Mulucha [2], possédant une armée nombreuse et aguerrie, pouvait ressusciter la haine invétérée de l'Afrique contre l'Italie, et devenir pour la république romaine un nouvel Annibal. Cependant ce ne fut qu'au bout de six ans [3], lorsque Jugurtha eut insulté outrageusement M. Scaurus, prince du sénat, et les sénateurs députés, en prenant de force sous leurs yeux, malgré leurs injonctions, Cirta, capitale du royaume d'Adherbal, en faisant périr ce prince et les Italiens qui l'avaient aidé à défendre la place [4] ; ce ne fut enfin que lorsque le roi numide eut trempé ses mains dans le sang des citoyens de l'Italie, que le sénat romain se décida à lui déclarer la guerre. Je vais, en reproduisant tout entier le récit de Salluste, faire connaître le pays qui fut le théâtre de la guerre, les motifs qui décidèrent le sénat à l'entreprendre, et les forces qu'il crut devoir y employer.

---

[1] *Ibid.*, CVIII, 65, 70.
[2] C'est-à-dire depuis l'extrémité ouest de la régence de Tripoli jusqu'aux frontières de l'empire de Maroc.
[3] Jugurtha assassina et dépouilla Hiempsal en 633, et la guerre ne fut déclarée qu'en 641. Sallust., *Jug.*, 19. Freinshem, *Suppl. Ann.*, v. c. 641
[4] Sallust., *Jug.*, 27, 28.

I. C'est à tort que les hommes se plaignent de leur être, de ce que, faible et borné dans sa durée, le hasard plutôt que leur volonté en dispose. Au contraire, si l'on y réfléchit bien, on ne trouvera rien d'aussi grand, rien d'aussi prééminent; et c'est moins le temps ou la force qui manque à l'homme, que l'homme à lui-même. C'est l'esprit qui dirige, qui commande la vie des hommes : s'il marche à la gloire par la voie de la vertu, il a toujours assez de vigueur et d'influence pour conduire à la célébrité, et la fortune n'a aucune prise sur lui; car elle ne peut ôter la probité, le talent, les autres qualités louables, pas plus qu'elle ne peut les donner. Mais si ce même esprit, possédé de désirs pervers, va se perdre dans la mollesse et dans les voluptés, alors, pour peu qu'il se livre à cette passion fatale, le génie, les forces, le temps s'écoulent dans une lâche inaction, et alors on accuse l'impuissance de son être; car les hommes se prennent toujours aux circonstances des fautes qui ne viennent que d'eux seuls. Cependant, s'ils avaient pour les bonnes choses la même ardeur qu'ils mettent à rechercher celles qui leur sont étrangères, inutiles, dangereuses même, ils sauraient maîtriser les événements tout autant que les événements les maîtrisent; et ils en viendraient à ce point de grandeur, que des êtres, nés mortels, deviendraient immortels par la gloire.

II. Comme l'homme se compose d'un esprit et d'un corps, tout ce qui est dans nous et hors de nous tient de la nature de l'un et de l'autre. Aussi la beauté, les richesses, la force, et tous les autres avantages corporels, passent bien vite, tandis que les belles productions du génie sont immortelles comme l'esprit dont elles émanent. Tous les biens matériels et ceux de la fortune, ayant eu un commencement, ont une fin; en général, tout ce qui naît, meurt, et n'atteint son dernier accroissement que pour dépérir. L'esprit, qui régit l'homme, substance éternelle, incorruptible, anime tout, agit sur tout, et lui-même échappe à toute action. On doit d'autant plus s'étonner de l'inconséquence de ceux qui, livrés aux voluptés du corps, usent leur vie dans la mollesse et les dissolutions, tandis qu'ils ne prennent nul soin de l'esprit, cette belle et noble portion de la nature humaine, qu'ils le laissent s'engourdir dans la paresse et dans l'ignorance, d'autant moins excusables qu'il est mille occupations de l'esprit qui toutes mènent à la plus éclatante réputation [1].

III. Toutefois, il en est que dans ce moment-ci je ne conseillerais à personne, tels que les magistratures, les commandements, en général toutes les parties de l'administration publique. Les honneurs ne se donnent plus au mérite, et ceux qui les ont surpris par intrigue n'y trouvent ni sûreté, ni honneur même. D'un autre côté, se faire à main armée souverain de sa république, ou, si l'on veut, des sujets de sa république, est une extrémité fâcheuse, malgré tout le pouvoir dont on peut jouir, malgré tous les abus qu'on peut réformer. Ces grands changements alarment toujours les esprits, qui prévoient déjà les exils, les assassinats, et toutes les violences de la victoire. D'un autre côté aussi, se fatiguer pour ne jamais parvenir, et pour prix de ses efforts n'obtenir que des inimitiés, ce serait une extrême folie, à moins qu'on ne fût possédé de la basse et fatale ambition de se mettre aux gages de quelques grands, et de leur vendre son honneur et sa liberté, pour en acheter son avancement.

IV. Parmi les autres fonctions qui s'exercent avec l'esprit, celle de l'homme qui retrace les événements passés n'est pas une des moins importantes. Je ne veux point m'étendre ici sur son utilité, parce qu'on l'a fait avant moi, et que d'ailleurs on pourrait imputer à l'orgueil le soin que je prendrais de relever un art dont je fais mon étude. Je ne doute pas même que, d'après la ferme résolution que j'ai prise de me tenir éloigné des affaires publiques, quelques-uns ne traitent d'amusement

---

[1] Cette préface de Sallusте n'est qu'un lieu commun sur la vertu, la morale, la nécessité du travail, la prééminence de l'esprit sur le corps, matières fort étrangères à la guerre de Numidie. Comme introduction, ce morceau semble tout à fait déplacé. Mais c'était une habitude littéraire des anciens, de préparer à l'avance des compositions sur divers sujets de morale et de philosophie, et de les adapter après coup, en forme de préfaces, aux ouvrages qu'ils composaient ensuite. Un passage d'une lettre de Cicéron à Atticus, citée par Géraud dans son *Essai sur les livres chez les Romains*, p. 94, prouve que l'illustre orateur avait un volume de préfaces toutes faites, et que, par distraction, il avait placé au commencement de son traité de la gloire une introduction qui avait déjà servi au troisième livre de ses *Académiques*, *Ad Atti.*, XVI, 6.

frivole le grand et utile travail que j'entreprends, du moins ceux qui se font une si noble occupation de faire leur cour au peuple, et de gagner de la considération par des festins. Si pourtant ils daignaient examiner et dans quel temps j'ai su mériter une magistrature, tandis que des personnes même distinguées n'ont pu obtenir cet honneur, et de quelle sorte d'hommes on a depuis rempli le sénat, assurément ils reconnaîtraient que c'est par de justes raisons, et non par lâcheté, que j'ai changé le système de ma vie, et que mon loisir sera plus profitable à la république que ces grandes occupations des autres. Les Fabius, les Scipion, tous les fameux personnages de notre république, disaient souvent que rien ne les animait à la vertu comme la vue des images de leurs ancêtres. Assurément ce n'étaient point quelques traits modelés en cire, qui par eux-mêmes pouvaient produire un effet aussi admirable. Mais ces images remplissaient le but de l'histoire, elles retraçaient de belles actions ; et voilà ce qui allumait dans le cœur de ces hommes incomparables cette flamme ardente qui, croissant incessamment, ne s'amortissait que lorsqu'à force de vertus ils avaient égalé la gloire et la renommée de leurs prédécesseurs. Maintenant, quelle différence ! on ne connaît de rivalité que celle de la richesse et du luxe. Qui songe à le disputer à ses ancêtres en talents et en vertus? Jusqu'aux hommes nouveaux, qui jadis ne devaient qu'à leurs grandes qualités la préférence qu'ils obtenaient sur les nobles, ne savent plus eux-mêmes arriver par les bonnes voies aux magistratures et au commandement des armées; ils les emportent par l'intrigue et le brigandage ; comme si la préture, le consulat, tous les honneurs enfin, étaient par eux-mêmes quelque chose ; comme si la dignité de la place ne tenait pas à la dignité de l'homme qui la remplit ! Mais le dépit et l'humeur que me donnent les mœurs de ma république m'ont emporté trop loin. Je reviens à l'objet de mon travail.

V. Je me suis proposé d'écrire l'histoire de la guerre que le peuple romain eut à soutenir contre Jugurtha, roi des Numides. J'ai choisi ce sujet, non-seulement parce que cette guerre fut importante, meurtrière, et le succès longtemps balancé, mais parce qu'elle donna naissance à l'insurrection du peuple contre l'orgueil des nobles : dissension portée depuis à un tel excès de démence, que tout l'État en fut bouleversé, et qu'elle finit par la guerre civile et la dévastation de l'Italie. Avant que d'entrer dans les détails de mon récit, il est nécessaire de rappeler quelques faits qui ont précédé, lesquels jetteront sur le reste plus de jour et de clarté. Dans la seconde guerre punique, où Annibal, général des Carthaginois, porta à la puissance romaine les plus terribles coups qu'elle eût reçus depuis son agrandissement, Publius Scipion, celui auquel son génie mérita depuis le surnom d'Africain, avait reçu des services importants de Massinissa, roi des Numides, nouvel allié qu'il avait procuré à la république. Pour les récompenser, lorsqu'on eut vaincu les Carthaginois, et fait prisonnier Syphax, un des plus puissants rois de l'Afrique, le peuple romain fit présent à Massinissa de tout le pays qu'on avait conquis. Aussi nous eûmes toujours dans ce monarque un utile et honorable allié ; son règne ne finit qu'avec sa vie. Après sa mort, Micipsa, son fils, hérita seul de toute sa puissance ; une maladie avait emporté auparavant ses frères Gulussa et Mastanabal. Micipsa eut deux fils, Adherbal et Hiempsal ; il avait de plus un neveu, Jugurtha, fils de son frère Mastanabal ; et quoique Massinissa ne lui eût assigné aucun rang, parce qu'il était né d'une concubine, Micipsa le fit élever à sa cour avec les mêmes distinctions que ses propres enfants.

VI. Jugurtha, dès sa première jeunesse, s'annonça par la beauté de sa figure, par la force de sa constitution, mais surtout par la vigueur de son âme. Il ne se laissa point énerver par la mollesse et les dissolutions. Adonné à tous les exercices de son pays, on le voyait sans cesse monter à cheval, lancer le javelot, disputer le prix de la course avec les jeunes gens de son âge ; et quoiqu'il les éclipsât tous par sa gloire, tous le chérissaient. La chasse occupait encore une partie de ses loisirs, et s'il se rencontrait un lion ou toute autre bête féroce, il était le premier ou des premiers à la frapper : c'était toujours lui qui faisait le plus, c'était de lui qu'il parlait le moins. Micipsa d'abord fut enchanté, dans l'idée que les grandes qualités de Jugurtha contribueraient à la gloire de son royaume.

Puis, réfléchissant d'un côté sur son extrême vieillesse et sur le bas âge de ses enfants, d'un autre sur tous les avantages d'un jeune homme dont l'ascendant croissait de jour en jour, mille perplexités lui roulèrent dans l'esprit. Cette ardeur de domination, naturelle au cœur de l'homme, et l'irrésistible penchant qui l'entraîne à satisfaire sa passion, l'épouvantaient, sans compter que son âge et celui de ses enfants offriraient à l'ambition de ces facilités qui souvent, par l'appât du succès, font sortir de leur caractère des hommes même modérés. D'une autre part, l'enthousiasme universel qui enflammait les Numides pour Jugurtha faisait craindre à Micipsa une sédition ou une guerre civile, si sa politique se permettait d'attenter aux jours d'un prince si remarquable.

VII. Assailli de ces diverses inquiétudes, et voyant que, ni ouvertement ni en secret, il ne pouvait se défaire d'un homme si cher à ses concitoyens, il fonda quelque espoir sur le courage même de Jugurtha, sur le vif désir qu'il avait de se créer une réputation militaire; il résolut de le livrer aux périls, et de tenter par cette voie la fortune. Dans la guerre de Numance, où Micipsa fournit aux Romains un secours d'infanterie et de cavalerie, il le choisit exprès pour commander le corps de Numides qu'il envoyait en Espagne, se flattant que, soit l'envie de signaler son intrépidité, soit la férocité de l'ennemi, lui feraient infailliblement trouver la mort. Mais il en arriva tout autrement qu'il n'espérait. Jugurtha avait l'esprit vif et pénétrant; il ne tarda pas à connaître le caractère de Scipion, alors général de l'armée romaine, et toutes les ruses de l'ennemi. D'une vigilance et d'une activité infatigables, sachant de plus obéir comme le dernier des soldats, et dans toutes les occasions affrontant le péril avec intrépidité, il eut bientôt acquis la plus grande réputation. Il était à la fois l'amour de l'armée et la terreur des Numantins. Il alliait, à une grande valeur dans les combats, de la sagesse dans les conseils, qualités qu'il est prodigieusement difficile de réunir, parce que la prudence mène trop souvent à être timide, comme l'intrépidité à être téméraire. Scipion ne manquait point de l'employer dans toutes les expéditions difficiles : il le mit au nombre de ses amis, chaque jour il l'approchait de plus en plus de son cœur; et en effet, il n'avait jamais à se repentir ni de suivre ses conseils, ni de lui en confier l'exécution. A cela se joignait, dans Jugurtha, une âme généreuse et un esprit insinuant, qui lui avaient attaché une foule de Romains de l'amitié la plus étroite.

VIII. Il y avait alors à notre armée, tant parmi les hommes nouveaux que parmi les nobles, beaucoup d'intrigants qui prisaient les richesses bien plus que la justice et l'honneur, et qui, avec du pouvoir dans Rome, avec de l'éclat chez nos alliés, croyaient pouvoir se dispenser de vertus. Cette sorte d'hommes ne cessait, par leurs promesses, d'enflammer Jugurtha, dont l'ambition n'était déjà que trop vive; ils lui faisaient entendre que, Micipsa mort, le royaume de Numidie devait lui revenir à lui seul; qu'il y avait des droits par sa rare valeur; que d'ailleurs, à Rome, on obtenait tout avec de l'argent. Il n'en fut pas ainsi de Scipion. Lorsqu'après la destruction de Numance il songea à renvoyer les auxiliaires et à retourner lui-même à Rome, après avoir donné publiquement à Jugurtha des éloges et des récompenses magnifiques, il l'emmena dans sa tente; et là, seul avec lui, il lui recommanda de cultiver l'amitié du peuple romain par des services plutôt que par l'intrigue; de ne point s'accoutumer à ces largesses secrètes; il y avait du danger à acheter de quelques-uns ce qui appartenait à un grand nombre : s'il continuait comme il avait commencé, ses grandes qualités le porteraient toutes seules à la gloire et au trône; en voulant précipiter les choses par la corruption, il se précipiterait lui-même.

IX. Après cet entretien, il le congédia avec une lettre pour Micipsa, conçue en ces termes : « Vous apprendrez, je l'espère,
« avec quelque plaisir, que l'homme qui, sans nulle com-
« paraison, s'est le plus distingué dans la guerre de Numance,
« c'est votre neveu Jugurtha. Ses grandes qualités me l'ont
« fait chérir; il ne tiendra pas à moi qu'il ne soit également
« chéri du sénat et du peuple romain. Recevez les sincères fé-
« licitations de votre ami : oui, vous possédez un homme di-
« gne de vous et de son aïeul Massinissa! » Lorsque Micipsa
vit ce que lui avait appris d'avance la renommée confirmé par

une lettre du général lui-même, la considération des grandes qualités et du puissant crédit de Jugurtha frappèrent le monarque, qui, faisant violence à son cœur, ne songea plus qu'à enchaîner son neveu par les bienfaits. Il l'adopta sur-le-champ, et, dans son testament, le nomma son héritier, conjointement avec ses fils. Quelques années après, lorsque, accablé par l'âge et la maladie, ce prince sentit sa fin prochaine, il fit venir ses amis et ses parents, ainsi que ses deux fils, Adherbal et Hiempsal; et en présence de tous il tint, dit-on, ce discours à Jugurtha :

X. « La mort de ton père t'avait laissé, Jugurtha, presque
« au berceau, sans aucun rang, sans aucune distinction, lors-
« que je t'approchai de ma couronne, persuadé que mes bien-
« faits m'obtiendraient dans ton cœur la même tendresse que
« je pourrais attendre des enfants que la nature m'aurait don-
« nés. Tu n'as point trompé mon espoir; et, pour ne point par-
« ler des autres exploits mémorables qui ont signalé ton cou-
« rage, dernièrement, au siége de Numance, tu as illustré de
« ta gloire mon royaume et moi; ta valeur a resserré les nœuds
« d'amitié qui nous unissaient avec les Romains; tu as renou-
« velé en Espagne la renommée de ma famille; enfin, ce qui
« est si difficile pour tous les hommes, à force de gloire tu as
« triomphé de l'envie. Maintenant, puisque la nature a marqué
« le terme de mes jours, je viens, par cette main que je presse,
« par la fidélité que tu dois à ton roi, te demander, te conjurer
« de chérir ces enfants que la nature a faits tes parents, et qui
« par moi sont devenus tes frères. Pourquoi irais-tu chercher
« des amis étrangers, au lieu de cultiver ceux que le sang t'a
« donnés d'avance? Non, ni les armées ni les trésors ne sont
« les plus fermes appuis des trônes : ce sont de vrais amis;
« et on ne les conquiert point avec les armes, on ne les achète
« point avec l'or; on les gagne par de bons offices et par une
« sincère affection. Or, un frère peut-il avoir un meilleur ami
« que son frère? Et de quel étranger pourra-t-on se promettre
« de l'attachement, si l'on a commencé par être l'ennemi des
« siens? Mes enfants, je vous laisse un royaume bien affermi,
« si votre conduite est sage; bien chancelant, si elle ne l'est

« point. Avec la concorde, les plus faibles États prospèrent ; les
« plus puissants croulent par la discorde. Jugurtha, c'est à toi
« surtout, qui as plus d'âge et de lumières, à prévenir un pa-
« reil malheur. Dans toutes les querelles, le plus fort, quand
« il serait l'offensé, a toujours, par sa supériorité, l'air d'être
« l'agresseur. Et vous, Adherbal, Hiempsal, honorez, respec-
« tez un prince si digne de votre estime ; imitez ses vertus, et
« qu'on ne puisse jamais dire que l'adoption m'a fait plus heu-
« reux père que la nature[1] ! »

XI. Quoique Jugurtha ne crût point à la sincérité du roi, et que lui-même il roulât dès lors bien d'autres projets dans sa tête, sa réponse néanmoins fut aussi affectueuse qu'elle devait l'être. Micipsa meurt peu de jours après. Lorsqu'on eut célébré ses obsèques avec la magnificence convenable à un roi, les jeunes princes s'assemblèrent pour conférer sur toutes les affaires. Hiempsal, le plus jeune des trois, d'un caractère altier, et qui de tout temps avait méprisé Jugurtha à cause de la tache de son origine maternelle, prit la droite d'Adherbal, afin d'enlever à Jugurtha la place du milieu, que les Numides regardent comme la place honorable. Cependant, sur les instances réitérées de son frère, qui demanda cette déférence pour leur aîné, il consentit, quoique avec peine, à prendre une autre place. Dans le cours de leurs discussions sur l'administration du royaume, Jugurtha, entre autres propos, propose de casser toutes les ordonnances et tous les décrets rendus pendant les cinq dernières années, temps où l'épuisement causé par la vieillesse avait affaibli l'esprit de Micipsa. Hiempsal répondit sur-le-champ qu'il ne demandait pas mieux, d'autant plus que c'était dans cet intervalle que l'adoption avait ouvert à Jugurtha le chemin du trône. Ce mot s'enfonça dans le cœur de Jugurtha plus avant qu'on ne l'eût imaginé. Depuis ce moment la colère et la crainte ne lui laissent point de repos : il projette,

---

[1] L'empereur Septime Sévère, étant au lit de mort, se fit apporter un exemplaire de Salluste, et lut à ses deux fils, Caracalla et Géta, ce discours si touchant ; mais il n'eut pas, dit Spartien, un meilleur succès que le roi de Numidie. SPARTIAN, *in Severo*, c. 21. *Voy.* DE BROSSES, *Hist. de la rép. rom.*, t. I, p. 21, not. 1.

il dispose; il ne songe qu'à trouver des moyens pour faire tomber Hiempsal dans ses piéges. Enfin, toutes les mesures entraînant trop de lenteur au gré de son implacable ressentiment, il se résout de manière ou d'autre à consommer sa vengeance.

XII. Dans cette première conférence entre les trois princes, on était convenu, d'après leur désunion, qu'on partagerait les trésors ainsi que le royaume, en donnant des limites fixes à chacun des trois États. On assigna des termes pour ce double partage, le plus prochain pour celui de l'argent; et en attendant ils se retirent chacun de son côté, dans les places voisines des trésors. Hiempsal était à Thirmida[1]; et par hasard il occupait la maison du premier licteur de Jugurtha, que celui-ci avait toujours chéri et distingué. Jugurtha comble de promesses cet instrument de ses desseins, que le sort lui offrait; et il obtient de lui que, sous prétexte de visiter sa maison, il entrera dans la place, et qu'il se procurera de fausses clefs; car les véritables étaient remises chaque jour à Hiempsal. Au moment de l'exécution, il se trouve lui-même en personne à la tête d'une troupe dévouée. Le Numide eut bientôt disposé les choses. Une nuit, suivant l'instruction qu'on lui avait donnée, il introduit les soldats de Jugurtha. Ceux-ci forcent la maison, cherchent le roi de tous côtés. Ses serviteurs sont massacrés, les uns dans leur lit, les autres au passage. On fouille tous les recoins, on brise toutes les portes; le tumulte et l'effroi remplissent toute la maison. Enfin on découvre le roi, qui cherchait à se cacher dans la loge d'une pauvre esclave, où, dès la première alarme, ne connaissant point les lieux, il était allé tout

---

[1] Thirmida, ville voisine des places où se gardaient les trésors des rois de Numidie, et dans laquelle Hiempsal fut tué, est probablement Thimida, village situé près de Bizerte, où l'on trouve, dit Shaw, p. 209, quelques restes d'antiquité. Je rencontre une république très-splendide de Thimida dans une inscription conservée aujourd'hui à Florence : C. JULIO REGITO DECURION KARTHAG AED II VIR QUINQUEMALICIO, GENTIS SEVERI.... CURATOR SPLENDIDISSIMÆ REIPUBLICÆ THIMIDENSIUM REGIORUM ORD DECURIONUM EX SPORTULIS SUIS OB MERITA DD. *Orelli inscr.*, n° 526. Le nom de *Thimida regia* dans l'inscription, rapproché du passage de Salluste qui place à Thirmida les trésors d'Hiempsal Ier, nous indique qu'il s'agit de la même ville qui doit être la Thimida de Shaw, près de Bizerte.

tremblant se réfugier. Les Numides, suivant l'ordre qu'ils avaient reçu, rapportent sa tête à Jugurtha.

XIII. La nouvelle d'un pareil forfait fut bientôt répandue dans toute l'Afrique : l'effroi saisit Adherbal et toute l'ancienne cour de Micipsa. Les Numides se partagent ; le plus grand nombre se déclare pour Adherbal, les plus braves pour Jugurtha. Celui-ci lève des troupes nombreuses ; les villes se soumettent de gré ou de force : son but est de s'emparer de toute la Numidie. Quoique Adherbal eût envoyé à Rome des députés pour informer le sénat du meurtre de son frère et de sa situation, il ne laissa pas de se préparer à la guerre, comptant sur la supériorité du nombre ; mais quand on en vint à combattre, il fut vaincu et obligé de s'enfuir dans notre province, d'où il se rendit à Rome. Quand Jugurtha eut consommé ses desseins, et que, possesseur de la Numidie entière, il vint à réfléchir de sang-froid sur son crime, la puissance des Romains le fit trembler ; et il n'entrevit de ressource contre leur indignation que dans ses trésors et dans la cupidité des nobles. Il attend à peine quelques jours, et fait partir des députés pour Rome, avec de grosses sommes d'or et d'argent. Il leur enjoint de recourir d'abord à ses anciens amis, de les assouvir de largesses ; puis de lui en acquérir de nouveaux ; enfin, de gagner tous ceux qu'ils trouveraient susceptibles de se laisser corrompre. Lorsque les députés, arrivés à Rome, eurent, suivant leurs instructions, distribué des présents magnifiques aux amis de leur maître et à tous ceux qui avaient alors de l'influence dans le sénat, il se fit une révolution si prompte, que Jugurtha, dont on ne parlait qu'avec indignation, se trouva avoir acquis subitement la faveur et l'affection des nobles. Gagnés, les uns par de l'argent, les autres par des promesses, ils allaient solliciter chaque sénateur, les conjurer de ne pas prendre de parti rigoureux. Lorsqu'on se crut assez sûr du succès, on fixe le jour de l'assemblée, et l'on donne audience aux deux parties. Adherbal parla ainsi :

XIV. « Pères conscrits, Micipsa, mon père, me recom-
« manda en mourant de me regarder comme l'administrateur
« et vous, comme les vrais maîtres, comme l'unique souve-

« rain du royaume de Numidie ; de m'attacher à servir le peuple
« romain de tout mon pouvoir, soit dans la paix, soit dans la
« guerre ; de vous aimer toujours comme des frères et des
« parents : il me promit qu'à ce prix je trouverais dans votre
« amitié seule une armée, des richesses, tous les soutiens de
« la puissance. Ces sages instructions de mon père allaient être
« la règle invariable de ma conduite, lorsque le plus scélérat
« des hommes que la terre ait produits, Jugurtha, au mépris
« de votre autorité, sans égards pour un petit-fils de Massinissa,
« pour un allié, pour un ami héréditaire du peuple romain, est
« venu m'enlever mon royaume et tous mes biens. Pères cons-
« crits, puisque je devais être réduit à cet excès d'infortune,
« j'aurais voulu du moins avoir dans mes propres services,
« plutôt que dans ceux de mes ancêtres, quelques droits à vos
« secours ; et quoiqu'il m'eût été plus doux sans doute de
« n'avoir point à redemander au peuple romain les services que
« j'aurais pu lui rendre, je les aurais du moins alors réclamés
« avec plus de confiance, comme l'acquittement d'une dette.
« Mais puisque l'innocence est par elle-même une trop faible
« défense, et qu'il n'a pas été en mon pouvoir de former une
« autre âme à Jugurtha, je me suis réfugié vers vous, Pères
« conscrits ; et, pour comble d'infortune, je suis forcé de vous
« être à charge avant d'avoir pu vous être utile.

XV. « Les autres monarques, ou n'ont été admis à votre
« alliance qu'après avoir été vaincus par vos armes, ou ne l'ont
« recherchée que par la nécessité de leurs affaires. Ma maison
« a formé ses premières liaisons avec le peuple romain pendant
« la guerre d'Annibal, dans un temps où vos vertus, plus que
« votre fortune, pouvaient rendre cette alliance désirable. Ne
« souffrez pas, Pères conscrits, qu'un rejeton de cette maison,
« que le petit-fils de Massinissa, implore inutilement votre appui.
« Quand je n'aurais de titres que mes malheurs, que cette
« affreuse situation d'un monarque naguère distingué par l'é-
« clat de sa race, par la réputation de ses aïeux, par les forces
« de son royaume, maintenant dégradé par l'infortune, man-
« quant de tout, et n'attendant de secours que de la pitié d'au-
« trui, il serait encore de la majesté du peuple romain d'em-

« pêcher une injustice, et de ne pas permettre que, sous son
« empire, un roi, quel qu'il soit, s'agrandisse par le crime.
« Mais, vous le savez, les États qu'on m'enlève sont ceux dont
« le peuple romain a fait don à mes ancêtres, ceux d'où mon
« père et mon aïeul vous ont aidés à chasser Syphax et les
« Carthaginois : ce sont vos bienfaits qu'on m'enlève, Pères
« conscrits; en me dépouillant, c'est vous qu'on outrage. Hélas!
« aurais-tu pu le croire, ô Micipsa, ô mon père, que, pour
« prix de tes bienfaits, celui que tu avais traité à l'égal de tes
« enfants, et que tu avais fait participer à ton héritage, serait le
« premier destructeur de ta race? Notre famille ne trouvera-
« t-elle donc jamais le repos? Vivrons-nous toujours dans le
« sang, dans les horreurs de la guerre ou de l'exil? Tant que
« Carthage a subsisté, nous devions nous attendre à tous les
« maux que nous avons soufferts; l'ennemi était si près, vous
« si loin! tout notre espoir était dans nos armes. Lorsque vous
« eûtes délivré l'Afrique de ce fléau, nous nous flattions de
« goûter les douceurs de la paix, n'ayant plus un seul ennemi,
« sinon ceux que vous auriez prescrits à notre courage. Et
« voilà que tout à coup Jugurtha, égaré par sa coupable audace,
« enivré d'orgueil, et ne respirant que le crime, poignarde mon
« frère, son plus proche parent, et fait sa première proie des
« États de ce frère infortuné; puis, désespérant de pouvoir me
« prendre aux mêmes piéges, lorsque la majesté de votre em-
« pire semblait devoir me rassurer pleinement contre la vio-
« lence et la guerre, il m'attaque, il me chasse de mes États,
« de mon palais; il me laisse, comme vous le voyez, dénué de
« tout, couvert d'humiliations, et réduit à cet excès de misère,
« que partout ailleurs je serais plus en sûreté que dans mon
« propre royaume.

XVI. « Je pensais bien, Pères conscrits, et je l'avais souvent
« ouï dire à mon père, que ceux qui se dévouaient à cultiver
« votre amitié s'engageaient à un service quelquefois pénible;
« mais que rien aussi ne pouvait porter à leur sûreté la moin-
« dre atteinte. Tout ce que ma famille a pu faire, elle l'a fait;
« elle vous a servis dans toutes vos guerres : il dépend de vous,
« Pères conscrits, de nous garantir la sécurité de la paix. Nous

« étions deux frères : mon père nous en donna un troisième
« dans Jugurtha, s'imaginant que ses bienfaits seraient un lien
« qui l'attacherait à nous. L'un de nous deux est mort assas-
« siné par lui; et moi, sans une prompte fuite, je tombais éga-
« lement sous ses mains barbares. Qu'aurais-je pu faire? Quel
« autre parti prendre dans mon malheur? J'ai perdu tous les
« appuis de ma famille : mon père, chargé d'ans, a satisfait à
« la nature; mon frère (pouvait-on s'y attendre?) a été victime
« de la perfidie d'un parent; mes amis, tous mes proches ont
« péri plus cruellement les uns que les autres. Prisonniers de
« Jugurtha, les uns ont expiré sur la croix; les autres ont été
« livrés aux bêtes; et le peu qu'on a laissé vivre, enfermés
« dans les ténèbres des cachots avec la douleur et la désolation,
« traînent une vie plus affreuse que la mort. Quand je conser-
« verais tous les appuis qui me manquent, quand j'aurais pour
« moi tout ce qui s'est tourné contre moi, c'est vous encore
« que, dans un malheur imprévu, j'implorerais, Pères cons-
« crits; vous, à qui la suprême puissance semble imposer le de-
« voir de surveiller toutes les vertus et tous les crimes de la terre.
« Mais dans l'état où je suis, sans patrie, sans asile, abandonné
« de tout et réduit à la plus honteuse détresse, où me réfugier?
« à qui recourir? Irai-je à ces nations et à ces rois que notre
« amitié pour Rome a rendus les irréconciliables ennemis de
« notre famille? Est-il un lieu où ma famille, par ses hostilités,
« ne se soit créé des adversaires? Quelle pitié puis-je attendre
« de ceux qui, plus ou moins longtemps, ont été vos ennemis?
XVII. « D'ailleurs, Massinissa nous a élevés dans l'habitude
« de ne reconnaître au monde que le peuple romain, de nous
« refuser à tout autre traité, à toute autre alliance, nous assu-
« rant que votre amitié seule saurait bien nous suffire; que
« si la fortune venait à changer pour cet empire, nous n'avions
« qu'à nous ensevelir sous ses ruines. Grâce à votre valeur et
« aux dieux qui vous secondent, vous êtes au comble de la
« grandeur et de la puissance, tout vous prospère, tout vous
« obéit. Il vous est plus aisé de redresser les torts qu'on fait
« à vos alliés. Je crains seulement les préventions qu'inspire
« à quelques-uns d'entre vous l'amitié de Jugurtha, bien mal

« appréciée par eux. J'apprends qu'ils font jouer mille res-
« sorts, qu'ils vont de maison en maison, sollicitant, pres-
« sant de ne rien décider en l'absence de Jugurtha, sans avoir
« approfondi sa cause. Ils débitent que je vous en impose sur
« ma fuite; qu'il ne tenait qu'à moi de rester dans mon royaume.
« Ah! que ne puis-je le voir en imposer ainsi, celui dont le
« forfait exécrable m'a plongé dans ce gouffre de maux? Que
« ne peut-il arriver le moment où, la justice romaine et celle
« des dieux immortels s'éveillant enfin sur les iniquités de la
« terre, je le verrai, lui qui maintenant triomphe et s'enor-
« gueillit de ses crimes, je le verrai, dans l'horreur des tortures,
« expier dignement et sa barbare ingratitude envers mon père,
« et l'assassinat de mon frère, et l'excès des maux qui m'acca-
« blent? Pardonne, ô mon frère, si, malgré ma juste tendresse
« pour toi, malgré cette mort si prématurée, et l'indigne perfi-
« die de celui que tu pensais avoir le moins à craindre, par-
« donne si je crois devoir me réjouir plus que m'affliger de ton
« sort! Ce n'est pas l'éclat d'un trône que tu perds, c'est la
« fuite, l'exil, l'indigence, ce sont tous les maux qui m'acca-
« blent, auxquels tu as échappé en perdant la vie; tandis que
« ton infortuné Adherbal, précipité du trône de ses pères dans
« un abîme de malheurs, ne vit que pour offrir un triste spec-
« tacle des vicissitudes humaines, incertain de ce qu'il doit
« faire : s'il doit venger ta mort, lorsque lui-même a besoin
« qu'on le venge, s'il doit songer encore au trône, lorsque sa
« vie et sa mort sont à la merci d'autrui. Ah! que la mort n'est-
« elle une voie honorable pour sortir de mes misères? Pourquoi
« faut-il que je risque d'encourir un juste mépris, si, par las-
« situde de mes maux, je laissais triompher l'injustice? Puis-
« que je n'ai donc plus que l'alternative ou d'une vie affreuse,
« ou d'une mort déshonorante, ah! Pères conscrits, je vous en
« conjure par vous, par vos enfants, par les auteurs de vos
« jours, par la majesté de cet empire, venez au secours d'un
« malheureux; opposez-vous aux succès du crime; ne souffrez
« pas que le royaume de Numidie, qui est à vous, reste souillé
« d'un forfait horrible et du sang de ma famille! »

XVIII. Lorsque le roi eut fini de parler, les députés de Jugurtha, comptant plus sur l'effet de leurs largesses que sur la bonté de leur cause, répondent, en peu de mots : « Que les Numides avaient tué Hiempsal en haine de sa cruauté ; qu'il était étrange qu'Adherbal, après avoir été l'agresseur, vînt, parce qu'il avait été vaincu, se plaindre de ce qu'on l'avait empêché de nuire ; que Jugurtha demandait au sénat de ne pas le voir différent de ce qu'il s'était montré à Numance, et de ne pas le juger sur les discours d'un ennemi plutôt que sur ses propres actions. » On les fait sortir ensuite de la salle les uns et les autres, et le sénat commence aussitôt sa délibération. Les fauteurs de Jugurtha, et de plus une grande partie des sénateurs, séduits par leur influence, exaltent les grandes qualités de ce prince ; ils ne parlent qu'avec mépris d'Adherbal et de ses plaintes : intrigue, clameurs, tous les moyens d'influence sont épuisés. Ils n'eussent pas déployé plus d'énergie pour défendre leur propre gloire, qu'alors pour couvrir le crime et l'infamie d'un scélérat. D'autres, au contraire, mais en petit nombre, qui prisaient leur devoir et la justice plus que l'argent, opinaient pour qu'on secourût Adherbal, et qu'on poursuivît avec sévérité la mort de son frère. C'était surtout l'avis d'Æmilius Scaurus, homme d'une grande naissance, plein d'activité, intrigant, avide de pouvoirs, d'honneurs, de richesses, mais qui mettait un art extrême à cacher ses vices. Lorsqu'il vit l'éclat et l'indiscrétion des largesses du roi, craignant que l'indécence de cette prostitution publique ne produisît son effet inévitable, celui d'allumer un mécontentement général, il se tint en garde contre son penchant ordinaire.

XIX. Cependant le parti qui sacrifiait la justice à l'argent ou au crédit, prévalut dans le sénat. Il fut arrêté que dix députés partageraient entre Jugurtha et Adherbal tout le pays qu'avait possédé Micipsa. A la tête de la députation était le fameux Opimius[1], alors tout-puissant dans son ordre, parce qu'étant consul il avait fait périr Caïus Gracchus ainsi que Marcus Fulvius, et qu'il avait poussé jusqu'à l'acharnement la victoire de la noblesse sur le peuple. Quoique Jugurtha eût su d'avance, à

---

[1] Lucius Opimius.

Rome, le mettre dans ses intérêts, il redoubla de soins pour se l'attacher de nouveau. A force de présents et de promesses, il sut tellement gagner Opimius, que celui-ci sacrifia aux convenances du monarque sa réputation, son devoir, enfin son existence tout entière. Les autres députés furent attaqués par les mêmes armes; presque tous se laissèrent vaincre, bien peu préférèrent leur devoir à l'argent. Dans le partage du royaume, la partie qui touche la Mauritanie, dont le territoire est plus fertile, dont les habitants sont plus belliqueux, fut réservée à Jugurtha : l'autre, qui avec plus de ports, qui ornée de plus beaux édifices, avait plus d'éclat que d'avantages réels, fut le lot d'Adherbal. Il est à propos, ce me semble, de donner une idée de la position de l'Afrique, et de dire quelques mots des peuples de cette contrée, avec qui nous avons eu des relations de guerre ou d'amitié. Quant aux contrées qui, soit par l'extrême chaleur, soit à cause des montagnes ou des déserts, sont très-peu fréquentées, comme il serait difficile d'en donner des notions sûres, je n'en parlerai pas du tout, et je m'étendrai peu sur le reste.

XX. Dans la division du globe, la plupart ont fait de l'Afrique une troisième partie du monde. Quelques-uns n'en reconnaissent que deux, l'Europe et l'Asie, et comprennent l'Afrique dans l'Europe. A l'occident, elle a pour bornes le détroit qui joint notre mer à l'Océan; à l'orient, ce vaste plateau incliné, nommé Catabathmos [1] par les habitants du pays.

---

[1] Mot grec qui signifie *descente*. Selon Méla, I, 8, c'est une grande vallée qui s'incline jusqu'à l'Égypte, et borne l'Afrique.
Salluste, gouverneur de la Numidie, qui s'étendait alors jusqu'au fleuve Mulucha (la Moulouia, qui sépare l'Algérie du royaume de Maroc); Salluste, qui par conséquent devait bien connaître le pays, affirme que la partie occidentale qui s'étend vers la Mauritanie est plus fertile et plus peuplée, *agro virisque opulentior*, que la partie orientale à l'est du Jurjura, qui a plus de ports et qui est mieux bâtie, *portuosior et ædificiis magis exornata*. Cette assertion semble être en désaccord avec ce que nous connaissions jusqu'en 1840 de l'état du pays. Mais les nombreuses expéditions de M. le maréchal Bugeaud nous ont fait connaître que les vallées du Schéliff, et les plateaux qui s'étendent entre la chaîne de l'Ouensériset celle du petit Atlas, voisine de la mer, sont très-bien cultivées, très-riches en troupeaux de toute espèce, et offrent une population beaucoup plus nombreuse qu'on ne l'avait cru jusqu'ici. Ces faits, nouvellement acquis par l'extension de nos armes, justifient pleinement les assertions de Salluste.

Les mers sont orageuses et sans ports ; le sol fertile en grains, bon pour les troupeaux, stérile pour les arbres ; le ciel et la terre sans eaux ; les hommes sains, agiles, résistant à la fatigue. La plupart arrivent à une extrême vieillesse, à moins que le fer ou les bêtes féroces n'abrégent leurs jours ; car les maladies mortelles y sont aussi rares que les animaux malfaisants de toute espèce y sont multipliés. Quant à la tradition sur les premiers habitants de l'Afrique, sur ceux qui s'y sont établis ensuite, et sur la manière dont toutes ces races se sont mêlées, j'ai cru devoir, dans le peu que je vais dire, m'écarter des idées reçues, et prendre pour guides les livres puniques qui ont appartenu au roi Hiempsal, d'ailleurs conformes à l'opinion des naturels du pays. Du reste, je laisse sur le compte de mes auteurs la garantie des faits.

XXI. Les premiers habitants de l'Afrique ont été les Gétules et les Libyens, peuples grossiers et sans culture, qui n'avaient pour toute nourriture que la chair des animaux sauvages, ou qui paissaient l'herbe des champs, comme les troupeaux. Ils n'étaient régis ni par les mœurs, ni par la loi, ni par l'autorité d'un chef : errants, dispersés, ils se faisaient un gîte là où la nuit les surprenait. Lorsque Hercule fut mort en Espagne, comme le pensent les Africains, son armée, qui était un mélange de différentes nations, désunie par la perte de son chef et par les prétentions de vingt rivaux qui se disputaient le commandement, ne tarda point à se dissiper. Dans le nombre, les Mèdes, les Perses et les Arméniens, ayant passé en Afrique sur des vaisseaux, occupèrent la côte voisine de notre mer. Les Perses seulement s'enfoncèrent un peu plus vers l'Océan ; et ils se logèrent sous la carcasse de leurs vaisseaux renversée, parce que le pays ne leur fournissait point de matériaux, et qu'ils n'avaient pas la ressource de s'en procurer des Espagnols par achats ou par échange. L'étendue de la mer et l'ignorance de la langue empêchaient toute relation. Insensiblement, par de fréquents mariages ils se confondirent avec les Gétules ; et comme, dans leurs diverses tentatives pour trouver les meilleurs pâturages, ils avaient souvent parcouru tantôt un lieu, tantôt un autre, ils se donnèrent eux-mêmes le nom de *Nu-*

mides[1]. Ce qu'il y a de sûr, c'est que de nos jours encore les maisons des paysans numides, qu'ils appellent *mapales*, avec leur forme oblongue, leurs toits et leurs côtés cintrés, représentent exactement la carène d'un vaisseau. Les Arméniens et les Mèdes se joignirent aux Libyens, peuple plus voisin de notre mer que les Gétules, plus rapprochés du soleil et de la zone brûlante : ils fondèrent de bonne heure des villes ; car, n'étant séparés de l'Espagne que par le détroit, ils avaient établi avec elle un commerce d'échanges. Peu à peu les Libyens, dans leur idiome barbare, dénaturèrent le nom des Mèdes, qu'ils appelèrent *Maures*, par corruption. Mais ce furent les Perses qui en peu de temps prirent un accroissement extraordinaire. Par la suite, depuis qu'ils eurent adopté le nom de Numides[2], leur excessive population les ayant forcés de se séparer, une colonie de leurs jeunes gens alla occuper le pays voisin de Carthage, celui qui s'appelle *Numidie*. Les deux peuples, l'ancien et le nouveau, s'appuyant l'un l'autre, ils soumirent leurs voisins par les armes ou par la crainte, et ils étendirent sans cesse leur nom et leur gloire, surtout ceux qui s'étaient plus rapprochés de la Méditerranée, parce que les Libyens étaient moins belliqueux que les Gétules : enfin, la partie inférieure de l'Afrique fut presque toute possédée par les Numides. Les vaincus avaient pris le nom des vainqueurs, et tous ne formaient plus qu'une seule nation.

XXII. Dans la suite, des Phéniciens, les uns pour soulager leur patrie d'un excès de population, les autres par des vues ambitieuses, s'étant associé dans le peuple tous les indigents, tous ceux que leur caractère précipite dans les nouvelles entreprises, allèrent fonder différentes villes sur la côte maritime, Hippône, Adrumète, Leptis, et plusieurs autres. Ces colonies ayant prospéré en peu de temps, furent les unes un appui, les

---

[1] Numides signifie *changeant de pâturages*, du mot grec *nomé*, pâturage.
[2] J'ai suivi la leçon de Cortius, qui lit *nomine Numidæ*, préférablement à celle d'Havercamp, qui lit *nomo Numidæ*. La leçon de Cortius est celle de presque tous les manuscrits, si ce n'est que dans quelques-uns on trouve *Numidia* au lieu de *Numidæ*.

autres une source de gloire pour leur métropole. Je ne parle point de Carthage : il est plus séant de n'en rien dire que d'en dire peu de chose, puisque mon sujet me presse et m'appelle ailleurs. De Catabathmos, ce plateau qui sépare l'Égypte de l'Afrique, la première ville que vous trouvez en descendant le long de la mer est Cyrène, colonie des Théréens [1], ensuite les deux Syrtes, Leptis au milieu ; puis les autels des Philènes, lieu qui bornait l'empire de Carthage du côté de l'Égypte ; puis les autres villes carthaginoises. Le reste du pays jusqu'à la Mauritanie est occupé par les Numides. Tout près de l'Espagne sont les Maures [2]. Au-dessus, au midi des Numides, sont les Gétules, vivant les uns sous des huttes, les autres dispersés, dans l'état sauvage. Derrière eux sont les Éthiopiens, adossés à ces régions que dévorent les ardeurs du soleil. Ainsi donc, dans la guerre de Jugurtha, presque toutes les villes puniques, et tout le pays qui dans les derniers temps avait composé le territoire de Carthage, formaient la province du peuple romain, qui l'administrait par ses magistrats. Une grande partie des Gétules et les Numides, jusqu'au fleuve Mulucha [3], étaient soumis à Jugurtha. Tous les Maures obéissaient au roi Bocchus, qui ne connaissait du peuple romain que le nom ; et nous aussi nous ne connaissions point encore ce prince, ni comme ami, ni comme ennemi. Le peu que j'ai dit sur l'Afrique et sur ses habitants suffit pour l'intelligence de cette histoire.

Les deux chapitres de Salluste qui émettent, sur l'origine des habitants de l'Afrique, des opinions tout à fait opposées à celles des écrivains de l'antiquité, méritent, ce me semble, une discussion sérieuse. Saint-Martin y a consacré un long mémoire de cinquante-six pages in-4° [4], et a adopté comme positives presque toutes les assertions de l'historien latin.

[1] Ils occupaient Théra, île de l'Archipel, aujourd'hui Santorin.
[2] Les Maures occupaient ce qui fait aujourd'hui l'empire de Maroc.
[3] Maintenant *Molochoth* ou *Malva*.
[4] *Nouveaux Mémoires de l'Académie des inscriptions*, t. XII, p. 181-236.

Voici les propositions qu'il a essayé de démontrer : 1° Les Libyens et les Gétules étaient les seuls indigènes de l'Afrique septentrionale. — 2° Les Maures et les Numides étaient, en Afrique, des colonies étrangères. — 3° Ils étaient venus d'abord dans l'Occident, sous la conduite d'un chef que Salluste appelle Hercule. — 4° Ils étaient Asiatiques, et ils appartenaient aux nations perse, mède et arménienne. — 5° Les colons de race persane, qui sont les mêmes que les Numides, s'étaient avancés dans l'intérieur des terres plus que les autres, et ils avaient pénétré jusqu'aux bords de l'océan Atlantique. — 6° Les Maures en particulier étaient les mêmes que les Mèdes. — 7° L'arrivée de ces colons asiatiques était antérieure aux établissements faits par les Phéniciens sur les côtes septentrionales de l'Afrique.

Ce mémoire a semblé à beaucoup de bons esprits, et notamment aux deux illustres maîtres de Saint-Martin, MM. S. de Sacy et Quatremère, renfermer bien des hypothèses et des conjectures hasardées. Les preuves qu'il prétend donner de la véracité des assertions de Salluste, sont presque toutes fondées sur des ressemblances de noms, guide extrêmement trompeur dans l'étude de l'ethnographie et de la géographie ancienne[1]. Ainsi, il fait des Libyens les *Laabim* de la Genèse, les *Lebanthæ* de Procope, les *Levata* des auteurs arabes, et donne à cette grande nation des habitudes nomades, tandis que chez tous les auteurs anciens les Libyens sont représentés comme un peuple essentiellement cultivateur, industrieux, vivant dans des demeures fixes, comme les Berbères ou Kabyles actuels, qui paraissent en être les descendants directs. Dans la race blanche

---

[1] On avait cru jusqu'ici, par exemple, que Djémilah était la *Gemella* des itinéraires, tandis que l'ancien nom de cette ville, gravé sur ses temples, se trouve être *Cuiculum*, qui ne ressemble guère à celui qu'on avait d'abord admis.

de l'Aurès, au teint frais, aux yeux bleus, aux cheveux blonds, qui n'a été qu'entrevue par les voyageurs Peyssonnel, Shaw, Bruce et sir Grenville-Temple, Saint-Martin retrouve les Gétules que tous les écrivains latins désignent par les épithètes de *Nigri, Adusti,* et que Salluste, comme on l'a vu, place près du tropique et peut-être même au delà. Est-il probable, je le demande, que les Romains, qui, pendant sept siècles, ont été en contact avec cette nation, n'eussent pas consigné dans leurs écrits ce fait distinctif de race et de couleur, comme ils l'ont fait pour les Gaulois, pour les Germains, et qui devait frapper surtout des peuples italiens à la peau brune, aux yeux et aux cheveux noirs? De plus (autre bizarrerie), Saint-Martin retrouve les Gétules dans les Touariks, tribus nomades qui vivent dispersées dans les oasis situées entre le Niger et les chaînes méridionales de l'Atlas. Saint-Martin croit aussi reconnaître les Perses dans les *Pharusii* mentionnés par Salluste. C'est encore la ressemblance de ce nom avec le mot de *Fars*, nom actuel de la Perse, qui l'amène à cette conclusion. On pourrait avec plus de vraisemblance y retrouver les habitants du pays de Pharan en Palestine, puisqu'on sait positivement que beaucoup de colonies de la Phénicie et de la Palestine se sont établies dans l'Afrique septentrionale. Saint-Martin, d'après l'autorité douteuse de Salluste, fait de ses Perses des Numides et des Nomades, tandis que les Perses de l'antiquité sont dépeints comme des agriculteurs habiles et des peuples très-civilisés, possédant des villes et des temples bâtis en pierre et en marbre. Est-il probable qu'ils eussent quitté une civilisation plus perfectionnée pour en adopter une autre fort inférieure, et qu'ils eussent totalement changé leurs habitudes et leurs usages? Enfin, l'amour des rapprochements forcés entraine tellement Saint-Martin, qu'il retrouve dans les nobles des Canaries, nommés *Achamancas* dans un ancien voyage, les fameux Achéménides de la Perse et de l'Orient. Il avance en outre et affirme même que les Maures africains doivent leur origine à des Mèdes, parce que le mot arménien *Mar* signifie *Mède*, et qu'il y a des *Mares* dans l'armée de Xerxès.

Si parmi toutes ces émigrations mentionnées par Salluste et aveuglément adoptées par Saint-Martin, il y en avait une de probable, ce serait celle des Assyriens et des Arabes nomades, leurs sujets, répandus autour de la Mésopotamie sur les rives du Tigre et de l'Euphrate.

On concevrait qu'un peuple voisin de la mer, maître de deux grands fleuves, surchargé peut-être d'une population trop abondante, en aurait embarqué une partie sur des vaisseaux; ou plutôt que ces peuples nomades, chassés par la disette ou refoulés par des tribus conquérantes, fussent venus dans le quatorzième ou le quinzième siècle avant J. C., en passant par l'Égypte, s'établir en Afrique, et se soient étendus insensiblement jusqu'aux bords de l'Océan, comme nous avons vu les Arabes le faire, aux sixième et septième siècles de notre ère. Il est peu probable, je le répète, que les Perses, les Arméniens et les Mèdes, peuples montagnards, méditerranéens, attachés au sol et à des habitations fixes, que nous ne voyons jamais dans l'antiquité émigrer ni coloniser, soient venus de si loin et à travers tant d'obstacles implanter leur domination sur les bords de l'océan Atlantique, devenir des Numides pasteurs, et changer entièrement les mœurs, les habitudes et les usages d'une ancienne civilisation. Nous savons, au contraire, assez positivement qu'Utique, Cadix et Carthage furent fondées par des Phéniciens, du douzième au neuvième siècle de notre ère.

Pour émettre une conjecture un peu probable sur l'origine des anciens habitants de l'Afrique, j'ai pensé qu'il fallait recourir à un autre ordre de combinaisons, s'appuyer sur des faits plus précis, et chercher, dans la configuration physique des diverses parties du globe, les motifs, la possibilité et la probabilité des émigrations lointaines.

Dans une position géographique donnée, la nature du sol et sa forme, qui résultent de causes toutes géoplastiques, établissent les principales conditions de l'existence des peuples, de leurs mœurs, de leurs habitudes, et du rôle qu'une contrée a joué sur la scène du monde. Ce n'est pas seulement un climat à peu près uniforme qui fait de l'Inde supérieure, de la Perse, de l'Asie Mineure, de la Syrie, de la Grèce, de l'Italie, du midi de l'Allemagne et de la France, de toute la péninsule Ibérique, une région physique distincte : c'est encore l'uniformité de leur constitution géognostique, reconnue aujourd'hui depuis Lisbonne jusqu'au Liban, et même depuis les pentes orientales de l'Immaüs jusqu'aux points où les chaînes des Pyrénées, des montagnes espagnoles et portugaises vont se perdre dans l'Atlantique. Les peuples de ces diverses contrées pouvaient, dans leurs migrations à travers cette large bande, retrouver, avec le même ciel, les mêmes qualités du sol, les mêmes formes, les mêmes aspects, les mêmes productions, et toutes les circonstances physiques qui exercent une si puissante influence sur les peuples dans l'enfance de la civilisation.

Tout changeait, au contraire, de nature et d'aspect, si l'on se dirigeait ou vers le nord ou vers le midi. Là, deux régions géognostiques d'une immense étendue ouvraient encore, de l'orient à l'occident, deux nouvelles voies aux mouvements des peuples : l'une en suivant les plaines sablonneuses de l'Arabie et de l'Afrique, l'autre à travers les immenses steppes des terrains tertiaires du nord de l'Asie et de l'Europe.

Ces antiques migrations des peuples, depuis longtemps effacées des pages de l'histoire, sont tracées en caractères indélébiles dans la constitution géologique du globe, dans les éléments de notre langage, dans le type et les formes de nos animaux domestiques. Ce grand événement de l'histoire primitive, aucun monument écrit ne l'atteste, et cependant nul fait historique n'est mieux prouvé.

En moins de cinquante ans les recherches patientes des philologues ont établi, sur des témoignages irrécusables, l'analogie et la filiation des idiomes indo-persans avec les langues anciennes et modernes de l'Europe.

Une étude longue et consciencieuse de l'histoire ancienne des animaux m'a démontré que la grande partie de nos espèces domestiques est originaire de l'Asie. Ainsi, l'histoire naturelle, quoique procédant par d'autres moyens que la philologie, confirme ce fait remarquable : c'est qu'antérieurement aux temps historiques il est venu, dans notre occident, une grande immigration des peuples orientaux, qui, s'avançant de l'est à l'ouest à travers une vaste zone dont le climat, dont la constitution géognostique, dont les qualités du sol et les productions étaient semblables, nous ont apporté les éléments de leur langage, leur civilisation adulte, et les animaux qui en marquent l'origine et les progrès. Les recherches que j'ai entreprises sur l'histoire ancienne de nos oiseaux domestiques, de nos céréales et de nos plantes usuelles, n'ont fait jusqu'ici que confirmer ce résultat.

Maintenant l'histoire positive doit être appelée en témoignage. L'empire persan naît avec Cyrus, et grandit sous ses successeurs. La configuration du terrain, le climat et les productions ont posé d'avance les jalons de la marche et du terme de ses conquêtes. De l'Immaüs au Caucase, du Caucase au Taurus et au Liban, tout se soumet sans résistance, tout s'amalgame en peu d'années : c'est que les lois invariables de la nature et du climat avaient doué ces vastes régions du même ciel, du même sol, des mêmes productions ; c'est que les conséquences nécessaires de ces lois immuables avaient créé chez les habitants de cette zone l'identité de langage, l'identité de culture, enfin l'analogie de mœurs, d'habitudes et d'usages, qui dérivent inévitablement de ces conditions naturelles et sociales. L'ambition ne connaît point de bornes. Darius et ses successeurs aspirent à reculer les limites de leur immense empire : le *hasard* ou la *liberté* sauvent la Grèce, que sa configuration, sa communauté d'origine exposaient à un danger imminent. La nature seule triomphe des bataillons innombrables de Darius dans les steppes herbeuses de la Scythie, tout comme elle anéantit d'un souffle les armées de Cambyse dans les déserts arides et sablonneux de la Libye. La nature dit à l'invasion, comme Jéhovah à la mer : « Jusqu'ici, pas plus loin ; *Huc usque, nec amplius.* »

Alexandre parut en un moment dans tout l'univers, c'est-à-dire dans cette vaste zone, analogue à la Grèce de climat, de mœurs et de langage, qu'occupait l'empire persan. Il fait plus : il y sème la civilisation grecque ; mais cette plante exotique ne peut croître ni prendre racine dans les plaines glacées de la Transoxiane et dans les sables brûlants de l'Arabie. C'est un autre monde, ce sont d'autres mœurs.

Rome, guerrière en naissant, semble avoir été fondée pour conquérir, gouverner et discipliner l'univers. Son histoire, si longue et si variée, doit servir de pierre de touche pour signaler le faux alliage, s'il en existe, dans la théorie que j'ai entrepris d'établir. Dans presque toute la zone montagneuse que j'ai signalée, dans la région des céréales, des peuples agricoles et sédentaires, elle porte ses aigles victorieuses, et le vol de l'oiseau de Jupiter n'est pas moins rapide que ses conquêtes. Où s'arrêtent les invasions successives de l'ambitieuse usurpatrice? A l'est et au sud, devant les déserts brûlés de la Mésopotamie, de l'Arabie et de l'Afrique; au nord, devant les marais et les forêts épaisses du terrain tertiaire de la Hollande et de la Germanie. Trajan ne franchit un moment ces limites naturelles que pour les voir tout à coup abandonnées. Ici, l'exception confirme la règle. La loi du sol, du climat, des mœurs et des habitudes qu'ils commandent, cette loi puissante reste immuable, et prouve que le bras le plus fort, que les courages les plus fermes sont des roseaux qui ploient devant les forces irrésistibles de la nature.

La régence d'Alger nous offre, dans sa constitution géognostique, les deux zones qui ont déterminé, de l'orient à l'occident, l'émigration des peuples agriculteurs, et, du sud-est au nord-ouest, celle des peuples nomades. Aussi, deux races bien distinctes s'y touchent sans se confondre. Ce sont, dans l'antiquité, les Numides et les Berbères; de nos jours, les Arabes et les Kabyles. Ici, comme dans les différentes zones que j'ai indiquées, la constitution physique du sol, et le climat qui en dépend, ont déterminé invariablement les différentes espèces de productions, de cultures et d'habitations, de mœurs, d'habitudes et d'usages, qui en sont la conséquence obligée. Tels sont les faits positifs que nous présente l'histoire.

Quelles sont les premières colonies qui s'établissent sur la côte et dans les chaînes de l'Atlas qui avoisinent la mer? C'est une population syrienne, chananéenne, habitante des montagnes de la Syrie et de la Palestine. Ici l'idiome diffère entièrement de l'idiome indo-persan; c'est le type, c'est la forme, c'est l'origine sémitique qui prédomine dans le punique, et qui envahit le berbère. Cependant ces peuples, quoique différents de langage, conservent le mode d'habitation et de culture des peuples sortis de la souche indo-persane; tant la constitution géologique d'une contrée a d'influence sur les inclinations dominantes des peuples. Voyez au contraire les Arabes : s'élançant, à la voix de Mahomet, de leurs plateaux déserts de l'Arabie, ils travresent en courant la Syrie et l'Afrique, et en moins de cinquante ans ils établissent entièrement leur domination sur toutes les plaines, sur toutes les vallées longitudinales qui s'étendent entre le grand et le petit Atlas, depuis l'Égypte jusqu'aux confins de l'empire de Maroc. Certes, la ferveur de l'islamisme, l'audace et le mépris de la mort qu'il inspire à ses sectateurs, ne peuvent pas seuls expliquer le fait d'une conquête si complète et si instantanée. C'est qu'ils trouvaient sur leur route des peuples déjà nomades, parlant une langue analogue, ayant des mœurs et des usages semblables, le cheval et le chameau pour monture, une tente de feutre pour maison, la polygamie pour règle conjugale, enfin les habitudes de guerre, de pillage, de liberté sans frein, d'indépendance sauvage; héritage que leur avaient transmis leurs ancêtres, sortis, vingt siècles auparavant, des plaines sablonneuses de l'Arabie.

Voilà donc, en peu de mots, les deux races qui nous sont opposées. Dans l'Afrique et dans l'Orient, les siècles passent, les hommes et les mœurs restent immuables. Les Arabes de Constantine, d'Alger et d'Oran sont encore les Numides de Scyphax et de Jugurtha, tout comme les Kabyles de Bougie, du Jurjura, de l'Auras et des chaînes occidentales de l'Atlas sont les Maures qu'ont vaincus Marius, Suétonius Paulinus, Marius Turbo, Maximien, Bélisaire, et le belliqueux eunuque Salomon.

Dans toute espèce d'entreprise, il faut connaitre les chances favorables et les obstacles à surmonter. Or, dans toute l'antiquité, les Berbères ou Maures, peuple agricole et cultivateur, vivant sur des montagnes où la hauteur absolue maintient une température étrangère à cette latitude, habitant des villages et des maisons stables, peuple agricole et industriel à la fois, ont été soumis plus vite, et se sont unis d'une manière plus stable aux dominations romaine et carthaginoise, à la civilisation avancée de ces deux nations, que les Numides, peuple nomade, pasteur, sans agriculture et sans industrie.

Les Kabyles actuels sont des tribus sédentaires, vivant dans des maisons agglomérées, souvent couvertes en tuiles. Ils savent préparer les cuirs avec habileté, extraire et travailler le fer, fabriquer de la poudre et des armes, tisser avec la laine, le lin ou le coton, les vêtements à leur usage, et que leur habitation dans les montagnes, souvent fort élevées, leur rend plus nécessaires qu'aux Arabes de la plaine. Comme nos montagnards de l'Auvergne et de la Savoie, ils émigrent dans les villes et les plaines, pour y louer leurs bras et leur industrie. Comme parmi tous les habitants des montagnes, chez eux l'amour du sol natal est extrême, le goût du travail une vertu nécessaire, l'économie un besoin. Malgré l'état d'isolement où ils vivent, leurs dissensions et leur haine contre les usurpateurs successifs de l'Afrique, la propriété, comme on devait s'y attendre, est plus respectée chez eux que chez les peuples nomades. Ils ont conservé la culture chananéenne, et, au moyen de murs artificiels, ils cultivent, de gradins en gradins, toutes les pentes de leurs montagnes. Ces tribus sédentaires, agricoles et industrielles, semblent offrir plus de moyens d'action à la civilisation française. Un peuple qui a les mêmes habitudes, des mœurs et des besoins analogues à ceux de nos paysans répandus sur les montagnes de la France, semble devoir s'apprivoiser facilement, et se soumettre sans trop de résistance à la domination française.

Il nous semble donc que c'est avec les Kabyles qu'il

faut s'empresser d'établir des liens mutuels de commerce et d'échange, de créer des intérêts directs et positifs, comme les Romains et les Carthaginois l'ont fait avec les Berbères, et ce procédé leur a constamment réussi.

Les provinces de l'est et du midi de la France présentent, ne l'oublions pas, une constitution géognostique analogue à celle des chaînes de l'Atlas. Elles ont, par une conséquence obligée, une manière de vivre, une agriculture, une industrie, des mœurs semblables, mais bien supérieures à celles des Kabyles. La religion seule diffère; mais la croyance de ces descendants des Berbères est du scepticisme, en comparaison de la ferveur et du fanatisme des Arabes, enfants de Mahomet.

XXIII. Lorsque, après le partage du royaume, les députés eurent quitté l'Afrique, et que Jugurtha, au lieu du juste châtiment qu'il redoutait, se vit récompensé d'un crime, se croyant certain désormais que ses amis ne l'avaient point trompé à Numance, que tout à Rome était vénal, et d'ailleurs enflammé par les promesses réitérées de ceux qu'il venait tout récemment d'accabler de dons et de largesses, il n'eut plus d'autre pensée que d'envahir les États d'Adherbal. Il était, lui, plein d'activité, ne respirant que les combats; l'autre, aimant la paix, n'ayant jamais fait la guerre, d'un caractère doux, né pour souffrir l'insulte, craignant trop pour être à craindre. Il entre donc brusquement sur le territoire d'Adherbal, à la tête d'une troupe nombreuse. Il fait beaucoup de prisonniers et de butin, enlève les troupeaux, brûle les maisons; avec sa cavalerie il envahit une grande étendue de terrain, puis avec tout son butin et tous ses prisonniers il reprend le chemin de ses États, espérant qu'Adherbal, enflammé d'un juste dépit, viendrait à main armée venger cet outrage; ce qui fournirait un prétexte de guerre. Mais celui-ci, qui se sentait incapable de résister par la guerre, qui comptait sur l'amitié des Romains plus que sur les Numides, se contenta d'envoyer à Jugurtha des députés, pour se plaindre du tort qu'on lui faisait : ils n'en rapportèrent que des réponses outrageantes ; et pourtant il persista dans la résolution de tout souffrir, plutôt que d'entreprendre une guerre, tentative qui lui avait déjà si mal réussi. Cette conduite fut loin de ralentir l'ambition de Jugurtha : il avait d'avance envahi dans son cœur le royaume entier de son frère. Il ne se borne plus, comme la première fois, à une incursion furtive : à la tête d'une puissante armée, il reprend la guerre, et aspire ouvertement à régner sur la Numidie entière. Partout sur son passage il dévaste les villes et les campagnes ; il fait un butin immense, redouble la confiance des siens et les terreurs de l'ennemi.

XXIV. Adherbal, se voyant dans l'alternative ou de renoncer à son royaume, ou de s'y maintenir par les armes, lève enfin des troupes, et marche à la rencontre de Jugurtha. Les deux armées se trouvèrent en présence non loin de la mer, près de la ville de Cirta [1]. Comme il restait trop peu de jour, le combat ne s'engagea point. Mais vers la fin de la nuit, l'obscurité régnant encore, les soldats de Jugurtha, au signal donné, se jettent sur le camp des ennemis. Ils les trouvent, les uns à moitié endormis, les autres ne faisant que prendre leurs armes ; ils les mettent en fuite et les dispersent. Adherbal, avec quelques cavaliers, se réfugie à Cirta. Sans un grand nombre d'Italiens qui se trouvaient dans la ville, et dont la valeur écarta des remparts les Numides acharnés dans leur poursuite, le même jour eût vu commencer et finir la guerre entre les deux rois. Jugurtha fait investir la place : avec les mantelets, les tours, les machines de tout genre, il essaye de l'emporter de vive force. Il redoublait d'activité pour prévenir le retour des ambassadeurs qu'il savait qu'Adherbal avait expédiés à Rome avant le combat. Le sénat, informé de la guerre, fait partir trois envoyés à peine sortis de l'adolescence, et leur ordonne de signifier aux deux rois, de la part du sénat et du peuple romain, qu'ils mettent bas les armes ; que la justice et non la force doit terminer leurs

---

[1] Salluste, suivant sa coutume, manque de précision ; car Cirta ou Constantine est à trente lieues environ de la Méditerranée. *Voy.* sur cette ville nos observations à la suite du ch. LXXXII de Salluste.

différends ; que l'honneur de Rome, que leur propre honneur l'exige ainsi.

XXV. Les envoyés se hâtèrent de se rendre en Afrique, d'autant plus qu'au milieu des préparatifs de leur départ la nouvelle du combat et du siége de Cirta était déjà venue à Rome, mais, il est vrai, fort adoucie. Jugurtha répondit à leurs représentations : « Qu'il n'y avait rien de plus respectable et de plus sacré pour lui que les décisions du sénat ; dès sa première jeunesse, il s'était toujours efforcé de mériter l'estime des gens de bien : ce n'était point par des mœurs perverses, mais par des qualités louables, qu'il avait su plaire à un grand homme, tel que Scipion[1]. Si Micipsa, père de deux enfants, l'avait appelé par l'adoption à sa couronne, il le devait sans doute à quelques vertus ; mais plus il avait montré dans sa conduite d'honneur et de courage, moins son cœur était fait pour endurer une injure. Adherbal avait attenté par des embûches perfides à sa vie ; instruit de ses lâches complots, il les avait prévenus. Le peuple romain manquerait à la raison et à la justice, s'il le privait d'un droit commun à tous les hommes. Enfin, ses députés allaient bientôt partir pour Rome, et y donneraient tous les éclaircissements convenables. » Les députés le quittèrent après cette entrevue ; il ne leur permit pas même de conférer avec Adherbal. Dès que Jugurtha les crut hors de l'Afrique, comme la position de Cirta ne permettait point de l'emporter d'assaut, il entoure les murs d'un retranchement et d'un fossé ; il élève des tours, qu'il remplit de soldats. Jour et nuit, il essaye tous les moyens de force ou de surprise : il cherche à ébranler les assiégés tantôt par les promesses, tantôt par la menace ; il ne cesse par ses exhortations de ranimer le courage des siens, et, toujours actif, il pourvoit à tout. Adherbal, réduit aux plus fâcheuses extrémités, n'attendant aucune grâce d'un ennemi implacable, sans espoir de secours, dans l'impossibilité de soutenir plus longtemps le siége par le manque des choses les plus nécessaires, choisit, parmi les cavaliers qui s'étaient jetés avec lui dans Cirta, deux hommes de résolution. Autant par des pro-

---

[1] Scipion Émilien, le second Africain.

messes que par le tableau touchant de son infortune, il les détermine à se risquer la nuit au travers des retranchements ennemis, d'où ils pouvaient gagner la mer et de là se rendre à Rome. Les Numides eurent en peu de jours rempli leur mission. La lettre d'Adherbal fut lue dans le sénat; elle était conçue en ces termes :

XXVI. « Pères conscrits, n'imputez point au malheureux
« Adherbal l'importunité de ses prières; n'en accusez que les
« violences de Jugurtha. Dans l'ardeur de ma destruction, qui
« le dévore, il ne songe plus ni à vous, ni aux dieux; il veut
« mon sang avant tout. Voilà déjà le cinquième mois qu'il
« tient assiégé par ses armes un ami, un allié du peuple romain.
« Ni les bienfaits de Micipsa mon père, ni vos propres décrets,
« ne peuvent me défendre; et j'ignore quel fléau me presse plus
« vivement, le fer ou la faim. Je n'en dis pas davantage,
« pères conscrits; mon malheur me fait une loi de cette dis-
« crétion. Je n'ai que trop éprouvé combien les infortunés
« trouvent peu de créance. Mais pourtant puis-je me dissimu-
« ler que ses projets ne se bornent point à moi, qu'il ne se
« flatte point d'avoir à la fois et mon royaume et votre
« amitié? Qui ne voit même que son choix est déjà fait? Eh!
« ne s'est-il point assez dévoilé lorsqu'il assassina mon frère
« Hiempsal, et que depuis il m'a chassé du trône paternel?
« Sans doute des injustices qui ne toucheraient que moi ne mé-
« riteraient point votre intervention. Mais c'est votre propre
« royaume que ses armes ont envahi; c'est le monarque donné
« par vous-mêmes aux Numides que ses armes tiennent em-
« prisonné. Les représentations de vos députés, on voit le cas
« qu'il en fait par le péril où je suis. Que vous reste-t-il donc,
« sinon de déployer votre puissance, pour lui imposer en-
« fin? Eh! plût aux dieux que tous les attentats dénoncés dans
« cette lettre, et auparavant dans mes plaintes au sénat, fus-
« sent de vaines allégations, et que mes malheurs ne les eus-
« sent pas si bien justifiées! Mais puisque je suis né pour être
« la preuve éclatante de la perversité de Jugurtha, pères cons-
« crits, ah! daignez m'arracher sinon à la mort, sinon à l'in-
« fortune, du moins à l'horreur de tomber au pouvoir d'un en-

« nemi, à l'horreur des tortures que sa cruauté me prépare !
« Disposez à votre gré du royaume de Numidie, qui est votre
« bien ; sauvez-moi seulement de ses mains fratricides. Je
« vous en conjure par la majesté de votre empire, par les saints
« nœuds de l'amitié, s'il vous reste quelque ressouvenir de
« mon aïeul Massinissa. »

XXVII. Sur la lecture de cette lettre, quelques-uns ouvrirent l'avis d'envoyer une armée en Afrique, de donner au malheureux Adherbal les plus prompts secours, et, en attendant, de prendre un parti sur Jugurtha, puisqu'il n'avait point obéi à la députation du sénat. Mais tous les partisans du monarque se liguèrent de nouveau ; et ils firent de si puissants efforts, qu'ils empêchèrent que le décret ne passât. Le bien public fut donc sacrifié, comme il arrive presque toujours, aux considérations personnelles. Toutefois, on expédia en Afrique une nouvelle députation, composée cette fois de personnages recommandables par l'âge et la naissance. Tous avaient été revêtus des plus éminentes dignités. Dans le nombre était ce Marcus Scaurus dont j'ai déjà parlé, consulaire, et alors prince du sénat. Pressés par les vives instances des Numides et par l'opinion publique soulevée contre Jugurtha, ils ne mirent que trois jours à leur embarquement. Arrivés bientôt à Utique, ils écrivent à Jugurtha de venir incessamment les joindre dans la province romaine ; qu'ils avaient à lui communiquer des ordres du sénat. Lorsque Jugurtha apprit que des hommes de cette considération, qu'il savait avoir la plus grande influence à Rome, étaient venus pour traverser ses desseins, d'abord son esprit, combattu par la crainte et par l'ambition, fut agité de mille mouvements contraires. Il redoutait la colère du sénat, s'il n'obéissait aux députés ; d'une autre part, l'égarement de sa passion l'entraînait à consommer son crime. Enfin, dans cette âme ambitieuse les partis violents l'emportèrent. Il développe toute son armée autour de Cirta, et fait donner un assaut général, ne doutant pas qu'en forçant ainsi l'ennemi de se partager, il ne trouvât jour à réussir, soit par force, soit par surprise. Comme son attente fut trompée, et qu'il vit impossible l'exécution du projet qu'il avait si fort à cœur, celui de se rendre maître de la personne d'Adherbal avant d'aller trouver les députés, il craignit pourtant qu'un plus long délai n'enflammât contre lui Scaurus, celui de tous qu'il redoutait le plus, et il se rend près d'eux, escorté de quelques cavaliers. On le menaça vivement de la part du sénat, sur ce qu'il s'obstinait à ne pas lever le siége. Toutefois, après de longs et fréquents pourparlers, les députés se retirèrent sans avoir rien obtenu.

XXVIII. Lorsqu'on sut à Cirta le peu de succès de leurs démarches, les Italiens, dont la valeur avait jusqu'alors reculé la prise de la ville, se flattant que la grandeur du peuple romain saurait bien toujours faire respecter leurs personnes, conseillent à Adherbal de rendre la place à Jugurtha, de se borner à demander pour lui la vie sauve, et pour le reste de s'en remettre au sénat. Quoique ce prince comprît que de toutes les extrémités la plus cruelle était de se fier à Jugurtha, cependant, comme ils pouvaient le contraindre s'il s'y refusait, il se détermine à suivre leur conseil, et fait sa capitulation. Jugurtha commence d'abord par faire périr Adherbal dans les plus affreux supplices; puis, ne faisant nulle distinction d'Italiens ou de Numides, n'exceptant que les enfants seuls, il fait massacrer tout ce qui tombe dans les mains de ses soldats.

XXIX. Quand on eut reçu cette nouvelle à Rome, et que le sénat eut commencé à s'en occuper, toute cette troupe qui était aux gages du monarque, interrompant la discussion, la traînant en longueur par son crédit, souvent par les altercations qu'elle faisait naître, parvenait déjà à refroidir sur l'atrocité du crime. Sans Memmius, tribun du peuple désigné, esprit ardent, conjuré de tout temps contre la puissance de la noblesse, et qui dévoila au peuple romain ce complot formé par un petit nombre d'intrigants pour ménager à Jugurtha l'impunité de son forfait, toute cette chaleur des mécontentements publics se fût entièrement dissipée dans les lenteurs de la délibération, tant avaient de force le crédit du monarque et son argent! Mais, à la fin, le sénat, qui avait la conscience de sa prévarication, craignit les reproches du peuple : la Numidie fut, avec l'Italie, un des départements assignés d'avance aux futurs consuls, d'après la loi Sempronia. Ces consuls furent Publius Scipio Nasica et Lucius Bestia Calpurnius. La Numidie échut à Calpurnius, l'Italie à Scipion. On enrôle une armée pour l'Afrique, on décrète la solde des troupes, enfin tout ce qu'exige la guerre.

NOMBRE ET COMPOSITION DE L'ARMÉE ROMAINE.

L. Calpurnius Bestia fut, comme on voit, le premier consul chargé de la guerre contre Jugurtha : *Calpurnio Numidia obvenit*[1]. Nous pourrions déduire exactement de ces trois mots le nombre et la proportion des différentes armes du corps d'expédition, du moins pour ce qui concerne les Romains et les peuples italiques. Il y eut vingt mille hommes d'infanterie tant romaine que latine, dix-huit cents hommes de cavalerie, dont six cents légionnaires et douze cents Italiens. Quant au nombre des troupes légères italiennes ou étrangères, il ne nous a pas été transmis par Salluste ; mais on ne peut certainement le porter au delà de celui des troupes romaines ou italiennes, d'après l'usage constamment suivi dans les armées consulaires. Cette supposition se change en certitude par un passage[2] d'Orose, qui porte le nombre total de l'armée de Calpurnius à quarante mille hommes. Ce passage curieux a été puisé par cet historien dans les histoires complètes de Tite-Live et de Trogue-Pompée, comme je crois l'avoir établi dans l'Appendice III, *sur les sources où a puisé Orose*, dans ma *Topographie de Carthage*, p. 256.

Rome avait un grand avantage sur la France dans une guerre de cette nature. Son infanterie pesamment armée n'avait peut-être pas plus de supériorité, en bataille rangée ou dans les siéges, sur l'infanterie numide, que nos bataillons bien organisés, pourvus de leur cavalerie, de leurs

---

[1] Sallust., *Bell. Jug.*, 29.
[2] V. xv, p. 521, éd. Haverc.

corps d'artillerie et du génie, n'en ont sur les troupes arabes de la régence; mais elle pouvait joindre à ses cohortes fermes et solides, qui étaient en rase campagne autant de forteresses mobiles, des troupes légères en infanterie et en cavalerie, habituées dès l'enfance à l'exercice des armes de jet et de trait. Aussi nous voyons que l'armée de Métellus et de Marius était composée de cohortes de Liguriens, de Péligniens, de Marses, montagnards agiles, que l'habitude de gravir les rochers de leurs Apennins rendait propres à combattre sur les hauteurs escarpées de l'Atlas; de cavaliers thraces exercés dans leur patrie à la guerre des montagnes, de Baléares dont la fronde portait de loin des coups sûrs et mortels, et enfin d'auxiliaires numides en infanterie et en cavalerie, dont les uns avaient déserté les drapeaux de Jugurtha, et dont les autres avaient été probablement recueillis dans les débris du parti d'Adherbal et d'Hiempsal [1]. On peut même inférer de ce texte un peu vague de Salluste, « Le Latium, les peuples et les rois alliés, par les secours « volontaires qu'ils fournirent, secondèrent à l'envi les « préparatifs de Métellus [2], » que ce général eut à sa disposition plusieurs armes étrangères spéciales que l'historien ne nomme pas, telles, par exemple, que les archers crétois, les frondeurs rhodiens, les peltastes des Grecs, et la cavalerie thessalienne.

Marius [3], appuyé par la faveur du peuple, qui l'avait porté au consulat, trouva le moyen de se procurer une armée plus nombreuse que celle de Métellus. Il obtint des recrues pour les légions de Numidie, se fit envoyer un renfort d'auxiliaires par les rois et les nations alliées, attira sous ses drapeaux les plus braves soldats du Latium et de l'Italie,

---

[1] Sallust., *Bell. Jug.*, 42, 47, 113, 106.
[2] Socii nomenque latinum, ac reges, ultro auxilia mittendo, postremo omnis civitas summo studio adnitebatur. *Bell. Jug.*, 47.
[3] *Ibid.*, 86.

la plupart ses compagnons d'armes, ou connus par leur renommée ; il s'adjoignit même jusqu'aux *émérites*, qu'à force de caresses il obligea de partir avec lui. Il emmena plus de forces que la loi ne lui en avait accordées [1]. Ainsi Marius réunit le nombre et la qualité des soldats. On peut supposer que ces levées, jointes à l'armée de Métellus, formèrent un total de cinquante à soixante mille hommes, quoique Salluste ne donne pas les chiffres précis, dont la sécheresse lui parut sans doute contraire à l'élégante précision de sa narration historique.

La nature de notre travail nous oblige à établir, entre la composition de l'armée romaine et celle des armées françaises actuelles, un rapprochement qui ne sera pas, il faut l'avouer, à notre avantage. On a vu que Marius, général si habile, et qui avait parcouru tous les degrés inférieurs de la milice avant de s'élever au consulat, apporta le plus grand soin dans le choix et la qualité des soldats qu'il amena en Numidie. C'étaient, comme nous l'avons dit, des hommes connus par une valeur éprouvée, la plupart ses compagnons d'armes. Il avait mis lui-même à l'épreuve leur santé, leur vigueur pour résister aux fatigues, leur habileté dans les exercices militaires ; il avait été témoin de la bravoure et de la fermeté qu'ils avaient déployées dans les guerres précédentes. On voit même que le consul s'abaissa jusqu'à employer les caresses pour attirer sous ses drapeaux les vétérans qui avaient conquis leur retraite par vingt-cinq ans d'honorables services. Et certes il n'eut qu'à se louer des efforts qu'il avait faits pour engager ces vieux soldats à prendre du service dans son armée. Car lorsqu'ils furent surpris à l'improviste par Bocchus et Jugurtha dans leur marche des bords du fleuve Mulucha vers Cirta, les Romains

---

[1] *Bell. Jug.*, 91.

n'eurent pas le temps de former leur ligne de bataille; ils ne durent alors leur salut qu'à l'intrépide sang-froid des vétérans, et à leur influence sur les nouvelles recrues qu'ils encourageaient à se rallier, et à soutenir avec courage les efforts de l'ennemi [1].

Maintenant, la perfection qu'ont acquise les armes de l'artillerie et du génie peut nous donner quelques avantages sur les anciens dans la guerre de siége et de campagne. Mais l'infanterie, qui joue le principal rôle dans les expéditions militaires, est certainement chez nous inférieure à celle de Marius en Numidie. Notre grosse cavalerie, nos dragons et nos houzards sont d'une faible utilité contre la cavalerie arabe, armée de fusils auxquels elle sait donner une grande portée, dont elle se sert à cheval avec assez d'habileté, et qui combat comme les tirailleurs de notre infanterie légère. Enfin, la loi actuelle de la conscription, qui lève quatre-vingt mille hommes par année pour le recrutement des armées, et qui limite pour les fantassins, la cavalerie et les armes savantes, le temps du service militaire à sept ans, dont ils passent à peu près la moitié dans leurs foyers, ne fournira jamais à la France, pour ses expéditions dans l'Algérie, que des soldats pour ainsi dire novices, et la privera toujours de l'appui de ces vétérans qui, par leur expérience, leur habitude des fatigues et des dangers, sont, dans les occasions difficiles, pour les jeunes recrues un point de ralliement, un modèle de discipline et un motif d'émulation. Les sous-officiers et les officiers restent, il est vrai, plus longtemps sous les drapeaux. Mais il serait à désirer qu'on pût conserver un cadre assez étendu de vieux soldats, qui seraient, en cas de guerre continentale,

---

[1] Denique Romani veteres novique, et ob ea scientes belli, si quos locus aut casus conjungerat, orbes facere atque ita, ab omnibus partibus tecti et instructi hostium vim sustentabant. Sall. *Bell. Jug.*, 102.

le noyau d'une puissante armée, et un instrument d'une grande utilité pour les expéditions actuelles en Afrique. Car, dans l'état actuel de la régence, le pays manquant de routes, de culture, étant habité par des tribus nomades qui disparaissent, comme un nuage, avec leurs troupeaux, devant un ennemi qui ne peut que rarement les atteindre, on ne peut pas employer de grandes forces pour les expéditions militaires qui pénètrent dans l'intérieur, et c'est par la qualité des soldats qu'il faut remplacer le nombre. L'impossibilité d'approvisionner de vivres et de munitions une armée considérable dans un semblable pays, nécessite l'emploi de petits corps d'élite endurcis aux fatigues, et habitués à toutes les chances et à tous les périls de la guerre. L'infériorité du soldat français, relativement aux anciens Romains, dans les qualités naturelles et acquises, nous semble un fait incontestable. Mais s'il est toujours facile de signaler les défauts d'une institution, il ne l'est pas autant de la remplacer par une meilleure. Nous croyons avoir découvert la source du mal; nous n'avons pas la prétention d'en indiquer le remède.

Les Numides ne combattaient à pied ou à cheval qu'en tirailleurs, par escarmouches, et avec des armes de jet; une seule arme, la cavalerie [1], faisait presque toute leur force. Marius et Métellus se présentèrent avec une armée relativement peu nombreuse, mais complète et régulière. Ils l'avaient formée de l'élite des Romains et des nations barbares. Ils avaient pris dans toutes ces nations les divers corps de troupes qui convenaient à leurs desseins, et ils combattirent contre une seule arme avec les avantages de toutes les autres.

[1] *Voy.*, pour la promptitude des mouvements d'une tribu en cas d'alerte, M. E. Pellissier, *Annales algériennes*, t. I, p. 293. *Voy.* le *Tableau des mœurs et de la manière de combattre des Numides*, dans Claudien, *Bell. Gildonic.*, V, 433 sqq.

Quoique la Numidie offrît des ressources pour la nourriture de l'armée, et que Métellus eût sur ses derrières la province d'Afrique d'où il pouvait tirer des vivres, le sénat ne négligea point des précautions qui pouvaient paraître superflues, et fit toujours transporter de Sicile ou d'Italie les grains et les autres objets nécessaires pour l'approvisionnement de ses troupes [1]

COMPOSITION DE L'ARMÉE NUMIDE.

Les rois numides, par leurs relations fréquentes avec les Romains, avaient senti de bonne heure quelle était, dans la guerre, l'utilité d'une bonne infanterie. Syphax, d'abord auxiliaire des Romains contre les Carthaginois, demande aux députés des Scipions de lui laisser un officier pour instruire ses soldats. « Les Numides, dit-il [2], excel-
« lents cavaliers, n'étaient point exercés aux manœuvres
« de l'infanterie. Ses ancêtres n'avaient point connu d'autre
« méthode de faire la guerre; lui-même en avait contracté
« l'habitude dès l'enfance. Maintenant il avait à combattre
« un ennemi dont l'infanterie faisait la principale force, et
« s'il voulait égaliser les chances de succès, il lui fallait
« créer des fantassins. La grande population de la Numidie
« pouvait lui fournir des recrues en abondance; mais il
« ignorait l'art de les équiper, de les armer, de les ranger en
« bataille. Au défaut de cette science, ses armées ne for-
« maient qu'une multitude confuse et tumultueuse, exposée
« à toutes les chances du hasard. » Les députés condescendirent à ses désirs, et lui laissèrent un centurion, nommé Q. Statorius.

Statorius forma, de l'élite de la jeunesse numide, des

[1] *Jug.*, 30, 40, 47 : *Commeatum* allaque... quæ militibus usui forent in Africam portare.
[2] Tit.-Liv., XXIV, 48.

corps d'infanterie qu'il divisa en compagnies, leur apprit à marcher en ligne, à suivre leurs drapeaux, à garder leurs rangs, et à faire toutes les évolutions avec autant de précision que les Romains eux-mêmes. Enfin, il les rompit tellement aux fatigues et à tous les exercices de la discipline militaire, qu'au bout de quelque temps le roi put compter sur son infanterie autant que sur sa cavalerie, et que son armée défit les Carthaginois en rase campagne et en bataille rangée [1].

Il est probable que ces instructions militaires durent se perpétuer quelques années dans la Numidie, surtout puisque, dans l'espace de temps écoulé entre la seconde guerre punique et la guerre de Jugurtha, Massinissa et ses successeurs envoyèrent souvent aux Romains des auxiliaires en infanterie et en cavalerie [2], et que les chefs et les soldats de ces corps purent apprécier souvent les avantages de la composition et de la discipline des légions romaines. Jugurtha lui-même, que l'histoire nous représente comme un général habile et profondément instruit dans l'art de la guerre [3]; Jugurtha, qui avait servi sous les drapeaux de Scipion Émilien, le plus grand capitaine de son époque, Jugurtha avait employé toutes les ressources de son génie pour se créer une infanterie régulière, capable de résister aux légions romaines [4]. Il avait une cavalerie légère excellente; ses vélites, archers ou frondeurs, étaient certainement inférieurs aux troupes d'élite des mêmes armes qui combattaient dans l'armée romaine; mais il suppléait au défaut de consistance de son infanterie régulière par l'emploi des éléphants, qui existaient alors abondamment

---

[1] Tit.-Liv., XXIV, 48.
[2] *Jug.*, 7.
[3] Quod difficillimum in primis est et prælio strenuus erat, et bonus consilio. *Jug.*, 7.
[4] Gætulos in unum cogit, ac paullatim consuefacit ordines habere, signa sequi, imperium observare, item alia militaria facere. *Jug.*, 82.

dans l'Afrique septentrionale au nord de l'Atlas[1]. Ces animaux guerriers, portant sur leur dos des tours remplies d'archers et d'hommes de trait, étaient autant de forteresses vivantes qui, placées sur le front de la ligne de bataille, protégeaient l'infanterie numide, et autour desquelles elle pouvait se rallier. A la bataille du Muthul, l'infanterie numide résista tout le temps qu'elle fut appuyée par les éléphants; mais ces animaux, arrêtés à chaque instant par les branches des arbres, ce qui rompit leur ligne, ne tardèrent point à être enveloppés, et alors les Numides prirent la fuite en jetant leurs armes[2].

La nécessité de former une infanterie régulière et de dresser au combat des éléphants était d'autant plus impérieuse pour Jugurtha, que « chez les Numides, dit Salluste, après « une déroute, si l'on excepte les cavaliers attachés à la « personne du roi, tout le reste l'abandonne; chacun va où « son caprice le mène; ils n'attachent point de honte à cette « désertion : telles sont leurs mœurs et leurs usages[3]. » Aussi lorsque, après deux défaites consécutives, Jugurtha se résout à demander la paix, Métellus exige d'abord qu'il livre *tous ses éléphants*, deux cent mille livres d'argent, une certaine quantité d'armes et de chevaux, et de plus tous les transfuges.

---

[1] *Recherches sur la topographie de Carthage*, Appendice I, p. 226 et suiv.

[2] Numidæ tantummodo remorati, dum in elephantis auxilium putant, postquam eos impeditos ramis arborum, atque ita disjectos circumveniri vident, fugam faciunt, abjectis armis. *Jug.*, 57.

[3] Præter regios equites, nemo omnium Numidarum ex fuga regem sequitur; quo cujusque animus fert, eo discedunt : neque id flagitium militiæ ducitur : ita se mores habent. *Jug.*, 58.

PLAN DE CAMPAGNE DES GÉNÉRAUX ROMAINS ET DE JUGURTHA.

La première année de la guerre, Calpurnius commandait l'armée romaine.

La suite du récit de Salluste va nous faire connaître et le caractère de ce général et ses opérations en Numidie.

XXX. Jugurtha ne s'attendait point à une détermination pareille; l'idée que tout se vendait à Rome s'était fixée dans son esprit. Il députe vers le sénat son propre fils, avec deux de ses plus intimes confidents. Il leur recommande, comme à ceux qu'il avait envoyés après le meurtre d'Hiempsal, de prodiguer l'or, de les attaquer tous avec cette arme. Comme ils étaient presque aux portes de Rome, Calpurnius mit en délibération, dans le sénat, si on recevrait les députés dans la ville [1]; et le sénat décréta que, s'ils ne venaient pas pour remettre à la discrétion du peuple romain et le royaume et la personne de Jugurtha, ils eussent à quitter l'Italie sous dix jours. Le consul fait signifier le décret aux Numides, qui s'en retournent avec le regret d'une tentative infructueuse. Cependant Calpurnius, ayant son armée toute prête, se donne pour lieutenants des nobles, des chefs de parti, dans l'espérance que leur grand crédit protégerait les prévarications qu'il pourrait commettre. Un de ces lieutenants était Scaurus, dont j'ai déjà indiqué le caractère et la politique. De toutes les qualités louables qui dépendent soit de l'esprit, soit du corps, le nouveau consul en réunissait un grand nombre, mais qui se trouvaient toutes entravées par sa cupidité. Il savait supporter la fatigue, ne manquait point de prévoyance, entendait assez bien la guerre; il avait de l'activité dans l'esprit, beaucoup de fermeté dans le péril et d'attention contre les surprises. Les légions furent menées par l'Italie à Rhége, de là transportées en Sicile, et enfin de Sicile en Afri-

---

[1] Le sénat recevait, dans un temple hors des murs, les députés des nations auxquelles il était décidé à faire la guerre.

que. Calpurnius, ayant commencé par assurer ses subsistances, entra en Numidie, poussa la guerre avec vigueur, fit beaucoup de prisonniers, et emporta quelques places l'épée à la main.

XXXI. Mais lorsque Jugurtha, par ses émissaires, eut commencé à le tenter par l'appât de l'argent et à lui faire envisager les difficultés de la guerre où il s'engageait, cette maladie d'avarice qui le travaillait eut bientôt enchaîné toute son activité. Il prend pour confident et pour agent de toutes ses menées Scaurus, qui dans les commencements, résistant à la corruption presque générale de son parti, s'était montré l'un des plus ardents antagonistes du roi, mais qui enfin, ébloui par la richesse des présents, oublia la justice et l'honneur, et se laissa entraîner dans la dépravation. D'abord Jugurtha ne songeait qu'à acheter le ralentissement de la guerre, afin de pouvoir, dans l'intervalle, faire agir à Rome son argent et son crédit. Quand il sut Scaurus mêlé dans leur intrigue, plein de l'espoir d'obtenir une paix avantageuse, il résolut d'aller lui-même en régler avec eux toutes les conditions. Pour la sûreté du monarque, le consul envoie le questeur Sextius à Vacca, ville qui appartenait à Jugurtha. Le prétexte fut d'aller recevoir le blé que Calpurnius, en public, avait exigé des envoyés du roi, pour prix de la suspension d'armes accordée en attendant sa soumission. Jugurtha se rend donc au camp, comme il s'y était décidé. Il dit quelques mots, en présence du conseil, touchant sa justification, et l'offre qu'il faisait de se soumettre. Tout le reste fut conclu en secret avec Bestia et Scaurus. Le lendemain, tous les articles étant présentés pêle-mêle, et les voix recueillies pour la forme, la soumission du roi est agréée, trente éléphants, du bétail, beaucoup de chevaux et un peu d'argent sont remis par lui au questeur, comme on l'avait prescrit en présence du conseil. Calpurnius retourne à Rome pour l'élection des magistrats[1]; et dans notre armée, comme dans la Numidie, il n'était plus question de guerre. »

---

[1] Son collègue, Scipion Nasica, était mort dans l'année de son consulat. C'est ce qui nécessita le retour de Calpurnius, parce qu'il fallait toujours qu'il y eût un consul pour présider aux élections.

Les moyens de corruption qui servaient à Jugurtha pour éviter la guerre, ou en éluder les effets, furent ensuite employés contre lui par Métellus, Marius et Sylla [1]. En général, comme on le verra dans la suite de ce travail, ce fut toujours en Afrique, dans tous les temps, un des grands éléments de succès. Ces peuples aiment l'argent [2], sont mobiles dans leurs affections, amoureux du changement, accessibles à la séduction, et ne se montrent point, autant que ceux du nord, fidèles à leur serment, ni esclaves de leur parole. Leur caractère a peu changé; et j'ai ouï dire, à des hommes qui connaissaient à fond les mœurs et les vices des Africains, qu'un million distribué avec habileté parmi les chefs politiques et religieux de la régence d'Alger, ferait plus, pour la conquête et la soumission de cette province, qu'un renfort de quinze mille hommes des meilleures troupes de la France. Nous ne conseillons pas l'emploi de semblables moyens; mais ce qu'on peut affirmer, d'après les témoignages unanimes de l'histoire, c'est que pendant sept cents ans, dans toutes leurs guerres en Afrique, les Romains n'ont point négligé d'employer la ruse, l'embauchage, la séduction ou la corruption; que ce procédé leur a constamment réussi, et que l'or, en divisant les partis ou en encourageant les défections, a toujours été un puissant auxiliaire pour leurs armes et un moyen prépondérant de succès.

Les plans de campagne de Jugurtha, les moyens employés par lui pour la défense de son royaume, varièrent suivant l'habileté ou l'incapacité, l'incorruptibilité ou l'avarice des généraux romains qui lui furent successivement opposés.

---

[1] *Jug.*, 50, 109, 111, 119.
[2] Quoique les Arabes aient peu de besoins, dit M. Pellissier, alors capitaine d'état-major, chef du bureau des Arabes à Alger, t. I, p. 299, ils sont avides d'argent, et aiment beaucoup à thésauriser.

Son talent principal nous semble avoir été une connaissance approfondie du caractère, des talents et des vices de son ennemi, et, de plus, une appréciation exacte des ressources que lui offraient la nature de son pays, les habitudes de ses sujets, et leur manière de combattre. Il fit presque toujours une guerre de ruses, de surprises, d'escarmouches et d'embuscades, à laquelle le génie de sa nation était merveilleusement approprié.

XXXII. Lorsque la renommée eut publié les détails de la négociation et de la manière dont elle s'était conduite, il n'y eut pas de lieu public dans Rome, il n'y eut pas de cercle où l'on ne s'entretînt de la prévarication du consul. Le peuple était dans l'indignation, le sénat dans l'embarras. On ne savait encore s'il approuverait une telle lâcheté, ou s'il annulerait le décret d'un consul. C'était surtout le grand ascendant de Scaurus, qu'on disait le conseil et le complice de Bestia, qui les écartait des bonnes et sages résolutions. Cependant, au milieu des incertitudes et des lenteurs du sénat, ce Memmius que signalait, comme je l'ai dit, le courage de son caractère et sa haine contre le pouvoir des nobles, ne cessait par ses harangues d'exciter le peuple à faire un exemple. Il lui répétait que la république, que la liberté étaient compromises; il lui remettait sous les yeux mille traits de l'arrogance et de la cruauté des nobles; il cherchait avec une ardeur infatigable tous les moyens d'enflammer l'esprit de la multitude. Comme l'éloquence de Memmius eut à Rome, dans ce temps-là, beaucoup d'éclat et d'influence, j'ai cru convenable de transcrire d'un bout à l'autre quelqu'une de ses nombreuses harangues. Je choisirai de préférence celle qu'il prononça devant le peuple, après le retour de Bestia : la voici, absolument dans les mêmes termes :

XXXIII. « Mille considérations m'éloigneraient de vous,
« Romains, sans l'amour du bien public qui l'emporte : d'un
« côté une faction puissante, de l'autre votre lâche résignation,

« l'impuissance des lois, le discrédit, que dis-je? les malheurs
« qui frappent la vertu. Certes je me sens humilié pour vous,
« en songeant combien, depuis ces quinze dernières années,
« vous avez été le jouet d'une oligarchie insolente, comme
« vous avez laissé périr misérablement et sans vengeance tous
« vos défenseurs, et comment l'indolence et la lâcheté ont tel-
« lement énervé votre âme, que dans ce moment-ci même où
« vos ennemis donnent tant de prise sur eux, vous n'osez pas
« vous relever encore, et que vous avez la faiblesse de craindre
« ceux-là même qui à coup sûr devraient trembler devant vous.
« Mais, malgré tous ces justes sujets de dégoût, mon courage
« m'impose la loi de braver une faction tyrannique. J'aurai du
« moins fait un essai de cette liberté que j'ai reçue avec le jour :
« cet essai vous sera-t-il infructueux ou profitable? Cela dépend
« de vous, Romains.

XXXIV. « Je ne viens point vous exhorter à suivre l'exem-
« ple que vous ont donné tant de fois vos pères, d'aller par les
« armes repousser l'oppression. Non; il n'est pas besoin de
« recourir à la force, d'abandonner ces murs : il suffit des vices
« de ces nobles pour précipiter leur ruine. Après l'assassinat
« de Tibérius Gracchus, qui, disaient-ils, aspirait à la royauté,
« il n'est point de procédures barbares qu'on n'ait exercées
« contre le peuple. Après le massacre de Caïus Gracchus et de
« Marcus Fulvius, une foule de citoyens de votre ordre pé-
« rirent encore dans les prisons : ce ne fut pas la loi, ce fut leur
« caprice seul, qui mit un terme à ce double fléau. Apparem-
« ment rendre au peuple ses droits, c'était aspirer à la royauté.
« Néanmoins, oublions, légitimons tout ce qui ne peut se venger
« que dans le sang des citoyens. Ces années précédentes, vous
« ne pouviez vous défendre d'une indignation secrète en voyant
« votre trésor au pillage, les rois et les peuples libres soumis à
« votre empire n'être plus que les tributaires de quelques nobles;
« ces nobles accumuler dans leurs mains l'excès des honneurs,
« l'excès des richesses. Toutefois, l'impunité de pareils forfaits
« n'a point suffi à leur audace; car voici qu'en dernier lieu, trafi-
« quant de vos décrets, de la majesté de votre empire, de tout
« ce qu'il y a de sacré parmi les hommes, ils l'ont vendu et livré

« aux ennemis de l'État ; et encore ils n'ont ni honte ni repentir.
« Que dis-je ? ils se montrent insolemment à vos regards, éta-
« lant, les uns leurs consulats et leurs sacerdoces, les autres
« leurs triomphes, comme s'ils les avaient honorablement ac-
« quis et non honteusement usurpés. Des esclaves qu'on achète
« se révoltent contre l'injustice de leurs maîtres ; et vous, Ro-
« mains, vous nés pour l'empire du monde, vous endurez pa-
« tiemment l'esclavage ! Mais quels sont donc ces hommes qui
« ont envahi la république ? Des scélérats, dont les mains dé-
« gouttent de sang, dont le cœur est dévoré d'une cupidité
« monstrueuse ; les plus criminels et en même temps les plus
« orgueilleux de tous les hommes. Honneur, bonne foi, religion,
« vices et vertus, tout est pour eux objet de trafic. Forts d'avoir,
« les uns, massacré vos tribuns, les autres, condamné arbi-
« trairement, la plupart, égorgé vos frères, ils se sont fait un
« rempart de leurs crimes. Ainsi leur sûreté se fonde sur l'ex-
« cès même de leurs attentats. La terreur qui devrait suivre
« leurs forfaits, ils l'ont attachée à votre lâche pusillanimité.
« La conformité de leurs désirs, de leurs haines, de leurs
« craintes, a cimenté leur union : conformité admirable entre
« les gens de bien, dont elle fait des amis, affreuse entre les
« méchants, dont elle fait des conspirateurs.

XXXV. « Que si vous preniez autant de soin de votre liberté
« qu'ils mettent d'ardeur à leur domination, certes nous ne
« verrions pas la république au pillage comme elle l'est main-
« tenant, et vos bienfaits seraient la récompense des bons ci-
« toyens, au lieu d'être la proie des pervers. Hé quoi ! vos
« pères, par une scission glorieuse, se retirèrent deux fois en
« armes sur l'Aventin, pour conquérir leurs droits, pour établir
« leur dignité ; et vous, pour le maintien de cette liberté qu'ils
« vous ont transmise, n'emploierez-vous pas tous vos efforts,
« et avec d'autant plus d'ardeur qu'il est plus honteux de laisser
« perdre ce qu'on possède, que de ne l'avoir possédé jamais ?
« On me dira : Que prétendez-vous donc ? Que tous ceux qui ont
« vendu l'État à l'ennemi, on en fasse justice, non par la vio-
« lence et le meurtre, moyen trop peu digne de vous, quoique
« leur perversité ne l'eût que trop justifié, mais par les voies

« juridiques, sur la déposition seule de Jugurtha. S'il est véri-
« tablement soumis, il se rendra sûrement à vos ordres. S'il
« ose désobéir, certes vous jugerez vous-mêmes la valeur d'une
« paix et d'une soumission qui n'auront fait que procurer à Ju-
« gurtha l'impunité de ses crimes, à un petit nombre de vos
« nobles des richesses immenses, et à la république des pertes
« réelles et du déshonneur. Mais peut-être vous n'êtes pas encore
« assez las de leur tyrannie, et vous regrettez le temps où vos
« royaumes et vos provinces, vos lois et vos priviléges, où les
« tribunaux, la guerre et la paix, les institutions religieuses et
« civiles, tout enfin était à la disposition de quelques nobles,
« tandis que vous, c'est-à-dire le peuple romain, ce peuple
« invincible, ce peuple dominateur des nations, vous vous
« trouviez trop heureux qu'ils daignassent vous laisser la vie;
« car pour la liberté, qui de vous osait alors y prétendre?
« Quant à moi, bien que persuadé que, pour un homme de
« cœur, le comble de l'ignominie est d'avoir reçu impunément
« un outrage, je vous verrais sans peine pardonner aux plus
« scélérats des hommes, puisqu'ils sont vos concitoyens, si cette
« compassion ne devait pas entraîner votre ruine.

XXXVI. « Oui, telle est leur incurable perversité, qu'ils ne
« s'en tiendront pas à un premier crime impunément commis,
« si vous ne leur ôtez le pouvoir d'en commettre de nouveaux;
« et il vous restera une inquiétude éternelle, réduits à l'alterna-
« tive de vous résigner à l'esclavage, ou de prendre les armes
« pour ressaisir votre liberté. Car enfin, quel gage de confiance,
« quel espoir de concorde? Ils veulent asservir, vous voulez être
« libres; ils veulent faire le mal, vous, l'empêcher; ils traitent
« vos alliés en ennemis, vos ennemis en alliés. Avec une telle
« opposition de sentiments, peut-il y avoir paix et concorde? Je
« ne puis donc trop vous le recommander et vous y exhorter,
« Romains : gardez-vous de laisser un tel crime impuni ! Il ne
« s'agit ici ni d'un péculat nuisible au trésor seul, ni de sommes
« d'argent extorquées à vos alliés. Malgré leur gravité, ces délits
« maintenant sont comptés pour rien, tant l'habitude nous a
« familiarisés avec eux. Mais on a sacrifié au plus dangereux de
« vos ennemis l'autorité du sénat, votre propre autorité; on a

« trafiqué de vos lois et de vos armes ; on a mis en vente la répu-
« blique. Si l'on n'informe contre le crime, si l'on ne sévit contre
« les criminels, que nous reste-t-il, sinon de fléchir humblement
« sous leur despotisme? Car le propre du despotisme est de
« tout se permettre impunément. Toutefois, n'imaginez pas,
« Romains, que je veuille exciter en vous ce coupable penchant
« qui vous ferait trouver plus de plaisir à rencontrer des coupables
« que des innocents : ce que je vous demande, c'est de ne point
« sacrifier les gens de bien, pour faire grâce à des pervers.
« Dans tout gouvernement, il vaut infiniment mieux oublier le
« bien que le mal. L'homme de bien qu'on néglige ne fait que
« perdre un peu de son zèle ; mais le méchant en devient plus
« méchant encore. D'ailleurs, si l'on tolérait un peu moins les
« prévarications, vous n'auriez pas si souvent besoin de dé-
« fenseurs. »

XXXVII. A force de tenir de semblables discours, Memmius persuade au peuple romain d'envoyer vers Jugurtha Lucius Cassius, alors préteur, qui, sous la garantie de la foi publique, amènerait ce monarque à Rome, afin que sa déposition servît à dévoiler les prévarications de Scaurus et de ses complices. Pendant que ceci se passe à Rome, tous ceux que Bestia avait laissés en Numidie à la tête des troupes, suivant l'exemple de leur général, commirent les malversations les plus infâmes. Gagnés par l'or de Jugurtha, les uns lui livrèrent les éléphants, d'autres lui vendirent les transfuges; une partie mettait les alliés au pillage ; tant cette contagion d'avarice avait infecté tous les esprits! La loi proposée par Memmius étant passée, au grand effroi de toute la noblesse, le préteur Cassius part pour se rendre vers Jugurtha ; et, malgré les terreurs du roi, malgré la juste défiance que lui inspirait la conscience de ses crimes, il lui persuade de le suivre ; il lui fait entendre que, puisqu'il avait fait sa soumission au peuple romain, il valait mieux se fier à sa clémence que de braver son pouvoir. D'ailleurs, il lui donne personnellement sa parole, dont le monarque ne faisait pas moins de cas que de la garantie publique; tant était célèbre à cette époque la loyauté de Cassius !

XXXVIII. Jugurtha donc arrive avec Cassius à Rome, non

dans l'éclat de la pompe royale, mais sous l'humble vêtement d'un accusé. Quoiqu'il eût par lui-même une grande fermeté d'âme, qu'il fût encore soutenu par tous ceux dont le crédit et les coupables manœuvres avaient favorisé tous les attentats dont j'ai parlé plus haut, il se ménage, et achète par des présents magnifiques un tribun du peuple, Caïus Bæbius. Il espérait se faire de l'effronterie de ce magistrat un rempart contre les lois et contre toute espèce d'insulte. L'assemblée convoquée, le peuple montrait contre le roi une animosité ardente : les uns parlaient de le mettre aux fers ; les autres, s'il ne déclarait ses complices, de lui infliger, suivant l'ancien usage, la peine de mort, comme à un ennemi public. Mais Memmius, écoutant la voix de l'honneur plutôt que celle de la colère, met tous ses soins à calmer ce mouvement, à radoucir les esprits ; il déclare qu'il ne souffrira pas la moindre atteinte à la foi publique. Quand il eut obtenu le silence, faisant paraître Jugurtha, il lui adresse la parole : il lui rappelle ses actions à Rome et en Numidie, il lui représente ses crimes envers son père et ses frères : le peuple romain, disait-il, ne connaissait déjà que trop les coopérateurs et les indignes agents de ses attentats, mais il voulait en avoir de sa bouche une déclaration plus expresse : s'il confessait la vérité, il lui restait de grandes ressources dans la clémence et dans la loyauté du peuple romain ; s'il gardait le silence, il ne sauverait point ses complices, et se perdrait infailliblement lui-même. A peine Memmius a cessé de parler, au moment où Jugurtha est sommé de répondre, Bæbius (c'était ce tribun gagné à prix d'argent) lui défend d'ouvrir la bouche. Toute l'assemblée, transportée de fureur, eut beau lui marquer son indignation par ses cris, par son air, souvent même par des gestes menaçants, enfin par tous les emportements que se permet la colère, l'effronterie du tribun n'en fut point intimidée. Le peuple, indignement joué, se retire : Jugurtha, Bestia, tous ceux enfin que consternaient ces poursuites, reprennent courage.

XXXIX. Un petit-fils de Massinissa se trouvait alors à Rome : c'était Massiva, fils de Gulussa. Comme dans cette querelle des rois il avait pris parti contre Jugurtha, aussitôt après la prise de Cirta et le meurtre d'Adherbal, il s'était enfui de l'Afrique.

Spurius Albinus, qui avait succédé immédiatement à Bestia, et qui était alors consul avec Q. Minucius Rufus, fait entendre à ce Numide que puisqu'il était du sang de Massinissa, que Jugurtha, chargé de l'exécration publique, en était réduit à trembler pour ses jours, il n'avait qu'à demander au sénat le royaume de Numidie. Le consul, impatient d'avoir une guerre à conduire, eût tout remué plutôt que de rester oisif. La Numidie lui était échue pour département, la Macédoine à Minucius. Massiva ayant entamé cette négociation, comme Jugurtha ne pouvait plus compter sur ses amis, enchaînés, les uns par le remords, les autres par l'infamie et par les terreurs qui les poursuivaient eux-mêmes, il s'adresse à Bomilcar, son parent et son confident le plus intime. Il le charge de trouver avec de l'or, moyen qui lui avait réussi tant de fois, quelques assassins qui poignardent son rival le plus secrètement possible : si ce moyen est trop lent, de l'en débarrasser à tout prix. Bomilcar eut bientôt exécuté les ordres du roi. Des hommes accoutumés à de pareilles manœuvres l'instruisent exactement de la marche de Massiva, de l'heure de ses sorties, des lieux où il passait. Ensuite l'embuscade est dressée. Quand le moment parut favorable, un de ceux qui s'étaient chargés de l'assassinat mit un peu d'imprudence dans l'attaque. Massiva fut poignardé; mais le meurtrier fut saisi; et, pressé par plusieurs personnes, par Albinus surtout, il dévoile tout le complot. Sur sa déposition, Bomilcar est cité en justice : en quoi l'on suivit les principes de l'équité naturelle plutôt que ceux du droit des gens, Bomilcar étant à la suite d'un prince qui était à Rome sous la garantie de la foi publique. Jugurtha, quoique visiblement convaincu de ce forfait horrible, ne cessa de combattre la vérité qui le pressait, que lorsqu'il eut reconnu enfin que son crédit et tout son argent échoueraient contre l'emportement de l'indignation publique. Dès la première plaidoirie, il avait donné cinquante de ses amis pour cautions de Bomilcar; mais, préférant à leur sûreté celle de sa couronne, il fait partir Bomilcar en secret pour l'Afrique, dans la crainte que ses sujets n'appréhendassent désormais de lui obéir, s'il eût laissé condamner Bomilcar au supplice. Quelques jours après il alla le rejoindre, le sénat lui ayant ordonné de quitter l'Italie. On rapporte que, sorti de la ville, il marcha longtemps en silence, regardant souvent en arrière; qu'enfin il s'écria : « O ville vénale, tu serais bientôt l'esclave de qui pourrait t'acheter! »

XL. La guerre s'étant donc rallumée, Albinus ne perd pas un instant pour faire transporter en Afrique les vivres, la solde des troupes, tout ce qui est nécessaire à une armée; lui-même il part sans délai, afin de pouvoir avant le temps des comices, qui n'était pas éloigné, soumettre Jugurtha de gré ou de force, et, de manière ou d'autre, terminer la guerre. Jugurtha, au contraire, traînait les choses en longueur; il faisait naître obstacles sur obstacles; il parlait de se rendre, puis il affectait des défiances; il reculait devant l'armée romaine; ensuite, pour ne point ôter la confiance aux siens, il marchait en avant. Ainsi, tantôt par les lenteurs de la négociation, tantôt par celles de la guerre, il se jouait du consul. Quelques-uns, dans le temps, ont soupçonné celui-ci d'intelligence avec le roi. Ils crurent que ce n'avait point été par négligence, mais par une collusion frauduleuse, qu'il avait ralenti tout à coup une guerre d'abord si active.

XLI. Le temps ainsi écoulé, et le jour des comices approchant, Albinus laissa le commandement à son frère Aulus, avec le titre de propréteur, et s'en revint à Rome. Dans ce moment les séditions excitées par les tribuns y agitaient cruellement la république. Publius Lucullus et Lucius Annius, tribuns du peuple, voulaient se proroger dans leur magistrature malgré l'opposition de leurs collègues : ces dissensions empêchaient les élections des magistrats. Tous ces embarras persuadèrent à Aulus, ce propréteur auquel on avait, comme je l'ai dit, remis le commandement, qu'il pourrait terminer la guerre, ou tirer de l'argent du monarque en l'intimidant par ses armes. Il fait sortir toutes les troupes de leurs cantonnements au mois de janvier [1], et, par un hiver rude, il marche à grandes journées vers Suthul, où étaient les trésors du roi. La rigueur de la saison et la position avantageuse de la place en rendaient la prise et même le siége impossible; car autour des murs bâtis au pied d'une montagne escarpée s'étendait une plaine basse et limo-

---

[1] Les quartiers d'hiver étaient probablement à Bone, à Stora, à Tabarca, villes possédées par les Romains sur la côte de Numidie.

neuse, dont les pluies de l'hiver avaient fait un marais[1]. Toutefois, soit qu'il n'eût d'autre dessein que d'intimider l'ennemi, soit que l'espoir de s'emparer des trésors l'aveuglât sur la possibilité du succès, il fait dresser les mantelets, fait élever l'agger, presse tous les travaux nécessaires pour un siége.

XLII. Jugurtha, ayant reconnu la vaniteuse impéritie du lieutenant, mettait tout son art à exalter la folle présomption d'Aulus. Il envoyait sans cesse des députés chargés de supplications; et lui-même, pour se donner l'air de la crainte, affectait de se couvrir toujours de forêts, de ne faire marcher son armée que par des sentiers détournés. Enfin, sous l'espoir d'un accommodement dont il le flatte, il détermine Aulus à quitter Suthul; et, par une fuite simulée, provoquant l'ennemi à le poursuivre, il l'attire dans des régions écartées, où il serait plus facile de dérober la trace d'une prévarication. Cependant jour et nuit ses émissaires travaillaient adroitement à débaucher l'armée. Il gagne des chefs et dans l'infanterie et dans la cavalerie; les uns devaient passer dans son camp, les autres, au premier signal, abandonner leurs postes. Lorsqu'il eut tout disposé selon ses vues, tout à coup, par une nuit obscure, une multitude de Numides enveloppe le camp romain. Dans l'effroi où cette attaque subite jette les soldats, les uns courent s'armer, les autres se cacher; d'autres rassurent les plus timides; partout règnent le tumulte et le désordre : la foule des ennemis, le ciel obscurci par la nuit et par les nuages, le péril de tous les côtés, tout rendait incertain s'il était plus sûr de fuir que de tenir ferme. Dans le nombre de ceux qui s'étaient vendus comme je viens de le dire, une cohorte de Liguriens, deux

---

[1] Quelques savants, Falbe entre autres, objectaient contre la synonymie de Suthul et de Guelma, que nous allons établir tout à l'heure, qu'il n'y a pas de marais en ce lieu. Mais d'abord Salluste dit que ce n'est qu'un marais temporaire formé par les pluies de l'hiver, et, contre sa coutume, précise le mois de janvier comme l'époque de l'expédition d'Aulus. De plus, M. Puillon Boblaye, officier d'état-major et géologue distingué, qui a fait la triangulation de cette contrée, pense que Suthul est réellement Guelma : « Il n'y a pas, « dit-il, de marais proprement dit; mais le sol gypseux et couvert d'une glaise « épaisse et tenace, comme aux buttes Chaumont près Paris, retient dans « l'hiver les eaux pluviales, et y forme des mares continuelles; ce qui me sem- « ble justifier suffisamment l'expression générale de Salluste. »

escadrons de Thraces, et quelques légionnaires, passèrent du côté du roi ; le primipilaire de la troisième légion introduisit l'armée ennemie par les retranchements qu'il était chargé de défendre, et ce fut par là que tous les Numides pénétrèrent. Nos soldats, jetant pour la plupart leurs armes, s'enfuirent lâchement sur une hauteur voisine. La nuit et le pillage du camp empêchèrent l'ennemi de poursuivre sa victoire. Le lendemain, Jugurtha, dans une conférence avec Aulus, se prévalut de la situation du général et de l'armée romaine, qu'il tenait enfermés entre le fer et la faim. Il ajouta pourtant que, connaissant les vicissitudes humaines, si Aulus consentait à traiter avec lui, il leur laisserait à tous la vie sauve ; qu'il se bornerait à les faire passer sous le joug. Il exigeait de plus que la Numidie fût évacuée sous dix jours. Quoique ces conditions infâmes fussent le comble de l'ignominie, comme il fallait les accepter ou mourir, on signa la paix telle que le roi l'avait dictée.

On voit, par l'exposé des faits, que la tactique principale de Jugurtha consiste à inspirer une fausse confiance à son ennemi, à se retirer dans l'intérieur du pays comme les Scythes devant Darius, les Parthes devant Marc-Antoine, les Perses devant Julien, les Russes enfin devant Napoléon. L'événement est toujours le même à peu près. L'armée d'Aulus passe sous le joug et la Numidie est évacuée, tout comme Marc-Antoine et Julien sont forcés d'abandonner leurs conquêtes en Arménie et en Mésopotamie, et Napoléon la Russie, la Pologne et la Prusse, qu'il avait envahies. Les armées françaises, celles du triumvir et de l'empereur byzantin subissent une humiliation moins grande ; mais elles sont bien plus affaiblies, et aussi désorganisées que celles d'Aulus [1].

Nous dirons en passant que cette forteresse de Suthul, dont

---

[1] *Jug.*, 42.

il est parlé dans Salluste, qui avait fait le désespoir de tous les géographes, est maintenant déterminée : Suthul est la même ville qui fut ensuite Calama ou Kalma, suivant la prononciation des Turcs[1]. « Jugurtha, dit Orose[2], écrasa « Postumius Aulus près de Calama, ville qui renfermait les « trésors du roi, dont l'appât avait attiré l'avidité du pro- « préteur. » Ce passage rapproché de celui de Salluste, qui dit qu'Aulus attaqua Suthul, place forte où étaient gardés les trésors du roi, et que la cupidité l'aveugla sur la possibilité du succès[3], prouve jusqu'à l'évidence que Suthul et Calama sont la même ville. Saint Augustin[4] la place entre Cirta et Hippône. Maintenant nous pouvons affirmer que Suthul et Calama sont identiques avec Ghelma, ville dont nous possédons maintenant un plan et des vues exactes, qui contient des ruines romaines, et qui est placée sur la rive droite de la Seibouse, entre Bône et Constantine[5]. Ainsi la détermination de ce point important fixe positivement le théâtre des opérations militaires d'Albinus et d'Aulus. Les quartiers d'hiver de ce dernier étaient sans doute dans les villes maritimes de la Numidie; et il sera probablement parti de Bône, qui était alors au pouvoir des Romains[6], pour se porter vers Cirta; comme l'armée du maréchal Clausel, en suivant cette voie militaire ancienne pour attaquer Constantine, est arrivée d'abord au point intermédiaire de Ghelma.

---

[1] Shaw l'affirme, traduction française, p. 108.

[2] Jugurtha, Postumium Aulum, apud Calamam urbem thesauris regiis inhiantem oppressit. V. 15.

[3] Aulus in spem adductus aut conficiundi belli, aut terrore exercitus ab rege pecuniæ capiundæ, pervenit ad oppidum *Suthul*, *ubi regis thesauri erant, cupidine cæcus, ob thesauros oppidi potiendi*. Jug., 41.

[4] E. II, in Petilian., c. 99 : Inter Constantinam ubi tu es, et Hipponem ubi ego sum, Calama ubi ille est, vicinior quidam nobis, sed tamen interposita.

[5] Ghelma est, suivant Shaw, un grand monceau de ruines où l'on trouvait encore, de son temps, des rangs de colonnes et autres antiquités. Shaw, traduction française, p. 152, et Cart., p. 152. Voyez de plus la carte comparée des régences d'Alger et de Tunis, par le colonel Lapie, 1829.

[6] *Recherches géographiques*, p. 73.

Jusqu'alors la ruse et la corruption avaient réussi à Jugurtha. Mais la scène change de face : il a pour adversaire Métellus, général habile, d'une activité infatigable et d'une incorruptibilité à toute épreuve.

Il sera curieux d'examiner en détail les plans d'opération de ces deux grands capitaines, soit pour la conquête, soit pour la défense du pays.

XLIII. La nouvelle de la défaite d'Aulus plongea Rome dans la douleur et dans la consternation. Les uns s'en affligeaient pour l'honneur de l'empire; d'autres, par inexpérience, s'exagérant le péril, se figuraient déjà dans les fers de Jugurtha. Il n'y avait qu'un cri d'indignation contre Aulus. Surtout ceux qui s'étaient souvent signalés dans la guerre ne pardonnaient point à un homme qui avait l'épée à la main, d'avoir cherché son salut dans l'ignominie plutôt que dans ses armes. Dans cet état de choses, craignant que la prévarication de son frère n'attirât sur lui la haine, ne l'exposât même à un véritable danger, le consul Albinus soumit le traité à la délibération dans le sénat; et, en attendant la décision, il enrôle des recrues pour l'armée, il demande de nouveaux auxiliaires aux alliés et aux peuples du Latium; il redouble de soins et d'activité. Le sénat décida, comme il convenait de le faire, que, sans son ordre et sans celui du peuple, on n'avait pu conclure aucun traité valable. Lorsque le consul voulut emmener les troupes qu'il avait levées, les tribuns du peuple s'y opposèrent : il partit seul quelques jours après pour la province d'Afrique. Il trouva toute l'armée retirée de la Numidie, suivant la convention faite avec le roi, et en quartiers d'hiver dans la province romaine. Avant son arrivée, il brûlait de marcher contre Jugurtha pour apaiser l'indignation soulevée contre son frère. Mais quand il eut vu les soldats, qui, déshonorés par leur fuite, ne connaissaient plus de subordination, qui étaient perdus de licence et de débauche, il se décida à ne rien entreprendre.

XLIV. Pendant ce temps, à Rome, le tribun C. Mamilius

Limétanus propose au peuple une loi portant qu'on devait informer contre tous ceux qui, par leurs conseils, auraient fomenté dans Jugurtha le mépris pour les décrets du sénat; contre tous ceux qui, dans leur ambassade ou dans le commandement des armées, auraient reçu de l'argent de ce prince; contre tous ceux qui lui auraient livré les éléphants et les transfuges; contre tous ceux encore qui auraient fait avec l'ennemi des conventions secrètes, soit pour la paix, soit pour la guerre. Le projet de cette loi consterna tous les nobles, les uns parce qu'ils se sentaient coupables, les autres parce qu'ils redoutaient pour eux l'animosité des partis. Comme ils ne pouvaient combattre ouvertement la loi sans paraître approuver de pareilles prévarications, ils travaillaient secrètement par leurs amis, surtout par les citoyens du Latium et du reste de l'Italie, à faire naître des empêchements. Mais il est incroyable quelle roideur invincible le peuple sut opposer à toutes les résistances, avec quel degré d'énergie il prononça, décida, ordonna cette mesure, moins, il est vrai, par amour du bien public que par haine contre les nobles, que cette loi menaçait; tant la fureur de l'esprit de parti était extrême! Pendant que tous les autres se laissaient abattre par la crainte, Marcus Scaurus, ci-devant lieutenant de Bestia, comme je l'ai dit, profitant de la joie qui égarait le peuple, et du trouble qui agitait encore les esprits, parvint, au milieu de la déroute de son parti, à se faire nommer l'un des trois commissaires que la loi établissait pour la poursuite des prévarications. Les enquêtes se firent avec animosité et acharnement. On jugea sur des rumeurs et d'après le caprice du peuple, qui fit alors ce qu'avait fait souvent la noblesse, et qui abusa insolemment de sa victoire.

XLV. Cette division en parti populaire et en parti sénatorial avait, ainsi que les autres maladies de l'État, pris naissance quelques années auparavant; et ce fut le fruit du repos, et de la pleine jouissance de ce que les hommes regardent comme des biens suprêmes. Avant la destruction de Carthage, le peuple et le sénat se concertaient paisiblement et sagement pour administrer entre eux la république : on ne voyait point de ces combats entre des citoyens pour les honneurs et la domination : la crainte de l'ennemi maintenait les bons principes dans l'État. Mais sitôt qu'ils n'eurent plus cette crainte devant les yeux, ces deux vices où la prospérité se complaît, la mollesse et l'orgueil, vinrent les assaillir. Dans l'adversité, ils n'avaient soupiré qu'après le repos; et quand ils l'eurent obtenu, ils le trouvèrent plus rude et plus amer que l'adversité même. Dès ce moment, l'autorité ne fut plus que tyrannie dans les nobles; la liberté, que licence dans le peuple. Chacun attira le pouvoir à soi; on se le disputa, on se l'arracha. Il y eut toujours deux partis qui s'entre-choquèrent; et, dans ce conflit, la république, livrée à leurs fureurs, fut cruellement déchirée de toutes parts. Mais les nobles, par leur union, étaient les plus puissants; la force du peuple, désunie, dispersée dans la multitude, était moins efficace : au dedans et au dehors, tout se menait par le caprice de quelques patriciens : ils disposaient du trésor public, des gouvernements, des magistratures, des honneurs, des triomphes. Le peuple avait tout le poids du service et de la misère. Tout le butin qui se faisait à l'armée devenait la proie des généraux, de quelques-uns de leurs affidés; et, pendant ce temps, si le père d'un soldat, si ses enfants en bas âge se trouvaient à côté d'un voisin puissant, ils étaient chassés de leurs possessions. Ainsi la cupidité, réunie à la puissance, ne gardant ni frein ni mesure, envahissait, outrageait, dépeuplait tout autour d'elle : rien ne fut épargné, ne fut respecté, jusqu'à ce qu'enfin elle se creusa un précipice à elle-même; car, du moment qu'il se trouva des nobles plus jaloux de la véritable gloire que d'une injuste puissance, il y eut une secousse dans l'État, et le gouffre des dissensions civiles commença à s'ouvrir.

XLVI. Lorsque Tibérius et Caïus Gracchus, dont les ancêtres avaient, dans toutes nos guerres et dans celle de Carthage, si fort agrandi la république, voulurent rendre la liberté au peuple et dévoiler les crimes des grands, la noblesse, d'autant plus alarmée qu'elle se sentait plus coupable, avait, pour s'opposer aux desseins des Gracques, mis en mouvement tantôt les alliés et les peuples du Latium, tantôt les chevaliers romains, qu'elle avait détachés du peuple en les flattant de l'association ; employant le fer, les patriciens avaient commencé par massacrer Tibérius, un tribun du peuple ; et, quelques années après, lorsqu'ils virent Caïus, rentrant dans les mêmes projets, nommé triumvir pour l'établissement des nouvelles colonies, ils l'avaient également égorgé, ainsi que Marcus Fulvius Flaccus. Il est vrai que les Gracques, dans l'ardeur de la victoire, ne mirent point assez de modération ; mais l'homme de bien aime mieux être vaincu, que de vaincre l'injustice avec des armes criminelles. Les nobles souillèrent leur triomphe par des vengeances arbitraires : ils anéantirent beaucoup de citoyens par le fer ou par l'exil ; et ils se préparaient par là plus de craintes dans l'avenir, qu'ils ne se donnaient de puissance. Rien même n'a été plus fatal aux grands États que lorsque des factions rivales ont voulu vaincre à tout prix, et exaspérer les vaincus par d'impitoyables vengeances. Mais si je voulais parler en détail de l'animosité de nos partis, des autres vices de notre république, et m'étendre autant que le demanderait l'importance du sujet, le temps me manquerait plutôt que la matière. Je reprends donc mon récit.

XLVII. Depuis le traité d'Aulus et la déroute honteuse de notre armée, Q. Métellus et M. Silanus, consuls désignés, avaient partagé entre eux les départements : la Numidie était échue à Métellus, homme d'une activité infatigable, et qui, bien qu'opposé au parti du peuple, sut toujours s'en faire estimer par une vertu constamment irréprochable. Dès le premier instant qu'il est entré dans sa magistrature, sans négliger aucune des autres fonctions qui lui étaient communes avec son collègue, il s'occupe sans relâche de la guerre qu'il allait entreprendre. Comptant peu sur l'ancienne armée, il enrôle de nouvelles troupes ; il fait venir des renforts de tous côtés ; il se pourvoit d'armes, de traits, de chevaux, et autre attirail militaire ; il fait en outre de grands approvisionnements de vivres, et en général de tout ce qui pouvait parer aux besoins imprévus qu'amènent les vicissitudes de la guerre. Il est vrai que le sénat par ses décrets, le Latium, les peuples et les rois alliés, par les secours volontaires qu'ils fournirent, tous les citoyens, par la chaleur de leur zèle, secondèrent à l'envi ses préparatifs. Tout réglé, tout disposé selon ses désirs, il part pour la Numidie, laissant de puissants motifs de confiance dans ses éminentes qualités, surtout dans l'idée qu'il portait un cœur invincible à la corruption; et, en effet, jusqu'à ce jour c'était la cupidité de nos magistrats qui avait fait en Numidie les malheurs de l'empire et les succès de l'ennemi.

XLVIII. Arrivé en Afrique, il trouve, dans l'armée que lui remet le proconsul Albinus, des soldats non exercés, non aguerris, redoutant la fatigue et le péril, très-hardis en propos, fort peu dans l'action; faisant leur proie des alliés, et devenus eux-mêmes la proie de l'ennemi; ne connaissant ni commandement ni subordination. De pareilles troupes, par leurs vices, étaient plus faites pour alarmer leur nouveau général, qu'elles ne pouvaient par leur nombre lui donner d'appui, lui inspirer de confiance : aussi, quoique les lenteurs des comices eussent beaucoup abrégé le temps de la campagne, et qu'il sût que l'attente d'un événement préoccupait tous les citoyens, il résolut de ne point entamer la guerre qu'il n'eût ployé ses soldats aux sévérités de l'ancienne discipline. Depuis qu'Albinus, consterné de l'échec qu'avait essuyé l'armée de son frère, avait pris le parti de se tenir renfermé dans la province romaine, il avait, pendant tout le reste de son commandement, tenu les soldats dans un camp stationnaire, si ce n'est lorsque la corruption de l'air et le manque de fourrages l'avaient forcé de se déplacer. Dans cette armée, on ne connaissait plus les règles militaires; on ne montait point de gardes; s'absentait du drapeau qui voulait : les vivandiers, confondus pêle-mêle avec les soldats, couraient la nuit comme le jour; et, dans leurs courses, c'était à qui pillerait les campagnes, entrerait à main armée dans les fermes, enlèverait les troupeaux et les esclaves; puis ils les échangeaient avec des marchands contre des vins étrangers et autres choses de cette nature. Ils vendaient le blé qui leur était fourni par l'État, et ils achetaient leur pain au jour le jour. En un mot, tout ce que la pensée peut exprimer, tout ce que l'imagination peut concevoir de honteux dans la mollesse et dans la débauche, tout cela se voyait dans cette armée, tout cela y était même surpassé.

XLIX. A mon sens, Métellus, dans sa conduite avec ses soldats, ne montra pas moins de génie et d'habileté que dans ses opérations contre l'ennemi; tant il sut garder un sage milieu entre les lâches condescendances et l'excessive rigueur¹! Il commença d'abord par ôter à la mollesse son aliment; il défendit, par une ordonnance, de vendre dans le camp du pain, ou d'autres aliments cuits; aux vivandiers, de suivre l'armée; aux soldats, d'avoir au camp et dans les marches ni esclaves ni bêtes de somme. Les autres désordres, il les combattit avec de l'adresse. Il décampait chaque jour, il prenait les routes de traverse; il faisait entourer le camp de fossés et de palissades, comme si l'ennemi eût été en présence; il multipliait les postes, et les visitait en personne avec ses lieutenants. Non moins vigilant dans les marches, il se trouvait tantôt à la tête, tantôt au centre et tantôt à la queue de l'armée, observant si le soldat ne s'écartait pas des rangs, s'il se tenait autour des enseignes, s'il portait lui-même ses armes et sa nourriture. C'est ainsi qu'en prévenant les fautes plus qu'en les punissant, il eut bientôt rétabli l'ordre dans l'armée.

Ce n'est pas à nous qu'il appartient de prononcer s'il y aurait quelque profit à tirer, pour les généraux qui commanderont dans l'Algérie, de ces chapitres où Salluste, homme de guerre lui-même, décrit la réorganisation d'une armée démoralisée. La sévérité pleine d'adresse et de modération qu'employa Métellus pour parvenir à ce but, peut servir de modèle aux plus habiles capitaines modernes; et peut-être, depuis la conquête d'Alger, les soldats français qui sont restés renfermés dans les places de guerre ou dans des camps stationnaires n'ont pu habituer leur santé au climat, leurs corps à la fatigue, et leur courage aux périls d'une lutte

---

¹ Cet éloge, dans la bouche de Salluste, a d'autant plus de poids que Métellus était l'un des chefs du parti aristocratique, contre lequel Salluste, tribun du parti populaire, se montre partout violemment animé.

que la nature du terrain, la différence des croyances, les mœurs et les usages des habitants rendent, il est vrai, très-difficile et très-opiniâtre.

L. Lorsque Jugurtha sut par ses émissaires ce qui se passait au camp de Métellus (et par lui-même il n'avait que trop su à Rome combien le consul était incorruptible), le découragement s'empara de son âme; et, pour cette fois, il songea sérieusement à faire sa soumission. Il envoie des députés dans l'appareil de suppliants : il se bornait à demander la vie sauve pour ses enfants et lui; il remettait tout le reste à la discrétion du peuple romain. Métellus avait déjà reconnu par plus d'une expérience la perfidie des Numides, la mobilité de leur caractère, leur amour pour le changement. Il prend chaque député l'un après l'autre; il les sonde adroitement, et, les ayant trouvés dans des dispositions favorables à ses vues, il achève de les gagner par des promesses magnifiques. Il obtient d'eux qu'ils feraient les plus grands efforts pour lui livrer Jugurtha vivant : que s'ils ne pouvaient, du moins ils le livreraient mort. En public, Métellus fait aux députés la réponse qu'ils doivent rapporter au roi[1]. Quelques jours après il entre en Numidie, tenant l'armée sur ses gardes et toujours prête à combattre, quoique rien dans le pays n'annonçât des dispositions hostiles. Pas un habitant n'avait quitté ses cabanes : les champs étaient couverts de troupeaux et de cultivateurs. Aux approches des villes et des bourgs, l'armée trouvait toujours des préfets du roi qui venaient offrir de livrer des blés, de transporter les provisions, de faire, en un mot, tout ce qui leur serait prescrit. Malgré ces démonstrations bienveillantes, Métellus ne mit pas moins de précautions dans sa marche que si l'ennemi eût été en présence. Il faisait éclairer au loin tous les lieux situés sur

---

[1] Certes nous sommes loin de conseiller l'emploi de semblables moyens, que la morale publique désavouerait aujourd'hui; mais cette conduite de Métellus est un trait curieux des mœurs romaines : elle prouve le mépris que le peuple-roi avait en général pour les barbares, puisque Métellus, le plus honnête homme de son siècle, ne se fait aucun scrupule d'employer contre un ennemi les moyens infâmes de la perfidie, de la trahison, et même de l'assassinat.

sa route, persuadé que tous ces signes de soumission n'étaient qu'une fausse apparence, et qu'ils couvraient un dessein de le surprendre. Il se tenait lui-même à la tête de l'armée avec les auxiliaires les plus lestes et l'élite des frondeurs et des archers ; Marius, son lieutenant, protégeait l'arrière-garde avec la cavalerie romaine. Sur les deux flancs il avait jeté la cavalerie auxiliaire, commandée en partie par des tribuns de soldats, en partie par des préfets de cohortes[1] : des vélites étaient encore entremêlés dans les rangs. Au moyen de ces dispositions, de quelque côté que pût venir l'ennemi, on était en état de le repousser. En effet, Jugurtha avait des ruses si habiles, une si parfaite connaissance des lieux, et un si grand talent militaire, que de loin comme de près, en pourparlers de paix ou en guerre ouverte, il était toujours également à craindre[2]. Non loin de la route que suivait Métellus, se trouvait une ville numide nommée Vacca[3], le marché le plus considérable de tout le royaume, où s'étaient établis et où venaient commercer une foule d'Italiens. En marchant sur cette ville, Métellus eut le double objet de sonder l'ennemi, et, s'il ne trouvait point d'obstacles, de s'assurer d'une place importante. Il y mit garnison, et ordonna qu'on y fît de grands amas de blé et de munitions de guerre. Il voyait, dans ce nombreux concours de marchands, une ressource pour l'armée, et dans cette ville, une place d'armes pour assurer ses conquêtes. Jugurtha, pendant ce temps, envoie de nouveaux députés demander la paix avec encore plus de supplications et d'instances. Hors la vie de ses enfants et la sienne, il abandonnait tout le reste à Métellus ; et Métellus, suivant avec ceux-ci le même plan qu'avec les autres, après les avoir

---

[1] Les tribuns de soldats étaient pour la légion, les préfets de cohorte pour les auxiliaires.

[2] *Voy.*, pour l'ordre de la marche de Métellus, le récit de la guerre de Jugurtha par Salluste, ch. 105.

[3] Bayja, la Vaga de Pline (v, 3), sur les frontières de la Numidie et de la Proconsulaire. C'est encore, dit Shaw, comme du temps de Salluste, une ville où se fait un grand commerce, particulièrement en blé : c'est, pour cette denrée, le plus fort marché du royaume de Tunis. (Shaw, trad. française, p. 210 et suiv.) Hebenstreit a visité Bayja, qu'il nomme Bagia ; il y a trouvé deux inscriptions en place, l'une impériale, l'autre de Caius Jul. Aurellanus. Voy. *Annales des Voyages*, t. XLVI, p. 71.

engagés adroitement à trahir leur maître, les renvoya sans refuser ni promettre la paix au roi : il comptait dans l'intervalle sur l'exécution de leurs promesses.

La prudente circonspection avec laquelle Métellus et Marius font éclairer leur marche, même lorsqu'il semble n'y avoir aucune apparence de danger, mérite, ce nous semble, d'être prise en considération par nos militaires, qui ont affaire à un peuple semblable aux anciens Numides. La conduite d'Abd-el-Kader avec les généraux Desmichels et Trézel a beaucoup de rapport avec celle de Jugurtha. Nous ferons aussi remarquer l'importance de Vacca, aujourd'hui Bayja, que Métellus, dans le commencement d'une campagne, choisit pour pivot d'opérations, et où il établit un magasin général d'approvisionnements et de munitions pour l'armée. Les relations commerciales qui, déjà du temps des rois numides, attiraient dans leur pays un grand concours de marchands italiens, ont dû être un acheminement à la soumission, à la fusion des peuples, et demanderont à être appréciées spécialement dans une autre partie de cet ouvrage.

LI. Lorsque Jugurtha, comparant les réponses de Métellus et ses actions, se fut aperçu qu'on tournait contre lui ses artifices accoutumés ; que, tout en lui parlant de paix, on lui faisait la guerre la plus terrible ; qu'on lui avait enlevé une place importante ; qu'on prenait connaissance du pays ; qu'on attaquait la fidélité de ses sujets ; ce prince, cédant à la nécessité qui le dominait, se résolut à tenter le sort des armes. Il avait fait reconnaître la marche de l'ennemi. Comptant pour la victoire sur l'avantage du terrain, il lève le plus de troupes qu'il peut de toute espèce, et, par des chemins détournés, il devance et attend l'armée de Métellus. Dans la partie de la Numidie qui avait formé le partage d'Adherbal, coule une rivière nommée Muthul, qui prend sa source au midi. A sept mille pas environ de la rivière [1], et dans une direction parallèle à son cours, se prolonge une montagne naturellement stérile et sans culture; dans l'espace intermédiaire s'élevait une espèce de colline qui s'étendait fort loin, revêtue de myrtes, d'oliviers, et d'autres espèces d'arbres qui croissent dans les terrains arides et sablonneux. La plaine entre le Muthul et la montagne était déserte et sans eau, à l'exception de la partie voisine du fleuve. Celle-ci, toute plantée d'arbres fruitiers, était couverte de troupeaux et de cultivateurs.

LII. Jugurtha occupe cette colline qui se prolongeait obliquement sur le chemin que devait suivre l'armée romaine. Il dispose ses troupes de manière à en déguiser le nombre. Il détache Bomilcar avec les éléphants et une partie de l'infanterie, et lui dicte la marche qu'il devait suivre. Pour lui, se réservant

---

[1] En combinant la direction des marches de Métellus et le temps qu'il y employa, nous sommes porté à croire que le Muthul, qui venait du midi, est la rivière nommée aujourd'hui Mafragg. Cette rivière était dans le partage d'Adherbal, portion de la Numidie qui touchait à la mer : *In divisione Numidiæ quæ pars Mauritaniæ attingit, Jugurthæ traditur: illam alteram quæ portuosior et ædificiis magis exornata erat, Adherbal possedit.* De plus, Métellus venant de Vacca qui était son pivot d'opérations, se dirige à l'ouest vers Cirta. Il est raisonnable de présumer que, dans cette première tentative contre un ennemi redoutable, ce général prudent ne dut pas s'éloigner beaucoup de la mer, et du point où étaient ses approvisionnements et ses munitions. Le texte de Salluste porte : *Muthul, quo aberat mons ferme passuum millia XX.* L'historien placerait donc entre la montagne et la rivière un intervalle en plaine de vingt mille pas. Les commentateurs de Salluste (Ed. Haverc., t. I, p. 180 et suiv.), de Brosses et Dotteville après eux, ont sur cette distance des scrupules qui paraissent fondés. Il doit y avoir une altération dans les chiffres; car Salluste, gouverneur du pays, devait être au fait de l'état des lieux. Or la distance de vingt mille pas, qui se trouve dans le texte, ne peut s'accorder avec le récit de l'action. Comment concevoir, en effet, que Rutilius, qui n'avait quitté la grande armée qu'au pied de la montagne, eût eu le temps de faire une marche de vingt milles, d'établir et de fortifier un camp, de s'y reposer, de livrer combat, de vaincre et de poursuivre l'ennemi, et tout cela avant la fin du jour? La correction de ceux qui proposent de lire III m au lieu de XX m, ne nous paraît pas heureuse; car Rutilius n'entendit pas le bruit du combat que se livraient alors les deux grandes armées, ce qui n'aurait pas été possible s'il n'en eût été éloigné que de trois mille ou deux mille deux cent soixante-huit toises. Nous pensons donc, avec Ciaconni, que la correction de VII m. doit être préférée, comme étant la distance qui cadre le mieux avec les circonstances du récit.

la cavalerie entière et l'élite des fantassins, il se tient plus près de la montagne. Parcourant ensuite chaque compagnie l'une après l'autre, il les presse, il les conjure de soutenir l'honneur de leur victoire et de leur ancienne valeur, et de se défendre de l'avarice romaine, non moins menaçante pour eux-mêmes que pour leur roi. Ne retrouveraient-ils pas les mêmes hommes qu'ils avaient déjà vaincus et courbés sous le joug? Le chef seul était changé, non le cœur des soldats. Pour lui, il avait ménagé aux siens tout ce qui dépendait du général : l'avantage du terrain, celui de le mieux connaître, et la certitude de ne leur être inférieurs ni en nombre ni en expérience. Ils n'avaient donc qu'à se tenir prêts, et au premier signal fondre sur les Romains avec confiance. Ce jour devait couronner leurs travaux, leurs victoires, ou commencer pour eux les plus cruels malheurs. De plus, à mesure qu'il aperçoit un soldat qu'il a, pour de belles actions, récompensé par de l'argent ou par des honneurs, il lui rappelle ses bienfaits; il le montre aux autres : enfin, variant les moyens selon les caractères, promesses, menaces, prières, il emploie tout pour exalter leur valeur. Cependant Métellus, qui n'avait aucune connaissance de la position de l'ennemi, en descendant de la montagne avec son armée, aperçoit quelque chose d'extraordinaire qu'il ne peut d'abord distinguer. Les soldats et les chevaux numides étaient embusqués entre les broussailles; et quoique les arbrisseaux, trop peu élevés, ne les couvrissent pas entièrement, il était difficile de les démêler à cause de la nature du terrain, et de la précaution qu'ils avaient prise de se tenir dans l'ombre ainsi que leurs enseignes. Le consul, toutefois, ne fut pas longtemps sans reconnaître le piége : il fit halte un moment pour changer ses dispositions. Son flanc droit se trouvant le plus voisin de l'ennemi, il range son armée sur trois lignes faisant front aux Numides; il jette des frondeurs et des archers dans les divisions de chaque manipule [1], il place toute la cavalerie sur les ailes; et

---

[1] On ne connaissait point encore la division par cohortes et par centuries, laquelle fut dans la suite établie par Marius. On n'avait encore que la division par manipules; chaque manipule était de deux cents hommes, et avait son drapeau.

après une courte exhortation aux soldats, telle que la circonstance le permettait, il descend dans la plaine, les troupes dans l'ordre où il venait de les ranger. Seulement, par une légère conversion, chaque ligne de bataille se changea en colonne pour la marche.

LIII. Mais lorsqu'il vit que les Numides ne descendaient pas la colline pour l'attaquer, craignant que la chaleur de la saison et le manque d'eau n'épuisassent les forces de son armée, il détache son lieutenant Rutilius [1] avec les cohortes armées à la légère et une partie de la cavalerie, pour aller vers le fleuve s'assurer d'avance d'un campement. Il présumait que les ennemis chercheraient seulement à retarder sa marche par de fréquentes escarmouches, en inquiétant ses flancs; et que, se défiant de leurs armes, ils essayeraient de miner les Romains par la fatigue et la soif. Il marche ensuite en avant, au petit pas, comme le demandaient sa position et le terrain, gardant toujours le même ordre qu'à la descente. Il place Marius derrière la première ligne : pour lui, il conduit lui-même la cavalerie de l'aile gauche, qui, dans le nouvel ordre de marche, était venue former la tête de l'armée. Dès que Jugurtha voit l'arrière-garde de Métellus dépasser le front de l'armée numide, il envoie deux mille fantassins environ occuper la montagne par où Métellus était descendu. Ce poste, où il eût été si facile aux Romains de se fortifier ensuite, pouvait, en cas d'échec, favoriser leur retraite. Cette précaution prise, il donne sur-le-champ le signal, et fond sur l'ennemi. Une partie des Numides taille en pièces l'arrière-garde [2], d'autres cherchent à

---

[1] Ce Rutilius est celui qui avait composé les mémoires de sa vie, dont Tacite parle au commencement de son *Agricola*. Le lecteur peut consulter la note que j'ai mise dans ma traduction de Tacite. Cette note est de mon père.

[2] Salluste, dans sa concision parfois un peu obscure, a négligé de dire que l'armée romaine se remit en bataille au moment de l'attaque des Numides, par le mouvement contraire à celui qui l'avait formée en colonne, c'est-à-dire que chaque homme ou chaque manipule fit un *à droite*, et ce qui était flanc redevint front. (*Voy.* le plan de la bataille par M. Cortois de Charnaille, dans le président de Brosses, *Hist. de la République romaine*, t. I, note *t*, p. 101.)

entamer les ailes; partout ils menacent, ils harcèlent l'armée romaine : de tous côtés la confusion se met dans ses rangs; ceux même qui, marquant plus de résolution, allaient au-devant des Numides, n'étaient pas plus heureux. Ils se consumaient en une vaine poursuite, et n'y gagnaient que de se faire blesser de loin, sans pouvoir joindre l'ennemi d'assez près pour le frapper à leur tour. C'était là l'instruction que Jugurtha avait donnée à ses cavaliers. Lorsqu'un escadron romain s'ébranlait pour les charger, ils avaient ordre de faire retraite, mais jamais en troupe, jamais du même côté; ils s'écartaient l'un de l'autre le plus loin qu'ils pouvaient. Par là, lorsque la supériorité du nombre n'avait pu effrayer la cavalerie romaine sur le danger de les poursuivre, ils revenaient, après l'avoir ainsi éparpillée, l'envelopper par les derrières et par les flancs. Ils pouvaient encore se réfugier sur la hauteur, au lieu de fuir dans la plaine. Les chevaux numides, familiarisés avec cette nature de terrain, s'échappaient facilement à travers les broussailles; ceux des Romains étaient arrêtés à chaque pas par les difficultés d'un terrain tout nouveau pour eux [1].

LIV. Au reste, dans tout ce combat il y eut beaucoup de vicissitudes, de confusion, et un désordre vraiment déplorable. On ne voyait que des pelotons épars, les uns fuyant, les autres poursuivant; on ne s'attachait ni à son rang ni à ses drapeaux. Là où le péril l'avait surpris, chacun s'arrêtait pour se défendre : hommes, armes, chevaux, amis, ennemis, tout était confondu, pêle-mêle; il n'y avait plus ni plan ni commandement, le hasard conduisait tout : aussi le jour était déjà très-avancé, que l'événement était encore incertain. Enfin, l'excès de la fatigue et de la chaleur accablant tous les courages, et les Nu-

---

[1] M. Pellissier, dans son chapitre sur la manière de combattre des Arabes (*Annales algériennes*, t. I, p. 327 et suiv.), dit : « A Alger, ils n'ont jamais attendu notre choc, et se sont toujours dispersés à l'approche de nos colonnes, qu'ils venaient ensuite harceler dans leur mouvement de retraite. Cette tactique, la meilleure qu'ils puissent employer, leur a quelquefois parfaitement réussi. »

mides ralentissant leur attaque, Métellus profite de ce moment de relâche ; il rassemble peu à peu ses soldats dispersés, reforme les rangs ; il place quatre cohortes légionnaires en face de l'infanterie numide. Une grande partie de cette infanterie, épuisée de lassitude, était allée se reposer sur la hauteur. Il exhorte ses soldats, il les conjure de ne pas se laisser abattre, de ne point abandonner la victoire à un ennemi qui ne savait que fuir. Ils n'avaient ni camp ni retranchements pour assurer leur retraite ; toutes leurs ressources étaient dans leurs armes. De son côté, Jugurtha ne reste point inactif : il parcourt tous les rangs, il encourage ses troupes, il fait recommencer le combat ; et lui-même, avec un corps d'élite, il se porte partout : on le voit soutenant les siens, poussant l'ennemi ébranlé, contenant, en les harcelant de loin, ceux dont il avait reconnu l'intrépidité.

LV. C'est ainsi que ces deux grands capitaines déployaient à l'envi l'un de l'autre une habileté égale, avec des moyens différents. Métellus avait de bonnes troupes et une mauvaise position ; Jugurtha avait tous les autres avantages et de mauvais soldats. Enfin, les Romains à l'approche de la nuit, sans moyen de retraite et dans l'impossibilité de forcer l'ennemi à un combat régulier, suivent l'avis de leur général, et se font jour en escaladant la hauteur. Les Numides, ayant perdu leur position, furent dissipés et mis en fuite. Il en périt un petit nombre, grâce à leur agilité et au peu de connaissance que les Romains avaient du pays. Cependant Bomilcar, détaché par Jugurtha, comme on l'a dit, avec tous les éléphants et une partie de l'infanterie, attendit seulement que Rutilius l'eût dépassé, et fit descendre sa troupe au petit pas dans la plaine. Tandis que ce lieutenant se hâte de gagner la rivière, l'Africain fait, sans se presser, toutes les dispositions convenables, et ne cesse d'avoir l'œil sur ce qui se passait dans les deux corps d'armée ennemis. Lorsqu'il vit que Rutilius, ne s'attendant plus à être attaqué, ne songeait qu'à se reposer dans son camp, et qu'il entendit redoubler les cris du côté de Jugurtha, craignant que le lieutenant, averti par ces cris du danger de Métellus, ne voulût lui porter du secours, il étend pour lui fermer la route sa ligne de bataille, qu'auparavant il avait resserrée à dessein, parce qu'il se défiait de la fermeté de ses troupes, et, dans ce nouvel ordre, il marche au camp de Rutilius.

LVI. Les Romains tout à coup aperçoivent un grand nuage de poussière. La multitude d'arbres qui couvraient la terre ne permettait point à la vue de s'étendre. D'abord ils crurent que c'était l'effet du vent qui balayait cette terre desséchée; mais ensuite, voyant le nuage se soutenir constamment, et approcher de plus en plus à mesure que l'ennemi s'avançait, leur erreur se dissipe. Ils s'arment à la hâte, et, suivant l'ordre qu'ils avaient reçu, ils viennent se ranger en bataille devant le camp. Lorsqu'on fut à portée, on se chargea de part et d'autre en poussant de grands cris. Les Numides résistèrent tout le temps qu'ils crurent pouvoir compter sur leurs éléphants; mais ces animaux, embarrassés par les branches des arbres, ce qui rompit leur ligne de bataille, furent bientôt enveloppés, et alors les Numides prirent la fuite en jetant leurs armes. A la faveur du voisinage de la colline et des approches de la nuit, ils échappèrent presque sans perte et sans blessure. On prit quatre éléphants; tous les autres furent tués, au nombre de quarante. Malgré les fatigues de la marche, du campement, du combat, les Romains ne se donnèrent pas le temps de goûter la joie de leur victoire. Voyant que Métellus tardait plus qu'ils n'avaient imaginé, ils marchent à sa rencontre en bon ordre, toujours vigilants et attentifs; car les ruses ordinaires aux Numides ne permettaient pas de se relâcher sur la sévérité des précautions. Lorsque les deux corps d'armée furent à proximité, le bruit de leur marche dans une nuit obscure leur persuadant que c'était l'ennemi, ils se causèrent l'un à l'autre l'alarme la plus vive, et peu s'en fallut que leur méprise n'eût des suites funestes. Heureusement les cavaliers qu'on avait détachés en avant de part et d'autre eurent bientôt reconnu l'erreur. Alors la crainte fait place à la joie; tous les soldats s'abordent l'un l'autre; ils sont impatients de conter et d'entendre ce qui s'est passé; chacun exalte ses prouesses guerrières, car ainsi sont les hommes : dans la victoire, jusqu'aux lâches acquièrent le droit de se vanter : une défaite humilie les plus braves.

———

Toutes les dispositions faites par Jugurtha avant la bataille, ces embuscades habilement ménagées, les ordres qu'il donne à ses troupes d'envelopper les Romains, de les tâter sur tous les points, en tête, en flanc, en queue, de désunir leurs masses par des fuites simulées ; toute cette tactique d'escarmouches répétées contre des corps pesamment armés, dans un pays sec et brûlant, nous les avons vus se reproduire aux environs de la Tafna et de Mascara par Abd-el-Kader, digne héritier de Tacfarinas et de Jugurtha, dont sans doute il n'a jamais lu l'histoire. La similitude des mœurs et des lieux, même au bout de deux mille ans, reproduit des circonstances semblables. Il ne sera pas inutile aux gouverneurs de l'Algérie de comparer les temps et les lieux, les archers maures ou numides avec les tirailleurs arabes ; et, en voyant que des généraux tels que César, Marius, Métellus et Sylla, avec l'élite des légions romaines, ont été fort embarrassés par ces Parthes africains, toujours cédant et jamais vaincus, ennemis insaisissables dont la retraite est un piége, qui rompent les corps les plus fermes en se dispersant eux-mêmes, et pour qui la fuite est un moyen de victoire, ils ne négligeront jamais de se garder des embûches et des surprises, ils ne rougiront pas de la prudence et de la circonspection, quand ils verront le téméraire Marius, l'heureux et hardi Sylla, le grand César lui-même, s'astreindre à des précautions répugnantes à leur caractère et à leur renommée. Ils pourront enfin se consoler de quelques échecs passagers, et se glorifier à juste titre de leurs succès ; car la France connaîtra bientôt que cet ennemi, méprisable en apparence, est dangereux en effet ; que le temps est un élément essentiel pour le soumettre; et que si Rome, dans l'apogée de sa puissance, a mis onze ans pour abattre Jugurtha à compter du meurtre d'Hiempsal, et six pour réduire le brigand Tacfarinas[1], il n'est pas surprenant que toute la régence d'Alger ne soit pas encore conquise et pacifiée.

LVII. Métellus reste quatre jours dans le même camp; il prodigue ses soins aux blessés; il distribue les récompenses militaires à ceux qui s'étaient distingués dans les deux actions; il loue et remercie toute l'armée en corps; il l'exhorte à montrer le même courage dans le peu qu'il leur restait à faire : ils avaient assez combattu pour la victoire; désormais ils ne combattraient plus que pour s'enrichir. Pendant son séjour, il envoya des transfuges et des espions habiles reconnaître où était Jugurtha, ce qu'il faisait, s'il n'avait que son escorte ou bien une armée; enfin, quelle était sa contenance depuis sa défaite. Ce prince s'était retiré dans des lieux couverts et fortifiés par la nature[2]. Il y rassemblait une armée plus considérable que la première, du moins pour le nombre; mais composée d'hommes sans vigueur, sans courage, ayant plus cultivé leurs champs et leurs troupeaux que la guerre. Il était réduit à cette extrémité, parce que chez les Numides, après une déroute, si l'on excepte les cavaliers attachés à la personne du roi, tout le reste l'abandonne; chacun va où son caprice le mène, et ils n'attachent point de honte à cette désertion : tels sont leurs usages[3]. Lorsque Métellus eut appris que le monarque, malgré ses pertes, conservait toute son intrépidité, voyant qu'il fallait recommencer une guerre où il ne pouvait suivre d'autre plan que celui

---

[1] Crévier, *Histoire des empereurs*, t. II, p. 116, 122, 157, 160.
[2] Probablement pour se recruter en cavaliers et en éléphants dans les cantons boisés qui s'étendaient vers le nord des pentes de l'Aurès, entre Macomatia et Tebessa. *Voy.* mes *Recherches sur la topographie de Carthage*, Append., I, p. 232, 233.
[3] Ce trait de mœurs persiste encore chez les Berbers et les Arabes de l'Afrique. Vaincus, ils s'enfoncent dans leurs déserts, comme Tacfarinas et Jugurtha, cherchant à nous y attirer loin de nos magasins et de nos ressources. Ce fut la tactique des Russes contre Napoléon, en 1812.

qui convenait à son ennemi ; que, d'ailleurs, les chances étaient trop inégales pour les Romains ; qu'ils perdaient plus par leurs victoires que les Numides par leurs revers, il se décide à ne plus chercher les combats, les batailles rangées, et à employer, pour la guerre, une méthode toute différente. Il s'avance dans les cantons les plus riches de la Numidie ; il dévaste les campagnes, il prend et brûle les châteaux et les villes mal fortifiées ou sans garnison ; il passe au fil de l'épée tout ce qui avait l'âge militaire ; le reste est vendu au profit du soldat[1]. La terreur de ces expéditions lui procura un grand nombre d'otages, des grains et autres provisions en abondance. On laissa des garnisons dans les postes importants. Ces nouvelles opérations étaient plus faites pour alarmer Jugurtha, que l'échec reçu dans sa dernière bataille. Toute sa ressource était d'échapper à l'ennemi, et il se voyait contraint d'aller le chercher. Il n'avait pu se maintenir dans le terrain qui lui convenait, et il était forcé de faire la guerre dans le terrain qui convenait à son ennemi. Toutefois, de ces difficultés mêmes il tire le parti le plus avantageux ; il laisse son armée dans ses cantonnements, et lui-même, avec l'élite de sa cavalerie, il se met à suivre Métellus. Il marche la nuit par des chemins détournés, arrive sans avoir été reconnu, trouve une partie des Romains dispersés, et fond sur eux brusquement. La plupart étaient sans armes : un grand nombre est tué ; les autres sont pris. Pas un seul n'échappa sans blessure. Avant que les secours arrivassent du camp, les Numides, suivant l'ordre qu'ils avaient reçu, s'étaient déjà retirés sur les hauteurs voisines.

Nous ne proposons point pour modèle ces exemples d'exécutions militaires, le massacre de toute la population en âge de porter les armes, que les Romains se permettaient sans scrupule, et qui répugneraient à la douceur et à

---

[1] Voilà le système des *razzias*, qui a si bien réussi à l'habile maréchal Bugeaud, celui des gouverneurs de l'Algérie qui a le mieux étudié les anciens, et conçu le meilleur système de guerre contre un pareil ennemi.

la générosité des mœurs françaises. Chez les anciens, le droit barbare de la guerre légitimait en quelque sorte ces mesures atroces. Mais ce qu'il est important de remarquer, parce que jusqu'ici, quoique placés dans les mêmes circonstances que Métellus et que Marius, nous avons suivi une marche contraire, c'est que les consuls romains, ne pouvant forcer l'ennemi à une bataille rangée, ou, quand ils y parviennent, ne tirant presque aucun fruit de la victoire, conçoivent tout de suite un autre plan d'opérations. Ils conquièrent le pays pied à pied, et laissent des garnisons dans les postes les plus importants. Les Arabes offrent, sous ce rapport, les mêmes obstacles que les Numides; il est en quelque sorte moins facile de les atteindre que de les vaincre. Ils nous harcèlent et fuient devant nous. Leur but, comme celui de Jugurtha, est de nous attirer dans les défilés et les déserts de l'intérieur, loin de nos approvisionnements en vivres et en munitions. La difficulté de ravitailler les garnisons nous a empêchés, en 1839, de conserver Mascara, et de nous établir dans plusieurs autres places de l'intérieur du pays. Mais la difficulté n'était guère moins grande pour les Romains que pour nous. Les moyens de transport, au temps de Jugurtha, ne devaient pas être beaucoup plus faciles qu'ils ne le sont de nos jours; la cavalerie numide était plus nombreuse et mieux commandée que la cavalerie arabe; et la preuve évidente que le pays conquis ne pouvait suffire à la nourriture et à l'entretien de l'armée pendant une année entière, c'est que les généraux romains prennent toujours leurs quartiers d'hiver, soit dans la province romaine d'Afrique[1], soit dans les villes maritimes de Numidie qu'ils possédaient depuis longtemps[2]. J'appelle sur ce point important toute l'attention des gouverneurs de

---

[1] Sallust., *Bell. Jug.*, 64.
[2] *Ibid.*, 104.

l'Algérie, des commandants de nos armées, parce qu'il ne s'agit de rien moins ici que de changer entièrement le plan d'opérations suivi jusqu'à ce jour, et d'y substituer un autre système qui a pourtant en sa faveur l'autorité de trois hommes de guerre éminents, tels que Métellus, Marius et Sylla.

LVIII. Cependant on avait ressenti à Rome une joie extrême des succès de Métellus, en revoyant et le général et le soldat retracer les vertus antiques; la valeur assurer la victoire, malgré tous les désavantages de la position; l'armée maîtresse du territoire ennemi; et ce Jugurtha, si grand par la lâcheté d'Aulus, réduit à chercher son salut dans la fuite, au sein des déserts. Le sénat décerne aux dieux des actions de grâces solennelles. Rome, d'abord inquiète et tremblante sur l'issue de la guerre, ne respirait que la joie : le nom de Métellus éclipsait tous les autres noms. Ce motif l'engage à redoubler d'efforts pour consommer sa victoire : il la hâtait par tous les moyens; il se gardait toutefois de donner la moindre prise à l'ennemi; il n'ignorait pas que l'envie marche à la suite de la gloire. Plus sa réputation avait d'éclat, plus il craignait de la compromettre. Depuis qu'il avait été surpris par Jugurtha, il ne souffrait plus que l'armée se dispersât pour piller. Toutes les fois qu'on avait besoin de blés ou de fourrages, les auxiliaires et toute la cavalerie couvraient les fourrageurs. Il avait divisé son armée en deux corps, l'un commandé par lui, l'autre par Marius; et la flamme plus que le pillage dévastait les campagnes. Les deux armées campaient à proximité l'une de l'autre. Si l'occasion exigeait de grandes forces, elles se réunissaient : hors de là, elles agissaient séparément, afin d'étendre plus loin la terreur et la désolation. Jugurtha les suivait sans quitter les hauteurs. Il épiait toujours le moment et le lieu favorable pour ses attaques. Partout où il savait que devaient passer les Romains, il faisait détruire les fourrages et corrompre les sources, déjà trop rares en ce pays. Il se montrait tantôt à Marius, tantôt à Métellus; il faisait des tentatives sur l'arrière-garde, et regagnait sur-le-champ les collines ; puis il revenait de nouveau harceler l'un, harceler l'autre. Il inquiétait toujours, sans jamais se commettre : il ne voulait qu'empêcher les Romains d'entreprendre.

LIX. Métellus, voyant que Jugurtha le fatiguait par ses ruses, sans lui donner jamais l'occasion d'en venir aux mains, résolut de faire le siége de Zama, ville considérable, boulevard de la partie du royaume où elle était située. Il jugea que l'importance de la place déterminerait le monarque à la secourir, et que par là il le forcerait à une bataille. Jugurtha, instruit de ce projet par des transfuges, marche à grandes journées, et devance Métellus ; il exhorte les habitants à se bien défendre ; il leur donne l'appui d'un corps de déserteurs, ceux de ses soldats sur lesquels il comptait le plus, parce qu'ils s'étaient mis eux-mêmes dans l'impuissance de le trahir. Il leur promet de plus de les secourir bientôt lui-même avec son armée. Ces arrangements pris, il court s'enfoncer dans des lieux extrêmement couverts ; peu de jours après, il apprend que Marius avait été détaché pour aller, avec quelques cohortes, chercher des blés à Sicca[1], la première de toutes les villes qui avait abandonné le monarque après sa défaite. Jugurtha part de nuit avec l'élite de ses cavaliers : il trouve les Romains sortant déjà de la place ; il les attaque au passage même des portes. En même temps il crie à haute voix aux habitants de Sicca de venir par derrière envelopper les co-

---

[1] Cette ville était surnommée *Veneria*, à cause d'un temple consacré à Vénus Astarté, dans lequel les femmes même les plus considérables se prostituaient à prix d'argent, sous prétexte de religion. Elle était à cent vingt milles de Carthage. On l'appelle aujourd'hui Keff, dans la régence de Tunis. Shaw, trad. franc., t. II, p. 228. Bruce, qui avait visité en détail l'Afrique septentrionale, en se rendant en Égypte et en Nubie, trouva dans la ville de Keff les deux inscriptions suivantes, que nous publions pour la première fois :

POT.	VICTORI CENTURIONI LEGIONARIO.
FILIO DOMINI NOSTRI.	EX EQUITE ROMANO OB MUNIFI.
IMP. CÆS. P. LICINI VALE.	CENTIAM ORDO SICCENSIUM.
MANI PII FELICIS AUG.	CIVI ET CONDECURIONI.
COLONI COL. JUL. VENE.	D. D. P. P.
RIÆ CIRTÆ NOVÆ SIC.	
CAS DD PP.	

Sur le culte de Vénus Astarté, voy. mes *Recherches sur la topographie de Carthage*, p. 166-168.

hortes ; que la fortune leur ménageait la plus belle occasion de se signaler ; que s'ils en profitaient, ils n'auraient plus rien à craindre désormais, lui pour son trône, eux pour leur liberté. Si Marius ne se fût hâté de marcher en avant et d'évacuer la place, tous les habitants, au moins une grande partie, se seraient sans nul doute tournés contre lui, tant les Numides sont mobiles dans leurs affections ! La présence du monarque soutint quelques instants ses soldats ; mais bientôt, vivement pressés, ils tournent le dos et se sauvent, sans avoir éprouvé une grande perte.

LX. Marius arrive à Zama. Cette ville, située dans une plaine, devait sa force à l'art plus qu'à la nature [1] ; elle ne manquait d'aucun des approvisionnements nécessaires ; elle était abondamment pourvue d'armes et de soldats. Métellus, ayant fait tous les préparatifs que les circonstances et le lieu permettaient, borde avec son armée toute l'enceinte des remparts, et il assigne leur poste à chacun de ses lieutenants. Le signal donné, un cri terrible part de tous les côtés à la fois. Les Numides n'en sont point effrayés : d'un air ferme et menaçant ils attendent l'assaut, sans le moindre trouble. Le combat s'engage ; les Romains s'y portent, chacun suivant son caractère. Une partie lance de loin des pierres et des balles de plomb ; ceux-ci s'écartent, ceux-là s'approchent ; et parmi ces derniers les uns sapent, les autres escaladent les murs, brûlant de se mesurer corps à corps. De leur côté les assiégés roulent de grosses pierres sur les plus proches, leur lancent des javelines, des pieux enflammés, des torches ardentes mêlées de poix et de soufre : ceux même qui s'étaient tenus à l'écart n'étaient point garantis par leur timide circonspection. Les traits lancés par les machines, ou même par la main seule, les atteignaient encore ; et les lâches couraient les mêmes dangers que les braves, mais non pas avec le même honneur.

LXI. Tandis que l'on se bat ainsi sous les murs de Zama, Jugurtha, à la tête d'un corps de troupes considérable, fond inopinément sur le camp des Romains ; et, profitant de la né-

---

[1] Vitruv., VIII, III, 24-27. — Hirtius, *Bell. Afr.*, c. 91.

gligence des gardes, qui ne s'attendaient à rien moins qu'à une attaque, il force une des portes. Nos soldats, saisis d'une frayeur subite, pourvoient à leur sûreté chacun à sa manière, les uns en fuyant, les autres en prenant leurs armes : la plupart sont tués ou blessés. Dans toute cette multitude, quarante soldats seuls, se ressouvenant qu'ils étaient Romains, forment un peloton, et gagnent une petite éminence. Une fois dans ce poste, tous les efforts de l'ennemi ne purent les en chasser. Ils lui renvoyaient les traits qu'on leur lançait de loin, et sur ce grand nombre d'assaillants presque tous leurs coups portaient : si les Numides osaient s'approcher, c'est alors que, ranimant leurs forces et déployant une valeur indomptable, ils les enfoncent, les dispersent, les écrasent. Métellus, qui pressait avec ardeur l'assaut de Zama, entendant derrière lui le bruit d'un combat, tourne bride à l'instant, et reconnaît ses troupes dans les fuyards qui se retiraient de son côté. Aussitôt il détache au secours du camp toute la cavalerie, suivie de près par Marius, à la tête des cohortes auxiliaires. Les larmes aux yeux, il le conjure, au nom de l'amitié, au nom de la république, de ne pas souffrir que l'honneur d'une armée victorieuse reste ainsi compromis, et de faire repentir l'ennemi de ses insultes. Marius eut bientôt rempli sa mission. Jugurtha, embarrassé dans nos retranchements, vit une partie de ses troupes réduite à se jeter par-dessus les palissades; les autres, se pressant au passage étroit des portes, se nuisent par leur précipitation même. Enfin il se retire avec une grande perte, et regagne les hauteurs. Métellus, ayant échoué dans son entreprise et voyant s'approcher la nuit, rentre dans le camp avec son armée.

LXII. Le lendemain, avant de sortir pour livrer un nouvel assaut, il place toute sa cavalerie en avant du camp, du côté par où Jugurtha pouvait venir. Il confie à des tribuns la garde des portes, et des postes qui les avoisinent. Il marche ensuite vers la place, et il la fait attaquer comme le jour précédent. Pendant ce temps Jugurtha sort de son embuscade, et fond brusquement sur les Romains. Dans les postes avancés, il y eut un moment de frayeur et de confusion; mais les renforts étant bientôt arrivés, les Numides n'auraient pu tenir longtemps, s'ils n'avaient jeté parmi leur cavalerie des fantassins, qui, au moment de la mêlée, causèrent aux Romains de grandes pertes. Les cavaliers, soutenus par cette infanterie, au lieu de se retirer après avoir chargé, comme c'est l'ordinaire dans les combats de cavalerie, poussaient toujours en avant, joignaient nos soldats corps à corps, s'entrelaçaient dans la ligne de bataille, y portaient le désordre, et livraient ainsi à leurs agiles fantassins l'ennemi à moitié vaincu.

LXIII. Dans le même temps on se battait avec acharnement autour de Zama. Chacun des lieutenants ou des tribuns faisait à son poste les plus grands efforts; nul ne comptait sur autrui plus que sur soi. Les assiégés montraient une ardeur égale : sur toutes les parties du rempart c'étaient ou des combats ou des préparatifs. On était plus occupé de blesser son ennemi que de se garantir soi-même. Un mélange d'exhortations, de cris de joie, de cris de douleur, formait, avec le cliquetis des armes, une clameur qui retentissait jusqu'aux cieux. Une grêle de traits volait des deux côtés. Lorsque les assaillants ralentissaient un peu leurs attaques, les assiégés reportaient tous leurs regards sur le combat de cavalerie; et, suivant que leur monarque avait l'avantage ou non, vous les eussiez vus tantôt alarmés, tantôt pleins de joie; et, comme si leur parti eût pu les voir ou les entendre, les uns avertissaient, les autres encourageaient; ils faisaient signe de la main; tout leur corps était en action; ils s'agitaient en tout sens, comme pour éviter ou pour lancer eux-mêmes des traits. Marius s'en aperçut : c'était lui qui commandait en cet endroit. Affectant de mettre plus de mollesse dans l'attaque, il feint du découragement; il laisse les Numides regarder tranquillement le combat de leur roi. Quand il les vit tout entiers au spectacle qui les préoccupait, tout à coup il attaque le mur avec la plus grande vigueur; et déjà les soldats, montés sur les échelles, avaient saisi le haut de la muraille, lorsque les habitants accourent précipitamment, et lancent sur les Romains des pierres, des feux, toutes sortes de traits dont ils les accablent. Ceux-ci d'abord tiennent ferme; mais quand ils virent deux ou trois échelles fracassées, et tous ceux qui étaient dessus écrasés contre terre, le reste se retira comme il put, la plupart criblés de coups, bien peu sans blessures. La nuit qui survint mit partout fin au combat.

LXIV. Métellus ne s'obstina plus. Voyant l'inutilité de ses tentatives, qu'on ne pouvait emporter la place, que Jugurtha n'attaquait que par surprise, en prenant toujours ses avantages, et qu'on allait toucher à la mauvaise saison, il lève le siége de Zama. Il met des garnisons dans les villes soumises, que leur assiette ou leurs fortifications rendaient plus susceptibles de défense, et il envoie le reste de ses troupes prendre leurs quartiers d'hiver dans la partie de la province romaine la plus voisine de la Numidie. Ce temps, il ne le donne point, selon l'exemple des autres, à la mollesse et au repos. Comme les armes avaient peu avancé les affaires, il fait à Jugurtha une guerre non moins dangereuse en s'armant contre lui de la perfidie de ses favoris. J'ai parlé de Bomilcar, qui avait suivi ce prince à Rome, et qui, craignant d'être condamné pour le meurtre de Massiva, s'était sauvé secrètement, laissant ses cautions à la merci des Romains. Comme sa grande faveur lui donnait de grandes facilités pour trahir Jugurtha, c'est lui que Métellus attaque par les plus magnifiques promesses. D'abord il le détermine à venir le trouver secrètement, et dans l'entrevue il lui donne sa parole que, s'il livrait Jugurtha mort ou vif, le sénat lui accorderait sa grâce, et la libre possession de tous ses biens. Ces offres eurent bientôt persuadé le Numide, naturellement porté à la perfidie, et qui craignait en outre, si la paix se faisait avec les Romains, que son supplice ne fût une des conditions du traité.

LXV. Bomilcar saisit la première ouverture qui s'offrit. Un jour qu'il voit Jugurtha inquiet et se plaignant de sa destinée, il l'aborde; il lui conseille, il le conjure, même les larmes aux yeux, d'assurer enfin son repos, celui de ses enfants et de toute la nation numide, qui l'avait si bien servi : dans tous les combats, ils avaient été vaincus, leur pays était dévasté; un grand nombre d'entre eux avait été tué ou fait prisonnier; les ressources du royaume étaient épuisées; il avait assez mis à l'épreuve la fortune et la bravoure de ses soldats ; il était à craindre que, s'il différait, les Numides, lassés, ne fissent leur paix sans lui. Ces insinuations, et d'autres semblables, engagent le prince à se soumettre. Il envoie des députés au consul, déclarer qu'il est prêt à faire tout ce qu'on lui ordonnera; qu'il abandonne, sans la moindre réserve, et sa personne et son royaume à la discrétion de Métellus. Celui-ci fait venir en diligence ce qu'il y avait de sénateurs dans les divers cantonnements; et, y joignant quelques hommes d'un mérite reconnu, il se composa un conseil. Ce fut d'après les décisions de ce conseil, en observant toutes les formalités anciennes, qu'il traita avec le roi par l'entremise de ses députés. Il exigea d'abord deux cent mille livres d'argent, tous ses éléphants, une certaine quantité d'armes et de chevaux. Ces premières conditions exécutées sur-le-champ, il demande qu'on lui remette enchaînés tous les transfuges[1]. Une grande partie fut livrée, comme il le demandait; quelques-uns, au premier bruit de la soumission du prince, s'étaient sauvés en Mauritanie, chez le roi Bocchus. Lorsque Jugurtha se fut ainsi dépouillé d'armes, de soldats et d'argent, il fut sommé de venir en personne à Tisidium[2], pour entendre ce qu'on déciderait sur lui. Pour lors ses résolutions commencèrent à chanceler. Intimidé par la conscience de ses crimes, il redoutait le châtiment qu'il sentait avoir mérité. Enfin, après plusieurs jours de fluctuation, pendant lesquels on le vit, tantôt, cédant au dégoût de ses malheurs, vouloir sortir à tout prix d'une guerre désastreuse, tantôt n'envisageant plus qu'avec effroi l'horreur de tomber du trône dans l'esclavage, il en revient, après avoir fait en pure perte tant et de si grands sacrifices, à recommencer de nouveau la guerre. A Rome, le sénat ayant délibéré sur la distribution des provinces, avait prorogé la Numidie à Métellus.

---

[1] Orose (V, 15) précise davantage les conditions imposées à Jugurtha. Ce prince donne trois cents otages, promet le fournir du blé, des approvisionnements, et rend à Métellus plus de trois mille transfuges. Nous citerons ce passage, qu'Orose a probablement tiré, soit de quelque livre perdu de Tite-Live ou de Trogue-Pompée, soit des mémoires de Scaurus ou de Sylla : « Ad deditionem coactus, trecentos obsides dedit, frumentum atque alios commeatus persoluturum se spopondit, tria perfugarum amplius millia reddidit. » Conf. Appian., *De reb. Numid.*, I, 11; Gerlach, *Comment. in Sallust.*, t. II, p. 539; Cicer., *Brut.*, c. 29; Tacit., *Agric.*, c. 1; Lachmann, *de Fontib. hist. Tit. Livii*, p. 54 et sqq.

[2] Ville inconnue.

LXVI. Environ vers ce temps, comme Marius offrait un sacrifice aux dieux dans la ville d'Utique, l'aruspice lui dit que les entrailles de la victime lui présageaient de grandes et de mémorables destinées; qu'il pouvait, sûr de l'appui des dieux, entreprendre ce qu'il projetait; que toutes les épreuves où il mettrait sa fortune auraient une heureuse réussite. Depuis quelque temps déjà, l'ambition du consulat tourmentait son âme. Et en effet, si l'on excepte la naissance, il avait toutes sortes de titres pour y prétendre : vertus, talents, connaissance de l'art militaire, un cœur indomptable à la guerre, modéré dans la paix, dédaigneux des plaisirs et des richesses, avide seulement de gloire. Pendant toute son enfance il n'eut d'autre école qu'Arpinum, où il était né; et, du moment que l'âge lui permit de porter les armes, il ne quitta point les camps, où il apprit des choses qui valaient bien toute cette faconde des Grecs et toutes ces élégances de la ville. Aussi, loin de s'affaiblir, son âme prit un prompt développement dans ces exercices salutaires. Lorsqu'il vint à Rome demander le grade de tribun militaire, presque personne ne connaissait sa figure; mais sa réputation lui valut les suffrages unanimes des tribus. Depuis, il s'éleva de magistrature en magistrature, et dans toutes il se conduisait de manière à paraître toujours en mériter de plus éminentes. Toutefois un tel homme, qui depuis se perdit par son ambition, n'osait alors aspirer encore à la dignité consulaire. On laissait encore le peuple disposer des autres places; mais pour le consulat, il était comme le patrimoine héréditaire des nobles. Un homme nouveau, quel que fût l'éclat de ses actions et de sa gloire, eût semblé l'avilir, et pour ainsi dire le souiller.

LXVII. Marius voyant donc les réponses de l'aruspice d'accord avec les vœux de son ambition, vient demander à Métellus un congé pour aller à Rome se mettre sur les rangs. Ce grand homme, couvert de gloire, et si éminemment doué de toutes les qualités, de toutes les vertus désirables dans les meilleurs citoyens, avait conservé cette fierté dédaigneuse, vice héréditaire de la noblesse. Frappé d'abord de cette démarche extraordinaire, il marque son étonnement à Marius, et, comme par intérêt pour sa personne, il l'avertit de renoncer à un projet aussi insensé : « Il ne fallait point, lui dit-il, élever ses prétentions au-dessus de sa fortune; la même ambition ne convenait point à tous; il devait être assez content de son sort; il fallait se garder de faire au peuple romain des demandes qui ne pouvaient jamais être écoutées. » Ces représentations et d'autres pareilles n'ayant pu ébranler la résolution de Marius, il ajouta qu'au premier moment que lui laisseraient les affaires de l'État, il lui accorderait sa demande. Marius dans la suite renouvelant les mêmes instances, on rapporte que Métellus lui répondit de ne pas se presser; qu'il serait temps pour lui de demander le consulat, quand son fils le demanderait. Ce fils, qui servait alors dans l'armée de son père, avait environ vingt ans [1]. Tous ces mépris avaient enflammé tout à la fois et l'ardeur de Marius pour la dignité qu'il convoitait, et ses ressentiments contre Métellus. Dès ce moment, il n'écoute que les pernicieux conseils de l'ambition et de la colère; il ne se refuse aucune action, aucun propos qui pût servir à ses desseins. Il relâche pour les soldats de son cantonnement le lien sévère de la discipline; avec les commerçants, qui étaient en grand nombre à Utique, il se permet, sur la guerre, mille inculpations, mille forfanteries : s'il avait seulement la moitié de l'armée, il se faisait fort de leur amener, sous peu de jours, Jugurtha enchaîné; c'était Métellus qui traînait la guerre à dessein, parce que cet homme vain se plaisait à nourrir sa fierté despotique de l'orgueil du commandement. Tous ces discours acquéraient plus de poids à leurs yeux, parce que leur fortune souffrait de la durée de la guerre, et que la cupidité est toujours impatiente.

LXVIII. Il y avait dans l'armée romaine un Numide nommé Gauda, fils de Mastanabal et petit-fils de Massinissa. Micipsa, par son testament, lui avait substitué sa couronne. C'était un corps exténué par les maladies, et son esprit se ressentait un peu de cet affaiblissement. Il avait demandé à Métellus de lui donner le siége auprès du consul, ce qui se pratique à l'égard des rois, et une compagnie de cavaliers romains pour sa garde.

[1] Et il fallait avoir quarante-trois ans pour être consul.

Métellus lui avait refusé l'un et l'autre : le siége, parce que c'était la distinction de ceux à qui le peuple romain avait donné le titre de rois ; la garde, parce qu'il eût été honteux pour des Romains d'être les satellites d'un Numide. Gauda fut piqué de ce refus. Marius, instruit de son mécontentement, va le trouver, et lui offre son appui pour tirer vengeance des injustices du proconsul. Il relève, par les discours les plus flatteurs, ce courage abattu par les infirmités. « Gauda était le véritable roi des Numides ; c'était un grand homme, c'était le petit-fils de Massinissa. Une fois Jugurtha tué ou pris, le royaume de Numidie ne pouvait manquer de lui échoir ; ce qui ne tarderait pas, si Marius avait le consulat et la conduite de cette guerre. » En conséquence, et le prince numide, et les chevaliers romains, et les soldats, et les commerçants, excités, les uns par Marius, les autres par le désir de la paix, écrivent tous à leurs amis de Rome pour se plaindre des opérations de Métellus, et demander que Marius soit nommé général. Ainsi, de toutes parts, se formait une coalition de suffrages honorables pour l'élever au consulat. D'ailleurs le peuple, depuis que la loi Manilia avait affaibli le pouvoir de la noblesse, portait les hommes nouveaux : tout concourait donc en faveur de Marius.

LXIX. Cependant Jugurtha, ayant abandonné tous ses projets de soumission pour recommencer la guerre, dispose tous ses préparatifs avec un soin extrême : il ne perd pas un moment, et rassemble son armée ; il emploie les menaces et les promesses pour regagner les villes qui l'avaient abandonné, fortifie celles qui lui restent, fait fabriquer ou acheter des armes, des machines, tout ce qu'il avait sacrifié dans l'espoir de la paix ; il travaille à débaucher les esclaves des Romains, jusqu'aux soldats de leurs garnisons ; partout il sème la corruption et la révolte : tout est remué par ses intrigues. Elles éclatèrent d'abord à Vacca, où, à l'époque des premières négociations de Jugurtha, Métellus avait mis une garnison. Harcelés par les supplications de leur roi, pour qui d'ailleurs ils n'avaient jamais eu d'éloignement, les principaux de la ville forment entre eux une conspiration, sûrs d'entraîner la multitude, qui partout, et plus encore chez les Numides, inconstante, amoureuse de séditions, de discordes, n'aspirait qu'à un changement, ne pouvait supporter la paix et l'inaction. Leur plan arrêté, l'exécution en est remise au troisième jour, parce que c'était un jour de fête solennisée dans toute l'Afrique par des jeux et des divertissements propres à bannir toute défiance. A l'heure convenue, tous les tribuns, tous les centurions, même le commandant de la place, Turpilius Silanus, sont invités par les conjurés chacun dans une maison différente. Tous, à l'exception de Turpilius, sont égorgés à table. De là ils se jetèrent sur les soldats qu'ils trouvèrent dispersés çà et là sans armes et sans ordre, à cause de la fête et de l'absence de leurs officiers. Le peuple prend part aussi à l'insurrection, les uns à l'instigation des nobles, les autres excités par leur penchant naturel. Ils ne savaient point ce qui s'était fait, ce qu'on projetait; mais le tumulte, mais le changement tout seul avait pour eux de puissants attraits.

LXX. Les soldats romains, dans le trouble inséparable d'une frayeur subite, ne savaient quel parti prendre. La citadelle, où étaient leurs enseignes et leurs boucliers, était occupée par un poste ennemi; les portes de la ville fermées s'opposaient à leur fuite. En outre, les femmes et les enfants, montés sur les toits de leurs maisons, faisaient pleuvoir à l'envi des pierres et tout ce qui se trouvait sous leur main. Menacés de tous les côtés, les soldats ne peuvent se garantir du péril, et la force reste impuissante contre le sexe et l'âge le plus faible. Les plus braves comme les plus lâches, les plus vieux soldats comme les plus novices, tout est massacré sans résistance. Le commandant Turpilius trouva seul le moyen de se sauver sans la moindre blessure, quoique le péril fût inévitable, que l'acharnement des Numides fût extrême, et la ville fermée de toutes parts. S'échappa-t-il par l'humanité de son hôte, par un secret accord avec les Numides, ou par une faveur du hasard? je ne saurais le dire. Ce qu'il y a de certain, c'est qu'il doit être voué à l'opprobre et à l'infamie, pour avoir, dans cette grande calamité, préféré une vie honteuse à une réputation sans tache. A la nouvelle de ce qui s'était passé à Vacca, Métellus, accablé de tristesse, se déroba pendant quelque temps à tous les regards : mais bientôt l'indignation se mêlant à la douleur, il met tous ses soins à tirer de cette perfidie la plus prompte vengeance. Il n'avait près de lui qu'une seule légion ; il y joint le plus de cavalerie numide qu'il peut rassembler. Au coucher du soleil, cette petite armée part sans bagages ; et le lendemain, vers la troisième heure, ils se trouvent dans une plaine environnée de petites collines. Là les soldats, excédés de la longueur de la marche, s'arrêtent, et se refusent à de nouveaux efforts. Métellus leur apprend qu'ils ne sont plus qu'à un mille de Vacca. Refuseraient-ils de supporter encore un reste de fatigue pour aller venger, sur un ennemi perfide, l'assassinat de leurs braves et infortunés concitoyens ? En même temps il les flatte d'un riche butin. Cet espoir ayant ranimé leurs esprits, il ordonne à la cavalerie de se mettre à la tête en s'étendant le plus qu'elle pourrait, et à l'infanterie de se tenir derrière très-serrée, en cachant bien ses enseignes.

LXXI. Les habitants de Vacca, apercevant une armée qui dirigeait sur eux sa marche, crurent d'abord (ce qui était vrai, que c'était l'armée de Métellus, et ils fermèrent leurs portes. Mais ensuite voyant qu'on ne faisait aucun dégât dans la campagne, que tout ce qui paraissait était de la cavalerie numide, ils ne doutent point que ce ne soit Jugurtha, et sortent transportés de joie, pour aller au-devant de leur monarque. Tout à coup, au signal donné, cavaliers, fantassins, tout s'ébranle ; les uns taillent en pièces toute cette multitude qui s'était précipitée de la ville, les autres courent vers les portes ; une partie s'empare des tours ; la colère et l'espoir du butin l'emportent sur la lassitude. Ainsi les Vaccéens n'eurent que deux jours à se réjouir de leur perfidie. Cette grande et opulente cité fut dévouée tout entière à la vengeance et au pillage. Turpilius, ce commandant de la place, qui, comme je l'ai dit, était seul échappé au massacre général, fut amené devant Métellus, pour rendre compte de sa conduite. Comme il se justifia mal, il fut condamné à être battu de verges, et à expirer sous la hache. Il n'était que citoyen du Latium [1].

[1] S'il eût été citoyen romain, il n'aurait pu être condamné à mort par le proconsul. Vid. H. L. Gerlach, ed. Sallust., t. II, p. 308 ; Bâle, 1827, 3 vol. in-4°.

Quoique Salluste ne nomme pas directement la ville où Métellus avait placé son quartier d'hiver, on peut cependant tirer, du rapprochement de deux passages de son histoire, le nom et la position de cette ville, qui étaient restés jusqu'ici dans le vague, et qui n'est pas même portée sur la carte de 1829 de M. le colonel Lapie. C'est à Tisidium [1] que Jugurtha, lors des préliminaires de paix arrêtés entre lui et Métellus, est sommé de comparaître pour se justifier. C'est là que le consul a réuni le tribunal de sénateurs chargés de décider du sort de ce monarque, et qu'il doit présider lui-même [2]. Nous savons que Tisidium était dans la province romaine d'Afrique. Cette circonstance indique que là était le quartier général de Métellus, et la légion qu'il mena ensuite pour reprendre Vacca. De plus, la distance entre Vacca et Tisidium nous est connue par le temps que dut employer une petite armée de cavalerie légère et d'infanterie sans bagages (cinq à six mille hommes) pour se rendre de Tisidium à Vacca. Nous savons, en outre, que les quartiers d'hiver des Romains avaient été placés dans les parties de la province d'Afrique voisines de la Numidie [3]. Or la saison est le mois de janvier. Le corps d'expédition part au coucher du soleil, et arrive à la troisième heure du jour à un mille de Vacca.

On sait que la journée civile des Romains, composée, comme chez nous, de vingt-quatre heures, commençait à minuit et finissait à minuit. Le cours de cette journée, dans l'usage ordinaire, se divisait en deux parties : le jour, depuis le lever du soleil jusqu'à son coucher ; et la nuit, depuis le coucher du soleil jusqu'à son lever. Le jour et la nuit se divisaient eux-mêmes en douze parties égales, qu'on ap-

---

[1] Sall., *Bell. Jug.*, 63.
[2] Cunctos senatorii ordinis... accersiri jubet... concilium habet. *Jug.*, 63.
[3] Exercitum in provinciam, quæ proxuma Numidiæ, hiemandi gratia collocat. *Jug.*, 63.

pelait heures. Il arrivait de là, pour les pays éloignés de l'équateur, que dans l'été les heures de nuit étaient plus courtes et les heures de jour plus longues, et que le contraire arrivait en hiver[1].

Or, par la latitude de 36° 40′, il y a, au mois de janvier, dix de nos heures, moins quelques minutes, de jour, et environ quatorze heures de nuit. Métellus marche donc d'abord pendant quatorze heures de nuit, et ensuite après le lever du soleil jusqu'à la troisième heure, c'est-à-dire pendant la quatrième partie de dix heures, en tout environ seize heures et demie, pour arriver à un mille de Vacca. Dans cette longue marche, exécutée presque entièrement dans la nuit, à travers un pays montueux et dans une saison peu favorable, par une infanterie pesamment armée, quoique débarrassée de ses bagages, on ne peut guère estimer la distance parcourue à plus de deux mille toises par heure. Ce calcul, qui doit se rapprocher assez de la vérité, place donc Tisidium à environ trente-quatre mille toises, ou treize lieues et demie de deux mille cinq cents toises, de Vacca : la situation du Thisiaous de Strabon[2], qui n'est autre chose que la Thisica, placée par Ptolémée[3] entre le Bagrada et Tabarka, remplit parfaitement ces conditions. Tisidium nous a donc paru devoir être placé vers 36° 52′ de latitude et 7° 20′ de longitude un peu à l'ouest de Matter (*Oppidum Matterense*), à l'endroit où la carte autographiée, publiée en 1833 par M. le colonel Lapie, place les ruines d'une ancienne ville. La distance de dix lieues marines (31,240 toises) donnée par Shaw[4] entre Bayja (autrefois Vacca) et Matter, vient encore à l'appui de notre calcul.

[1] Censorin., *de Die nat.*, c. XXIII; *Plin.*, VII, 60. Forcellini *Lexic.* V, hora Alexander ab Alexandr. Genialis dies, p. 1152.
[2] P. 831, éd. Coray.
[3] IV, III, p. 112, ed. Bertii, 1618.
[4] P. 209, traduction française. *Voy.*, pour la lieue qu'il emploie, préf., p. 17.

Quant à Zama, comme c'est dans le voisinage de cette ville que se livra la bataille célèbre entre Annibal et Scipion, nous emploierons les renseignements d'Hirtius dans la discussion des marches de ces grands capitaines, tracées par Polybe, Tite-Live et Appien [1].

La position de cette ville est encore incertaine. D'Anville [2] s'exprime avec bien du doute. Si Naraggara, que Shaw [3] place à Cassir-Djebbir, était fixée, nous serions près d'atteindre Zama. Y a-t-il deux Zama : l'une dans la province d'Afrique, l'autre dans la Numidie? Le savant Morcelli [4] a reproduit en 1822 cette opinion, déjà émise par les commentateurs de Tite-Live [5] et par Cellarius [6]. Cependant, dans la table de Peutinger [7], Zama est placée à dix milles est d'Assurus, ville que Morcelli [8] met entre Sicilibba et Tucca. L'Azama de Ptolémée est portée trop à l'ouest, et doit être une autre ville que Zama. Mais Naraggara est placée par lui près d'Assurus, et non loin de Sicca (Keff). Il semble qu'avec ces points bien connus, on peut circonscrire les limites du doute, et rectifier, d'après le conseil de d'Anville [9], « les positions données par Ptolémée, qui parais-
« sent, dit-il, être dans un grand désordre, en suivant le
« tracé des voies romaines, dont cette contrée africaine est
« plus remplie qu'aucune autre dans les anciens itinéraires. »

Or, dans l'Itinéraire d'Antonin [10], par la route d'Hippo-Regius à Carthage, Naraggara ou Cassir-Djebbir, selon Shaw,

---

[1] Voyez aussi dans le manuscrit arabe, Bibliothèque nationale, n° 580, d'*Abou-Obaid-Békri*, le récit des guerres puniques par le médecin de Kairouan, Abou-Djafar-Ahmed-ben-Ibrahim.
[2] *Géogr. anc.*, p. 85, t. III.
[3] Page 163.
[4] Tome I, p. 368.
[5] XXX, 29.
[6] *Geogr. ant.*, t. II, p. 904.
[7] Segm., 3.
[8] Tome I, p. 85.
[9] *Géogr. anc.*, t. III, p. 87 et 88.
[10] Page 12 nouv. édit., p. 44, édit. Wesseling.

et selon MM. Hase et Lapie, est distante de Carthage de cent cinquante-deux milles, ou cent dix mille toises. La distance prise au compas est de 1° 52′, et s'accorde très-bien ; voici le détail des distances : d'Hippo-Regius à Thagaste, cinquante-trois milles ; de Thagaste à Naraggara, vingt-cinq ; de Naraggara à Sicca-Veneria, trente ou trente-deux, par la route de Musti à Cirta[1].

De Musti à Sicca (Keff), trente-deux ou trente-quatre milles ; de Sicca à Naraggara (Cassir-Djebbir), trente milles ; de Naraggara à Thagura (El-Gattar), vingt milles. Nous verrons que ces données s'accordent avec les distances de Carthage à Zama fournies par Polybe et Tite-Live, et qu'il n'est pas nécessaire de créer, dans la province proconsulaire d'Afrique, une autre Zama, qui n'est nommée par aucun écrivain ancien.

Polybe, homme de guerre, historien exact, qui avait visité cette contrée, où il passa trois ans avec Scipion Émilien, est, sans nul doute, l'autorité la plus imposante. Tel est son récit de la guerre du premier Scipion contre Annibal, en 552 de Rome. Annibal est débarqué à Adrumet[2], Scipion était campé à Tunis[3]. Sa flotte bloquait Utique. La trêve est rompue. Scipion, pour réduire Carthage à faire la paix, pourvoit à la sûreté de sa flotte, nomme Bæbius son lieutenant général (ἀντιστράτηγον), le met à la tête des troupes qu'il laisse à Utique et à Tunis, et s'avance avec le reste de son armée dans l'intérieur de la province carthaginoise, où il s'empare de plusieurs villes : il fait sentir au pays toutes les horreurs de la guerre[4], il rappelle Massinissa et Lélius, qui étaient allés conquérir les États de Syphax.

[1] Page 11, nouv. édit.; p. 41, édit. Wesseling.
[2] XV, 1, 10.
[3] Tite-Live, XXX, 10, 16.
[4] Polyb., XV, 4, 2, 3, 5.

Les Carthaginois pressent Annibal de venir arrêter ces ravages. Il part d'Adrumet et vient camper à Zama, située à l'ouest de Carthage, et distante de cette ville de cinq journées de marche[1]. De là il envoie des espions pour connaître le lieu où Scipion était campé, le nombre et l'état de l'armée romaine. Scipion leur fait tout montrer en détail, et les renvoie bien traités à Annibal, qui, sur leur rapport, demande une entrevue et propose la paix[2].

Scipion, que Massinissa avait rejoint avec dix mille hommes, va camper à Naraggara, position avantageuse de tout point, et qui, de plus, avait de l'eau à la distance d'une portée de trait[3]. Là, il dénonce à Annibal qu'il accepte l'entrevue.

Annibal, sur cette réponse de Scipion, décampe, et, arrivé à trente stades du camp romain[4], prend position sur une colline (τίνα λόφον) qui lui parut avantageuse pour tout le reste, excepté que l'eau était un peu plus éloignée[5]. Ce fut entre ces deux points que se donna la bataille[6].

D'après ce récit circonstancié, Annibal, fort en infanterie et faible en cavalerie (il avait obtenu à peine deux mille chevaux de Tychée, prince numide, ami de Syphax)[7],

---

[1] Ζάμα ἔστι πόλις, ἀπέχουσα Καρχηδόνος ὡς πρὸς τὰς δύσεις ὁδὸν ἡμερῶν πέντε (XV, 5, 3). La distance prise au compas entre Adrumet et Cassir-Djebbir (Naraggara) se trouve la même que celle entre Cassir et Carthage, cinquante-cinq lieues de deux milles toises. Il faut rejeter comme fausse ou altérée, dans les manuscrits, la distance de trois mille stades donnée par Cornélius Népos (*Annibal*, c. VI), et répétée par Appien (*Punic.*, VIII, 47), qui ferait deux cent quatre-vingt-deux mille toises, et même cent cinquante-trois mille, en employant le plus petit stade connu.

[2] Polyb., XV, v, sect. 7 à 9.

[3] Καὶ παραγενηθεὶς πρὸς πόλιν Ναράγαρα κατεστρατοπέδευσε πρός τε τὰ ἄλλα τόπον εὐφυῆ καταλαβόμενος, καὶ τὴν ὑδρείαν ἐντὸς βέλους ποιησάμενος. (Pol., XV, v, 14.)

[4] « Quatuor millibus, » dit Tite-Live, XXX, 29, qui a fidèlement traduit Polybe en cet endroit.

[5] Τὴν ὑδρείαν ἀποτέρω μικρὸν εἶχε. (*Ibid.*, VI, 2.)

[6] Polybe, XV, 9; Tite-Live, XXX, 32.

[7] Polybe, XV, III, 5.

était forcé par cette circonstance de suivre les routes du pays de montagnes, et de s'appuyer sur la Numidie de Syphax, qui lui offrait ces ressources. Scipion cherche à le couper en se portant sur ses derrières à Naraggara. Il a une nombreuse cavalerie; Massinissa l'a rejoint : il gagne de vitesse Annibal, qui est forcé de livrer bataille pour ne pas faire retraite à la vue d'un ennemi plus fort que lui en cavalerie et en troupes légères. Ainsi, chose singulière, la cavalerie numide, qui en Italie, avec Annibal, avait décidé les victoires de Trébies, de Trasimènes et de Cannes, décida en Afrique, contre le même Annibal, la perte de la bataille décisive de Zama.

On voit déjà que la fameuse bataille de Zama ne se livra pas plus auprès de cette ville que la bataille d'Arbelles auprès de la ville de ce nom. Zama et Arbelles, étant deux cités plus connues que les autres, ont donné leur nom à ces deux faits d'armes, qui ont eu lieu réellement près de Gaugamèles et de Naraggara.

Il faut préciser les positions. Les distances fournies par les itinéraires s'y accorderont très-bien, comme on le verra tout à l'heure.

Si Polybe avait détaillé la marche de Scipion, de Tunis à Naraggara ; s'il avait nommé les villes que ce général emporta sur sa route, la position de Zama relativement à ces villes eût été fixée depuis longtemps[1]. Appien, négligé jusqu'ici dans cette discussion, viendra à notre aide, et sera confirmé par l'Itinéraire d'Antonin. « Scipion, dit-il, après avoir pris d'assaut Parthos[2], grande ville, va camper près

---

[1] Appien, *Punic.*, VIII, 39, a peut-être copié Sosilus ou Sostratus, qui avaient écrit en grec la vie d'Annibal, peut-être quelque historien latin perdu pour nous. Il est sûr qu'il n'a imité ni Polybe ni Tite-Live. Une bonne dissertation *De fontibus Appiani*, comme celle de Heyne sur Diodore, est encore à faire, et serait fort utile.

[2] Probablement Pertusa, siège d'un évêché, cité dans l'*Itinéraire* d'Antonin comme étant à quatorze milles de Carthage. *Itin.*, p. 45, 46, éd. Wessel.

d'Annibal. Celui-ci décampe, recule vers l'intérieur ; de là il envoie les espions, il demande l'entrevue. La colline que vint occuper Annibal, avant la bataille, est près de Killa [1]. Scipion le prévient, s'empare de la position : Annibal est forcé de passer la nuit au milieu d'une plaine aride, et d'y creuser des puits qui ne fournissent à son armée qu'une eau mauvaise et insuffisante. Le lendemain, Scipion marcha sur Annibal, qui, voyant son armée menacée de périr de soif s'il restait dans ce lieu, et, d'autre part, craignant de faire retraite devant l'ennemi, se décida enfin à livrer bataille. »

Parthos est, comme nous l'avons vu, située sur la route de Carthage à Naraggara. Du reste, elle importe bien moins que Killa à la détermination des points de Zama et de Naraggara. Mais Killa, que nous croyons le Gellah de Shaw, vient nous fournir un point fixe aux environs de Cassir-Djebbir, l'ancienne Naraggara.

Enfin, le récit du siége de Zama par Métellus [2] prouve que cette ville n'était pas très-éloignée de Sicca (Keff), où Marius alla chercher du blé pour nourrir les assiégeants. Salluste la peint, ainsi que Vitruve, comme située dans une plaine, devant sa force à l'art plus qu'à la nature, riche en armes et en combattants, enfin ne manquant de rien de ce qui était utile à la défense. Salluste indique en outre que Zama était voisine de la province romaine d'Afrique, où Métellus mit ses troupes en quartier d'hiver, sur les frontières de la Numidie.

Tout cela nous porte près du fleuve Bagrada, qui prend le nom de *Serrat* dans cette partie de son cours. Killa, dont

---

Vid. Morcelli, *Afr. Christ.*, t. I, p. 255 ; *Topogr. de Carthag.*, *Append.*, V, p. 277.

[1] Πόλις δ' ἐγγὺς ἦν Κίλλα, καὶ παρ' αὐτὴν λόφος εὐφυὴς ἐς στρατοπεδείαν. (App. *Punic.*, VIII, 40 incip.)

[2] Salluste, *Jugurth.*, c. LX, LXIV.

le nom se retrouve conservé dans le Gellah de Shaw[1], est située aux confins des royaumes d'Alger et de Tunis, sur une montagne au pied de laquelle il y a des ruines romaines.

Quant à Zama, sa position précise sera facile à retrouver, si on voyage dans le pays, tant les indications de Vitruve[2] sont détaillées; et pourtant elles ont été généralement négligées par les géographes.

Zama, dit-il, est une ville d'Afrique, dont le roi Juba a entouré les maisons d'une double enceinte de murailles; il s'y est bâti une résidence royale. A vingt milles de Zama est Ismuc : dans le territoire de cette ville, la terre a la propriété de faire mourir les serpents, et les eaux de Zama ont la vertu de rendre la voix des chanteurs forte et mélodieuse[3]. Pline[4] reproduit cette assertion.

Sans chercher à établir la réalité du phénomène, Vitruve cite son autorité. « Et c'est, dit-il, un prince numide, client de J. César[5], qui fit la guerre avec lui, qui possédait presque toutes les terres de cette ville. Ce prince a été mon hôte, a logé longtemps chez moi : nous dinions tous les jours ensemble; et j'ai appris de lui que les sources de Zama possédaient la propriété singulière de faire naître de belles voix; que c'était un usage établi d'y importer de beaux esclaves des deux sexes qu'on mariait ensemble, pour que leurs enfants joignissent aux charmes d'une belle voix les avantages de la figure. »

---

[1] Carte de la partie orientale du royaume d'Alger, long. 6°, latit. 35° 50', p. 163, à cinq lieues sud-sud-est d'El-Gattar, qui est à huit lieues de Tiffesch ou Theveste, à onze lieues de Tajeelt, l'ancienne Teglata.

[2] VIII, III, 24-27, éd. Schneider, 1808. (Ibi vid. not.)

[3] « Zama est civitas Afrorum, cujus *mœnia* rex Juba duplici muro sepsit, « ibique regiam domum sibi constituit. Ab ea millia passuum viginti, est op-« pidum Ismuc; in ejus agris nulla serpens nascitur, aut allata, statim mori-« tur, etc. » VIII, III, 24-27.

[4] « Zama in Africa fontem quo canoræ voces fiunt. »

[5] Vitruve le nomme *C. Julius*, du nom de son patron le dictateur. (Voyez les notes de Schneider, h. l.)

Ce passage curieux de Vitruve, où il parle d'après un témoin oculaire, un propriétaire de terres autour de Zama et d'Ismuc, doit inspirer de la confiance pour la distance de vingt milles romains, donnée par cet écrivain entre ces deux villes.

La tradition de la propriété merveilleuse attribuée aux terres d'Ismuc, aux eaux de Zama, doit se retrouver dans le pays; plus une légende est incroyable, plus le peuple ignorant et crédule en garde avec ténacité le souvenir.

De plus, cette particularité d'une double enceinte de murs qui, à Zama, renfermait les maisons, les édifices publics, *mœnia*, et le palais royal, sera facile à reconnaître sur les lieux, n'en restât-il que des substructions.

Dans Vitruve, la position d'Ismuc n'est pas orientée; il faudra la chercher dans un rayon de vingt milles autour de Zama.

Quant à Zama, si on la place au nord-est entre Cassir, Keff et Gellah (Naraggara, Sicca et Killa), ce point s'accordera très-bien avec la distance de cent cinquante-deux milles romains donnée par l'Itinéraire entre Carthage et Naraggara, et celle de cinq journées de marche que donne Polybe entre Zama et Carthage. Ce sont des journées de piéton leste, εὐζώνου ἀνδρὸς, de vingt-six à vingt-huit mille toises, treize à quatorze lieues de poste. Plus loin, nous déterminerons avec soin la journée de marche du courrier à pied, *tabellarius*. Cette position cadre aussi fort bien avec le récit de Salluste [1], qui indique Zama comme voisine de Sicca (Keff), point déterminé par les inscriptions, et comme étant située dans une plaine (*in campo situm*), aux confins de la Numidie et de la province d'Afrique [2].

[1] *Jugurth.*, c. LX.
[2] *Ibid.*, c. LXV.

LXXII. Cependant Bomilcar, ce Numide dont les instances avaient amené Jugurtha à cette capitulation qu'ensuite la crainte lui fit abandonner, ne se fiant plus à un roi qui se défiait de lui, n'aspirait qu'à le perdre : il en cherchait toutes les occasions ; cette idée l'obsédait nuit et jour. Enfin, à force d'adresse, il fait entrer dans ses projets Nabdalsa, qui avait à la fois l'éclat de la naissance, celui de la richesse, et l'estime de son pays. Celui-ci commandait souvent un corps d'armée séparé. C'était sur lui que Jugurtha se reposait de tous les détails auxquels il ne pouvait suffire lui-même, soit par excès de fatigue, soit lorsqu'il était occupé de soins plus importants, ce qui avait procuré à Nabdalsa de la gloire et des richesses. Ces deux hommes conviennent d'un jour pour l'exécution de leur complot : du reste, ils devaient se régler sur les circonstances. Nabdalsa repart ensuite pour son armée, qui devait observer les Romains dans leurs quartiers d'hiver, et les empêcher de dévaster impunément le pays. Comme au jour marqué cet homme, effrayé de la pensée d'un tel crime, ne parut point, et que ses craintes arrêtaient l'exécution du complot, Bomilcar, impatient de consommer l'entreprise, de plus, redoutant que la terreur changeât les dispositions de son complice, lui écrit par des hommes sûrs, et dans sa lettre il lui reprochait sa faiblesse et sa pusillanimité ; il prenait à témoin les dieux qui avaient reçu leurs serments ; il lui conseillait de ne point changer par sa faute la bienveillance de Métellus en indignation : la perte de Jugurtha était inévitable ; il s'agissait seulement de savoir s'il périrait ou par eux ou par Métellus. Il avait donc à faire de sérieuses réflexions, et à choisir entre des récompenses sûres ou des supplices horribles.

LXXIII. Au moment où cette lettre arriva, Nabdalsa, fatigué d'exercices violents, était à se reposer sur son lit. Après les premières agitations que lui donna la lecture de cette lettre, l'accablement qui suit toujours les grandes émotions finit par le jeter dans l'assoupissement. Il avait près de sa personne un secrétaire de confiance qu'il aimait, et qu'il avait toujours, excepté cette seule fois, mis dans sa confidence. Cet homme, ayant su qu'on avait apporté une lettre, s'imagina, d'après ses fonctions ordinaires, que son ministère, que ses talents pourraient être utiles. Il entre dans la tente pendant que Nabdalsa dormait ; il prend la lettre que celui-ci avait posée négligemment sur son chevet au-dessus de sa tête ; il la lit d'un bout à l'autre. Sur-le-champ, avec cette preuve du complot, il va trouver le roi. Nabdalsa, réveillé quelque temps après et ne retrouvant plus sa lettre, apprit par des transfuges tout ce qui s'était passé. D'abord il s'efforça d'atteindre le délateur : n'ayant pu le joindre, il prend le parti d'aller lui-même chez le roi pour l'apaiser. Il lui dit que son perfide client n'avait fait que prévenir ce qu'il s'était proposé de faire lui-même. Les larmes aux yeux, il le conjure, au nom de l'amitié et d'une fidélité tant de fois éprouvée jusqu'à ce jour, de ne pas le croire capable d'un forfait aussi noir.

LXXIV. Jugurtha, renfermant au fond de son âme ses ressentiments, fit une réponse affectueuse. Après s'être défait de Bomilcar et de beaucoup d'autres qu'il reconnut avoir trempé dans la conspiration, il avait dissimulé avec Nabdalsa, de peur d'exciter une sédition ; mais depuis ce moment il n'eut plus un seul jour, une seule nuit tranquille ; il ne se fiait à personne, ses soupçons le poursuivaient en tous lieux, à tous les instants ; il craignait ses sujets tout autant que ses ennemis ; il promenait partout des regards inquiets, le moindre bruit le faisait tressaillir ; il couchait la nuit tantôt dans un lieu, tantôt dans un autre, sans observer les bienséances de son rang. Quelquefois, se réveillant en sursaut et courant à ses armes, il poussait des cris d'épouvante, tant les frayeurs qui l'obsédaient l'avaient comme jeté dans une sorte de démence !

LXXV. Métellus, à peine instruit par ses transfuges de la fin malheureuse de Bomilcar et du mauvais succès de la conspiration, presse ses préparatifs pour une nouvelle campagne, et y apporte le même soin que si les forces de l'ennemi eussent été entières. Fatigué des instances de Marius, attendant peu de services d'un homme qu'il n'aimait point et dont il était haï lui-même, il le renvoie à Rome. Les plébéiens, connaissant les lettres écrites sur Métellus et sur Marius, en avaient adopté facilement les diverses impressions. La haute naissance du consul, qui auparavant relevait son mérite, lui attire la haine : au contraire, l'humble extraction de l'autre était un titre de plus. Du reste, dans toute cette affaire, l'esprit de parti influa plus que toutes les bonnes ou mauvaises qualités des deux compétiteurs. Des magistrats séditieux ne cessaient d'exciter le peuple ; toutes leurs harangues dénonçaient Métellus comme traître à la patrie. Le mérite réel de Marius était encore exagéré. Enfin, ils enflammèrent tellement la populace, que tous les artisans et gens de campagne, dont toute la fortune et l'existence dépendent de leurs bras, quittèrent leurs travaux pour aller faire cortége à Marius, sacrifiant au succès de son ambition les premiers besoins de leur subsistance. Ainsi les nobles furent humiliés, et, après longues années, le consulat fut déféré à un homme nouveau. Ce ne fut pas tout. Sur la proposition du tribun Manlius Mancinus, le peuple, se portant en foule aux comices, décerna à Marius la guerre contre Jugurtha. Le sénat, quelque temps auparavant, en avait chargé Métellus : on n'eut aucun égard à ce décret.

LXXVI. Cependant Jugurtha était en proie à mille incertitudes et à mille perplexités depuis qu'il avait perdu ses amis, la plupart sacrifiés par lui-même, les autres, dans la crainte d'un pareil sort, réfugiés chez les Romains ou chez le roi Bocchus. Lui seul il ne pouvait suffire à tout ; et, après toutes les perfidies de ses anciens serviteurs, il tremblait de se fier aux nouveaux. Il n'était jamais satisfait ni de ses choix, ni de ses plans, ni de leur exécution. Il changeait chaque jour de route et de généraux ; tantôt il marchait à l'ennemi, tantôt il reculait vers le désert. Souvent il ne voyait de ressource que dans la fuite, et l'instant d'après il en revenait à l'idée de combattre. Il ne savait de quoi se défier le plus, ou de la valeur ou de la fidélité de ses sujets. A quelque parti qu'il s'attachât, il n'envisageait que des malheurs. Au milieu de ces tergiversations, Métellus paraît tout à coup avec son armée. Jugurtha range à la hâte ses troupes en bataille, et le combat s'engage. Là où le roi était en personne, on fit quelque résistance ; partout ailleurs les Numides, dès le premier choc, furent enfoncés et mis en fuite. Les Romains s'emparèrent d'une assez grande quantité d'armes et d'enseignes, mais ils firent peu de prisonniers; car dans tous les combats les Numides durent leur salut à leur agilité plutôt qu'à leur courage.

———

Aux ressemblances que j'ai déjà signalées entre les guerres des Romains contre les Africains et celles de nos troupes contre les Arabes de l'Algérie, on peut joindre encore celle-ci. Dans toutes les batailles les plus heureuses les Romains n'ont jamais pris vivants qu'un très-petit nombre de Numides; et nous, depuis treize ans que nous combattons dans la régence d'Alger, nous n'avons fait qu'un petit nombre de combattants prisonniers.

———

LXXVII. Cette défaite ne fit que redoubler les défiances et le découragement de Jugurtha. Il s'enfonce dans le désert avec les transfuges et une partie de la cavalerie. De là il se jette dans Thala, ville considérable et riche, où étaient la plupart de ses trésors, et ses enfants, qu'il y faisait élever avec une magnificence royale. Dès que Métellus en fut instruit, quoiqu'il sût que de Thala à la rivière la plus proche, dans un rayon de cinquante milles, on ne rencontrât que des déserts arides, toutefois, dans l'espérance de mettre fin à la guerre s'il s'emparait de cette place, il entreprend de surmonter tous les obstacles et de vaincre la nature elle-même. Il ordonne qu'on débarrasse les bêtes de somme de tous les bagages; il les fait charger d'une provision de blé pour dix jours, d'outres et d'autres vaisseaux propres à contenir de l'eau. Il fait chercher dans la campagne tout ce qu'il peut trouver d'animaux capables de porter des fardeaux[1]; il les charge de vases de toutes sortes,

---

[1] M. Pellissier insiste avec raison sur la nécessité de rendre nos troupes régulières plus lestes en les débarrassant des bagages inutiles, et de remplacer par des chameaux la plus grande partie de nos moyens de transport à roues. (*Annal. Algér.*, t. I, p. 234.) J'avais exprimé le même vœu dès 1833, dans un rapport adressé à M. le maréchal Soult, duc de Dalmatie, ministre de la guerre. L'expérience a démontré l'utilité de ces vues; et aujourd'hui les trans-

surtout de vases de bois ramassés dans les huttes des Numides. De plus, il recommande aux habitants des cantons voisins qui, depuis la défaite du roi, s'étaient soumis aux Romains, d'apporter le plus d'eau qu'ils pourraient; il leur fixe le jour, le lieu du rendez-vous, et lui-même il ne part qu'après s'être approvisionné largement au fleuve voisin, qui, comme nous l'avons dit, était la seule eau que le pays fournît jusqu'à Thala. Ces dispositions faites, il se dirige vers cette place. On dit qu'arrivé à l'endroit assigné aux Numides, les troupes à peine campées et retranchées, il tomba tout à coup du ciel une si grande quantité d'eau, qu'elle eût suffi de reste à toute l'armée. D'ailleurs, les provisions qu'on apporta surpassèrent les espérances des Romains, parce que les Numides avaient redoublé de zèle, suivant l'usage des peuples nouvellement soumis. Les soldats, par un sentiment religieux, employèrent de préférence l'eau de pluie; et rien même ne fortifia leur courage comme la persuasion qu'ils étaient l'objet de la protection spéciale des dieux. Le lendemain, au grand étonnement de Jugurtha, Métellus arrive au pied des murs de Thala. Les habitants, qui avaient cru leur désert une barrière impénétrable, furent stupéfaits de cette apparition merveilleuse et inattendue. Néanmoins ils se disposent à combattre vigoureusement; les nôtres en font de même.

La position de Thala était jusqu'ici fort incertaine. De Brosses[1] la plaçait dans le Zab, sous le parallèle de Capsa. Shaw[2] avait cru la retrouver dans Ferrianah, un peu au nord-ouest de Capsa, et cette opinion avait été adoptée, quoique sujette à de grandes objections.

Le voyage récent de sir Grenville Temple, et les rensei-

---

ports qui ne peuvent s'opérer à dos de chameau sont faits par des mulets. Cet animal, avec du soin, résiste si bien à la fatigue, que le général de Lamoricière annonce, dans un rapport de février 1843, que dans sa division il n'a pas perdu, dans un an, un seul mulet de fatigue et de maladie, quoiqu'ils aient eu trois cents jours de bivouac.

[1] *Histoire romaine*, t. I, p. 156, note 1.
[2] P. 268, trad. fr.

gnements qu'il nous a donnés de vive voix, nous fournissent les moyens de prouver que personne encore n'avait même soupçonné la véritable position de cette ancienne ville. « Nous trouvâmes, dit ce voyageur[1], à sept lieues environ « à l'est d'Ayedrah (ou Hydra), les ruines d'une grande « ville ancienne, nommée *Thala* par les Arabes. La parfaite « conservation de l'ancien nom, et diverses autres circons- « tances, m'ont porté à croire que c'était la même ville que « la *Thala* dont il est fait si souvent mention dans les his- « toriens de l'antiquité, notamment dans Salluste et Flo- « rus[2]. »

« Thala est bâtie sur le penchant d'une colline, près de sa base et faisant face au nord. Elle semble avoir eu une étendue assez considérable ; sa circonférence pouvait être d'environ quatre ou cinq milles. Sa forme est longue et étroite ; elle va en s'étendant depuis les terrains élevés du sud jusqu'aux plaines du nord. Elle possède de copieuses sources d'une eau claire et excellente. De Thala, on aperçoit au nord nord-ouest la montagne de Kala-al-Snaan (le château de l'Idole), et le Djebel-el-Hanash au nord nord-est[3]. »

La seule existence du nom de Thala, appliquée aux ruines d'une ancienne ville, doit inspirer au moins des doutes sur la synonymie proposée par Shaw pour la ville de Ferrianah ; et ces doutes sont d'autant plus légitimes que l'érudit voyageur, quoiqu'il ait tracé sur sa carte la colline au pied de laquelle sont les ruines de Thala, qu'il a pu apercevoir du

---

[1] *Excurs in Algiers and Tunis*, t. II, p. 220.
[2] Deux inscriptions latines ont été trouvées à Thala par S. Grenville Temple[*], l'une du temps de Dioclétien, l'autre itinéraire. Les noms de *Damulics* et *Berecb* semblent africains.
[3] S. Gr. Temple m'a dit, dans la conversation, que Kala-al-Snaan est une montagne isolée, abrupte, couronnée par un vaste plateau, couvert des ruines et des murs d'enceinte d'une grande et florissante cité romaine. *Voy.* Shaw, t. I, p. 163, traduction française.

[*] T. II, p. 328, n°° 104 et 108.

mont Kala-al-Snaan, n'a passé qu'à plusieurs lieues à l'ouest de l'emplacement même où se trouvent ces ruines[1]. Mais si nous rapprochons de la description donnée par sir Temple les passages des anciens auteurs où il est question de la ville antique de Thala, il sera facile de se convaincre que les indications qu'on peut en tirer ne sauraient concorder avec la position de Ferrianah; tandis qu'elles s'accordent en tout point avec les circonstances consignées dans le récit de sir Temple, la configuration des lieux, et la situation des ruines de Thala. Nous ne rapporterons pas les témoignages de Strabon, de Florus, de Tacite[2], qui mentionnent seulement la ville, sans nous fournir aucune lumière sur l'endroit où elle était placée. Nous passerons de suite à la discussion des passages de Salluste qui doivent fixer nos doutes sur cette position géographique.

Thala, dit Salluste, était une ville *naturellement* fortifiée[3]. Or, les ruines qui portent aujourd'hui le nom de Thala s'étendent sur le penchant d'une colline dominant une vaste plaine, tandis que Ferrianah est située sur un terrain plat, à une assez grande distance des hauteurs, s'il faut en juger par la carte de Shaw, qui l'a visitée[4]. Thala était éloignée des rivières, mais il y avait quelques sources auprès de ses murs[5]. Les ruines dans lesquelles M. Temple a cru reconnaître cette ancienne ville sont également éloignées des grands cours d'eau, mais offrent des sources abondantes. Ferrianah, au contraire, est abondamment pourvue d'eau. Un large ruisseau, après avoir baigné les murs de la ville, va près de là se jeter dans le Ouadi-Derb[6].

---

[1] Shaw, t. I, préface, p. xvij, et carte, p. 173.
[2] Strabon, XVII. p. 829; Florus, III, 1; Tacite, *Ann.*, III, 21.
[3] Oppidum *loco munitum*. Sallust., *Bell. Jug.*, c. LXXIX. Præsidium cui Thala nomen. Tacite, l. c.
[4] Shaw, t. I, p. 173, carte. *Voy.* aussi sir Temple, t. II, p. 192.
[5] Non longe a mœnibus aliquot fontes erant. Sallust., *Bell. Jug.*, c. XCIV.
[6] Shaw, p. 267, traduction française.

De plus, il y a dans la ville plusieurs puits qu'on a entourés de constructions propres à en faciliter l'usage. La position de Thala, d'après Salluste, était semblable à celle de Capsa, ville isolée au milieu de solitudes immenses, qui, outre les remparts et les armes de ses soldats, était encore puissamment défendue par l'affreuse contrée qui l'environnait; car, excepté les environs de la ville, tout le reste n'était qu'un affreux désert, sans trace de culture, manquant d'eau et infesté de serpents[1]. Ailleurs, le même historien nous apprend qu'après avoir perdu Thala, Jugurtha se rendit dans la Gétulie, en traversant des déserts immenses[2]. Or Ferrianah n'est séparée de la Gétulie que par une ramification de l'Atlas. Si donc Ferrianah représentait aujourd'hui l'ancienne Thala, Jugurtha n'aurait eu qu'une montagne à franchir pour se rendre chez les Gétules. Au contraire, les ruines de Thala, découvertes par sir Temple, étant situées à quelque distance au nord de Sbiba (*Sufes*, selon M. le colonel Lapie), sont séparées des frontières de la Gétulie par un vaste désert[3]. Enfin, l'on ne saurait appliquer à Ferrianah, arrosée par un large ruisseau et voisine de trois rivières considérables, ce que dit Salluste de l'ancienne Thala, que le fleuve le plus proche de cette ville en était éloigné de cinquante milles (18 lieues de 2,000 toises). Cette circonstance s'applique parfaitement, au contraire, aux ruines décrites par sir Temple. L'Ouadi-Hataub et l'Ardalio n'en sont pas, il est vrai, fort éloignés; mais ils coulent l'un au midi, l'autre au sud-est de ces ruines, tandis que du côté du nord, par où Métellus dut nécessairement marcher

---

[1] Erat inter ingentes solitudines oppidum magnum atque valens, nomine Capsa. Præter oppido propinqua, omnia vasta, inculta, egentia aquæ, infesta serpentibus..... Metellus oppidum Thalam magna gloria ceperat, haud dissimiliter situm. Sallust., *Bell. Jug.*, c. XCIII.

[2] Jugurtha, amissa Thala, per magnas solitudines profectus, pervenit ad Getulos. Sallust., *Bell. Jug.*, c. LXXCII.

[3] Voir les cartes du Dépôt de la guerre, 1829, 1833.

sur Thala, les rivières les plus voisines sont le Méjerda et ses affluents méridionaux, qui tous se trouvent au moins à dix-huit lieues de distance du point où nous plaçons les restes de Thala.

Nous ajouterons, en terminant, que cette ancienne ville, dont la position, à notre avis, est maintenant fixée avec une grande probabilité, offre cette circonstance singulière, bien rare parmi les villes d'Afrique, qu'après deux mille ans son nom conserve encore, sans aucune altération, son ancienne orthographe.

LXXVIII. Jugurtha vit alors qu'il n'y aurait plus rien d'impossible à un homme dont l'habileté, maîtrisant les armes de ses ennemis, les lieux, les circonstances, avait enfin triomphé de la nature elle-même, qui triomphe de toutes choses. Il s'échappe de la ville pendant la nuit, avec ses enfants et une grande partie de ses trésors; et, depuis, il ne resta jamais plus d'un jour ou d'une nuit dans le même endroit; il prétextait que ses affaires l'y obligeaient, mais le vrai motif était la crainte d'une trahison, et il se flattait d'y échapper par la promptitude de ses marches, persuadé que, pour former de pareils complots, il faut du loisir et une occasion favorable. Métellus voyant la place également fortifiée par la nature et par l'art, et les habitants résolus à la bien défendre, la fait entourer d'une ligne de circonvallation. Il dispose autant de mantelets que le lieu lui permet d'en employer : à l'abri de ces mantelets il fait élever l'agger, et sur la plate-forme de l'agger il établit des tours pour protéger les ouvrages et les travailleurs. A ces moyens d'attaque les habitants opposent, avec une égale activité, des moyens de défense : de part et d'autre, on ne néglige rien. Enfin, ce ne fut qu'après quarante jours de travaux, de combats et de fatigues, que les Romains entrèrent dans la ville : encore ne gagnèrent-ils que le corps de la place; tout le butin avait été détruit par les transfuges. Dès qu'ils virent le mur battu par les béliers et la résistance impossible, ils transportèrent dans le palais du roi leur or, leur argent, tout ce qu'on regarde comme des biens suprêmes : alors, après s'être gorgés de vin et de nourriture, ils mettent le feu au palais et se brûlent avec l'édifice, s'infligeant de plein gré un supplice plus cruel qu'ils n'auraient pu l'attendre de la sévérité de Métellus.

Le récit du siége de Thala, quelque abrégé qu'il soit, nous montre combien les Numides, qui, dans les combats en rase campagne, se dispersaient au moindre choc de l'infanterie romaine, étaient fermes sur leurs remparts et propres à la défense des places. C'est que là ils se trouvaient dans leur élément; c'est qu'à l'abri de leurs créneaux ils pouvaient employer avec tous leurs avantages les armes de trait et de jet, qu'un exercice prolongé depuis l'enfance leur avait rendu familières. Dans la guerre de campagne, les Numides étaient toujours inférieurs aux Romains par l'imperfection de leurs armes, de leur discipline, de leur tactique. Dans la guerre de siége, au contraire, la force de la position rétablissait l'équilibre. Ici le parallèle est en notre faveur; car les peuples de l'Algérie se sont montrés jusqu'à présent, pour la défense des places, fort au-dessous des Numides.

Au moment de la prise de Thala, des députés de Leptis viennent trouver Métellus; ils le conjurent de lui envoyer un gouverneur et une garnison. Un certain Hamilcar, disaient-ils, Africain d'une haute naissance, esprit factieux, cherchait à exciter un soulèvement. « Contre lui l'autorité des lois et des magistrats était impuissante. Si l'on tardait, c'en était fait de leur ville, et Rome allait perdre en eux de fidèles alliés. » En effet, dès le commencement de la guerre de Jugurtha, Leptis avait député vers le consul Bestia, puis à Rome, pour demander notre alliance : et depuis qu'ils l'avaient obtenue, ils s'étaient signalés par leur courage et par leur attachement. Tous les ordres de Bestia, d'Albinus, de Métellus, avaient été ponctuellement exécutés : aussi n'eurent-ils pas de peine à obtenir leur demande. Métellus leur envoya quatre cohortes de Liguriens, sous les ordres de Caïus Annius.

LXXIX. Leptis a été bâtie par des Sidoniens fugitifs, qui vinrent, dit-on, par mer chercher sur cette côte un asile contre les dissensions civiles de leur pays. Elle est située entre les deux Syrtes, qui tirent leur nom de la disposition même des lieux. Ce sont deux golfes placés presque à l'extrémité de l'Afrique, de grandeur inégale, mais de même nature. Tout près du rivage, la mer y conserve constamment la même profondeur; partout ailleurs, cette profondeur varie fortuitement; ce qui était haute mer devient un bas-fond. Dès qu'il vient à souffler des vents violents dans ces parages, les flots entraînent du limon, du sable, même de grosses pierres. Ainsi la face de ces lieux change selon les vents, et c'est de là que leur vient le nom de *syrtes* [1], qui signifie *entraînement*. Le langage seul s'est altéré par les alliances des Leptitains avec les Numides : du reste, ils ont conservé presque toutes les lois et les usages des Sidoniens, d'autant plus facilement qu'ils vivent à une grande distance de la cour des rois numides, et qu'entre Leptis et la partie de la Numidie la plus peuplée, il se trouve de vastes déserts inhabités.

LXXX. Puisque les affaires de Leptis m'ont conduit dans ces contrées, il n'est pas hors de propos de rapporter ici un trait d'héroïsme fort extraordinaire de deux Carthaginois : c'est le lieu qui m'en a fait ressouvenir. Dans le temps où Carthage était souveraine de presque toute l'Afrique [2], Cyrène fut aussi une grande et puissante cité. Entre les deux États se trouvait une plaine sablonneuse, tout unie, où il n'y avait ni fleuve ni montagne qui pût servir à marquer les limites, ce qui occasionna entre eux une guerre longue et sanglante. Les troupes des deux nations, tour à tour battues et mises en fuite sur terre et sur

---

[1] Du mot grec σύρω, traîner.
[2] Salluste exagère ici la puissance de Carthage pour relever la gloire de Rome qui l'avait vaincue; Carthage n'a jamais été souveraine de presque toute l'Afrique.

mer, s'étaient réciproquement affaiblies. Dans cet état de choses les deux peuples, craignant qu'un troisième ne profitât de leur épuisement pour les accabler l'un et l'autre, convinrent d'une trêve, et réglèrent entre eux que de chaque ville on ferait partir des députés; que le lieu où ils se rencontreraient serait la borne respective des deux États. Carthage choisit deux frères nommés Philènes, qui firent la plus grande diligence. Les députés de Cyrène allèrent plus lentement, soit que ce fût leur faute, soit qu'ils eussent été contrariés par le temps; car il s'élève souvent dans ces déserts, comme en pleine mer, des tempêtes qui arrêtent les voyageurs : lorsque le vent vient à souffler sur cette vaste surface unie et dépourvue de végétation, il s'y forme des tourbillons de sable qui, emporté avec une violence extrême, entre dans la bouche et dans les yeux, empêche de voir et de marcher. Les Cyrénéens se voyant fort reculés, et craignant d'être punis à leur retour du tort qui serait fait à leur pays, accusent les Carthaginois d'être partis avant le temps; ils font naître mille difficultés. Enfin ils sont décidés à tout, plutôt que de consentir à un partage aussi inégal. Les Carthaginois demandent un nouvel arrangement égal pour les deux partis : les Cyrénéens leur donnent l'option, ou d'être enterrés tout vifs dans le lieu dont ils voulaient faire la limite de Carthage, ou de les laisser, aux mêmes conditions, s'avancer jusqu'où ils voudraient. Les Philènes acceptèrent la proposition, contents de faire à leur patrie le sacrifice de leurs personnes et de leur vie : ils furent ensevelis tout vivants. Des autels furent consacrés dans ce lieu aux deux frères, sans compter d'autres honneurs institués pour eux à Carthage. Je reviens maintenant à Jugurtha.

LXXXI. Ce prince, depuis la perte de Thala, ne voyant plus de barrière assez forte pour arrêter Métellus, part avec une faible escorte; et, traversant de vastes déserts, s'enfonce dans le pays des Gétules, peuple farouche et barbare, qui alors ne connaissait pas même le nom romain. Il parvient à rassembler en corps d'armée cette multitude grossière; il les accoutume peu à peu à garder leurs rangs, à suivre leurs drapeaux, à observer le commandement, à pratiquer enfin tous les exercices militaires. Il se ménage un autre appui dans le roi Bocchus. Des présents magnifiques, de plus grandes promesses, lui gagnent tous ceux qui approchaient du monarque. Fort de leur assistance, il attaque le monarque lui-même, l'entraîne à déclarer la guerre aux Romains. Une circonstance avait aplani les difficultés de la négociation. Bocchus, au commencement de la guerre, avait envoyé à Rome des députés pour demander notre alliance; et cette demande, si avantageuse pour l'entreprise que nous formions, avait été rejetée par les manœuvres de quelques intrigants, toujours prêts à sacrifier le bien public à leur aveugle cupidité. Jugurtha avait cependant épousé une des filles de Bocchus; mais chez les Numides, ainsi que chez les Maures, ces sortes d'alliances ne forment pas une chaîne très-étroite, parce qu'en proportion de sa fortune, on y prend beaucoup de femmes, les uns dix, d'autres davantage, et les rois beaucoup plus encore. Le cœur du mari, ainsi partagé, n'en distingue aucune comme sa compagne : il les confond toutes dans une égale indifférence.

LXXXII. Les deux monarques, avec leurs armées, se rassemblent dans un lieu convenu, et se lient par des serments mutuels. Jugurtha s'attache à enflammer Bocchus, en peignant les Romains comme un peuple injuste, insatiable dans son avarice, l'ennemi commun des nations. « N'avaient-ils pas contre Bocchus le même motif de guerre que contre lui-même, et, comme les autres peuples, cette ardeur de dominer qui menaçait toutes les dominations? C'était lui maintenant; naguère c'étaient des Carthaginois, puis le roi Persée; enfin, tout État puissant deviendrait à coup sûr leur ennemi. » C'est avec ces discours et d'autres semblables qu'il entraîne Bocchus vers Cirta Métellus avait déposé dans cette ville tout le butin, les prisonniers et les bagages. Jugurtha jugeait que si le proconsul laissait prendre cette place, ce serait une conquête importante, ou que s'il venait la secourir, il y aurait une bataille; et c'était ce que la politique rusée de Jugurtha cherchait avec ardeur, afin de compromettre entièrement Bocchus, et dans la crainte que, s'il lui laisse du temps, la réflexion ne lui conseille un autre parti que la guerre.

On voit que Cirta, aujourd'hui Constantine, était le pivot des opérations de Métellus, son principal magasin de vivres et de munitions ; et cependant Salluste ne dit ni quand ni comment elle était tombée au pouvoir des Romains. Fut-elle prise par un siége ? se soumit-elle volontairement ? La seconde opinion nous semble plus probable, quoique Salluste nous montre, comme résultats de la victoire du Muthul, la prise de plusieurs châteaux et de plusieurs villes dans la partie la plus riche de la Numidie[1]. Il est à croire que si la ville de Cirta, place si importante, située dans une position si forte et au milieu de la plus belle contrée de la Numidie, eût été prise par un siége régulier, Salluste n'aurait pas manqué de consigner les détails de cet événement remarquable, d'autant plus qu'il l'a fait pour Vacca, ville moins considérable et moins célèbre. Deux autres passages du même auteur[2] ajoutent un nouveau poids à la conjecture de la soumission volontaire de cette ville. La terreur qu'inspirent les armes et la victoire de Métellus lui soumet sans combat plusieurs villes, dans lesquelles, avant de se rendre à ses quartiers d'hiver, le consul place des garnisons[3]. Il est à présumer que Cirta fut au nombre de ces villes que Salluste a indiquées d'une manière si vague. Toujours est-il presque certain qu'elle était au pouvoir des Romains, lorsque Métellus s'avança au sud dans l'intérieur de la Numidie pour faire le siége de Thala ; car sans aucun doute Jugurtha, au lieu de s'enfermer dans cette ville qui confinait à la province romaine, aurait préféré chercher un refuge dans Cirta, place qui, par la force de sa position, les nombreuses routes qu'elle commandait, était le boulevard de la partie la

---

[1] Metellus in loca opulentissima Numidiæ pergit ; agros vastat, multa castella et oppida temere munita, aut sine præsidio, capit incenditque. *Jug.*, 55.
[2] *Jug.*, 57 et 64.
[3] In iis urbibus quæ ad se defecerant præsidia imponit. *Jug.*, 65. Ea formidine multi mortales Romanis dediti obsides, frumentum et alia quæ usui forent affatim præbita ; ubicumque res postulabat, præsidium imposuitum. *Ibid.*, 55.

plus occidentale de la Numidie où les Romains n'avaient pas encore pénétré, et où le roi vaincu pouvait trouver de nouvelles ressources pour soutenir la guerre. Enfin, deux passages positifs de Dion Cassius[1] et d'Orose[2] prouvent que cette ville se soumit aux Romains par capitulation, fut reprise par Jugurtha, et assiégée de nouveau par Marius trois ans après qu'elle se fut rendue pour la première fois à Métellus.

Tite-Live[3] nous apprend que, déjà au temps de Syphax, Cirta était une des capitales de la Numidie; que Syphax y avait un palais, et qu'elle était déjà si forte que Massinissa, vainqueur de son rival, ne put songer à la prendre de force, quoiqu'il fût à la tête d'une armée considérable. Les habitants ne se rendirent que sur l'ordre exprès de leur roi Syphax, que Massinissa traînait prisonnier à sa suite.

« A l'intérieur du pays des Massæsyliens, dit Strabon[4], est placée Cirta, résidence royale de Massinissa et de ses successeurs, ville très-forte, et magnifiquement ornée de toutes sortes d'édifices et d'établissements qu'elle doit principalement à Micipsa. Par les soins de ce prince, qui y établit aussi une colonie de Grecs, cette ville devint si peuplée, qu'elle fut en état de mettre sur pied dix mille cavaliers et le double de fantassins. »

Salluste[5] confirme la nombreuse population de Cirta et la force de sa situation, lorsqu'il nous dit qu'une multitude tant d'Italiens attirés par le commerce dans ses murs, que de Numides restés fidèles au parti d'Adherbal, prirent les

---

[1] Τῆς Κίρτας καθ' ὁμολογίαν ἁλούσης, ὁ Βόκχος ἐπεκηρυκεύσατο τῷ Μαρίῳ; t. I, p. 71, ed. Reimar.

[2] V, 15, p. 322 : Jugurtha apud Cirtam, urbem antiquam, Masanissæ regiam adversus Romanos, *expugnationem ejus parantes* sexaginta millibus equitum instructus occurrit.

[3] XXX, 12.

[4] XVII, p. 832, éd. Casaub.

[5] *Bell. Jug.*, c. XXIV et XXV.

armes pour ce prince et défendirent la place. Jugurtha ne pouvant emporter d'assaut cette ville, si avantageusement fortifiée par la nature[1], essaya d'abord l'emploi des tours, des galeries d'attaque, des machines de toute espèce. Tous ses efforts furent infructueux ; il fut réduit à l'envelopper d'une large circonvallation, et ne parvint à s'en rendre maître que lorsque les habitants manquèrent entièrement de vivres.

Cirta, sous le règne de Juba Ier, n'avait pas déchu de sa splendeur ; car Hirtius[2] la met au rang des villes les plus riches de la Numidie, *oppidum ejus regni opulentissimum*. La population s'agglomère généralement autour des capitales. Or nous connaissons deux petites villes, *Muguas* et *Centuria*, situées à très-peu de distance de Cirta, et qui ne sont indiquées dans aucune carte. Muguas est fixée par un acte de martyrs africains de l'an 259 : « Pergebamus in « Numidiam, et venimus in locum qui appellatur Muguas, « cui est Cirtensis coloniæ suburbana vicinitas[3]. » Faut-il rapprocher de ce nom Muguas les Mucini, Μυκίνοι, peuple que Ptolémée[4] place en Numidie d'une manière un peu vague, sans nommer Cirta? Le même acte nomme[5] la ville de Centuria, près de Muguas et de Cirta : « Adhibitis Cen- « turionum et Cirtensium magistratibus. » Centuria, peut-être Fegge-el-Gantoureche d'aujourd'hui, est nommée dans Procope[6] comme une ville de Numidie ; et trois évêques de Centuria, *Centurianenses*, assistent, l'un, en 305, au concile de Cirta ; un autre, en 411, à la conférence de Carthage ; le dernier, en 484, à l'assemblée convoquée par Hunérich[7].

---

[1] Neque, propter naturam loci, Cirtam armis expugnare poterat. Sallust., *Bell. Jug.*, 25.
[2] *Bell. Afr.*, 25.
[3] Ruinart, *Act. Martyr.*, p. 225.
[4] IV, xiv, p. 93 ou 107, ed. Bert.
[5] Page 225.
[6] *Bell. Vandal.*, II, xiii.
[7] Morcelli, *Afric. Chr.*, t. I, p. 136.

Centuria, voisine de la colonie que J. César avait formée à Cirta avec des soldats de Sitius, aura pris son nom, ou de ce qu'elle s'éleva sur le sol d'une *centurie* (mesure agraire de 200 jugères), ou, ce qui est moins probable, de ce qu'on y tenait une centurie ou cent hommes en garnison.

Lorsque le prince numide eut succombé en Afrique avec les restes du parti de Pompée, César donna à Sitius, chef de partisans qui l'avait puissamment aidé dans cette guerre, une partie du territoire de Cirta. Sitius le distribua aux soldats romains et italiens qui avaient vaincu sous ses ordres; et l'établissement de cette colonie, qui reçut de César le droit de cité romaine, fit donner à Cirta le nom de *Sittianorum colonia*[1].

En 311, Alexandre, paysan pannonien, qui s'était fait proclamer empereur en Afrique, fut attaqué par un préfet de Maxence, et se réfugia, comme Adherbal, sous l'abri de la position forte de Cirta. Il est certain que l'ancienne capitale des rois numides fut ruinée dans cette guerre, et que Constantin, après l'avoir relevée et embellie, lui donna le nom de Constantine, qu'elle porte encore aujourd'hui[2]. Les écrivains arabes et les voyageurs modernes confirment tous, par leurs témoignages, ce que nous disent les auteurs de l'antiquité sur la force et l'importance de cette ancienne capitale de la Numidie[3].

---

[1] Appian., *Bell. civ.*, IV, 54; *Plin.*, V, 2.

[2] Cirtæ oppido, quod obsidione Alexandri ceciderat, reposito exornatoque, nomen Constantina inditum. Aurel. Victor, *Epitom.*, c. L.

[3] Békri, *Not. des manuscrits*, t. XII, p. 516; Edrisi, p. 242, tr. Jaubert; Léon l'Afr., p. 538, éd. Elzevir; Peyssonnel, *Lettres mss.*; Hebenstreit, *Nouv. Ann. des voy.*, t. XLVII, p. 64; Bruce, trad. franç., introd.; Shaw, t. I, p. 137 et suiv., traduction française; Poiret, t. I, p. 163; Desfontaines, *Nouv. Ann. des voy.*, t. XLVII, p. 92.

Léon et Hebenstreit parlent de certaines figures hiéroglyphiques qu'on observait sur le pont romain bâti du Rummel, et sur un arc de triomphe nommé Cassir-Goula, situé à un demi-mille de la ville. Fazello, *De rebus Siculis* (supplém., p. 404, lign. 22; Palerme, 1560, in-f°), parle des lettres puniques gravées sur les murailles. *Post Constantinam adde : quæ Cirta Numidiæ*

Les consuls romains et les rois du pays paraissent l'avoir jugée comme la position la plus essentielle à occuper, soit pour conquérir soit pour défendre la Numidie. Dans la première guerre punique, le premier soin de Massinissa, après qu'il a vaincu Syphax, est de se rendre maître de Cirta. L'habile Jugurtha brave, pour s'en emparer, le courroux du sénat et du peuple romain. Il attache au siége de cette ville une importance extrême; il déploie toutes les ressources de son génie, il emploie tour à tour l'audace, la force et la ruse, pour s'en rendre maître. Salluste a soin de le remarquer : sitôt que Métellus est en possession de Cirta, il en fait son quartier général, son principal magasin d'armes, de munitions et de vivres; il la choisit pour pivot de ses opérations dans la conquête de la Numidie[1].

Cette place, par sa position forte et centrale, commandait les nombreuses routes qui conduisaient vers la mer, l'Atlas, la province d'Afrique et les Mauritanies. Située sur un plateau fertile et peuplé, protégée en avant vers le nord par des hauteurs abruptes, vers l'ouest par des monts escarpés qui n'offrent d'autre passage qu'un étroit défilé, cette place était pour les Romains un bon centre d'opérations, et tout à fait propre, par sa proximité de la côte et de l'excellent port d'Hippône, à devenir un vaste magasin d'armes, de vivres, de machines de guerre, en un mot, ce que Napoléon avait fait d'Alexandrie et de Mantoue relativement à l'Italie. C'est ainsi du moins que trois grands capitaines, Jugurtha, Métellus et Marius, paraissent avoir jugé cette position.

Un homme de guerre plus illustre encore, César, dans sa campagne d'Afrique, porte sur cette place importante sa

regia olim fuit, ut literæ punicæ, saxis ad ejus mœnia incisæ, aperte indicant. Jusqu'ici les fouilles n'ont fait découvrir aucun monument punique, et à plus forte raison hiéroglyphique.

[1] Sallust., *Bell. Jug.*, c. LXXXIII, XCIII.

vigilante attention. Juba, le plus ferme appui du parti de Pompée, commandé par Scipion, est sur le point de se joindre au proconsul près de Thapsus, avec toutes ses forces. César ordonne à son lieutenant Sitius de s'emparer de Cirta. Ce puissant génie ne s'est point trompé dans ses prévisions : Juba, craignant pour sa capitale, rebrousse chemin aussitôt, accourt à marches forcées ; mais il arrive trop tard pour la défendre [1].

Sous le triumvirat, quarante ans environ avant J.-C., les lieutenants d'Octave et d'Antoine se disputent avec acharnement la possession de cette forte place. Sextius redouble d'efforts pour s'en emparer, Carnuficius et Lélius pour en faire lever le siége : nouvelle preuve de l'importance que les Romains attachaient à cette capitale pour la conquête ou la conservation de la province [2].

Dans la guerre de Numidie, qui eut lieu sous Tibère, Tacfarinas et Blæsus, dont Tacite vante les talents militaires, ont envisagé la position de Cirta sous le même point de vue [3].

L'usurpateur Alexandre, vaincu par le préfet de Maxence, se réfugie derrière les remparts inexpugnables de Cirta. Cette ville soutient un long siége ; elle est presque réduite en ruines. Le grand Constantin, convaincu de l'extrême importance de cette place, met tous ses soins à la réparer, à la fortifier, à l'embellir, et lui donne son nom, à jamais illustre par la fondation d'un nouvel empire.

Enfin, au cinquième siècle, le fameux Genséric, traînant sur ses pas la nation entière des Vandales, envahit en moins de deux années les trois Mauritanies, la Numidie, l'Afrique proconsulaire et la Byzacène. Nulle digue n'arrête ce

---

[1] Hirtius, *Bell. Afr.*, c. XXV.
[2] Dio. Cass., XLVIII, 21, 22.
[3] Tacit., *Annal.*, III, 74.

torrent débordé; l'Afrique entière succombe, moins Carthage, Hippône et Cirta[1].

Salluste[2] nous montre, devant Cirta, les armes de Bocchus et de Jugurtha, et Métellus retranché dans un camp fortifié pour couvrir cette ville. Ce fait suit immédiatement dans la narration le récit de la prise de Thala, et cependant il a dû s'écouler au moins deux ou trois mois dans cet intervalle. C'est le temps qu'avait dû employer Jugurtha à former aux armes et à la discipline la nouvelle armée qu'il venait de lever chez les Gétules, à négocier avec Bocchus et à le décider à la guerre. Sans doute une période de temps non moins longue fut nécessaire au roi maure pour rassembler ses troupes, et les conduire des extrémités occidentales de la Mauritanie Tingitane vers Cirta, située dans l'est de la Numidie. Il ne fallut probablement pas moins de temps à Métellus pour revenir de Thala vers Cirta; et cet habile général dut profiter sans doute de l'inaction momentanée de son ennemi pour achever ou affermir la conquête du vaste pays qui sépare ces deux villes. Lorsqu'il eut appris la conclusion de l'alliance entre Jugurtha et Bocchus, sa prudence dut lui conseiller d'accourir au secours de la partie de ses conquêtes la plus exposée, depuis la jonction des Maures et des Numides. Cette supposition nous paraît très-plausible, quoique Salluste, qui avec sa rapidité ordinaire marche toujours à l'événement, ait cru devoir négliger toutes ces circonstances intermédiaires.

LXXXIII. Lorsque le général romain eut appris la jonction des deux monarques, il ne se hasarde plus, comme avec Jugurtha qu'il avait vaincu tant de fois, à combattre indifféremment dans toutes les positions. Il se retranche non loin de Cirta, et il

---

[1] *Hist. du Bas-Empire*, par Lebeau, éd. Saint-Martin, t. VI, p. 50.
[2] *Bell. Jug.*, 83, 84.

attend les deux rois, voulant se donner le temps de connaître le nouvel ennemi qu'il avait en tête, et prendre ses avantages pour l'attaquer. Cependant les lettres de Rome lui apprennent qu'on avait donné à Marius le commandement de la Numidie : il savait déjà sa nomination au consulat. Cette nouvelle l'affecta beaucoup plus qu'il n'était séant ni convenable; il ne put retenir ni ses larmes ni ses plaintes. Grand homme d'ailleurs, il supporta ce chagrin avec trop de faiblesse. Les uns l'imputaient à son orgueil; d'autres, à l'indignité d'un outrage fait pour irriter une âme généreuse; plusieurs, au dépit de se voir arracher une victoire qu'il tenait déjà dans ses mains. Pour moi, je crois être sûr qu'il fut bien plus ulcéré de l'honneur qu'on faisait à Marius que de sa propre injure, et qu'il eût montré bien moins de sensibilité, si on eût donné à tout autre le commandement qu'on venait de lui ôter.

LXXXIV. Comme l'excès de sa douleur le mettait hors d'état d'agir, que d'ailleurs il eût trouvé insensé d'avancer, à ses risques, les affaires d'un autre, il se contenta de députer vers Bocchus. Il conseillait de ne pas s'attirer aussi légèrement l'inimitié des Romains; il ne tenait qu'à lui de former avec eux un traité d'alliance et d'amitié, bien préférable à la guerre où il s'engageait, malgré toute sa confiance dans ses forces; il serait imprudent de sacrifier des réalités à des espérances; rien n'était si facile que de se jeter dans une guerre, rien de si difficile que de s'en retirer; celui qui pouvait l'entreprendre n'était pas toujours maître de la terminer; les hostilités pouvaient commencer par le plus lâche; elles n'avaient pour terme que la volonté du vainqueur : il devait donc consulter et son intérêt et celui de son royaume, et ne pas associer une fortune florissante au sort désespéré de Jugurtha. Bocchus fit une réponse assez modérée : il désirait la paix, mais il ne pouvait refuser sa pitié aux malheurs de Jugurtha; si on voulait le comprendre dans l'accommodement, tout s'arrangerait. Aux demandes de Bocchus le proconsul répondit par des propositions nouvelles; Bocchus accepta les unes, rejeta les autres. Toutes ces négociations consumèrent du temps, et Métellus obtint ce qu'il voulait, de laisser les choses au point où elles étaient.

LXXXV. Cependant depuis qu'il avait été, comme je l'ai dit, porté au consulat par les vœux ardents du peuple, et qu'on lui avait déféré le commandement en Numidie, Marius, de tout temps animé contre la noblesse, redoubla contre elle de haine et d'acharnement. Tantôt c'était le corps entier, tantôt les individus qu'il attaquait. Il appelait son consulat une dépouille enlevée à des ennemis vaincus ; il se permettait cent autres discours pleins d'éloges pour lui, pleins d'insultes pour eux. Toutefois son premier soin fut de pourvoir aux nécessités de la guerre. Il sollicite un supplément de forces pour les légions ; il demande un renfort d'auxiliaires aux rois, aux nations alliées, aux peuples italiques ; il attire auprès de lui les plus braves soldats du Latium, la plupart ses compagnons d'armes, quelques-uns qu'il ne connaissait que de réputation, jusqu'aux émérites ; il les oblige, à force de caresses, à partir avec lui. Le sénat, quoique mal disposé pour lui, n'osait lui refuser aucune de ses demandes ; il avait même accordé avec joie le supplément de légionnaires ; il se flattait qu'avec la répugnance du peuple pour le service, Marius serait placé dans l'alternative ou d'affaiblir ses moyens militaires, ou de perdre l'affection de la multitude. Cette attente fut trompée, tant un vif désir de suivre Marius s'était emparé de tous les esprits ; chacun se flattait de revenir vainqueur, enrichi des dépouilles de la guerre, et se repaissait de cent espérances pareilles. Marius n'avait pas peu contribué à exalter leur enthousiasme ; car sitôt qu'il eut obtenu tous les décrets qu'il demandait, au moment de procéder à l'enrôlement, il convoqua une assemblée du peuple pour ranimer le courage des citoyens, et en même temps pour exhaler contre les nobles son fiel accoutumé. Voici le discours qu'il prononça :

LXXXVI. « Je le sais, Romains, la plupart se montrent,
« après avoir obtenu vos magistratures, tout autres qu'en les
« sollicitant. D'abord actifs, respectueux, modérés, ils se com-
« plaisent, le reste de leur vie, dans la mollesse et dans l'or-
« gueil. Pour moi, je pense bien différemment. Comme la ré-
« publique entière est infiniment au-dessus du consulat et de
« la préture, il me semble qu'on doit employer plus de soin
« pour la bien gouverner que pour obtenir ces honneurs ; et

« je ne me dissimule point tout ce que le bienfait suprême dont
« vous m'avez honoré m'impose d'obligations. Pourvoir aux
« préparatifs de la guerre et en même temps économiser votre
« trésor, contraindre au service des citoyens à qui l'on voudrait
« ne point déplaire, tout surveiller au dedans ainsi qu'au de-
« hors, et tout cela malgré l'envie, l'intrigue, les factions;
« c'est une tâche, Romains, plus laborieuse qu'on ne l'imagine.
« Les autres encore, s'ils font des fautes, trouvent dans leur
« ancienne noblesse, dans les grandes actions de leurs ancê-
« tres, dans le crédit de leurs alliés et de leurs proches, dans le
« grand nombre de leurs clients, une protection qui les rassure.
« Moi, je ne dois rien attendre que de moi-même ; je ne puis me
« soutenir qu'à force de courage et d'intégrité : toutes les autres
« ressources me manquent. Je ne le vois que trop, tous les
« regards se portent sur moi dans ce moment; et si je suis se-
« condé par les citoyens honnêtes et justes, qui n'envisagent
« dans ma bonne conduite que le bien de l'État, je sais que les
« nobles ne cherchent qu'un prétexte pour m'attaquer, et c'est
« un nouveau motif de redoubler d'efforts pour que vos espé-
« rances, à vous, ne soient point déçues, et que les leurs le
« soient. Depuis mon enfance jusqu'à l'âge où je suis, je me
« suis fait une habitude journalière des travaux et des périls
« de tout genre. Ce qu'avant vos bienfaits je faisais gratuite-
« ment, certes je n'irai point m'en dispenser maintenant que
« j'en ai reçu la récompense. Il leur est difficile de se modérer
« dans le pouvoir, à ceux qui n'ont affecté de la vertu que
« pour surprendre vos suffrages : pour moi, qui ai passé toute
« ma vie à bien faire, l'habitude est devenue la nature. Vous
« m'avez chargé de la guerre contre Jugurtha, ce que les no-
« bles n'ont vu qu'avec un dépit extrême. Mais, je vous le
« demande, considérez encore en vous-mêmes s'il ne vau-
« drait pas mieux revenir sur vos suffrages, et, pour cette com-
« mission ou toute autre semblable, choisir dans cette troupe
« de nobles quelqu'un de ces hommes d'ancienne extraction,
« qui compte beaucoup d'aïeux et pas une campagne, afin
« que dans un commandement de cette importance, ne sa-
« chant rien, il n'agisse qu'avec précipitation, qu'avec trouble ;

« trop heureux de trouver dans ces plébéiens quelqu'un qui
« l'avertisse de ce qu'il doit faire ; car presque toujours, Ro-
« mains, celui que vous avez chargé du commandement ne
« manque pas d'en chercher un autre qui le commande lui-
« même.

LXXXVII. « J'en connais qui ont attendu d'être nommés
« consuls, pour commencer à étudier notre histoire et les trai-
« tés des Grecs sur l'art militaire : étrange renversement de l'or-
« dre naturel ; car si, dans l'ordre des temps, on ne peut exer-
« cer une fonction qu'après l'avoir obtenue, il faut néanmoins s'y
« former d'avance par l'expérience et par la pratique. Mainte-
« nant, Romains, à tous ces hommes si fiers comparez Marius,
« cet homme nouveau qu'ils dédaignent. Ce qu'ils ne savent
« que par ouï-dire ou pour l'avoir lu, je l'ai vu ou exécuté
« moi-même. C'est en lisant qu'ils ont appris la guerre ; moi,
« en la faisant : vous jugez maintenant si des actions valent
« bien des paroles. Ils méprisent mon nom ; moi, leur lâcheté ;
« ils m'objectent ma naissance ; moi, leur déshonneur. Mais
« que parlé-je de naissance ? Je pense que la nature a fait tous
« les hommes égaux, et c'est le plus brave qui est le plus noble.
« Eh quoi ! si l'on pouvait ressusciter le père d'Albinus, celui
« de Bestia, et leur demander à chacun qui ils préféreraient
« d'avoir pour fils ou d'eux ou de moi, doutez-vous que leur
« choix ne fût pour le plus digne ? Que s'ils ont droit de me
« mépriser, qu'ils méprisent donc également les auteurs de leur
« race, qui, comme moi, n'ont dû leur noblesse qu'à leur mé-
« rite ! Ils sont jaloux de mon consulat ; qu'ils le soient donc
« de mon intégrité, de mes travaux, de mes périls, puisque je
« n'ai eu l'un que par l'autre ! Mais tel est l'aveuglement de
« l'orgueil, qu'ils se conduisent comme s'ils dédaignaient vos
« honneurs, et qu'ils les recherchent comme s'ils les méritaient
« par leur conduite. Certes l'erreur est grande, de prétendre
« réunir deux choses aussi incompatibles, les plaisirs du vice
« et les récompenses de la vertu. Vous les voyez encore, dans
« toutes les harangues qu'ils débitent devant vous ou dans le
« sénat, employer la plus grande partie de leurs discours à
« exalter leurs ancêtres. Ils pensent, en relevant ainsi les belles

« actions de leurs aïeux, se relever eux-mêmes. Mais c'est le
« contraire : plus la vie des uns a eu d'éclat, plus elle fait res-
« sortir la nullité des autres. Oui, Romains, la gloire des pères
« est pour les fils un flambeau qui éclaire leurs vices, non
« moins que leurs vertus. A la vérité, je n'ai point cet avan-
« tage; mais, ce qui vaut un peu mieux, j'ai mes propres ac-
« tions, dont je puis parler. Cependant voyez comme ils sont
« injustes : ils se font un mérite de ce qui n'est point à eux,
« et ils ne me pardonnent pas de m'en faire un de ce qui est
« à moi. Sans doute, parce que je n'ai point d'aïeux, que ma
« noblesse commence à moi; comme s'il ne valait donc pas
« mieux avoir créé son nom, que de déshonorer celui qu'on a
« reçu !

LXXXVIII. « Je n'ignore pas que, s'ils veulent me répon-
« dre, ils ne manqueront point de phrases élégantes et artis-
« tement arrangées. Toutefois, comme, à l'occasion de l'in-
« signe faveur dont je suis honoré, ils ne cessent de nous
« déchirer en tous lieux vous et moi, je n'ai pas cru devoir me
« taire, de peur qu'ils ne prissent mon silence pour un aveu.
« Car, pour moi personnellement, je tiens que des discours
« ne peuvent me nuire : vrais, ils seront à ma louange; faux,
« ma conduite et mon caractère les réfutent. Mais puisqu'ils
« inculpent votre prudence sur ce que vous m'avez déféré tous
« une aussi éminente dignité et une aussi importante mis-
« sion, voyez encore une fois, Romains, voyez s'il ne faut pas
« révoquer votre choix. Je ne puis, il est vrai, pour le justifier,
« vous étaler des images des consulats, des triomphes de mes
« aïeux. Mais je produirai au besoin mes piques, mon drapeau,
« mes couronnes, d'autres dons militaires; de plus, une poitrine
« couverte de cicatrices honorables. Ce sont là mes titres, c'est là
« ma noblesse; elle n'est point, comme la leur, transmise par
« héritage; elle est le fruit de beaucoup de combats et de pé-
« rils. Mes discours sont sans art; peu m'importe : la vertu
« brille assez d'elle-même. C'est à eux qu'il faut de l'art pour
« cacher par de belles phrases de honteuses actions. Je n'ai
« point étudié la littérature des Grecs : j'étais peu tenté de
« l'apprendre, en voyant que ceux mêmes qui l'ont enseignée

« n'en ont pas été plus vertueux. Mais j'ai appris d'autres choses
« bien plus utiles pour la république : à frapper l'ennemi, à tenir
« dans un poste, à ne rien craindre que le déshonneur, à cou-
« cher sur la dure, à supporter également l'été, l'hiver, et à la
« fois le travail et la faim. Mon exemple sera ma première
« exhortation aux soldats. On ne me verra point rigide pour
« eux, indulgent pour moi. Je ne prendrai point toute la gloire
« en leur laissant tous les travaux; et c'est là le vrai moyen de
« s'en faire obéir, c'est la seule manière de commander à des
« citoyens; car ne contenir l'armée que par les châtiments, quand
« on a pour soi tous les ménagements de la mollesse, c'est le
« procédé d'un maître avec des esclaves, et non celui d'un gé-
« néral. C'est en pratiquant ces maximes, et de semblables, que
« vos pères ont fait leur gloire et celle de l'État. Nos nobles,
« qui ne leur ressemblent en rien, s'autorisent de ces grands
« hommes pour nous mépriser, nous qui marchons sur leurs
« traces; et ils réclament tous les honneurs, non plus comme
« une chose méritée, mais comme une chose due. Certes, leur
« orgueil s'abuse étrangement. Leurs pères leur ont laissé tout
« ce qu'ils pouvaient, leurs richesses, leurs portraits, un nom
« glorieux; ils ne leur ont point laissé leur vertu, et ils ne le
« pouvaient. C'est la seule chose qu'on ne puisse ni donner ni
« recevoir.

LXXXIX. « Ils m'accusent d'avarice et de grossièreté, parce
« que je ne sais point ordonner un repas, que je n'entretiens
« point d'histrions, et que mon cuisinier ne me coûte pas plus
« cher qu'un valet de ma ferme. Oui, je l'avoue et je m'en fais
« gloire. Mon père et tous les hommes vertueux m'ont donné
« pour maxime que ces délicatesses conviennent aux femmes,
« à nous le travail; qu'il faut à l'homme de bien plus de gloire
« que de richesses; que ses armes, et non ses vêtements, font
« sa plus belle parure. Eh bien! puisqu'ils trouvent tant de
« charmes, qu'ils attachent tant de prix à ces vaines jouis-
« sances, qu'ils s'y bornent donc; qu'ils s'enivrent de leurs
« vins et de leurs courtisanes; qu'ils achèvent leur dernier
« âge, comme ils ont fait leur jeunesse, dans les festins, escla-
« ves de leurs sens et des besoins les plus avilissants; qu'ils nous

« laissent à nous les sueurs, la poussière des camps, et tous
« ces travaux qui ont pour nous plus de délices que les somp-
« tueuses dissolutions. Mais non ! après s'être déshonorés par
« les plus honteux excès, les infâmes viennent ravir à l'homme
« de bien sa récompense. Ainsi, par la plus criante des in-
« justices, leurs débauches et leur lâcheté, ces vices détes-
« tables, ne leur font nul tort à eux qui en ont souillé leur
« vie, et c'est la malheureuse république qui en est la victime.
« J'en ai dit assez pour un homme de mon caractère ; trop
« peu pour l'excès de leurs déréglements. Maintenant quelques
« mots sur la chose publique. D'abord n'ayez aucune inquié-
« tude sur la Numidie. Ce qui a sauvé Jugurtha jusqu'ici, c'est
« la cupidité, l'impéritie, l'orgueil de vos généraux ; et vous
« lui avez ôté cet appui. Ensuite vous avez sur les lieux une
« armée qui connaît parfaitement le pays, mais dont certes il
« faut louer la bravoure plus que les succès. Une grande partie
« a été sacrifiée par l'avarice et la témérité de vos chefs. Vous
« donc qui avez l'âge militaire, secondez-moi de tous vos ef-
« forts, venez servir avec moi la république ; et ne craignez pas
« maintenant d'éprouver le malheur des autres, ni d'essuyer
« des hauteurs de votre général. Dans les marches, sur le
« champ de bataille, vous me verrez toujours au milieu de
« vous, partageant tous les périls où je vous enverrai. Il n'y
« aura nulle distinction entre mes soldats et moi. Grâce au ciel,
« nous avons une moisson toute prête de victoires, de gloire, de
« butin ; mais quand elle serait incertaine et éloignée, siérait-
« il à des citoyens généreux de refuser leurs bras à la patrie
« qui les demande ? En effet, la lâcheté ne rend pas immortel,
« et jamais nul père n'a souhaité que ses enfants vécussent tou-
« jours, mais que leur vie fût honorable et vertueuse. J'en
« dirais davantage, si avec des mots on donnait du cœur aux
« lâches : pour les braves, j'en ai dit assez. »

XC. Après cette harangue, Marius, voyant toute l'ardeur dont il avait rempli cette multitude, fait embarquer en diligence les vivres, l'argent, les armes, tout ce qui était nécessaire. Il fait partir son lieutenant Aulus Manlius avec ce convoi, et lui cependant s'occupe d'enrôler les soldats. On ne les prit point selon l'ordre des classes, comme cela s'était pratiqué de tout temps. On admit indistinctement tout ce qui se présentait : la plupart étaient des prolétaires. Quelques-uns prétendent que c'était faute de trouver mieux; d'autres l'imputent aux vues ambitieuses du consul, qui devait à cette espèce d'hommes sa faveur et son élévation. En effet, quiconque aspire à une grande puissance doit compter plus sûrement sur cette classe indigente qui, n'ayant rien, n'a rien à ménager, et qui pour de l'argent trouve tout légitime. Marius emmena en Afrique un peu plus de troupes qu'il n'y était autorisé par le décret : en peu de jours il fut arrivé à Utique. L'armée lui fut remise par le lieutenant Publius Rutilius. Métellus avait évité de voir Marius, pour n'avoir pas le spectacle d'une élévation dont la seule annonce lui avait été insupportable [1].

XCI. Le nouveau consul, après avoir complété les légions et les cohortes auxiliaires, mène l'armée dans une contrée riche et fertile; il la ravage, et abandonne aux soldats tout le butin. Il attaque ensuite quelques places, les moins fortes et par leur assiette et par leur garnison [2]. Il engage différentes escarmouches, toutes peu importantes, tantôt dans un lieu, tantôt dans un autre. Pendant ce temps les nouveaux soldats s'accoutument à voir un combat sans effroi. Ils reconnaissent

---

[1] « Igitur Marius, in Africam profectus, paucis diebus Uticam advehitur. Exercitus ei traditur a P. Rutilio legato; nam Metellus conspectum Marii fugerat, ne videret ea quæ audita animo tolerare nequiverat. » — La concision exagérée du récit de Salluste pourrait induire en erreur, en faisant croire que l'armée aurait été remise entre les mains de Marius à Utique même, où il avait été débarqué. Mais la liaison de cette petite phrase, *Exercitus ei traditur a Rutilio legato*, avec la phrase suivante, *nam Metellus conspectum Marii fugerat*, prouve, à mon avis, jusqu'à l'évidence, que l'armée a été remise à Marius dans le lieu même où Metellus exerçait naguère le commandement, et d'où il venait de partir pour éviter la présence de son rival, c'est-à-dire dans les environs de Cirta. D'ailleurs, nous trouverons un peu plus loin (ch. XCIII) Jugurtha aux prises avec Marius, non loin des murs de cette ville. Ici l'extrême concision nuit beaucoup à la clarté; et Salluste est peut-être blâmable de n'avoir donné aucun détail sur la marche de Marius depuis Utique jusqu'à Cirta.

[2] Probablement les plaines et les vallées autour de Constantine; car l'armée était là. Salluste ne donne le nom ni du canton ni des villes, mais nous ne croyons pas nous tromper en fixant à quelque distance de Cirta le théâtre des événements.

qu'en fuyant on est tué ou pris; que la bravoure est un gage de sûreté; qu'il n'y a que les armes pour garantir sa liberté, sa patrie, sa famille, ses plus chers intérêts, pour acquérir enfin de la gloire et des richesses. Par ces moyens, en peu de temps il opéra la fusion complète des anciens et des nouveaux soldats, et, pour le courage, il n'y eut plus entre eux aucune différence. Cependant les deux rois, instruits de l'arrivée de Marius, se retirèrent chacun de leur côté dans des lieux difficiles. C'était par le conseil de Jugurtha, qui se flattait que l'ennemi ne tarderait point à se disperser; qu'alors on pourrait le surprendre; qu'il en serait des Romains comme de la plupart des hommes, qui, loin du péril, s'observent moins et hasardent davantage [1].

Peut-on se permettre de remarquer que cette habile conduite de Marius, cet art de donner en quelques semaines à de nouvelles recrues l'aplomb et la fermeté des vétérans, méritent toute l'attention de nos généraux et de nos gouverneurs dans l'Algérie? Ils ont à commander des régiments où, pour l'ordinaire, les soldats sont peu endurcis aux fatigues, et ont au plus quatre ou cinq ans de service. Avec de pareilles troupes, n'est-il pas indispensable de hâter le complément de l'éducation militaire? L'expérience et l'instruction que donne la guerre conduisent seules à ce résultat. La prudence et l'habileté de Marius peuvent servir de modèle dans l'exécution de ces mesures; et cette étude sera d'autant plus utile que le théâtre de la guerre est le même, et que, pour cette guerre de surprises, d'embûches, d'escarmouches, les Arabes de la Régence ont absolument la même tactique que les Maures et les Numides [2].

---

[1] M. Pellissier, dans son récit de l'expédition du général Berthezène au sud de Médéah, dit : « Les partis ennemis, selon leur coutume, ne nous attendirent pas, et s'éloignèrent à notre approche. » *Annales Algérien.*, t. I, p. 211.
[2] *Voy.* M. Pellissier, *Annales Algériennes*, t. I, p. 41, 42, 48, 142, 152, 154.

XCII. Dans l'intervalle, Métellus était parti pour Rome. Il y fut reçu, contre son attente, avec de grands transports de joie, également cher au sénat et au peuple depuis qu'il n'excitait plus l'envie. Pour Marius, à la fois actif et prudent, il portait un œil également attentif et sur les siens et sur l'ennemi. Il remarquait tout ce qui pouvait servir ou contrarier les uns et les autres : il faisait observer les marches des deux rois, prévenait leurs desseins et leurs stratagèmes, tenait continuellement les siens en haleine et l'ennemi en alarme [1]. Plusieurs fois il avait attaqué et battu Jugurtha et ses Gétules, au moment où, après avoir dévasté les terres de nos alliés, ils revenaient chargés du fruit de leurs rapines. Jugurtha même, à quelque distance de Cirta, ne put lui échapper qu'en abandonnant ses armes. Mais comme ces combats partiels, glorieux seulement, n'étaient point décisifs, le consul prit le parti d'attaquer successivement toutes les places qui, par la force de leur position et de leur garnison, pouvaient favoriser les projets de l'ennemi et traverser les siens. Il se flattait par là, ou d'enlever à Jugurtha toutes ses ressources, s'il ne résistait pas, ou de l'amener à une bataille. Quant à Bocchus, il avait donné à diverses reprises des assurances qu'il voulait l'amitié du peuple romain, qu'il ne se porterait à aucune hostilité. On n'a point su si c'était un piége, afin de nous surprendre avec plus d'avantage, ou bien la mobilité de son caractère, qui l'entraînait tantôt à la guerre et tantôt à la paix.

XCIII. Le consul, suivant donc le dessein qu'il avait formé, se présente devant les places fortifiées. Les unes sont emportées l'épée à la main ; les autres se soumettent, intimidées par ses menaces, ou séduites par ses promesses ; et d'abord il se bornait à des entreprises d'une médiocre importance, s'imaginant que Jugurtha en viendrait aux mains pour défendre son pays. Mais quand il sut que ce prince se tenait éloigné, que d'autres soins l'occupaient, il jugea qu'il était temps de songer à des entreprises plus importantes et plus difficiles. Au milieu d'immenses solitudes se trouvait Capsa, grande et puissante cité, dont Hercule libyen passe pour le fondateur [2]. Exempts d'impôts

---

[1] Petite phrase du président de Brosses.
[2] Florus et Orose confirment cette tradition : « Urbem Herculi conditam

depuis le règne de Jugurtha, qui les traitait avec douceur, les habitants avaient pour ce prince une fidélité à toute épreuve; et outre leurs remparts, leurs armes, leurs soldats, ils étaient encore puissamment défendus par l'affreuse contrée qui les isolait. Car, excepté les environs de la ville, tout le reste n'était qu'un désert sans traces de culture, manquant d'eau, infesté de serpents qui, comme tous les animaux féroces, deviennent plus furieux par le manque de nourriture : d'ailleurs rien n'irrite plus que la soif la rage naturelle de ces pernicieux reptiles. Cette conquête excitait au plus haut degré l'ambition de Marius, d'abord parce qu'elle était importante, qu'ensuite elle était difficile, et que Métellus s'était couvert de gloire par la prise de Thala, située et défendue à peu près de la même manière, si ce n'est qu'à peu de distance de Thala il y avait quelques sources. Capsa, au contraire, n'en avait qu'une seule, qui se trouvait même dans l'intérieur de la ville : les habitants se servaient d'eau de pluie pour une partie de leurs besoins. Mais à Capsa, et dans toute cette partie de l'Afrique plus inculte à mesure qu'on s'éloigne de la mer, ce genre d'incommodité était plus tolérable, parce que les Numides ne se nourrissent ordinairement que de lait et de la chair des animaux sauvages; qu'ils ne connaissent ni le sel, ni toutes nos sensualités irritantes. A leur table tout est pour la soif et la faim, rien pour le caprice et l'intempérance.

« in media Africa sitam, anguibus arenisque vallatam. » Florus, III, 1, 11. « Capsam ab Hercule phœnice, ut ferunt, conditam, regiis tunc thesauris « confertissimam. » Oros., V, 15, éd. Haverc. — Il sera curieux de rapprocher cette tradition de celle qui est donnée par Békri, auteur arabe du dixième siècle, traduit en 1831 par M. Quatremère (*Notice et extrait des manuscrits*, t. XII, p. 502.) « Si l'on en croit la tradition, dit Békri, le mur qui entoure Kafsah dut sa fondation à Schenschar, esclave de Nemrod, qui y fit graver son nom, qu'on y lit encore aujourd'hui. Cette muraille est d'une conservation si parfaite, qu'elle semble avoir été faite d'hier. » L'inscription dont parle Békri, avec le nom de Schenschar, était probablement une inscription phénicienne, comme celles qu'ont trouvées, dans plusieurs endroits de l'Afrique, MM. Humbert, Borgia, Falbe et Grenville Temple. Edrisi (traduction française, t. I, p. 254) dit que les habitants de Capsa sont devenus Berbères, et que la plupart d'entre eux parlent la langue latine; fait confirmé par Ibn-Khaldoun, qui y a été lui-même. (*Nouveaux manuscrits* fort curieux que M. Quatremère s'occupe de publier et de traduire.)

La position de Capsa est fixée par une inscription trouvée sur place par Peyssonnel et Shaw[1], et qui contient le nom de *Capse*, orthographe suivie par l'*Itinéraire*. Elle est placée sur les frontières de la Numidie et de la proconsulaire, par 34° 20′ de latitude et 60° 20′ de longitude. Bochart[2], Cellarius[3] et Wesseling[4], d'après une fausse interprétation des textes de Ptolémée et de Salluste, ont avancé qu'il y avait deux villes de Capsa : l'une dans la Numidie, l'autre dans la Byzacène, au-dessous d'Adrumète. Cette assertion a été réfutée par Shaw[5]; mais comme la réfutation du voyageur anglais n'est pas complète, et que l'opinion de Bochart, de Cellarius et de Wesseling a été récemment reproduite par le savant Morcelli[6], il ne sera pas inutile d'entamer une nouvelle discussion, et de prouver que les textes de Ptolémée, de Salluste, de Békri et d'Édrisi s'accordent parfaitement avec les circonstances locales. Il importe, avant tout, de remarquer que les géographes et les historiens anciens, Salluste, Strabon, Pline, Florus et même Ptolémée[7], ne mentionnent qu'une seule ville de Capsa. Ce qui a induit en erreur les savants dont l'opinion s'est basée sur le passage de Ptolémée où il est fait mention de Capsa, c'est le titre ὑπὸ δὲ Ἀδρουμεθρὸν, *sub Adrumeto*, qui est en tête de la liste des villes où se trouve Capsa. Mais cette liste, qui renferme des positions aujourd'hui connues, prouve que Ptolémée n'a pas voulu seulement parler des villes situées exactement sous le méridien d'Adrumète, mais vaguement de celles qui étaient au sud et au sud-ouest de cette métro-

---

[1] T. I, p. 272, traduction française.
[2] *Geographia sacra*, pars II, liv. I, ch. XXIV, p. 259.
[3] Notit. orbis antiq., t. II, p. 875 sq.
[4] Itin. Anton., p. 77, notes.
[5] T. I, p. 271, traduction française.
[6] *Afr. Christ.*, t. I, p. 118.
[7] Sallust., *Bell. Jug.*, 94; Strabo, p. 831, éd. Casaub.; Pline, V, 4, t. I, p. 248, éd. Hardouin; Florus, III, 1; Ptolém., IV, 3, p. 100 et 113, éd. Berth.

pole. Ainsi Τίσουρος (Tozer), dont la position est certaine, placée dans la même liste que Capsa et au midi de cette dernière, ne permet guère de douter que la Capsa de Ptolémée ne soit la même que celle dont parle Salluste.

Examinons maintenant le récit de l'historien latin et les inductions qu'on a voulu en tirer. Suivant Morcelli, il faudrait conclure du récit de Salluste que Capsa n'avait qu'une source dans l'intérieur de la ville, et ne possédait aucun cours d'eau dans son voisinage; mais Salluste dit seulement que la contrée environnante manquait d'eau, excepté les portions voisines des murs de la ville [1]. D'ailleurs, la description de Salluste n'est en contradiction ni avec le passage d'Édrisi [2] invoqué par Bochart et Morcelli, ni avec l'état actuel des lieux, qui a été exactement observé d'abord par Shaw [3], puis par le savant professeur Desfontaines [4], et tout récemment par sir Grenville Temple. Le premier dit « qu'aux environs de Capsa, et dans un rayon « peu étendu, sont des jardins arrosés par l'eau qui vient « de deux sources, dont l'une est dans la citadelle et l'autre « au centre de la ville. Celle-ci est probablement la *Jugis* « *Aqua* de Salluste et la *Tarmid* d'Édrisi : ces deux sources « s'unissent avant de sortir de la ville, et forment un ruis- « seau qui s'étendrait plus loin, si les habitants ne l'arrê- « taient pour arroser leurs plantations. » C'est évidemment là le ruisseau dont parle Édrisi. Békri [5] rapporte que, dans l'intérieur de la ville, on voit deux sources donnant naissance à deux ruisseaux abondants qui arrosent les jardins des environs.

Les détails fournis par Shaw sont entièrement confirmés

---

[1] *Præter oppido propinqua*..... omnia egentia aquæ.
[2] P. 252, éd. Hartmann.
[3] T. 1, p. 271, traduction française.
[4] *Nouvelles Annales des voyages*, t. XLVII, p. 64.
[5] L. c.

par Desfontaines et sir Grenville Temple[1]. Mais ce que ne dit pas le premier voyageur, c'est que ces deux sources sont deux sources d'eaux chaudes; que l'une d'elles coule dans des ruines d'anciens bains[2] couvertes d'inscriptions, et porte encore aujourd'hui le nom de *Termin* (quasi a thermis), ce qui met tout à fait hors de doute son identité avec la fontaine appelée Tarmid par Édrisi[3]. Nous pouvons donc conclure que la Capsa de Salluste, de Ptolémée, et celle de Békri, d'Édrisi, de Shaw, de Desfontaines, de sir Grenville Temple, ne sont qu'une seule et même ville. La réunion de la portion méridionale de la Numidie à la Byzacène a pu contribuer encore à l'erreur de Morcelli, en lui faisant croire qu'il y avait eu deux Capsa, l'une dans la Byzacène et l'autre dans la Numidie. L'argument qu'il tire des deux évêques de Capsa, qui se trouvaient à la fois au concile de 411, tombe de lui-même; car Donatien était un évêque donatiste, tandis que Fortunat était catholique[4]. Le titulaire légitime et l'intrus devaient assister à ce concile qui allait prononcer sur leurs droits respectifs, et qui fut composé de cinq cent soixante-seize évêques, dont deux cent soixante-dix-neuf donatistes.

---

[1] Desfontaines, l. c. Temple, *Excursions in Algiers and Tunis*, t. II, 185-188: *Kafsa is surrounded by beautiful gardens and groves, through which flow abundant and clear streams of delicious water.*

[2] « Dans l'enceinte de la mosquée Djami, dit Békri, est une grande fontaine dont le bassin, revêtu en pierre et de construction antique, a quarante brasses tant en longueur qu'en largeur. » (*Notice des manuscrits*, t. XII, p. 502 et suiv.)

[3] Ces sources, qui, à leur sortie, marquent quatre-vingt-six et quatre-vingt-quinze degrés Fahrenheit, renferment, dit sir Temple, de petits poissons semblables aux goujons, et qui ont un goût très-délicat. Desfontaines en a rapporté plusieurs qui doivent se trouver au musée du jardin du roi. Léon l'Africain, qui parle aussi de ces sources, dit que l'eau en est bonne à boire, lorsqu'elle a été refroidie pendant une heure ou deux (p. 626, éd. Elzevir, 1632). Ce fait est implicitement confirmé par sir Temple.

[4] M. E. Miller a fait aussi cette observation (art. *Capsensis*) dans son *Mémoire inédit sur les Vandales*, qui a obtenu le deuxième prix au concours proposé en 1836 par l'Académie des Inscriptions.

La conquête de Capsa[1] excitait au plus haut degré l'ambition de Marius, tant à cause de l'importance de la place comme position militaire, que de la difficulté de l'entreprise. Il aspirait d'ailleurs à surpasser Métellus qui s'était couvert de gloire par la prise de Thala, située et défendue à peu près de la même manière.

XCIV. Marius se met donc en marche après avoir pris toutes ses mesures, et, je pense, aussi comptant sur l'appui des dieux : en effet, la prudence humaine ne pouvait seule parer à toutes les difficultés qu'on avait à craindre. Il était menacé de manquer de blé, parce que les Numides ensemencent moins de terre qu'ils n'en laissent en pâture pour leurs troupeaux, que toutes les récoltes avaient été par l'ordre du roi transportées dans les places fortes, et qu'on était alors à la fin de l'été, saison où les champs cultivés sont arides et dépouillés de leurs moissons. Toutefois il s'approvisionna aussi bien que les circonstances le permirent. Il charge la cavalerie auxiliaire de conduire tout le bétail qu'on avait pris les jours précédents. Il envoie son lieutenant Manlius avec les troupes légères à Laris, où il tenait en dépôt le trésor et les vivres de l'armée. Il lui dit qu'il partait pour ravager le pays ; que sous peu de jours il irait le rejoindre. Ayant ainsi déguisé son projet, il se dirige vers le fleuve Tana[2].

XCV. Chaque jour il fait distribuer également une certaine quantité de bétail par chaque compagnie d'infanterie et de cavalerie, et il exige qu'on emploie les peaux à fabriquer des outres. Par ce moyen il suppléait au manque de blé, et en même temps, sans laisser pénétrer son secret, il se ménageait une ressource qui bientôt allait être indispensable. Enfin, au bout de six jours, lorsqu'on arriva au fleuve, il se trouva approvisionné d'une grande quantité d'outres. Là, après avoir établi un camp légèrement fortifié, il ordonne aux soldats de prendre leur nourriture, de se tenir prêts à partir au coucher du soleil, de laisser

---

[1] Sallust., *Bell. Jug.*, 94, 95.
[2] 'Ouadi-el-Kataub? *Voy.* les cartes de d'Anville et de Lapie.

leurs bagages, et de se charger seulement d'eau, eux et leurs
bêtes de somme. A l'heure fixée il sort du camp, marche toute
la nuit et se repose tout le jour. Le lendemain il en fait autant;
enfin, la troisième nuit, il arrive longtemps avant le jour dans un
lieu couvert par des hauteurs, qui n'était pas à plus de deux
milles de Capsa [1]. Là il se tient soigneusement caché avec toutes
ses troupes. Au point du jour, les Numides, qui étaient loin de
s'attendre à l'arrivée d'un ennemi, sortirent en grand nombre
de la place. A l'instant Marius ordonne à toute la cavalerie et
aux plus agiles fantassins de courir à Capsa et de s'emparer des
portes. Lui-même il les suit en toute diligence, sans permettre
aux soldats de s'écarter pour piller. Lorsque les habitants virent
ces dispositions, le tumulte, l'effroi, la surprise, enfin la perte
d'une partie de leurs concitoyens faits prisonniers hors des
remparts, tout leur fit une nécessité de se rendre. On mit le feu
à la ville; tous les habitants en âge de porter les armes furent
massacrés, le reste mis en vente, le butin partagé entre les soldats. Dans cette infraction des lois de la guerre, on ne doit
accuser ni l'avarice ni la cruauté du consul. La place était
pour Jugurtha d'un grand avantage, pour nous, d'un difficile
accès; et l'espèce d'hommes qui l'habitait, inconstante, perfide,
ne pouvait être contenue ni par la crainte ni par les bienfaits [2].

Nous appelons l'attention de nos lecteurs sur le récit
détaillé que Salluste nous fait de la marche de Marius sur

---

[1] Sir Temple a trouvé une chaîne de collines d'une médiocre hauteur, à un
mille et demi de la ville. Il pense que c'est derrière ces éminences que Marius
avait caché son armée.

[2] Le caractère distinctif des habitants de Capsa n'a pas changé depuis Salluste. Cette espèce d'hommes inconstante, perfide, que ne peuvent contenir ni
la crainte ni les bienfaits, existe encore aujourd'hui. Léon l'Africain, qui voya-
geait en Afrique au commencement du seizième siècle, trace ainsi leur portrait :
*Ingenium illis est rude, illiberale ac exteris omnibus minime favent;
quam ob rem et ab omnibus Afris mire contemnuntur.* (P. 626, éd. Elzev.)
Sir Temple, qui a passé à Capsa en 1833, a manqué d'être la victime de leur
inhospitalité et de leur haine pour les étrangers. Des pierres volèrent sur lui
et sur son escorte; plusieurs personnes furent blessées; ce qui lui fit faire la
réflexion que Léon l'Africain a parfaitement dépeint le caractère des habitants
de Capsa.-*Excurs* t. II p. 189 et suiv.

Capsa, et de la prise de cette ville. Elle peut servir d'exemple et de leçon à nos généraux lorsqu'ils entreprendront des expéditions de ce genre. Ils remarqueront le soin que prit Marius de s'instruire de tous les obstacles, de toutes les difficultés qui devaient entraver sa marche, et la prévoyance des mesures qu'il combina pour en triompher. D'abord il choisit la fin de l'été, époque de l'année où les grandes chaleurs diminuent, et où l'on n'a point encore à redouter les pluies effroyables qui, en novembre et décembre, forment de toutes les plaines des marais, de tous les ruisseaux des torrents, dégradent et inondent tous les chemins. Dans le désert il a soin de ne faire marcher son armée que la nuit, et de la laisser reposer tout le jour. Il supplée au manque de blé et à la difficulté des transports par la quantité de bétail qu'il amène avec lui. La peau de chacun des animaux employé à la nourriture de l'armée devient un moyen de transport pour l'eau, qui devait lui manquer dans les trois derniers jours de sa route. Sur la rivière Tana il établit un camp fortifié, où il laisse en dépôt tous ses bagages, et qui, s'il éprouve un revers, peut lui servir de refuge. Là toutes les outres sont remplies d'eau ; et le soldat romain, indépendamment de ses vivres et de ses armes, porte encore une partie de la provision d'eau nécessaire à la consommation de trois jours[1]. Au lieu de voitures qui s'engravent dans les boues et dans les sables, il n'a pour ses transports que des bêtes de somme[2]. Il garde, même vis-à-vis de ses principaux officiers, le plus profond secret sur le but de son expédition,

---

[1] Pourrait-on attendre de nos jeunes soldats un pareil déploiement de patience, de vigueur et de discipline ?

[2] M. Pellissier (*Annales Algériennes*, t. I, p. 174 et suiv.) se plaint vivement de l'administration militaire, et de son incapacité à organiser des moyens de transport dans tous les mouvements de troupes. Il affirme « qu'elle n'a « jamais su organiser les moindres convois auxiliaires dans un pays où la p'us « pauvre famille a une mule ou un chameau ; et qu'enfin elle est une des prin- « cipales causes de cet état de pétrification qui cloue l'armée sur le massif d'Al- « ger depuis cinq ans. » Cet ouvrage a été publié en 1836.

ce qui en assure le succès. Il arrive la nuit à deux milles de Capsa, et se tient soigneusement caché derrière un rideau de collines. La garnison ni les habitants ne savent rien de son approche. Enfin, grâce à l'heureuse combinaison de tous ces moyens, une place imprenable par sa position est surprise dans un clin d'œil, et contrainte à capituler, sans que les Romains aient fait aucune perte, soit dans la marche, soit dans l'attaque[1]. Marius ne garda pas plus sa conquête que le maréchal Clausel n'a gardé Mascara; il la fit brûler et détruire parce que cette position était avantageuse pour Jugurtha, et qu'il était impossible aux Romains de la conserver.

XCVI. Marius était déjà regardé comme un grand général. Une entreprise aussi difficile, achevée sans la moindre perte pour les siens, ajouta le plus brillant éclat à sa haute réputation. Des projets hasardés légèrement passaient pour les hardiesses d'un talent supérieur. Les soldats, flattés de la douceur de son commandement, et s'enrichissant sous leur général, le portaient jusqu'aux cieux. Les Numides le redoutaient comme un être au-dessus de l'humanité. Enfin, alliés comme ennemis, tous croyaient voir dans Marius une intelligence divine ou un confident des dieux, auquel était révélé d'avance le secret de tous les événements. Le consul, encouragé par son succès, passe à d'autres conquêtes. Un petit nombre de villes que les Numides essayèrent de défendre, est enlevé de vive force; la plupart sont abandonnées par les habitants, qui tremblent d'éprouver le sort de Capsa; Marius les fait détruire par le feu; partout il porte le carnage et la désolation. Enfin, après s'être rendu maître d'un grand nombre de places qui, la plupart, ne lui coûtèrent pas un soldat, il forme une autre entreprise dont les difficultés, sans être les mêmes, ne paraissaient pas moindres que celles

---

[1] Postquam tantam rem Marius, sine ullo suorum incommodo, patravit. *Bell. Jug.*, 97. Il serait à désirer qu'on pût en dire autant des expéditions que nous avons faites depuis dix ans en Algérie.

de l'expédition de Capsa. Non loin du fleuve Mulucha, qui séparait le royaume de Jugurtha de celui de Bocchus, dans un pays d'ailleurs uni, s'élevait un mont entièrement formé de rochers; le pic, d'une hauteur immense, se terminait par un plateau assez large, sur lequel était bâtie une forteresse de médiocre grandeur. Un seul passage, extrêmement étroit, menait au château; tout le reste était, de sa nature, aussi escarpé que si on l'eût taillé à dessein. Là étaient les trésors du roi. Ce motif décida Marius à faire tous ses efforts pour s'emparer de cette place; mais le hasard, dans cette occasion, le servit mieux que sa prudence. En effet, la place était bien approvisionnée d'armes, de soldats et de blé; elle avait aussi une source. Le terrain était impraticable pour les terrasses, les tours et les autres machines; le passage qui menait au château, singulièrement étroit, était des deux côtés bordé de précipices. On n'approchait les mantelets qu'avec un extrême péril, et toujours inutilement : lorsqu'ils s'avançaient un peu vers la place, les pierres ou la flamme ne manquaient point de les détruire. Les soldats, à cause de la pente rapide du terrain, pouvaient à peine se tenir debout, encore moins travailler en sûreté à l'abri des mantelets. Les plus entreprenants étaient tués ou blessés, ce qui intimidait tous les autres.

Salluste a laissé Marius ravageant la Numidie aux environs de Capsa. Il lui a fait prendre plusieurs villes, sans nous donner le nom d'aucune d'elles, sans même indiquer la direction qu'a suivie l'armée romaine; et, par une transition un peu trop brusque, il faut le dire, il nous le montre à trois cents lieues de Capsa, occupé au siége d'une forteresse située sur les bords du fleuve Mulucha. Que de circonstances intermédiaires, nécessaires pour l'intelligence des opérations de l'armée, pour la direction et la durée des marches, pour la fixation du théâtre des événements, se trouvent perdues pour nous, par suite du système exagéré de concision que nous avons eu tant de fois à déplorer dans la narration de Salluste ! Nous sommes forcés de suppléer par des conjectures à l'absence des données positives, qui ne se trouvent qu'à peine indiquées dans le récit abrégé de l'historien.

D'abord il est certain que les opérations de la guerre dirigées par Marius, qui, dans la narration de Salluste, semblent n'embrasser qu'une année, durèrent au moins deux ans et demi, et que ce fut en qualité de proconsul que Marius termina cette guerre, quoique Salluste ait encore omis cette circonstance. En effet, les *Fastes* d'Almeloveen, la *Chronique* de Cassiodore, Rollin, *l'Art de vérifier les dates* [1], et tous les chronologistes modernes, placent deux consulats entre l'époque de la première campagne de Marius en Afrique, comme général en chef, et celle de la prise de Jugurtha.

C'est donc probablement vers la fin de l'an 647 de Rome, en revenant de Capsa pour aller reprendre ses quartiers d'hiver, que Marius soumit les contrées indiquées par Salluste. Nous présumons que toutes ces villes que Marius prit de force ou reçut à composition, dans la marche que nous venons d'indiquer, étaient situées entre Ferrianah, Hydra, Thala, et Fusana; car sir Temple m'a dit, en conversation, qu'il avait trouvé dans ce rayon, et dans toute la régence de Tunis, deux fois plus d'enceintes et de ruines de villes antiques qu'il n'existe de noms pour la même circonscription de terrain dans les historiens, les géographes et les itinéraires anciens [2].

---

[1] Almeloveen, *Fasti. cons.*, p. 94, 95, éd. Amstelodam., 1740; Cassiod., p. 384, éd. Rouen, 1679; Rollin, *Histoire Romaine*, t. VII, p. 491, 494, éd. 1825; *Art de vérifier les dates*, éd. in-8°, t. V, p. 346 et 348. L'an 648 (107-106 avant J.-C.), les consuls étaient C. Attilius Serranus et Q. Servilius Cæpio. En 649 (106-105 avant J.-C.), les consuls étaient P. Rutilius Rufus et Cn. Manlius Maximus.

[2] Voy. aussi les chap. xi et xii de son *Voyage*, t. II, p. 191-246. Deux inscriptions gravées de tablettes de bronze, tirées du musée du comte Moscardi, à Vérone, et que Maffei a publiées (*Histoire diplomatique*, p. 37), offrent le

Ce fut au printemps de l'année 648 de Rome, que Marius se mit en marche pour le fleuve Mulucha. Salluste [1] lui attribue dans cette expédition un motif qui nous semble bien éloigné du caractère de ce général plébéien, du moins à cette époque de sa vie. Le consul, s'il faut en croire l'historien latin, aurait formé le dessein de s'emparer du château du Mulucha, parce que les trésors de Jugurtha étaient dans cette place. Nous ne contestons pas que Marius, sachant que l'or est le nerf de la guerre, ait voulu priver Jugurtha d'une partie de cette ressource; mais il nous semble que ce grand général, en se portant si hardiment aux extrémités orientales de l'Afrique, s'était proposé un but plus important et plus élevé. Jugurtha était réduit aux abois par deux défaites successives et par la prise de Capsa. Le seul moyen pour lui de soutenir la guerre était d'entraîner Bocchus dans son alliance; et le consul savait qu'il n'épargnerait pour y réussir ni présents ni séductions de toute espèce. Nous pensons donc que Marius, qui avait à cœur de terminer la guerre avant l'expiration de son commandement, se porta vers l'ouest avec de grandes forces, et chercha à s'emparer d'une citadelle sur les frontières de la Mauritanie Tingitane, afin d'effrayer Bocchus par la présence des armes romaines, et de se procurer une position forte qui, en inquiétant le roi maure pour la sûreté de ses propres États, le détournât de partager la fortune de Jugurtha, et d'aller en Numidie se joindre à lui contre les Romains. Ce motif nous paraît seul digne du génie militaire de ce grand capitaine; il peut seul justifier cette marche aventureuse à travers une si vaste étendue de pays ennemi.

Des villes maritimes de la Proconsulaire, où l'armée ro-

nom de deux villes d'Afrique, Thémétra et Thimiliga, qui ne nous sont connues que par ces bronzes. Elles avaient, en 780 de Rome (27 de J.-C.) un ordre plébéien, sénatorial, des suffètes, comme Carthage. Tous les noms des magistrats sont puniques.

[1] *Bell. Jug.*, 97.

maine était en quartier d'hiver, jusques aux bords du fleuve Mulucha, la distance, en comptant un cinquième en sus pour les sinuosités de la route et les inégalités du terrain, est d'environ trois cents lieues. Du fleuve Mulucha à l'endroit où Marius fut attaqué par les rois maure et numide, l'intervalle est d'environ cent soixante lieues. La marche entière forme un total de quatre cent soixante lieues; et pendant la première partie de cette marche, Marius, pour ne pas laisser d'ennemis sur ses derrières, a dû être obligé de soumettre les peuples et les villes qui se trouvaient sur sa route.

Après avoir signalé les mesures de prudence et de précaution minutieuses employées par Marius dans son expédition sur Capsa, nous avons cru nécessaire d'indiquer au moins cette marche hardie et presque téméraire dans laquelle ce grand capitaine traverse de l'est à l'ouest, sans éprouver de perte notable, toute l'étendue des régences de Tunis et d'Alger. Il est vrai que dans sa route il n'était pas inquiété par l'ennemi, puisque nous savons par Salluste que Jugurtha n'osait plus reparaître, *procul abesse*, et que Bocchus s'était retiré dans la Mauritanie Tingitane. Mais nous ne l'avons pas été non plus dans notre marche sur Constantine, dirigée par le maréchal Clauzel; et néanmoins dans cette expédition si courte, si facile, où l'on n'avait que trente-cinq lieues à parcourir, la moitié de l'armée était déjà incapable de service avant d'avoir vu l'ennemi. La supériorité du soldat romain sur le soldat français actuel, pour la marche, la vigueur, la constance et la discipline, est donc incontestable[1]. Cependant nous avons prouvé dans

[1] Marius, dit Plutarque, endurcissait ses soldats aux fatigues tout le long de leurs routes, les exerçait aux courses rapides et marches forcées, les obligeait à porter leurs vivres, leurs bagages, et à préparer eux-mêmes leurs mets. Il les rendit enfin si robustes, si patients au travail, si soumis et si dociles, qu'on les appela les *mulets de Marius*. Ἐν δὲ τῇ στρατείᾳ τὴν δύναμιν διεπόνει καθ' ὁδόν, ἐξασκῶν δρόμοις τε παντοδαποῖς καὶ μακραῖς ὁδοιπορίαις,

un autre temps, et sous d'autres chefs, que nous pouvions acquérir ces qualités éminentes du soldat. D'où vient donc aujourd'hui notre infériorité dans une guerre où nous avons à combattre les mêmes ennemis et les mêmes obstacles? C'est que les généraux romains commandaient une armée formée d'un noyau solide de vétérans aguerris; c'est que l'exemple de ces vieux soldats, la fermeté et la vigilance des consuls, avaient bientôt introduit l'habitude des armes, la subordination et la discipline chez les nouvelles recrues; c'est qu'ils avaient soin de prendre une connaissance exacte de l'état des lieux, de la constitution météorologique du pays où ils faisaient la guerre; c'est qu'ils choisissaient le temps favorable pour leurs expéditions; c'est enfin qu'ils prévoyaient d'avance tous les obstacles que la configuration du sol, l'état des routes, l'aridité du pays pouvaient apporter au transport des vivres, des munitions, à la nourriture et à l'approvisionnement de l'armée.

XCVII. Cependant Marius, après beaucoup de jours et de travaux inutilement consumés, délibérait en lui-même s'il devait renoncer à une tentative qui était sans succès, ou compter encore sur la fortune qui lui avait si souvent été favorable. Au milieu de ses perplexités, tandis que son esprit s'agitait nuit et jour dans cette fluctuation des résolutions contraires, un Ligurien, simple auxiliaire, sort du camp pour aller chercher de l'eau. Comme il passait du côté de la forteresse opposé à celui où se faisait l'attaque, il aperçoit des limaçons qui se traînaient le long des rochers. Il en prend un, puis un autre, et d'autres

ἑαυτῷ δ' ἀχθοφορεῖν ἀναγκάζων καὶ αὐτουργεῖν τὰ πρὸς τὴν δίαιταν· ὥστε καὶ μετὰ ταῦτα τοὺς φιλοπόνους καὶ σιωπῇ μετ' εὐκολίας τὰ προστασσόμενα ποιοῦντας, ἡμιόνους Μαριανοὺς καλεῖσθαι. (Plutarch., *Marius*, c. XIII, t. II, p. 825, éd. Reist.) Frontin dit à peu près la même chose : « Caius Marius, recidendorum impedimentorum gratia, quibus maxime exercitus agmen oneratur, vasa et cibaria militum, in fasciculos aptata furcis imposuit, sub quibus et habile onus et facilis requies esset : unde et in proverbium tractum est *muli Mariani.* » (Frontin, *Stratagem.*, IV, 1, 7.)

encore. L'ardeur qu'il met à cette poursuite le mène insensiblement presque au sommet de la montagne. Là, voyant cette partie de la forteresse déserte, le désir naturel à tous les hommes d'examiner ce qu'on ne connaît pas, pique sa curiosité. Il se trouvait là par hasard une grande yeuse qui avait poussé entre les rochers; son tronc, d'abord incliné, se redressait ensuite, et avait atteint la hauteur où la nature porte les arbres de cette espèce. Le Ligurien, s'aidant tantôt des branches, tantôt des pointes de rocher saillantes, se trouve enfin sur le plateau de la forteresse, qu'il a le temps de considérer à loisir. Tous les Numides étaient ailleurs occupés du combat. Après avoir fait toutes les observations qu'il jugeait pouvoir être utiles, il s'en retourne par le même chemin, mais non plus au hasard, comme il avait fait en montant. Il s'assure de tous les passages; il examine tout attentivement. Il va sur-le-champ trouver Marius, lui conte ce qui lui est arrivé, l'exhorte à faire une tentative du côté par où il était descendu; il offre de servir de guide et de s'exposer le premier au péril. Marius envoya quelques hommes avec le Ligurien, pour vérifier son rapport; et ceux-ci, chacun suivant son caractère, jugèrent l'entreprise facile, ou en grossirent les difficultés. Marius, toutefois, conçut quelque espoir. Il choisit, dans les trompettes et les cors de l'armée, les cinq plus agiles; il les fait soutenir par quatre centurions; il met cette petite troupe sous les ordres du Ligurien, et il fixe le jour suivant pour l'expédition.

XCVIII. A l'heure prescrite, ayant, suivant l'instruction de leur guide, changé d'armure et de vêtements, tous les préparatifs, toutes les dispositions faites, la troupe se met en marche. Ils avaient la tête découverte, afin d'apercevoir de plus loin, et les pieds nus, pour gravir plus facilement sur les rochers; sur leur dos étaient attachés leurs épées et de petits boucliers de cuirs comme ceux des Numides, qui, à l'avantage d'être plus légers, joignaient celui de faire moins de bruit en se heurtant. Le Ligurien marchait le premier. Profitant de toutes les pointes de rocher qui étaient en saillie, de toutes les racines que le temps avait découvertes, il y attachait des cordes à l'aide desquelles les soldats se soulevaient et montaient plus facilement.

Ceux qu'il voyait effrayés d'un chemin aussi étrange, il leur donnait la main. Toutes les fois que la montée devenait un peu trop rude, il les faisait passer devant l'un après l'autre, sans leurs armes, qu'il portait lui-même à leur suite. S'il se rencontrait un pas hasardeux, il faisait les premiers essais, il montait et redescendait plusieurs fois par le même endroit; puis, se rangeant aussitôt, il faisait passer les autres, qui escaladaient avec plus de confiance. Enfin, après beaucoup de temps et de grandes fatigues, ils arrivent au pied de la forteresse, qui n'était point gardée de ce côté : les Numides étaient tous, comme les autres jours, en face de l'ennemi. Lorsque les éclaireurs apostés par Marius l'eurent instruit de la réussite du Ligurien, quoique durant toute la journée il n'eût pas discontinué les attaques, afin de tenir l'ennemi perpétuellement occupé, il ranime de nouveau les soldats, les exhorte, et, se mettant le premier en dehors des mantelets, il forme la tortue et marche au pied du mur. En même temps les frondeurs, les archers, toutes les machines, travaillaient de loin à écarter l'ennemi. Depuis que les assiégés avaient si souvent détruit et brûlé les machines romaines, ils ne daignaient pas même se tenir renfermés dans leurs murailles; le plus souvent ils passaient la nuit et le jour au-devant du rempart. De là ils insultaient les Romains, ils traitaient Marius d'insensé; ils menaçaient nos soldats des fers de Jugurtha; et le succès redoublait leur arrogance. Tandis que Numides et Romains combattaient tous avec tant de chaleur, ceux-ci pour la gloire et la domination, ceux-là pour leur propre vie, tout à coup on entend par derrière sonner les trompettes, et aussitôt on voit fuir, d'abord les femmes et les enfants qu'avait attirés la curiosité; puis ceux qui étaient le plus près du rempart; enfin tous les autres, armés ou sans armes. Dans ce moment les Romains poussent plus vivement leur attaque; ils culbutent l'ennemi, laissent là les blessés sans se donner la peine de les achever, foulent aux pieds les morts, et se disputent le péril d'escalader le rempart, où l'ardeur de la gloire les précipite tous à l'envi; pas un seul ne s'arrêta pour piller. C'est ainsi que le hasard le plus imprévu répara la témérité de Marius, et qu'une faute ajouta à sa gloire.

XCIX. Pendant que durait encore le siége, Sylla, simple questeur alors, arriva au camp avec un gros corps de cavalerie qu'il avait été chargé de lever dans le Latium et chez les alliés italiens : c'est pour cela qu'on l'avait laissé à Rome. Puisque le nom de ce grand homme se présente ici naturellement, il est à propos, je pense, de dire quelques mots de son caractère et de ses mœurs, d'autant plus que je ne trouverai point d'autre occasion d'en parler, et que Sisenna, bien que le meilleur et le plus exact de ses historiens, ne me semble pas s'être expliqué avec assez de franchise et de liberté. Lucius Sylla était d'une illustre famille patricienne ; mais la branche dont il sortait était tombée dans l'obscurité, par le peu de mérite de ses ancêtres. Il était aussi profondément versé dans les lettres grecques que dans la littérature latine. Il avait l'âme élevée ; il aimait passionnément le plaisir, mais plus encore la gloire. Dissolu dans ses loisirs, il sut toujours faire céder au besoin des affaires ses goûts voluptueux ; seulement il eût pu se conduire dans le mariage avec plus de décence [1]. Éloquent, plein de finesse, facile en amitié, voilant ses desseins d'un secret impénétrable, prodigue de toutes choses, surtout de son argent. Quoiqu'il ait été le plus fortuné des hommes, on peut dire que, jusqu'à l'époque de sa victoire sur ses concitoyens, son mérite n'a jamais été au-dessous de sa fortune ; beaucoup même ont douté s'il n'a pas eu plus de talent que de bonheur. Quant à ce qu'il a fait depuis, je ne sais quel est le sentiment qui me porte le plus à n'en point parler, si c'est la douleur ou la honte.

C. Lorsque Sylla arriva au camp de Marius avec le corps de cavalerie qu'il amenait, comme je l'ai dit, il était fort ignorant dans l'art militaire : au bout de quelque temps il était le plus habile. D'ailleurs affable avec le soldat, toujours prêt à accorder les demandes, souvent même les présents ; il n'acceptait un bienfait qu'à l'extrémité, plus empressé de le rendre qu'on ne l'est à payer une dette ; et lui n'exigeait jamais de retour. Il s'occupait surtout à multiplier le nombre de ses obligés. Il se livrait même avec les derniers soldats à des causeries sé-

---

[1] Foy. le président de Brosses, t. 1, p. 180.

rieuses ou enjouées ; il semblait se multiplier dans les marches, dans les travaux, à tous les postes ; et toutefois il ne cherchait point, ce qui n'est que trop ordinaire aux ambitieux, à déprimer son général ou tout autre. Seulement il ne souffrait pas que personne l'emportât sur lui en prudence et en bravoure, et il l'emportait sur la plupart. Avec une pareille conduite et d'aussi grandes qualités, il eut bientôt gagné l'affection de Marius et des soldats.

CI. Cependant Jugurtha ayant perdu Capsa, d'autres places fortes et importantes, de plus, un riche trésor, fait dire à Bocchus d'amener au plus tôt ses troupes en Numidie ; que le moment était venu de livrer bataille. Et comme il le vit retomber dans ses premières irrésolutions, et flottant de nouveau entre la guerre et la paix, il eut recours au moyen qui lui avait réussi d'abord : il gagne par des présents tout ce qui approchait ce prince, et il offre au prince lui-même le tiers de la Numidie s'il l'aidait à chasser les Romains de l'Afrique, ou si, du moins, il lui procurait une paix qui lui conservât la totalité de son royaume. Séduit par l'appât de cette promesse, Bocchus se met en marche avec une nombreuse armée [1]. Les deux rois, ayant opéré leur jonction, profitent du moment où Marius était en marche pour aller prendre ses quartiers d'hiver, et l'attaquent lorsqu'il restait à peine une heure de jour [2]. Possédant une parfaite connaissance des lieux, ils comptaient que la nuit, qui approchait, protégerait leur retraite s'ils étaient vaincus, et ne les empêcherait pas, s'ils étaient vainqueurs, de profiter de la victoire ; qu'au contraire, dans les deux cas, l'obscurité serait pour les Romains un grand désavantage. A peine différents avis avaient instruit Marius de l'approche de l'ennemi, que l'ennemi parut lui-même ; et avant qu'on eût pu ranger l'armée

---

[1] Orose (V, xv, p. 322) porte à soixante mille hommes le total de la cavalerie, qui du reste formait, comme on sait, la principale force des Maures et des Numides. Salluste dit plus bas que les troupes des deux rois réunies étaient très-supérieures en nombre à l'armée romaine, qui pourtant devait être de trente à quarante mille hommes.
[2] Il restait, d'après Salluste, un dixième du jour. La dixième partie du jour de douze heures, suivant la manière de compter des Romains, revient à une heure douze minutes.

en bataille, mettre à l'abri les bagages, enfin donner aucun signal, aucun commandement, la cavalerie maure et gétule était déjà tombée sur les Romains, non pas en escadrons ni en ordre de bataille, mais par groupes, par pelotons, selon que le hasard les avait rassemblés. A cette charge imprévue, le Romain troublé, sans perdre courage, prend ses armes ou couvre son camarade qui cherche les siennes; une partie monte à cheval et fait tête à l'ennemi. L'action ressemble plutôt à une attaque de brigands qu'à un combat régulier. Personne n'est sous le drapeau ni à son rang; cavaliers et fantassins sont confondus pêle-mêle; on se frappe, on s'égorge; souvent, tandis que les Romains combattent vaillamment un ennemi en face, un autre vient les prendre par derrière; et il n'y avait ni armure ni courage qui pût les garantir, parce que l'ennemi était supérieur en nombre, et qu'ils en étaient enveloppés de toutes parts. Enfin les vieux soldats romains et les nouveaux, qui, grâce à leur exemple, savent la guerre, partout où le hasard ou le terrain les rassemble, se forment ensemble, présentent de toutes parts un front de boucliers, et soutiennent le choc de l'ennemi.

CII. Dans un péril aussi pressant, Marius, toujours le même, ne perdit rien ni de son audace ni de son sang-froid. Avec sa garde qu'il avait composée de l'élite de ses braves plutôt que de ses favoris, il se porte de côté et d'autre. Là ce sont des Romains qui plient, il court les soutenir; ici se trouve sur son passage un gros d'ennemis, il va les rompre : il sert du moins ses soldats de son épée, ne pouvant, dans cette confusion générale, leur faire entendre ses ordres. Il ne restait déjà plus de jour, et les barbares, loin de se relâcher, n'en pressaient que plus vivement leurs attaques, pleins de l'idée qu'on leur avait suggérée, que la nuit serait pour eux. Marius, dans cette conjoncture, prend le seul parti convenable. Pour assurer une retraite à ses troupes, il fait occuper deux collines voisines l'une de l'autre. L'une des deux, avec trop peu d'espace pour un camp, possédait une source abondante; l'autre, par son esplanade élevée et ses flancs escarpés, qui n'exigeait que peu de retranchements, offrait un grand avantage pour la circonstance. Il ordonne à Sylla de passer la nuit auprès de la source, avec la cavalerie; il travaille à réunir ses soldats dispersés à travers l'armée ennemie, qui n'était pas moins en désordre; peu à peu il les rallie, accélère le pas, et les conduit tous sur la colline. Les deux monarques, arrêtés par les difficultés du terrain, cessent le combat, mais sans permettre à leurs troupes de s'écarter. Toute cette multitude se poste confusément autour des deux éminences; ils allument des feux de tous côtés, et la plus grande partie de la nuit ce ne sont que réjouissances à la manière des barbares, transports d'allégresse, cris d'exultation. Les rois eux-mêmes, partageant cette folle joie, se croyaient vainqueurs, parce qu'ils n'avaient pas fui. Les Romains, dans l'obscurité qui les cachait et de la hauteur où ils étaient placés, découvraient facilement toute cette scène de tumulte, et c'était pour eux un puissant encouragement.

CIII. Marius, pleinement rassuré par l'impéritie de l'ennemi, fait observer le plus profond silence, et défend même aux trompettes de sonner, suivant l'usage, pour les veilles de la nuit[1]. A l'instant où le jour allait paraître, où les barbares, épuisés de lassitude, venaient de céder au sommeil, tout à coup, avertis par les sentinelles, les cors et les trompettes des légions, des escadrons, des cohortes, tous les instruments sonnent à la fois. Les soldats poussent leur cri de guerre, et s'élancent hors du camp. Les Maures et les Gétules, réveillés en sursaut par ce bruit épouvantable et inattendu, ne savent ni fuir ni prendre leurs armes : agir, penser, prévoir, tout leur devient impossible. Ce bruit, ces cris, cette armée qui fondait sur eux sans qu'ils eussent rien à lui opposer, le tumulte, la surprise, l'effroi, les avaient jetés dans une sorte d'aliénation. La déroute fut complète; on leur prit presque toutes leurs armes ainsi que leurs enseignes ; et leur perte dans ce combat fut plus considérable que dans les autres, car le sommeil et cette frayeur extraordinaire avaient entravé leur fuite.

[1] Les douze heures de la nuit étaient partagées en quatre veilles, de trois heures chacune. A chaque veille on sonnait de la trompette et du cor, pour annoncer le moment de relever les gardes. *Voy.* Forcellini, *Virgiliæ.*

En racontant l'attaque de Marius par les armées réunies de Bocchus et de Jugurtha, Salluste se sert des expressions suivantes : Amborum (Bocchi et Jugurthæ) exercitu conjuncto, *Marium jam in hiberna proficiscentem invadunt*. On pourrait être induit en erreur par ces mots *jam proficiscentem*, et croire que c'est près du Mulucha, au moment où Marius venait de prendre la forteresse et se mettait en marche pour Cirta, qu'il est attaqué par les deux rois. On chercherait alors près du Mulucha le lieu où se livra la bataille dont nous donnons la relation. Mais un texte précis de Salluste (*Bell. Jug.*, 106) prouve que le champ de bataille était à cinq journées de marche de Cirta. Dans ces deux passages l'auteur semble, au premier aperçu, se contredire lui-même. Cette contradiction n'est qu'apparente. Pour suppléer à l'extrême concision de l'historien latin lorsqu'il s'agit de topographie, il faut sans cesse rapprocher une quantité de petits faits épars qui semblent n'avoir entre eux aucune liaison, et les combiner avec soin, afin d'en déduire les circonstances intermédiaires dont l'auteur n'a pas voulu embarrasser son récit. Il est déjà peu probable qu'un homme de guerre aussi habile que Marius ait fait faire à son armée une marche de trois cents lieues, pour s'emparer seulement d'une petite forteresse et de la portion du trésor qu'elle pouvait renfermer. Sans doute, en revenant vers Cirta, il dut, comme après la prise de Capsa, profiter de son succès, et soumettre les places et les contrées qui se trouvaient sur sa route. Cette conjecture se change presque en certitude par le rapprochement de quelques circonstances que Salluste a glissées dans son portrait de Sylla, et la réponse de Bocchus à ce questeur député vers lui. Il nous dit que « Sylla, questeur de Marius, n'arriva en Afrique que pendant le siège de la forteresse du Mulucha, et qu'à cette époque il était tout à fait novice dans l'art de la guerre, mais qu'en peu de temps il devint le plus habile : *Postquam in Africam atque in castra Marii venit* (Sulla), *rudis antea et ignarus belli, solertissumus omnium in paucis tempestatibus factus est.* (*Bell. Jug.*, 99.) Il semblait, ajoute l'historien, se multiplier *dans les marches, dans les travaux,* dans les gardes de nuit, IN OPERIBUS, IN AGMINE *atque ad vigilias multus adesse* (*Ibid.*). Il ne souffrait pas que personne l'emportât sur lui en prudence et en bravoure, et il l'emportait sur la plupart. Avec une pareille conduite et d'aussi grandes qualités, il eut bientôt gagné l'affection des chefs et des soldats. » Sylla dut évidemment avoir besoin de quelques semaines au moins pour arriver à ce résultat. Ces marches dans lesquelles nous le voyons se multiplier indiquent qu'après le siége de la forteresse du Mulucha, l'armée romaine était rentrée en campagne, et ne songeait pas encore à prendre ses quartiers. Nous avons vu d'ailleurs que Jugurtha avait promis le tiers de la Numidie à Bocchus pour le décider à une nouvelle campagne contre les Romains, et que le roi maure ne se laissa séduire qu'à l'appât de cette promesse. Elle dut conséquemment être réalisée, bien que Salluste ne le dise pas formellement. Il est hors de doute que Bocchus dut profiter de cette occasion pour arrondir ses États, et que la partie du royaume de Jugurtha abandonnée par ce prince à son allié fut celle qui confinait à la Mauritanie. En effet, dans la réponse que fait Bocchus à Sylla lorsque ce préteur est envoyé vers lui pour se faire livrer Jugurtha, il s'excuse d'avoir fait la guerre aux Romains, en disant qu'il n'avait pas dû laisser ravager par Marius la partie de la Numidie dont il avait chassé Jugurtha, et qui lui appartenait par le droit de la guerre, *se Numidiæ partem, unde vi Jugurtham expulerit, jure belli suam factam, eam vastari a Mario nequivisse* (*Bell. Jug.*, 118). Cette conquête violente d'une partie de la Numidie par Bocchus semble contredire l'abandon gratuit que lui en avait fait Jugurtha. Cependant Appien, dans lequel nous ne trouvons aucune mention de la cession volontaire du prince numide, parle de la conquête du roi maure. Dans la députation envoyée à Bocchus par le proconsul romain, c'est Manlius et non Sylla qui, suivant Appien, porte la parole ; ce qui prouve, pour le dire en passant, que l'historien grec n'a pas copié Salluste. Aux reproches de Manlius, Bocchus répond que s'il a pris les armes, la faute en est à Marius, qui lui a ravi les terres que lui-même avait enlevées à Jugurtha ; γῆν γὰρ, ἣν αὐτὸς Ἰογόρθαν ἀφείλετο, πρὸς Μαρίου νῦν ἀφῃρῆσθαι. (*Numidic.*, c. III, t. I, p. 502, éd. Schweigh.) Il faut peut-être conclure de ces trois passages qu'en cédant un tiers de son royaume à Bocchus, Jugurtha ne faisait que confirmer une prise de possession antérieure. Quoi qu'il en soit, il ne peut être ici question que de la partie occidentale de la Numidie, qui touchait au royaume de Bocchus et dans laquelle se trouvait le château du Mulucha. Il est donc certain qu'après la prise de la forteresse, Marius ravagea les contrées environnantes, et que ce fut ce qui servit de prétexte à la nouvelle alliance des deux princes africains. Ce fut seulement vers la fin de novembre, lorsque la saison des pluies approcha, que Marius, en général prudent et habile, dut diriger son armée vers les villes maritimes et les provinces soumises. Ainsi le rapprochement de ces diverses circonstances prouve évidemment que la phrase *jam in hiberna proficiscentem* ne s'applique point au moment où Marius quitte les bords du Mulucha, mais à celui où les impérieuses nécessités de la saison et du climat le contraignirent à interrompre ses opérations actives, et à se diriger paisiblement vers ses quartiers d'hiver. C'est dans ce moment qu'il est attaqué par les deux rois africains. Rien ne s'oppose donc à ce que le théâtre de la bataille ait pu être à quatre ou cinq journées à l'ouest de Cirta, et les improbabilités apparentes du récit de Salluste disparaissent à l'aide de cette explication.

A la narration de ces événements que Salluste nous a transmise, on peut ajouter quelques détails intéressants conservés par Orose, qui les a puisés sans doute, comme je l'ai prouvé ailleurs[1], dans les histoires perdues de Tite-Live ou des historiens contemporains. La victoire qui, d'après l'historien de Jugurtha, serait uniquement le fruit de la valeur et du génie de Marius, Orose[2] l'attribue en grande partie à une circonstance qui, chaque fois qu'elle se reproduisait, assurait aux Romains l'avantage dans leurs combats. La bataille durait depuis deux jours contre les Africains; et les Romains, enveloppés de tous côtés par les Maures et les Numides, accablés par le poids de la chaleur et dévorés d'une soif ardente, étaient sur le point de succomber, lorsque tout à coup une pluie abondante changea la face des choses. En même temps qu'elle ranima la vigueur et la confiance des Romains, elle mit les armes des Africains hors de service. Les javelots, dont les manches étaient mouillés par la pluie, glissaient entre leurs mains lorsqu'ils s'apprêtaient à les lancer, et par là devenaient inutiles. De plus, leurs boucliers étant formés de cuir d'éléphant, qui, naturellement poreux, s'imbibe d'eau comme une éponge, la pluie qu'ils absorbèrent les rendit si pesants qu'il devint impossible de les manier, et que les Numides ne purent plus s'en servir pour se défendre.

Les grands événements dépendent souvent de petites causes. Cette spongiosité singulière du cuir de l'éléphant africain (probablement non tanné), rapportée par un auteur domicilié en Afrique, joue un grand rôle dans cette bataille. Mais le récit d'Orose, qui nous montre les boucliers d'une

---

[1] *Recherches sur la topographie de Carthage*, Append. III, p. 256.
[2] V, 15, p. 324, éd. Haverc.

armée entière fabriqués avec la peau des éléphants, indique combien ces animaux étaient alors nombreux dans l'Afrique septentrionale, où l'on n'en rencontre plus aujourd'hui. Cependant l'assertion d'Orose, ou plutôt des auteurs latins qu'il a copiés, est pleinement confirmée par l'exact et judicieux Polybe[1]. Cet historien rapporte, sur l'autorité du roi Gulussa[2], que, sur les confins de la province d'Afrique qui touchent à l'Éthiopie, les éléphants sont si abondants, que non-seulement on fabrique les portes des maisons avec les défenses de ces animaux, mais qu'on s'en sert, en guise de pieux, pour former les clôtures et les parcs destinés à contenir les troupeaux[3]. Comme les éléphants étaient, pour les Numides, de puissants auxiliaires dans les batailles, on nous pardonnera sans doute cette courte digression. Nous allons reprendre la traduction du récit de Salluste.

CIV. Marius continua sa route pour aller gagner ses quartiers d'hiver, qu'il s'était proposé d'établir dans les places maritimes, à cause de la facilité des subsistances. Sa victoire ne le rendit ni plus présomptueux ni moins vigilant. Il marchait en bataillon carré, avec autant de précaution que si l'ennemi eût été en présence. Sylla était à la droite, avec la cavalerie; Manlius à la gauche, avec les frondeurs, les archers et les cohortes liguriennes; à l'avant-garde et à l'arrière-garde, les troupes les plus lestes, commandées par l'élite des tribuns. Les

---

[1] Pline, *Histoire naturelle*, VIII, 10.
[2] Gulussa, cité par Polybe (*Excerpt.*) comme roi des Numides, était contemporain de Scipion Émilien dont Polybe était le précepteur, et servit ce général de son bras et de ses conseils au siège et à la prise de Carthage. *Voy.* Appien., *Punic.*, 106, 109, 126.
[3] Les autorités de Polybe et d'Orose me semblent devoir être ajoutées au mémoire de M. Dusgate sur les éléphants, annexé à mes *Recherches sur la topographie de Carthage*, p. 227-238. M. Dusgate a été devancé dans ses recherches par M. Quatremère, dont la dissertation a été lue à l'Académie des inscriptions et belles-lettres. La résidence du roi du Monomotapa est, dit le voyageur Thomas, construite en bambous, et entourée d'une magnifique haie de dents d'éléphants. Ritter, *Géographie comparée*, t. I, p. 193, traduction française.

transfuges, qu'on ne craint pas d'exposer et qui connaissaient parfaitement le pays, allaient à la découverte de l'ennemi. En même temps il s'occupait lui-même de tous les détails, comme s'il n'en eût chargé personne : on le voyait partout, louant ou réprimandant chacun selon ses mérites. Toujours armé lui-même, toujours sur ses gardes, il forçait les soldats à l'imiter. Non moins prévoyant dans les campements que dans les marches, il faisait veiller à la garde des portes des cohortes tirées des légions, et en avant du camp, une partie de la cavalerie auxiliaire; d'autres corps étaient placés derrière les palissades, le long des retranchements; et il s'assujettissait à faire lui-même la ronde dans tous les postes, non qu'il craignît l'inexécution de ses ordres, mais afin de rendre plus agréables aux soldats des travaux auxquels leur chef se soumettait tout le premier. En général, dans cette circonstance comme dans tout le cours de cette guerre, ce fut par le sentiment de l'honneur, plus que par la crainte et par les châtiments, qu'il gouverna son armée; ce que les uns attribuaient à des vues ambitieuses, d'autres à l'habitude de ces travaux, contractée dès son enfance, qui lui transformait en plaisir ce que l'on regarde comme les corvées du service; et il faut avouer qu'il ne servit l'État ni moins utilement ni moins glorieusement que s'il eût porté dans le commandement la plus grande rigidité.

CV. Le quatrième jour, à une certaine distance de Cirta[1], on aperçoit les éclaireurs revenir avec précipitation, ce qui annonce toujours l'approche de l'ennemi; mais comme ils revenaient tous à la fois, chacun par des points différents et tous faisant le même rapport, le consul ne savait plus comment il formerait son ordre de bataille. Enfin, il se détermine à ne rien changer à ses dispositions : il fait halte dans l'endroit même, restant, comme il était, en bataillons carrés, et en état

---

[1] Nous avons traduit *haud longe ab oppido Cirta*, par *à une certaine distance de Cirta*, parce que le savant professeur Desfontaines, qui, en revenant d'Alger, a suivi à peu près la même route que Marius dans sa marche en revenant du Mulucha, nous dit que la grande plaine, où il a cheminé trois jours, se termine à six lieues à l'ouest de Constantine ; qu'à partir de ce point, le terrain devient montueux et fort inégal, et que la ville, masquée par des montagnes, ne s'aperçoit qu'à peu de distance du côté de l'est et de l'ouest.

de faire face de tous côtés. Par là il trompa l'espoir de Jugurtha, qui avait partagé son armée en quatre corps, dans l'idée que, sur les quatre, quelqu'un du moins pourrait entamer les derrières de l'armée romaine. Sylla, que les barbares avaient joint le premier, exhorte sa troupe, la forme en escadrons, fait serrer les rangs autant que possible, et fond sur les Maures avec une partie de ses cavaliers. Les autres, gardant leur position, se garantissent des traits qu'on leur envoie de loin; tout ennemi qui vient à leur portée tombe sous leurs coups.

CVI. Tandis que la cavalerie combat de cette manière, Bocchus attaque l'arrière-garde [1] avec un corps d'infanterie que son fils Volux venait de lui amener, et qu'un retard dans sa marche avait empêché de se trouver à la bataille précédente. Marius s'était placé à l'avant-garde, contre laquelle Jugurtha dirigeait sa principale attaque. Sitôt que ce prince fut instruit que Bocchus avait commencé le combat, il se dérobe secrètement avec quelques hommes de son escorte, et il court joindre cette infanterie de Bocchus. Là, élevant la voix, il crie aux Romains, en latin (car il avait appris notre langue à Numance), qu'ils combattaient en pure perte : que leur Marius était mort; qu'il l'avait tué de sa propre main. En même temps il leur montre son épée sanglante[2]; mais c'était le sang d'un simple fantassin qu'il avait tué dans la mêlée. L'horreur de cette nouvelle, bien plus que la conviction du fait, répand la terreur parmi nos soldats. De leur côté, les barbares redoublent de courage, et voyant les nôtres ébranlés, ils les pressent avec plus d'ardeur. On était au moment de fuir, lorsque Sylla, après avoir achevé la défaite du corps qu'il avait devant lui, revint sur ses pas, et tomba sur le flanc des Maures. Bocchus s'enfuit à l'instant. Jugurtha, s'efforçant de soutenir les siens, et voulant conserver une victoire qu'il tenait pour ainsi dire dans les mains, se vit enveloppé à droite et à gauche par notre cavalerie. Il reste

---

[1] Salluste désigne évidemment ici par *arrière-garde* la portion du bataillon carré qui faisait face à l'ouest, par où était venu Marius; et par *avant-garde* le corps qui faisait face à l'est et à Cirta, point vers lequel se dirigeait l'armée.
[2] *Voy.* Frontin, *Stratag.*, II, IV, 10.

seul, tous ses gardes tués autour de lui, et seul il se fait jour à travers les traits ennemis. Dans cet intervalle, Marius avait mis en fuite le corps de cavalerie qui lui était opposé : il apprend le danger où se trouvait son arrière-garde ; il accourt en toute hâte pour la soutenir. Dès ce moment la déroute de l'ennemi fut complète [1].

CVII. Ces plaines, entièrement découvertes, présentaient un horrible spectacle. De tous côtés on poursuivait, on fuyait ; des hommes pris, les autres massacrés ; des chevaux et des cavaliers écrasés contre terre, nombre de blessés ne pouvant fuir et craignant de rester, faisant effort pour se relever, et retombant aussitôt ; partout où la vue pouvait s'étendre, des monceaux d'armes, de traits, de corps morts, et tous les intervalles remplis par des traces de sang empreintes sur la terre. Marius, après cette victoire décisive, gagna tranquillement Cirta, où, dès le commencement de sa marche, il avait dirigé sa route [2]. C'est

---

[1] Orose, V, 15, p. 324, éd. Haverc. Diodore confirme l'étendue de la perte que fit l'armée numide, en disant : πολλὰς μὲν τῶν Λιβύων μυριάδας ἀνεῖλεν. *Eclog.*, XXXVI, 1.

[2] Cirta, l'une des capitales de Numidie, placée, par sa grandeur et par ses richesses, au rang des premières villes de l'Afrique, située, d'après Salluste lui-même, dans une position inexpugnable, choisie enfin par Métellus et Marius pour place d'armes et pour pivot d'opérations dans leurs guerres contre Jugurtha, méritait certainement que les vicissitudes de ses destinées trouvassent une place dans l'histoire du prince numide. Cependant Salluste ne donne aucun renseignement sur ce sujet, et jamais peut-être nous n'avons eu un motif plus légitime pour nous plaindre de son excessive concision.

Il nous a déjà montré (cap. 83), sans entrer dans le moindre détail, Métellus maître de Cirta, établissant dans cette ville le dépôt du butin, des prisonniers et des bagages de son armée. Ici nous voyons Marius, après l'expédition du fleuve Mulucha, se diriger vers Cirta, y établir sa résidence, y recevoir les ambassadeurs du roi maure. Si l'on s'en rapporte seulement au récit de Salluste, dans l'intervalle de temps qui s'est écoulé entre ces deux faits la capitale de la Numidie n'aurait point changé de maître ; rien du moins, dans l'histoire de Jugurtha, ne peut même le faire soupçonner. Il est néanmoins certain que le roi numide était parvenu à recouvrer cette importante place et qu'elle était en sa possession, lorsque, réuni à Bocchus, il vint pour la première fois attaquer Marius à son retour de l'expédition du Mulucha. Orose [*] le dit formellement : « Jugurtha, à la tête de soixante mille cavaliers, s'avance contre les Romains, qui se préparaient à former le siège de Cirta. *Apud Cirtam, adversus Romanos expugnationem ejus parantes, sexaginta millibus equitum instructus occurrit.* » C'est probablement pour protéger cette place importante, que le roi numide hasarda consécutivement deux ba-

[*] V, 15, p. 322, éd. Haverc.

là que, le cinquième jour après la seconde bataille perdue par les barbares, il reçut des députés de Bocchus, qui venaient le prier, de la part du roi, de lui envoyer au plus tôt deux hommes de confiance, pour conférer avec eux sur ses intérêts et sur ceux du peuple romain. Le consul fait partir sur-le-champ Sylla et Manlius. Quoiqu'ils ne fussent venus que pour entendre les propositions du monarque, ils jugèrent à propos de faire les premières ouvertures, afin d'affermir encore plus ses dispositions pacifiques, ou de le ramener, s'il en avait de contraires. Ce fut Sylla qui porta la parole, quoique le plus jeune : Manlius lui déféra cet honneur par estime pour son talent. Sylla prononça ce peu de mots :

CVIII. « Roi des Maures, notre joie est extrême de voir
« un aussi grand monarque, docile à la voix des dieux, pré-
« férer enfin la paix à la guerre, ne plus souiller ses vertus
« par leur association avec les forfaits du plus scélérat des
« hommes, et nous délivrer de la dure nécessité de pour-
« suivre également une erreur dans Bocchus, des crimes af-
« freux dans Jugurtha. D'ailleurs, le peuple romain, dès le
« temps même où sa puissance était si faible, a toujours mieux
« aimé avoir des amis que des esclaves, et nous trouvons plus
« de sûreté à régner par l'affection que par la contrainte.
« Mais toi, Bocchus, quel ami te convient mieux que nous ?
« D'abord nous sommes éloignés de toi : ainsi nous n'aurons
« point de motifs de mésintelligence, et nous te rendrons les
« mêmes services que si nous étions voisins. Ensuite, nous
« avons bien assez de sujets, tandis que ni nous ni personne
« ne saurions avoir assez d'amis. Et plût aux dieux que dès
« les commencements ces dispositions eussent été les tiennes !

tailles, dont la perte amena la ruine complète de sa puissance. Le résultat de la double victoire de Marius et de la défaite irréparable de Jugurtha devait être la soumission entière de la Numidie.

Nous voyons dans Salluste que Marius entre sans difficulté dans Cirta, et nous trouvons de plus dans un autre historien de l'antiquité la preuve que cette ville était tombée par capitulation au pouvoir du consul, l'an 647 de Rome. Ce renseignement précieux nous est donné par un fragment de Dion Cassius : « Cirta, dit-il, ayant été prise par composition, Bocchus envoya des députés à Marius (Τῆς Κίρτας καθ' ὁμολογίαν ἁλούσης, ὁ Βόκχος ἐπεκηρυκεύσατο τῷ Μαρίῳ.) » Dio, I, XXXIV, 168.

« Il y a longtemps que le peuple romain t'aurait comblé de plus
« de biens qu'il n'a pu te faire de mal. Mais puisque la fortune
« maîtrise la plupart des événements humains, et qu'il lui
« a plu sans doute de te faire éprouver notre valeur d'abord,
« et ensuite notre bienveillance, profite donc de la liberté
« qu'elle te laisse; hâte-toi, et achève comme tu as commencé.
« Il t'est facile de faire oublier, par un important service,
« une première erreur. Je ne dis plus qu'un mot, et puisse-
« t-il s'imprimer profondément dans ton cœur! Jamais les
« Romains ne se sont laissé vaincre en générosité. Je ne te
« parle pas de leur valeur : tu dois la connaître. »

CIX. La réponse de Bocchus fut affectueuse et modérée.
Il dit quelques mots pour sa justification : « ce n'était point dans
des vues hostiles, mais uniquement pour la défense de ses
États, qu'il avait pris les armes; la partie de la Numidie dont
il avait chassé Jugurtha étant devenue, par le droit de la
guerre, une de ses provinces, il n'avait pu voir tranquillement Marius la dévaster; d'ailleurs, il avait précédemment
député à Rome, et on avait repoussé son alliance. Toutefois il
oubliait le passé; et si Marius ne s'y refusait point, il enverrait
au sénat de nouveaux députés. » Cette ouverture fut acceptée;
mais depuis le monarque changea d'avis, à la sollicitation de
quelques favoris que Jugurtha avait su gagner à force de présents : instruit de la députation de Manlius et de Sylla, il
craignait dès lors ce qui se préparait. Cependant Marius, ayant
disposé les troupes dans leurs quartiers d'hiver, prend avec
lui les cohortes les plus lestes et une partie de la cavalerie,
s'enfonce dans un pays désert, et va mettre le siége devant une
forteresse royale[1], dont Jugurtha n'avait composé la garnison
que de transfuges. Dans cet intervalle, Bocchus change encore
une fois de résolution, soit qu'il eût réfléchi sur le mauvais
succès de ses deux combats, soit qu'il eût écouté les conseils
de ceux de ses amis que Jugurtha n'avait pu séduire. Il choisit

[1] Cette forteresse est peut-être la Gazophyla que Procope (*de Bell. Vandal.*, II, xv, p. 481, éd. Dindorf) met à deux journées, et l'*Itinéraire* d'Antonin (p. 42, éd. Vessel), à cinquante-huit milles de Cirta, ou *Turris Cæsaris*, aujourd'hui *Bourg-Touil*, fixée par l'*Itinéraire* à quarante milles de Cirta.

dans le nombre cinq des plus habiles, et dont il avait le plus éprouvé l'attachement. Il les charge d'aller vers Marius, et ensuite à Rome, si Marius l'approuvait; il leur donne ses pleins pouvoirs pour négocier, et, de manière ou d'autre, terminer la guerre.

CX. Les députés, faisant diligence pour se rendre aux cantonnements des Romains, furent attaqués en route par des voleurs gétules, qui les dépouillèrent. Ils arrivent pleins d'effroi, dans l'état le plus misérable, au quartier de Sylla, à qui Marius, en partant pour son expédition, avait remis le commandement. Sylla ne les traita point en ennemis, et comme l'eût mérité l'inconstance de leur roi : au contraire, il se piqua de prévenance et de générosité, ce qui les persuada que d'abord rien n'était plus faux que ce qu'on leur avait débité sur l'avarice romaine, et ensuite que Sylla était leur ami, puisqu'il était si généreux; car alors on ne connaissait guère les largesses intéressées; on n'imaginait pas qu'à moins de vouloir du bien on pût en faire : tous les dons étaient mis sur le compte de l'affection. Aussi ces barbares ne balancent-ils point à communiquer à Sylla toutes leurs instructions; ils lui demandent d'être leur conseil et leur appui; ils lui parlent des richesses de leur roi, de sa probité, de sa puissance, enfin de tout ce qu'ils croient pouvoir intéresser la politique des Romains ou leur bienveillance. Sylla leur promet ses services; il les instruit de la manière dont ils devaient traiter avec Marius, avec le sénat; et ils restent dans son camp pendant quarante jours à attendre le consul.

CXI. Marius, de retour à Cirta, où il revint sans avoir pu réussir dans son entreprise, apprenant l'arrivée des députés, les mande, ainsi que Sylla; il fait venir d'Utique le préteur Belliénus, et tout ce qu'il y avait de sénateurs dans la province. Ce fut avec ce conseil qu'il examina les instructions de Bocchus, son offre d'envoyer des députés à Rome, et la demande qu'il faisait d'une suspension d'armes jusqu'à leur retour. L'avis de Sylla et de la majorité fut d'accepter ces propositions; quelques-uns les rejetaient avec hauteur, oubliant sans doute que les choses humaines, dans leur inconstance et leur mobilité, sont sujettes aux revers. Les députés ayant obtenu toutes leurs demandes, trois d'entre eux partent pour Rome avec Octavius Rufo, le questeur qui avait apporté en Afrique l'argent pour la solde des troupes; les deux autres retournent vers le roi [1]. Bocchus apprit avec plaisir ce qui s'était passé, surtout les bons offices de Sylla et sa munificence. Ceux qui étaient allés à Rome, après avoir cherché à justifier Bocchus, dont ils rejetaient tous les torts sur les artifices de Jugurtha, demandèrent l'alliance et l'amitié du peuple romain. On leur fit cette réponse : « Le sénat et le peuple romain n'oublient « jamais ni le bienfait ni l'injure : toutefois, en faveur du « repentir de Bocchus, on lui remet la peine de sa faute; il aura « leur alliance et leur amitié quand il les aura méritées. »

CXII. Le roi, informé de cette réponse, écrivit à Marius de lui envoyer Sylla pour régler avec lui leurs communs intérêts. Celui-ci part avec un corps d'infanterie, de cavalerie et de frondeurs baléares; on lui donne, en outre, des archers et une cohorte pélignienne. Toute cette troupe, pour accélérer sa marche, prit l'armure des vélites, suffisante d'ailleurs contre les traits légers des Numides. Le cinquième jour de leur route, tout à coup Volux, fils de Bocchus, vint à se montrer dans des plaines découvertes, avec mille chevaux au plus; mais comme ce détachement marchait en désordre et fort dispersé, Sylla et tous les autres le jugèrent beaucoup plus considérable, et crurent que c'était l'ennemi. En consé-

---

[1] Trois partirent pour Rome; deux retournèrent vers Bocchus. Celui-ci, dit Strabon, pour s'emparer de Jugurtha, renforce son armée, sous prétexte d'en expédier une partie contre les Éthiopiens occidentaux, de qui les Maures avaient reçu quelque insulte. Il envoie faire une course dans les terres de cette nation, qui habite le mont Atlas. Iphicrate [*], au sujet de cette expédition, rapporte que les Maures y virent des camélo-pardalis (des girafes), des serpents, appelés par les naturels *thises*, gros comme des éléphants (c'est le *boa constrictor*), des roseaux si gros (des bambous), qu'un seul de leurs nœuds contenait huit chénices d'eau, et une espèce d'asperge (un *dracæna*, peut-être le *dracæna draco*) ou une liliacée inconnue, qui n'était pas moins grande, et dont Bocchus fit présent à sa femme.

[*] Ap. Strabon, p. 827. Ce curieux passage prouve que les Grecs avaient des renseignements précis sur les productions de l'Afrique équatoriale, et que les rois de la Tingitane y allaient en corps d'armée comme de nos jours on s'y rend par caravanes, comme on y fait des *razzias* ou expéditions de pillage. Voyez Heeren, *Politique et Commerce des peuples anciens*, t. IV, p. 221.

quence, chacun se prépare; on visite son armure et ses traits; on se tient prêt à combattre. Quelques mouvements de crainte se faisaient sentir; la confiance l'emportait toutefois, comme il était naturel à des vainqueurs en présence de ceux qu'ils avaient si souvent vaincus. Cependant les cavaliers envoyés à la découverte viennent annoncer (ce qui était vrai) qu'on avait pris faussement l'alarme.

Sylla, partant de Cirta pour aller trouver Bocchus dans la Mauritanie Tingitane, se dirigeait à l'ouest. Ces plaines immenses, *campi patentes*, sont donc à l'occident de Cirta, et à cinq journées de distance de cette ville. C'est dans la même direction, mais à peu de distance de Cirta, que Salluste [1] a déjà placé les vastes plaines (*campi patentes*) où se donna la deuxième bataille contre Bocchus et Jugurtha. La première avait été livrée à quatre journées à l'ouest de ce point, c'est-à-dire à l'extrémité occidentale de cette plaine immense qui, d'après le savant voyageur Desfontaines, « s'étend à perte de vue de l'est à l'ouest de Constantine, et « qu'il a mis trois jours à traverser [2]. » Ces divers rapprochements rendent presque certain que Sylla rencontra Volux à peu près au point où Marius avait défait, pour la première fois, les deux rois alliés.

CXIII. Volux, en arrivant, aborde le questeur; il se dit envoyé par son père au-devant de lui et pour lui servir d'escorte. Ce jour et le suivant, ils font route ensemble tranquillement. Le surlendemain, vers le soir, à peine le camp était dressé, qu'on voit tout à coup Volux accourir vers Sylla d'un air inquiet et troublé: il lui dit qu'il vient d'apprendre par ses éclaireurs

---

[1] *Bell. Jug*, c. CVI-CVIII.
[2] Chacune des journées de marche faites à cheval par M. Desfontaines, avec une faible escorte, est d'environ dix lieues. Voy. *Nouvelles Annales des Voyages*, t. XLVII, p. 90, 91.

que Jugurtha n'était pas loin, et il le presse, il le conjure de profiter de la nuit pour se sauver tous deux secrètement. Le Romain répond avec fierté « qu'il ne redoute nullement un ennemi battu tant de fois; qu'il a pleine confiance dans la valeur des siens; que, fût-il assuré de sa perte, il resterait, plutôt que d'abandonner en lâche ceux qu'il commandait, et de vouloir, par une fuite honteuse, ménager une vie incertaine que la première maladie pourrait lui enlever. » Ce même Volux alors lui donne le conseil de décamper la nuit; il l'approuve. Il donne ordre à ses troupes de presser leur repas, de tenir de très-grands feux allumés, et, à la première veille, de partir en silence. Après la fatigue de cette marche nocturne, Sylla, au lever du soleil, traçait déjà son camp, lorsque des cavaliers maures vinrent annoncer que Jugurtha était posté environ à encore deux mille pas devant eux. A cette nouvelle, l'épouvante gagne les Romains; ils se croient trahis par Volux et enveloppés d'ennemis. Quelques-uns même voulaient s'en venger sur sa personne, et ne pas laisser impunie une pareille perfidie.

CXIV. Sylla, bien qu'il eût les mêmes soupçons, s'oppose à cette violence. Il exhorte les siens à s'armer de leur intrépidité : « Serait-ce la première fois que la supériorité du nombre aurait cédé à celle de la valeur? Moins ils épargneraient leur vie dans le combat, plus ils l'assureraient. Quelle folie enfin d'attendre leur secours, non de leurs bras armés, mais de leurs pieds sans défense; et, au plus fort du péril, de s'ôter, en tournant le dos à l'ennemi, l'usage de leurs yeux et de leur bouclier! » Puis s'adressant à Volux, et prenant tous les dieux à témoin du crime et de la perfidie de son père, il le somme, puisqu'il était leur ennemi, de sortir de leur camp. Volux, les yeux en larmes, le conjure de se désabuser : il proteste qu'il était incapable de les trahir; que c'était une ruse de Jugurtha, qui, apparemment, avait eu par ses espions connaissance de leur route. Après tout, comme ses forces n'étaient point considérables, que tout son espoir et toutes ses ressources dépendaient de Bocchus, il n'oserait pas sans doute, en présence du fils de son protecteur, entreprendre rien ouvertement; ils n'avaient donc qu'à passer hardiment au milieu de son camp; il consentait à envoyer ses Maures en avant, ou à les laisser derrière lui; il resterait seul avec la troupe de Sylla. Dans l'embarras où l'on se trouvait, cet expédient fut approuvé, et ils partent sur-le-champ. Comme leur arrivée avait été imprévue, Jugurtha surpris hésite, et ne s'oppose point à leur passage. Quelques jours après, ils arrivèrent sains et saufs à leur destination.

On voit que la marche de Sylla a duré en tout neuf jours et une nuit, plus *quelques jours*, indication vague dont l'appréciation ne peut guère s'élever au delà de cinq jours. En effet, c'est à partir du camp de Jugurtha que Sylla met *quelques jours* pour arriver à celui de Bocchus. Or la distance entre les deux camps est fixée par un autre passage de Salluste[1], où l'on voit Aspar partir du camp de Bocchus pour celui de Jugurtha, employer pour l'allée et le retour huit jours d'une marche rapide, *properato itinere post diem octavum, redit ad Bocchum*. Il est probable qu'Aspar avait fait quelque séjour au camp de Jugurtha : il dut sans doute parcourir, en trois jours ou trois jours et demi, la distance qui séparait le roi maure du prince numide. Nous ne devons pas conséquemment nous éloigner beaucoup de la vérité, en portant à cinq jours le temps employé par Sylla et sa petite armée à parcourir la même distance. Leur marche entière aurait donc duré quatorze jours et une nuit; soit quinze journées.

Il est singulier que ni Salluste, ni aucun historien de l'antiquité, n'ait fixé avec précision le lieu où Jugurtha fut livré à Sylla par Bocchus, où la guerre fut terminée par la prise du roi numide; fait qui était pour Rome un monument d'une victoire longtemps disputée. On croirait, en lisant dans Plutarque la vie de Marius et celle de Sylla[2], que Ju-

[1] *Bell. Jug.*, c. cxx.
[2] *Mar.*, c. x ; *Syll.*, c. iii.

gurtha était dans la Mauritanie Tingitane, lorsqu'il fut livré par Bocchus. Mais le récit de Salluste, quelque vague qu'il présente dans l'indication du lieu où Sylla négocia avec Bocchus l'extradition du prince numide, prouve au moins que ce lieu ne peut être dans la Mauritanie Tingitane. En effet, le point de cette contrée le plus rapproché de Cirta est, sans contredit, la rive occidentale du Mulucha. Or les itinéraires anciens nous fournissent entre ces deux points deux routes différentes : l'une, qui suit les bords de la mer, est de sept cent quatre-vingt-dix-huit milles romains, ou deux cent quarante-deux lieues de vingt-cinq au degré ; l'autre, passant par Sétif et traversant l'intérieur du pays, embrasse 8° 24', ou deux cent dix lieues environ, sans tenir compte des inégalités du terrain. Maintenant, en supposant, ce qui est improbable, que Sylla ait fait chaque jour avec sa petite armée, composée d'infanterie et de cavalerie [1], dix lieues de vingt-cinq au degré, il ne devrait encore se trouver, au bout de sa marche, qu'à cent cinquante lieues à l'ouest de Cirta. Il est donc probable que l'entrevue de Sylla et de Bocchus eut lieu dans cette partie de la Numidie que Jugurtha avait cédée au roi maure [2]. Cette conjecture acquiert un degré de probabilité qui équivaut presque à une certitude, par le rapprochement d'une circonstance perdue dans le récit de Salluste, et qui paraît d'abord peu importante. Bocchus, refusant d'abord d'accéder aux propositions de Sylla, qui demande l'extradition du prince numide, fait valoir en premier lieu les liens du sang et les traités qui l'unissent à Jugurtha; ensuite, la crainte de s'aliéner, en le trahissant, le cœur des habitants du pays, *popularium*, qui à la fois ai-

---

[1] La circonstance indiquée par Salluste (CIV, CV), que Sylla, après chaque journée de marche, fortifiait son camp pour y passer la nuit, implique nécessairement que le soldat romain, suivant son usage, portait avec lui cinq pieux destinés à former les palissades de ses retranchements, ce qui devait rendre sa marche plus lente.

[2] *Bell. Jug.*, c. cx.

maient Jugurtha et haïssaient les Romains. Bocchus, évidemment, n'aurait pas ainsi parlé dans ses propres États. Ses sujets pouvaient haïr les Romains ; mais ils n'avaient pas de raison pour porter à Jugurtha une affection particulière, tandis que les habitants de la partie occidentale de la Numidie, limitrophe des États de Bocchus, n'avaient passé que depuis fort peu de temps sous l'empire du roi maure, et devaient encore conserver pour Jugurtha, leur premier maître, des restes de leur ancien attachement.

CXV. Il y avait à la cour de Bocchus un Numide nommé Aspar, qui vivait dans la plus intime familiarité avec le monarque. Jugurtha, instruit qu'on faisait venir Sylla, l'avait envoyé avec le titre d'ambassadeur, mais, en effet, pour épier adroitement les desseins de Bocchus. Il y avait aussi dans cette cour un autre Numide cher et agréable au roi maure par toutes les qualités de son esprit : il se nommait Dabar ; il était fils de Massugrada, et descendant de Massinissa ; mais son origine maternelle ne répondait point à cette illustration : son père était né d'une concubine. Comme Dabar avait de tout temps montré de l'attachement pour les Romains, c'est lui que Bocchus charge d'aller sur-le-champ trouver Sylla, de lui dire que le roi était prêt à faire ce que voudrait le peuple romain ; que Sylla n'avait qu'à fixer le jour, le lieu et l'heure de la conférence ; que lui, Bocchus, ne s'était lié par aucun engagement antérieur ; que la présence de l'envoyé de Jugurtha ne devait point causer d'ombrage ; qu'on l'avait fait venir exprès, afin de rendre plus facile l'accord de leurs intérêts communs ; qu'il n'y avait eu que ce moyen de prévenir les entreprises d'un prince soupçonneux : voilà ce que disait le roi. Pour moi, j'ai des preuves qu'il porta dans cette négociation la duplicité de son pays ; qu'il voulait amuser en même temps et les Romains et le Numide par l'espoir de la paix ; que plus d'une fois il agita dans son esprit s'il livrerait Jugurtha aux Romains, ou Sylla à Jugurtha ; que son cœur n'était pas pour nous ; que la crainte seule le retint.

CXVI. Sylla répondit qu'il aurait peu de choses à dire devant Aspar ; que le reste ne pouvait se confier qu'au roi seul ; qu'il fallait du moins qu'il y eût bien peu de confidents. Il règle la réponse qu'on lui ferait publiquement. Dans l'entrevue, Sylla dit qu'il est envoyé par le consul pour savoir si Bocchus veut la guerre ou la paix. Le roi, suivant qu'on en était convenu, dit à Sylla de revenir dans dix jours ; qu'il n'avait encore rien arrêté ; que ce jour-là on lui donnerait une réponse. Ils se retirent ensuite chacun dans leur camp. Mais, au milieu de la nuit, Bocchus fait venir secrètement Sylla : ils n'employèrent tous les deux que des interprètes sûrs, et pour unique médiateur, Dabar, homme irréprochable, également au gré de l'un et de l'autre. Le roi prit sur-le-champ la parole :

CXVII. « Je n'aurais jamais imaginé que le plus puissant
« monarque de ces contrées dût voir dans un homme privé son
« bienfaiteur ; et certes, avant de te connaître, Sylla, j'avais
« été souvent celui des autres, soit à leur sollicitation, soit de
« mon propre mouvement : personne n'avait été le mien. Tu
« m'as ravi cet avantage : d'autres s'en affligeraient, et moi je
« m'en réjouis. Il m'est doux d'avoir eu besoin un moment de
« ton amitié, qui est pour mon cœur le plus précieux des biens ;
« et il ne tient qu'à toi de mettre la mienne à l'épreuve. Que
« désires-tu ? des armes, des soldats, de l'argent ? Demande-le,
« tout est à toi ; et ne pense pas néanmoins que je puisse jamais
« me croire quitte envers Sylla : les obligations par lesquelles
« tu as lié ma reconnaissance resteront toujours entières, et je
« ne veux que pressentir tes désirs pour les satisfaire à l'ins-
« tant ; car je pense qu'il est cent fois plus humiliant pour un
« roi d'être vaincu en générosité que de l'être par les armes.
« Pour ce qui regarde vos affaires publiques et la mission qui
« t'amène en ces lieux, voici ma réponse en peu de mots : Jamais
« je n'ai fait ni prétendu faire la guerre au peuple romain.
« Une armée est entrée sur mon territoire [1] ; j'ai pris les armes

[1] Bocchus parle ici du tiers de la Numidie que Jugurtha lui avait cédé, et dont il s'était assuré la possession les armes à la main. Lors des premières

« pour le défendre : je les dépose, puisque vous le voulez. Faites,
« comme vous l'entendrez, la guerre à Jugurtha : moi, je ne
« passerai point le fleuve Mulucha, qui a toujours servi de li-
« mite entre Micipsa et moi, et je ne souffrirai point que Jugur-
« tha le passe. Si vous me demandez quelque autre chose qui
« soit digne et de vous et de moi, Sylla n'essuiera point un
« refus de Bocchus. »

CXVIII. Sylla répondit en peu de mots et avec modestie sur ce qui lui était personnel ; il s'étendit beaucoup sur ce qui concernait la paix et les intérêts publics. Il déclara enfin au roi que, s'il se bornait seulement à ce qu'il promettait, le sénat et le peuple romain, après les grands succès de leurs armes, se croiraient dispensés de la reconnaissance ; qu'il fallait faire quelque chose qui parût plus utile pour eux que pour lui ; que rien ne lui était si facile, ayant Jugurtha en son pouvoir ; qu'en le livrant aux Romains, il leur rendrait un service important ; que tout aussitôt et sans peine il obtiendrait leur amitié, leur alliance, et la portion de la Numidie qu'il réclamait. Le roi se défend d'abord contre ces propositions : il allègue les liens du sang, le traité qui l'unissait à son gendre ; de plus, la crainte d'aliéner le cœur de ses sujets, qui, à la fois, aimaient Jugurtha et haïssaient les Romains. Enfin, lassé par les instances réitérées de Sylla, il cède, et promet de faire tout ce que désirera le questeur. Ils conviennent des mesures propres à persuader Jugurtha que l'on songeait à faire la paix avec lui ; car le Numide, fatigué de la guerre, ne souhaitait rien plus ardemment. Leurs mesures concertées, ils se séparent.

CXIX. Dès le lendemain, Bocchus mande auprès de lui Aspar, l'envoyé de Jugurtha. Il lui dit que Sylla lui avait fait savoir, par Dabar, que l'on pouvait terminer la guerre à des conditions raisonnables ; qu'en conséquence, il eût à s'informer des intentions de son maître. Aspar, plein de joie, se rend au camp de Jugurtha. Ayant reçu toutes ses instructions, il

négociations, le roi maure, expliquant les motifs qui l'avaient entraîné dans la guerre, dit : *Se non hostili animo, sed ob regnum tutandum, arma cepisse ; nam Numidiæ partem, unde vi Jugurtham expulerit, jure belli suam factam, eam vastari a Mario pati nequivisse.* (*Bell. Jug.*, c. CX.)

hâte sa marche, et après huit jours d'absence vient retrouver Bocchus. Il lui annonce que Jugurtha était disposé à faire ce qu'on exigerait, mais qu'il avait peu de confiance en Marius; que plus d'une fois il avait conclu avec les généraux romains des traités qui n'avaient point été ratifiés; que dans l'intérêt de tous deux, et pour s'assurer de la ratification, Bocchus devrait ménager une entrevue où ils se trouveraient tous, en apparence pour traiter de la paix, mais dans laquelle on lui livrerait Sylla; que, s'ils avaient en leur possession un homme de cette importance, le sénat et le peuple romain seraient contraints d'ordonner la conclusion du traité; que certainement ils ne voudraient pas laisser entre les mains de l'ennemi un patricien illustre à qui l'on n'aurait à reprocher aucune lâcheté, et qui ne serait dans les fers que pour avoir servi son pays.

CXX. A cette demande, Bocchus resta plongé dans une longue méditation; il finit par promettre. J'ignore si cette hésitation fut naturelle ou simulée, car les volontés des rois ne sont pas moins mobiles qu'elles sont absolues; souvent même elles se détruisent l'une l'autre. Depuis qu'il eut fixé le jour et le lieu de la conférence où l'on devait traiter de la paix, il fit venir tantôt Sylla, tantôt l'envoyé numide. Il leur faisait à tous deux le même accueil, les mêmes promesses; tous deux marquaient la même joie et la même confiance. La nuit qui précéda le jour de l'entrevue, Bocchus appelle auprès de lui ses amis; puis, passant brusquement à une autre idée, il les renvoie tous; et l'on prétend que, resté seul, il fut en proie aux plus cruelles perplexités, changeant à chaque instant de couleur, de visage, et tout le corps dans une agitation où se révélaient assez, sans qu'il s'expliquât, les combats violents qui se livraient au fond de son cœur. Enfin il se détermine à faire venir Sylla, et concerte avec lui le piége où devait tomber le Numide. Le moment de la conférence arrivé, lorsqu'on lui eut annoncé l'approche de Jugurtha, Bocchus, suivi de quelques amis et du questeur, va au-devant de ce prince comme pour lui faire honneur, et il se place sur une éminence d'où l'on pouvait être vu très-facilement par la troupe postée en embuscade. Jugurtha s'y rend également avec quelques amis, et sans armes, comme on en était convenu. A l'instant le signal se donne, la troupe s'élance, environne de toutes parts le roi numide; sa suite fut taillée en pièces : lui est remis enchaîné à Sylla, qui le conduit à Marius[1].

CXXI. Vers le même temps, nos généraux Quintus Cepio et Marcus Manlius furent complétement défaits par les Gaulois, ce qui avait répandu dans toute l'Italie un mouvement d'effroi universel; car alors, comme de nos jours, les Romains ont eu pour maxime que tout autre ennemi devait céder à leur valeur; qu'avec les Gaulois il s'agissait, non de la gloire, mais du salut de Rome. Quand on sut la guerre de Numidie terminée, et qu'on emmenait en Italie Jugurtha prisonnier, Marius fut nommé consul, quoique absent : on lui assigna la Gaule pour province, et aux calendes de janvier il triompha consul, ce qui etait une distinction inouïe. Depuis ce moment, l'État fonda sur lui son espoir et sa puissance.

Toute cette négociation est une peinture vive et fidèle de la mobilité et de la perfidie du caractère africain. On y voit Bocchus, pressé par deux intérêts contraires, changer à chaque instant d'idée et de résolution. Il est évident que le roi maure, en contribuant à anéantir la puissance de Jugurtha, devait craindre d'augmenter celle des Romains et de mettre en péril sa propre indépendance. D'un autre côté,

---

[1] Le nom de Jugurtha est tellement célèbre et se retrouve si souvent dans le cours de notre travail, que nous avons cru devoir exposer en peu de mots les différentes versions qu'on a données sur la fin de sa vie. Il est certain que, lors du triomphe de Marius, il fut traîné devant le char de son vainqueur (Orelli, *Inscr. select. ampl. collect.*, t. I, n° 543). Plutarque (*Marius*, 12) dit qu'après la cérémonie du triomphe, Jugurtha perdit l'esprit : il fut à l'instant saisi par les licteurs, qui déchirèrent sa robe et lui meurtrirent les oreilles pour s'emparer de ses anneaux; ils le jetèrent ensuite tout nu dans une fosse profonde, où il mourut de faim au bout de six jours. Eutrope (l. IV, c. 11) et quelques autres assurent que le prince numide fut étranglé en prison. Enfin on lit dans presque tous les vieux manuscrits de Salluste, et dans l'édition *princeps* imprimée à Venise en 1490, deux vers latins portant que Jugurtha a été précipité du haut de la roche Tarpéienne :

Si cupis ignotum Jugurthæ discere lethum,
Tarpeiæ rupis pulsus ad ima ruit.

battu deux fois par Marius, il devait redouter, s'il recommençait la guerre, que Jugurtha ne l'entraînât dans sa ruine. L'adroit Sylla lui offrait une paix sûre en apparence, un accroissement de puissance et de territoire. Les avantages étaient présents et certains ; les dangers, dans l'éloignement et dans l'incertitude de l'avenir. Ce motif, si puissant sur les esprits mobiles et indécis, détermina sans doute le roi maure à livrer Jugurtha. Lorsque nos généraux auront à traiter avec des chefs d'un caractère semblable, il ne leur sera sans doute pas inutile de relire ces dernières pages de l'histoire de la guerre de Jugurtha.

Résumé des principaux faits.

On a vu que, pour la conquête de cette portion de la Numidie que représente aujourd'hui la régence d'Alger, les Romains avaient plusieurs avantages qui nous manquent. La province d'Afrique, qui enveloppait du côté de l'ouest tout le royaume de Jugurtha, leur donnait moyen d'y entrer par les grandes vallées parallèles aux chaînes principales de l'Atlas, et de tourner les remparts de cette forteresse naturelle, que nous sommes obligés d'attaquer de front et d'escalader avec peine. Cette province, les villes et les ports nombreux qu'ils possédaient sur la côte depuis Tabarca jusqu'aux bouches du Mulucha, leur fournissaient des vivres et des munitions en abondance, des points d'opération avantageux, des quartiers d'hiver sûrs et commodes.

La Numidie, alors plus peuplée, plus fertile, plus agricole et plus commerçante que l'Algérie actuelle, offrait aux armées romaines des ressources en grains, en bétail, en combustible, en denrées de toute espèce, qui ne s'y trouvent plus maintenant en aussi grande abondance. On pouvait déployer de grandes forces, parce qu'on était sûr de pouvoir les nourrir. Les rivières étaient coupées par des ponts ; des barres n'obstruaient pas leurs embouchures. Les routes étaient nombreuses et praticables.

La république romaine, au milieu du septième siècle, était presque à l'apogée de sa puissance. Elle avait abattu Carthage, soumis l'Espagne, la Grèce et l'Asie ; elle ne voyait plus d'ennemis autour d'elle. Toute coalition entre les rois et les peuples indépendants était alors impossible. Elle pouvait employer contre le seul Jugurtha toutes les forces d'un empire six fois plus étendu que la France.

La vigueur, la valeur, la discipline, la perfection de l'armure des légions romaines sont déjà prouvées lorsqu'on les cite. L'univers leur envoyait pour auxiliaires l'élite de ses troupes en tout genre. Ils combattaient une seule arme avec les avantages de toutes les autres. Cependant la conquête de la Numidie sembla si difficile au sénat, Jugurtha lui apparut si redoutable, qu'outragé pendant six ans, il différa la guerre ; que, contraint de la déclarer, il en employa six autres à soumettre et à réduire ce prince et ce pays indomptables.

Les meilleures troupes, les plus habiles généraux de l'époque, la circonspection la plus attentive, les précautions les plus minutieuses, la prévoyance la plus éclairée, la hardiesse jointe à la prudence, l'audace unie à la ruse, le génie militaire aidé par une habile politique, par l'or et la séduction ; enfin, pour tout résumer en trois noms, Métellus, Marius et Sylla parurent à peine suffisants pour une si difficile entreprise.

Métellus remporte une victoire signalée sur le Muthul ; il s'empare de Thala, l'une des plus fortes places de l'intérieur du royaume. L'ennemi semble être aux abois. Jugurtha s'est retiré au fond de la Gétulie. L'habile général redouble en quelque sorte d'attention dans ses marches, de vigilance dans ses campements, de prévoyance dans ses plans, de circonspection dans l'attaque. Il étudie avec soin la configuration du sol, les vicissitudes de l'atmosphère, le caractère et les mœurs des habitants. Il marche pied à pied dans cette conquête, prend soin d'assurer sa retraite et ses approvisionnements, ne laisse de garnison que dans les places fortes, ne s'obstine à combattre ni la nature ni les éléments, et après avoir, pendant la campagne, exigé de ses soldats un grand déploiement de forces et d'activité, il fait succéder le repos aux fatigues; et chaque année, à la fin de l'automne, il ramène ses légions sur la côte, sous un climat plus doux, dans un pays plus fertile, et leur donne des quartiers d'hiver sûrs, commodes et abondants.

Dans la seconde campagne, qui se passe presque tout entière en surprises, en escarmouches, en embuscades, en petits combats partiels, où Jugurtha choisit toujours le lieu et l'instant favorables, on peut admirer à la fois la vigilance, la circonspection de Métellus, l'admirable discipline de son armée, et les ressources extraordinaires du génie de Jugurtha, sa profonde connaissance des qualités et des défauts de ses Numides, son habileté dans le choix des positions, la fécondité de ses ruses et de ses stratagèmes.

On remarquera enfin l'extrême ressemblance entre les mœurs, le caractère, la manière de combattre des Arabes et des Kabyles, et celle de ces Maures, de ces Numides qui rompaient les rangs des Romains en se dispersant eux-mêmes; qu'il était plus facile de vaincre que d'atteindre; qui, ne jugeant point la fuite une honte, dans tous les combats ne laissaient que peu de morts, presque point de prisonniers; qui épuisaient les forces de l'ennemi dans ces attaques infructueuses, et pouvaient compter leurs défaites comme autant de victoires.

Les marches de Métellus et de Marius dans l'intérieur de la Numidie, lorsqu'ils ont à franchir des déserts sans eau et sans vivres, offrent un modèle de prévoyance et un exemple à suivre, si l'on a les mêmes difficultés à combattre. Dans ce cas, les généraux romains avaient soin de se débarrasser de tous les bagages, si bien nommés, dans leur langage militaire, *impedimenta*. Ils habituaient le soldat à porter lui-même ses outils, ses vivres, sa boisson et ses armes. Ils supprimaient tous les transports à roues, et les remplaçaient par une grande quantité de bêtes de somme que le pays fournissait alors, et qu'il fournit encore abondamment. L'armée emmenait avec elle de nombreux troupeaux de bétail, qui étaient en quelque sorte des vivres ambulants. A chaque étape, la peau des animaux tués pour la nourriture du soldat était convertie en outres. Arrivés au fleuve qui formait la limite du désert, toutes ces outres étaient remplies d'eau ; on en chargeait les bêtes de somme et même les soldats. Grâce à ces précautions minutieuses, les Romains pouvaient traverser impunément des solitudes arides de quatre à cinq journées de marche, et s'emparer de villes importantes que ces défenses naturelles faisaient juger imprenables. C'est ainsi que Métellus et Marius se rendirent maîtres des places fortes de Thala et de Capsa.

Nous pouvons citer encore, comme un modèle de prudence et d'habileté, les dispositions prises par Marius pour n'être ni surpris ni entamé par les Maures et les Numides pendant la longue route qu'il fit, en partant des bords du Mulucha, pour gagner ses quartiers d'hiver dans la province d'Afrique. Bocchus et Jugurtha suivaient tous ses mouvements avec une infanterie nombreuse et soixante mille hommes de cavalerie. Ils épiaient sans cesse le moment où les difficultés de la route, où le désordre de la marche leur permettraient de l'attaquer avec avantage. Jamais la discipline de l'armée romaine, jamais la prévoyance, la vigilance et la circonspection du général, soit dans les marches, soit dans les campements, ne brillèrent d'un plus vif éclat. Dans tous les temps, dans tous les lieux, les mêmes nécessités exigent des précautions semblables. Marius, contre cette immense cavalerie de Maures et de Numides, fit les mêmes dispositions que Bonaparte contre les mameluks, dans sa marche à jamais célèbre d'Alexandrie au Caire. Tous deux faisaient éclairer soigneusement leur route; tous deux formèrent leur armée en bataillon carré. Marius met au centre l'infanterie pesamment armée; à la droite, à la gauche, la cavalerie, les frondeurs, les archers, et les cohortes légères à l'avant-garde; sur les derrières, les troupes les plus lestes, commandées par l'élite des tribuns. Lorsqu'on l'attaque, il fait face de tous côtés. Il n'a point de nouvelles dispositions à prendre; son ordre de marche devient son ordre de bataille. Dans les campements, même attention, même vigilance. Au moyen de cette tactique savante et de ces sages précautions, il traversa deux cents lieues de pays ennemi sans perte notable, et, quoique inférieur en nombre, remporta deux victoires signalées.

Enfin, dans la guerre de Numidie, la politique de Métellus, de Marius et de Sylla n'est pas moins digne d'attention et d'étude que leur génie militaire. Ils profitent avec art des dissensions intestines, s'appuient sur les restes du parti d'Hiempsal et d'Adherbal pour miner la puissance de Jugurtha. Connaissant le caractère mobile et inconstant de ces peuples, ils n'épargnent, pour les gagner, ni caresses, ni présents, ni séductions. Ils tournent sans rougir contre Jugurtha ses propres armes : l'argent, la corruption, même la perfidie. Bocchus, le beau-père et le plus puissant allié du prince numide, lui reste encore fidèle; l'adroit Sylla parvient à l'ébranler. Il effraye son indécision par la terreur des armes romaines; il flatte son ambition par l'appât de grandes récompenses et d'un accroissement de territoire; il le jette dans des perplexités continuelles; enfin il triomphe de ses irrésolutions : Jugurtha est livré captif, et la guerre est finie.

EXAMEN

DES

MOYENS EMPLOYÉS PAR LES ROMAINS

POUR

LA CONQUÊTE ET LA SOUMISSION DE LA NUMIDIE.

L'empire romain était à l'apogée de sa force et de sa puissance. Le génie et les victoires de César, la politique sage et l'administration vigilante d'Auguste avaient agrandi l'empire, étouffé les factions, introduit l'ordre et la discipline dans un vaste corps formé de tant d'éléments hétérogènes. Le droit de cité avait été étendu et multiplié ; le système d'aggrégation constamment suivi depuis le berceau de la république, le mode de colonisation, la forme de gouvernement établis dans les provinces conquises, portaient chaque jour d'heureux fruits. Enfin, pour nous borner à ce qui regarde l'Afrique septentrionale, chaque jour la langue et les mœurs romaines prenaient plus d'empire. Les colonies militaires, civiles ou commerçantes, placées au milieu des Numides, des Maures et des Gétules, avaient fait goûter à ces peuples les mœurs et la civilisation romaines, avaient déjà créé des intérêts de commerce et d'échange. Les rois alliés de la Numidie et de la Tingitane, mariés à des Romaines, élevés à la cour des empereurs, n'étaient déjà plus que de simples préfets, *reges inservientes*, obéissant aux moindres signes du prince. Enfin, la conquête était tellement consolidée, la fusion des peuples était si complète, qu'il suffisait d'une légion, avec le corps d'auxiliaires qui lui était attaché¹, pour maintenir l'ordre et la tranquillité dans toute la vaste contrée qui s'étend depuis le bord de l'Atlantique jusqu'à l'Égypte, et depuis la Méditerranée jusqu'aux dernières chaînes du grand Atlas.

Tibère régnait paisiblement depuis quatre années. Cet empereur, qui, sous Auguste, fut un capitaine vigilant et habile, et dont Tacite, peu louangeur de sa nature, vante la bonne administration, maintenait, dans tous les ressorts de l'empire romain, cette vigueur et cette harmonie qu'avait créés l'esprit ferme et organisateur d'Auguste. C'est à cette époque que commença en Afrique la guerre de Tacfarinas².

Ce chef de bande numide avait d'abord servi comme auxiliaire dans les armées romaines; il avait ensuite déserté. Il rassembla quelques troupes de brigands et de vagabonds, qu'il mena au pillage. Il parvint ensuite à les ranger sous les drapeaux par escadrons, par compagnies, à en former des soldats; enfin, de chef de bandits, il devint général des Musulans³. C'était un peuple puissant, errant dans le pays, encore dénué de villes, qui avoisine les déserts de l'Afrique⁴. Ces Musulans prirent les armes, et entraînèrent à la guerre la portion des Maures qui touche à leur pays; ceux-ci avaient pour chef Mazippa. Les deux généraux se partagent l'armée. Tacfarinas garde l'élite des soldats, tous ceux qui étaient armés à la romaine, et les retient dans le camp pour les former à la discipline et au commandement. Mazippa, avec les troupes légères, porte dans les environs le fer, la flamme et l'effroi. Déjà les Cinithiens, nation assez considérable, étaient venus grossir leurs forces, lorsque enfin Camille (Furius Camillus), proconsul d'Afrique, rassemble la

---

¹ Environ quinze à vingt mille hommes. Voy. le mémoire du colonel Carbuccia sur la subdivision de Bætna, Lambase, etc., inséré dans les *Mémoires des savants étrangers*, chap. I, *Vues générales*.
² Tacit., *Annales*, II, 52.
³ *Recherches*, p. 56, not. 3.
⁴ On verra plus tard que sous Valentinien II, vers la fin du quatrième siècle de l'ère chrétienne, plusieurs villes s'étaient élevées dans cette contrée, qui, du temps de Tibère, n'était habitée que par des tribus nomades.

légion et ce qu'il avait d'auxiliaires sous le drapeau, en forme un seul corps, et marche à l'ennemi. C'était une poignée d'hommes en comparaison de cette multitude de Maures et de Numides. Mais ce que Camille évitait par-dessus tout, c'était d'inspirer aux barbares une crainte qui leur eût fait éluder le combat : il fallait, pour les vaincre, leur donner l'espérance de la victoire. Camille place la légion au centre; les troupes légères et deux divisions de cavalerie forment les ailes [1]. Tacfarinas ne refusa point le combat, et les Numides furent battus. Ainsi, après un grand nombre d'années (envion quatre siècles), la gloire des armes rentra dans la maison de Camille. Car depuis le fameux dictateur qui avait reconquis Rome sur les Gaulois, et son fils, le génie du commandement avait passé à d'autres familles ; encore le Furius dont nous parlons ne passait-il point pour habile guerrier. Par là même Tibère l'exalta plus volontiers dans le sénat; on lui décerna les ornements du triomphe, honneur qui fut sans danger pour lui, par le peu d'éclat de sa vie.

On voit déjà que les Maures et les Numides du temps de Tibère ont la même manière de combattre que ces peuples à l'époque de la guerre de Jugurtha. Quant au théâtre des opérations de Camille, de Tacfarinas et de Mazippa, Tacite, par une sorte de négligence habituelle à tous les écrivains fameux de l'antiquité, ne l'a pas fixé avec précision. Les grands historiens, Tite-Live, Salluste, Tacite, bril-

---

[1] *Duæ alæ in cornibus.* L'aile se composait ordinairement de dix escadrons, *turmæ.* (Just. Lips., *Milit. rom.,* II, 7 ; Lebeau, *Mémoire sur la légion romaine,* dans les Mémoires de l'Académie des inscriptions, éd. in-12, t. XLVII, p. 419, et t. LVIII, p. 86.) Mais le nombre d'hommes qui composait l'escadron variait depuis trente jusqu'à cent. *Trecentis Siculis romani equites substituti... egregiam hanc alam evasisse ferunt.* Tit.-Liv., XXIX, 1. *Postquam equites Juliani* CD. *vim hostium sustinere non poterant, Cæsar alteram alam mittit.* (Bell. Afr., 78.) *Hannibal equites quingentos miserat; huic alæ occurrunt,* etc. (Tit.-Liv., XI, 29.) *Campanorum alam quingentos fere equites.* (Id., X, 29.) Julius Hyginus parle d'une aile de mille hommes, dont l'existence est encore attestée par une vieille inscription rapportée par Just. Lipse : PRÆF. AL. BRITANNICÆ. MILIAR. (*præfectus alæ Britannicæ milliariæ.*)

lant, chacun à leur manière, de tout l'éclat, de toutes les parures, de tous les agréments du style, s'adressent à l'imagination vive des hommes plutôt qu'à leur raison calme et réfléchie. Le style est pour eux l'homme tout entier; l'éloquence et la verve, non les moyens, mais le but. La recherche de l'élégance dans les narrations leur interdit souvent les noms propres, le calcul des distances et des points du compas; elle repousse les formes barbares, ou leur donne une forme latine. D'ailleurs (nous ne sommes pas tous propres à tout), ces grands historiens, poëtes et orateurs admirables, n'avaient point reçu de la nature ou ne voulaient pas acquérir l'exactitude scrupuleuse du topographe et de l'érudit.

On peut dire aussi que l'âge de la civilisation déterminait ces goûts et ces préférences. Sous plus d'un rapport, les sociétés grecque et romaine étaient encore dans l'adolescence. Animées des passions vives et fougueuses de la jeunesse, accessibles à toutes les illusions de cet âge, elles encourageaient de leur éclatante approbation les ouvrages où la forme et l'imagination prédominaient; elles ne montraient qu'un froid dédain, elles n'accordaient qu'une médiocre estime à des penseurs profonds, à des narrateurs exacts, tels que Polybe et Strabon.

La forme seule du style de l'encyclopédiste Pline, sa manière brillante et recherchée, que semblait devoir exclure la nature même de son sujet, est une preuve irréfragable de l'influence que le siècle a exercée sur l'écrivain.

On peut seulement assurer, d'après les noms de quelques peuplades mentionnées par Tacite, tels que les Musulans, les Maures leurs voisins et les Cinithiens, que la scène se passa entre le mont Aurès et la petite Syrte; car les Musulans sont placés par Ptolémée [1] sous le mont *Audus*, la

---

[1] Lib. IV, p. 110, éd. Bert., c. 3.

même que l'Aurès, au sud de Cirta et de la Numidie ; et les Cinithiens[1] près de la petite Syrte. Je reprends la narration de Tacite[2].

Tacfarinas, battu précédemment[3], comme je l'ai dit, par Camille, recommença cette année la guerre en Afrique. D'abord c'étaient de simples excursions, dont la promptitude assurait le succès. Bientôt il saccage les bourgades, se charge de proie et de butin ; enfin il assiége, près du fleuve Pagis[4], une cohorte romaine. Décrius commandait dans la forteresse, guerrier plein de bravoure et d'expérience, qui regardait ce siége comme un affront. Il exhorte sa troupe à présenter le combat en rase campagne, et la range en bataille devant le camp (?) Au premier choc, la cohorte plia. Décrius furieux se jette au milieu des traits et des fuyards ; il arrête les porte-enseignes : « Des soldats romains, leur dit-il, tourner le dos à des déserteurs et à des brigands indisciplinés ! » En même temps, criblé de coups, avec un œil crevé, il revient à l'ennemi, et continue de se battre jusqu'à ce que, abandonné des siens, il tombe mort sur le champ de bataille.

Lorsque Apronius apprit cet échec (c'était lui qui avait remplacé Camille), il fut bien moins alarmé des succès de l'ennemi que honteux de l'opprobre des siens. Il renouvelle un ancien acte de rigueur alors presque oublié : il fait décimer l'infâme

[1] Lib. IV, p. 110.
[2] *Annales*, III, 20.
[3] 773 de Rome (20 de J.-C.). *Priore æstate* ne saurait signifier ici *l'été précédent*, comme l'a traduit M. Burnouf ; car Tacite dit formellement que Tacfarinas fut battu en 770 par Camille, qu'il n'y eut point de guerre pendant les années 771 et 772, et que ce fut seulement en 773 qu'il recommença les hostilités contre Apronius, proconsul d'Afrique. *Æstas* a donc ici le sens de *tempus*.
[4] La mention de Thala, qui nous est mieux connue par le voyage de sir Grenville Temple, et dont nous avons fixé la situation, prouve du moins que cette fois le théâtre de la guerre était dans le royaume de Tunis. Mais le fleuve Pagis et le fort qui était sur ce fleuve sont encore inconnus. Peut-être est-ce le fleuve que Salluste[5], sans le nommer, place à cinquante milles de Thala, et qui, dans ce pays aride, dut déterminer l'emplacement d'une position militaire.

[5] *Bell. Jug.*, c. 77.

cohorte ; tous ceux sur qui tombe le sort expirent sous les verges. Cette sévérité fut si efficace, que cinq cents vétérans seulement défirent ces mêmes troupes de Tacfarinas devant la ville forte de Thala¹ qu'elles avaient assiégée. Cependant Tacfarinas, voyant ses Numides découragés et rebutés des siéges, disperse son armée par pelotons, fuyant toujours quand il était pressé, et revenant sans cesse harceler les derrières de l'armée romaine. Tant qu'il suivit ce plan, il se joua des Romains, qui se consumaient en de vaines poursuites. Mais lorsqu'il se fut approché des bords de la mer, l'embarras d'un gros butin l'assujettit à des campements fixes. Alors le jeune Apronius, détaché par son père avec de la cavalerie et des cohortes auxiliaires auxquelles on avait joint les légionnaires les plus agiles, remporta sur les Numides une victoire signalée, et les repoussa au fond de leurs déserts².

Cependant.... Tacfarinas, quoique souvent battu, avait toujours trouvé, dans l'intérieur de l'Afrique, des ressources pour se relever. Il en était venu à un tel excès d'insolence, qu'il osa député vers Tibère, et lui signifier qu'il eût à lui céder de bonne grâce un établissement pour lui et pour son armée, sans quoi il le désolerait par une guerre interminable. Jamais outrage, dit-on, ne fut plus sensible à ce prince. Il rougit, pour lui-même et pour le peuple romain, qu'un déserteur, qu'un brigand osât traiter sur le pied d'une puissance. Spartacus lui-même, vainqueur de tant d'armées consulaires, saccageant impunément l'Italie, n'avait pu obtenir de composition, quoique alors la république eût à soutenir deux guerres terribles contre Sertorius et contre Mithridate ; et maintenant le peuple romain, dans tout l'éclat de sa gloire, se dépouillerait de ses possessions pour acheter la paix du brigand Tacfarinas ! Tibère donna ordre à Blæsus d'offrir leur grâce à tous les rebelles qui mettraient bas les armes, et de s'emparer du chef à quelque prix que ce fût.

L'amnistie lui enleva un grand nombre de soldats, et à la tactique rusée du Numide on opposa un genre de guerre sem-

---

¹ La même que celle qui est décrite par Salluste, *Bell. Jug.*, c. LXXVII. Voyez ci-dessus, page 96.
² An de Rome 777, de Jésus-Christ 22 ; Tacit., *Annales*, III, 73, 74.

blable. Ses troupes, incapables de résister à l'armée romaine, mais excellentes pour des coups de main et des surprises [1], avaient été dispersées en plusieurs corps qui couraient par bandes détachées, attaquant tour à tour ou éludant les attaques, et dressant des embuscades. De même Blæsus forma trois colonnes, et les fit marcher dans trois directions différentes. D'un côté Scipion, un des lieutenants, défendait contre les pillards le territoire de Leptis, et leur coupait la retraite chez les Garamantes [2]; de

---

[1] Forcellini, dans son Lexicon, explique ainsi le verbe *furari* dans cette phrase de Tacite, et je me range à son avis. *Robore exercitus impar, furandi melior*, offre une opposition que ne rend pas le mot *piller*, employé par plusieurs traducteurs.

[2] La carte publiée en 1829 par M. le colonel Lapie place les *Garamantes* entre le 30° et le 31° degré de latitude; mais ce n'est même pas là l'extrême limite de cette grande nation nomade, qui s'étendait bien plus au nord. Quant à leur capitale et au siége de leur puissance, ils devaient être fort reculés dans l'intérieur de l'Afrique. Les armes romaines avaient à peine pénétré jusque-là. Pline dit, en parlant du triomphe de Cornélius Balbus Junior (V, 5): *Ipsum in triumpho, præter Gydamum et Garamam, omnium aliarum gentium urbiumque nomina ac simulacra duxisse*. Virgile représente ces peuples comme habitant les extrémités de la terre : *Super Garamantes et Indos proferet imperium* (Æneid., VI, 795); *Extremi Garamantes* (Ecl. VIII, 44). Le pays des Garamantes, dit Strabon (l. XVII, p. 74), s'étend au-dessus et au midi de la Gétulie, parallèlement à cette contrée. Nous trouvons un précieux renseignement dans un passage où Pomponius Méla énumère, en procédant du nord au midi, les peuples qui habitent l'intérieur de l'Afrique (l. I, c. IV): *Super ea quæ Libyco mari abluuntur, Libægyptii sunt et Leucoæthiopes, et natio frequens multiplexque Gætuli. Deinde, late vacat regio perpetuo tractu inhabitabilis. Cum primum ab oriente Garamantas, post Augilas et Troglodytas et ultimos ad occasum Atlantas audimus.* Nous avons des preuves que la Gétulie s'avançait assez avant dans le nord et l'est de la province de Constantine. De là pour arriver chez les Garamantes, il faut, d'après le passage que je viens de citer, franchir du nord au sud toute la largeur du grand désert, et tourner ensuite la limite méridionale de ces solitudes immenses jusqu'à leur extrémité orientale. C'est là que commence la contrée des Garamantes. On voit déjà que l'interprétation proposée par d'Anville, du passage de Ptolémée où les bornes de ce pays sont fixées, mérite une entière confiance. Ptolémée (IV, 6) dit que les Garamantes s'étendent depuis les sources du Bagradas jusqu'au lac Nubes. Il est évident qu'il n'a pu vouloir désigner ici le Majerdah, qui se jette dans la Méditerranée près de Tunis. Le nom de Bagrada s'applique à une autre rivière de Méjerdah, nommée aussi Oued-el-Mazzeran, dont la source se trouve sous le tropique du Cancer. Elle se dessèche pendant l'été, et la caravane de Tripoli, qui va tous les ans au pays des nègres, marche sept journées dans le lit de cette rivière. Le lac Nubes est au sud-est de ce lieu par le 15° de latitude nord, et l'ancienne capitale des Garamantes, nommée aujourd'hui Gherma, est, par 25° de latitude, sur la rivière Quaham, appelée Cinyphus par Ptolémée. (D'Anville, *Géographie ancienne*, t. III, p. 74.)

l'autre, le fils de Blæsus protégeait les districts dépendant de Cirta. Le général était au milieu avec un corps d'élite. Il avait disposé dans toutes les positions avantageuses des postes fortifiés qui tenaient l'ennemi en échec, et le resserraient de si près, qu'au moindre mouvement il trouvait toujours quelque détachement de Romains en face, sur ses flancs, souvent même sur ses derrières. Par ce moyen, on lui tua ou prit beaucoup de monde. Alors Blæsus partage de nouveau ses trois corps en plusieurs bandes; il met à leur tête des centurions d'une valeur éprouvée; et, la campagne finie, au lieu de retirer ses troupes suivant la coutume, et de les mettre en quartier d'hiver dans notre ancienne province, il les tint, pour ainsi dire, aux portes de l'ennemi, dans des forts qu'il fit construire; et avec des détachements de troupes lestes, qui connaissaient parfaitement le désert, il chassa Tacfarinas de retraite en retraite[1]. Ce ne fut qu'après avoir fait prisonnier le frère de ce chef qu'il revint sur ses pas, trop tôt encore pour le bien de la province, où il laissa le germe d'une nouvelle guerre. Mais Tibère, la regardant comme terminée, accorda à Blæsus l'honneur d'être proclamé *imperator* par les légions; titre que les soldats, au milieu des transports et des acclamations de la victoire, donnaient ancienne-

---

[1] Cette phrase, *per expeditos et solitudinum gnaros Tacfarinatem mutantem mapalia proturbat*, a éveillé mes doutes. Ernesti l'explique ainsi : *Mutantem mapalia, i. e., castra quæ mapalia pro tentoriis habebant*. Add., IV, 25, *positis mapalibus consedisse*. Le commentaire implique la synonymie de *mapalia* et de *tentoria*. Mais Forcellini (v. *Mapalia*) et les nombreux passages qu'il cite prouvent le contraire. Il y avait entre le *mapale* des Numides et le *tentorium* la même différence qui existe à présent entre le *douar* des Arabes et le *daskrah* des Kabyles. Le premier est un camp mobile, formé de tentes en feutre; le second est un village fixe, formé de huttes construites en bois et en pisé. On voit plus tard (*Annales*, IV, 25) que les Numides fixés près d'Auzéa, *positis mapalibus consulisse fixos loco*, avaient pris position, et construit des cabanes pour s'abriter. Tacfarinas battu, poursuivi l'épée dans les reins par la cavalerie légère, avait-il le temps de bâtir des *mapalia*? Je pense que *mutantem mapalia* signifie ici mot à mot *fuyant de daskrah en daskrah*, villages berbères qui étaient parsemés dans le désert, et où il se procurait des vivres. *Mutare* avec l'accusatif a ce sens. Mutare urbem, lares, terras, *passare en altera città, casa, paesi*, dit Forcellini. J'ai insisté sur cette explication, parce que la grande autorité d'Ernesti avait induit jusqu'ici tous les commentateurs et les traducteurs de Tacite, à entendre *mutantem mapalia* dans le sens de *changer de camp*, et à considérer les *mapales* comme des tentes mobiles. Voy. Pellissier, *Mœurs des Arabes et des Kabyles*, manuscrit, p. 49.

ment aux généraux qui avaient bien mérité de la patrie : plusieurs s'en trouvaient revêtus à la fois, et ce titre n'emportait aucune prééminence. Auguste l'avait accordé à quelques-uns ; Blæsus le reçut alors, et fut le dernier.

L'année 777 délivra enfin le peuple romain de cette longue guerre contre le Numide Tacfarinas. « Jusqu'alors, dit Tacite[1], tous nos généraux, contents de mériter les honneurs du triomphe, cessaient de combattre après les avoir obtenus. Déjà s'élevaient dans Rome trois statues couronnées de lauriers, et Tacfarinas mettait toujours l'Afrique au pillage. Il s'était fortifié du secours des Maures, qui, voyant leur roi Ptolémée, fils de Juba, jeune prince faible et insouciant, livrer le pouvoir à ses affranchis, avaient pris les armes plutôt que d'obéir à des esclaves. Receleur de son butin et son associé pour le pillage, le roi des Garamantes, sans marcher toutefois avec une armée, s'était contenté d'envoyer des troupes légères, dont la renommée grossissait le nombre en proportion de l'éloignement. D'ailleurs tous les indigents, tous les séditieux de la province couraient en foule se joindre à Tacfarinas, d'autant plus que Tibère, après l'expédition de Blæsus, comme s'il n'y avait plus d'ennemis en Afrique, en avait rappelé la neuvième légion, et le proconsul de cette année, Publius Dolabella, n'avait point osé la retenir, redoutant la sévérité du prince plus que les hasards de la guerre.

Cependant Tacfarinas ayant semé le bruit que l'empire romain, déjà entamé par d'autres nations, retirait peu à peu ses troupes de l'Afrique, que leurs faibles restes succomberaient au premier choc sous l'effort et l'union de tous les indigènes qui préféraient la liberté à l'esclavage, augmente ses forces, vient camper devant Thubuscus, et investit cette place. Dolabella rassemble aussitôt ce qu'il a sous la main de soldats. Au premier bruit de sa marche, les Numides se dispersent. La seule terreur du nom romain, l'impossibilité de soutenir le choc d'une infanterie régulière leur fait lever le siége. Dolabella fortifie les postes avantageux, et fait trancher la tête à quelques chefs musulans

[1] *Annales*, IV, 23.

qui préparaient une défection ; et comme l'expérience de plusieurs campagnes avait appris qu'un seul corps d'armée trop pesant échouait contre des ennemis vagabonds, sitôt qu'il a reçu les auxiliaires de Ptolémée, il forme quatre divisions, qu'il donne à des lieutenants et à des tribuns. Les plus braves des Maures conduisaient les troupes légères ; lui seul dirigeait tous les mouvements.

Peu de temps après, on lui donne avis que les Numides s'étaient réunis près d'Auzéa, fort à demi ruiné, jadis brûlé par eux-mêmes. Il apprend qu'ils y avaient dressé leurs huttes [1], se fiant sur la bonté de cette position, qu'enfermaient de tous côtés de vastes forêts. Sur-le-champ, avec son infanterie légère et sa cavalerie, il fait une marche forcée ; tous ignorent où il les mène. Au point du jour, les Romains avec des cris terribles, au son des trompettes, l'infanterie serrée, les escadrons déployés, tout disposé pour le combat, fondent sur les barbares à moitié endormis, dont les chevaux étaient attachés ou erraient dans les pâturages ; ils n'avaient aucune connaissance de ce qui se passait, point d'armes, point d'ordre, point de plan : ils se laissèrent chasser, enlever, égorger comme des troupeaux. Le soldat romain, irrité par le souvenir de ses fatigues, jouissant enfin d'une bataille désirée si longtemps et si longtemps éludée, s'enivrait de vengeance, se baignait dans le sang. On fit dire dans les rangs de s'attacher à Tacfarinas, qu'après tant de combats ils devaient connaître tous ; que la mort seule du chef serait la fin de la guerre. Mais lui, voyant ses gardes dispersés, son fils prisonnier, les Romains perçant de toutes parts, se jette au milieu des traits, et, vendant chèrement sa vie, se dérobe par la mort à la captivité. Avec lui finit la guerre.

Le général demanda les ornements du triomphe, et ne les obtint pas. Tibère en lui refusant voulut plaire à Séjan ; il eût craint de ternir les lauriers de Blæsus, oncle de son favori. Mais Blæsus n'en fut pas plus illustre, et la gloire de Dolabella s'accrut de l'honneur qui lui était refusé. Avec une armée plus faible, il avait fait des prisonniers de marque, tué le chef des ennemis, et

---

[1] Positis mapalibus consedisse. Tacit., *Annales*, IV, 25.

terminé la guerre. Il revint, suivi d'une députation des Garamantes, spectacle rarement vu dans Rome. Effrayée de la chute de Tacfarinas, ayant même la conscience de sa complicité, cette nation avait envoyé ces ambassadeurs pour faire réparation au peuple romain. On récompensa les services de Ptolémée dans cette guerre, en renouvelant un antique usage. Un sénateur fut député pour lui offrir les distinctions que décernait jadis le sénat de la république, le sceptre d'ivoire, la toge brodée, avec le titre de roi, d'ami et d'allié.

EXPÉDITION DE THÉODOSE

CONTRE FIRMUS [1].

Nubel, petit roi très-puissant parmi les Maures, laissa, en mourant, des enfants légitimes, et d'autres nés de ses concubines [2]. L'un d'eux, nommé Zamma, qu'affectionnait le comte Romanus, fut assassiné clandestinement par son frère Firmus. Ce meurtre excita des troubles et des guerres. Le comte, tout entier à son désir de venger la mort de Zamma, eut recours aux moyens les plus terribles pour faire périr le meurtrier. A en croire des bruits fréquemment répétés, on travaillait sans relâche dans le palais pour faire recevoir et écouter favorablement par l'empereur ce que les relations de Romanus contenaient à la charge du prince coupable. D'un autre côté, tous les mémoires que Firmus faisait présenter pour sa défense par ses amis étaient soigneusement écartés. Remigius, qui était alors maître des offices [3], ami et allié de Romanus, assurait qu'au milieu des occupations sérieuses de Valentinien il fallait attendre un moment opportun pour l'entretenir de pareils objets, qui n'étaient au fond que des bagatelles insignifiantes. Le Maure, qui s'aperçut qu'on ne tenait cette conduite que pour étouffer sa défense, craignant le dernier des malheurs, qu'en écartant ses allégations on le condamnât au supplice et on le fît mourir d'une mort infamante comme un sujet dangereux, se révolta

---

[1] Ammien Marcellin, XXIX, ch. v.
[2] Sept fils : Firmus, Zamma, Gildon, Mascizel, Dius, Salmicès, Mazuca, et une fille nommée Cyria.
[3] Cette dignité correspondait à peu près aux fonctions actuelles de ministre des affaires étrangères, de l'intérieur et de la maison du roi, réunies dans une seule main. Voy. l'*Index aulicus, civilis et militaris*, t. III, p. 462, éd. Wagner; Lipsiæ, 1808.

contre l'empereur, et s'adjoignit les brigands et les hérétiques ¹, auxquels il promit le pillage de la province.

[Il trouva les esprits disposés à la révolte; les concussions du comte soulevaient tout le pays; un grand nombre de soldats romains, et même des cohortes entières, vinrent se ranger sous les drapeaux du rebelle. Suivi d'un grand corps de troupes, il entra dans Césarée, capitale de la province; il la saccagea et la réduisit en cendres. Fier de ce succès, il prit le titre de roi, et ce fut un tribun romain qui lui posa son collier sur la tête, pour lui tenir lieu de diadème ². Les donatistes furent les plus ardents à se déclarer en sa faveur: comme ils étaient divisés en deux sectes, l'une s'appuya de ses armes pour écraser l'autre. Un de leurs évêques lui livra la ville de Rucate ³, où il ne maltraita que les catholiques.

Valentinien, qui était encore à Trèves, mais qui bientôt après se transporta à Milan, crut qu'il devait opposer à ce rebelle entreprenant et hardi un général aussi prudent que brave et intrépide. Il donna à Théodose quelques-unes des troupes de la Gaule; mais pour ne pas trop dégarnir cette province, où l'on craignait toujours les incursions des Allemands, il tira des cohortes de la Pannonie et de la Mésie supérieure.]

Pour empêcher donc que cet implacable ennemi n'accrût ses forces, et pour détruire sa puissance encore mal affermie, on envoya contre lui Théodose, maître de la cavalerie, qui l'emportait sur tous les généraux ses contemporains. Il ressemblait beaucoup aux anciens généraux Corbulon et Lusius, dont le premier sous le règne de Néron, et le second sous l'empire de Trajan, s'illustrèrent par d'éclatants faits d'armes.

¹ Ammien termine ainsi sa phrase: *et s'adjoignit les brigands et les hérétiques, auxquels il promit le pillage de la province.* Pour plus de clarté, nous ajoutons à ce renseignement écourté le passage suivant, renfermé entre crochets, que nous empruntons dans l'*Histoire du Bas-Empire* par Lebeau, t. III, p. 466, 467.

² Les donatistes dissidents portaient le nom de royalistes. Ils embrassèrent le parti de Firmus, d'où ils reçurent le nom de firmianiens, comme l'atteste saint Augustin, ep. 87, t. II, p. 213, *de Rogatensibus non dixerim, qui vos Firmianos appellare dicuntur.* (*Note de Saint-Martin.*)

³ Cette ville, nommée aussi *Rusicade*, était dans la Numidie ou Mauritanie Césarienne. Elle était sur le bord de la mer. (*Note du même.*) Ajoutons que c'est celle dont Philippeville occupe l'emplacement.

Théodose partit donc d'Arles sous d'heureux auspices, passa la mer avec sa flotte, et, devançant la nouvelle de son départ, arriva sur les côtes de la Mauritanie Sitifensienne, appelée par les habitants Igilgitane[1]. Dans ce lieu, le hasard lui fit rencontrer Romanus, auquel il parla avec douceur; et, après avoir légèrement censuré sa conduite, qu'il craignait de trouver trop coupable, il l'envoya inspecter les postes et les forts établis sur les frontières. Dès que Romanus fut parti pour la Mauritanie Césarienne, Théodose ordonna à Gildon, frère de Firmus, et à Maxime, d'arrêter Vincentius, qui, en qualité de lieutenant de Romanus, avait participé à ses vols et à ses crimes.

Aussitôt que les troupes, dont une grosse mer avait retardé l'arrivée, eurent rejoint Théodose, celui-ci se rendit en diligence à Sitifis (Sétif), et ordonna aux protecteurs[2] d'observer Romanus et ses domestiques[3]. Dans cette ville, l'esprit de Théodose fut agité par de grandes inquiétudes. Il cherchait à résoudre ce problème difficile, par quel art et par quel moyen il pourrait conduire, à travers un pays brûlé par des chaleurs excessives, des soldats habitués au climat humide et froid de la Gaule et de la Pannonie; comment il pourrait saisir un ennemi exercé à voltiger sans cesse, accoutumé à une guerre d'escarmouches et de surprises, et qui était plus redoutable dans la fuite que dans les combats de pied ferme.

Firmus, instruit d'abord par un bruit léger, que confirmèrent ensuite des avis plus sûrs, et effrayé par l'arrivée de ce général renommé, avoua ses torts, et demanda, par des lettres et par des députés, le pardon de ce qu'il avait fait. Ses députés assurèrent que c'était malgré lui qu'il s'était porté à une action qu'il savait être criminelle; mais que l'injustice poussée à l'excès l'y avait entraîné, et qu'il s'offrait d'en donner la preuve. Après la lecture de ses lettres, Théodose ayant promis la paix

---

[1] D'Igilgilis, aujourd'hui Djigelli, alors son meilleur port.

[2] Les protecteurs étaient les gardes du corps de l'empereur; ils étaient tous de famille noble, et avaient le rang de tribuns. Voy. l'*Index aulicus*, t. III, p. 470.

[3] Je ne sais s'il faut entendre par ce mot la maison de Romanus, ou les membres du corps des *domestici* qui assistaient les gouverneurs de province dans leurs diverses fonctions civiles et militaires.

à Firmus sitôt qu'il aurait livré des otages, se rendit à Panchariana, qu'il avait choisie pour le lieu de la réunion et de la revue générale des légions de l'Afrique. Ses discours, empreints à la fois de prudence et de confiance dans l'avenir, relevèrent le courage de ses soldats. Il revint ensuite à Sitifis, où il leva des corps de troupes indigènes ; et, jugeant tout retard nuisible à ses succès, il se hâta de commencer la guerre. Ce qui, outre beaucoup d'autres belles actions, avait extrêmement augmenté l'affection qu'on lui portait, c'est qu'il avait défendu aux habitants des provinces de fournir des vivres à son armée, disant, avec une noble confiance, que les moissons et les amas de blé des ennemis étaient des greniers préparés d'avance à la valeur de ses soldats. De pareilles dispositions furent accueillies avec joie par les propriétaires. Cependant Théodose se porte sur Tubusuptus, ville contiguë au mont de Fer. Il renvoie une seconde députation de Firmus, parce qu'elle n'avait pas amené les otages, comme on en était convenu. Ayant pris dans cette ville, avec un soin minutieux, toutes les informations que les circonstances et le temps lui permettaient de recueillir, il marche à grandes journées contre les Tyndensiens et les Massissensiens, peuples armés à la légère, que commandaient Dius et Mascisel, frères de Firmus. Lorsqu'il fut en présence de ces ennemis aux membres agiles [1], après qu'on eut lancé de part et d'autre un grand nombre de traits, le combat s'engagea et devint très-acharné. On entendait, au milieu des gémissements des mourants et des blessés, les hurlements lugubres des barbares que l'on avait pris et taillés en pièces. Le ravage et l'incendie des campagnes suivirent de près le gain de la bataille. On remarqua surtout parmi tous ces dégâts l'entière destruction du *fundus Petrensis*, superbe villa que Salmacès, le frère de Firmus, avait bâtie somptueusement, à l'instar d'une ville [2].

Théodose, encouragé par ce succès, s'empara avec une étonnante rapidité de la ville de Lamfocta [3], située au milieu des

---

[1] Hostes membris omnibus celeres.

[2] In modum urbis extruxit. — Le *fundus Petrensis* doit être cherché aux environs de Bordj-Ticla ou de Tubusuptus.

[3] Lamfoctense, oppidum inter gentes positum antedictas. Ces mots prouvent que Lamfocta devait être située à peu de distance du *fundus Petrensis*. La

nations dont j'ai parlé plus haut. Il y fit réunir d'abondantes provisions de vivres, afin d'avoir des magasins à sa portée, dans le cas où, en s'avançant dans l'intérieur du pays, il le trouverait dépourvu de subsistances. Mascisel, pendant ces opérations, avait réparé ses forces; et, à la tête d'auxiliaires qu'il avait tirés des nations voisines, il livra une nouvelle bataille aux Romains. Mais une grande partie de ses troupes fut mise en fuite ou taillée en pièces, et il n'échappa lui-même à la mort que par la vitesse de son cheval. Abattu par le mauvais succès de ces deux combats, et en proie aux plus vives inquiétudes, Firmus envoya, comme dernière ressource, des évêques chrétiens [1] demander la paix, et livrer au vainqueur des otages. Accueillis avec bonté, ils promirent d'expédier des vivres pour l'armée, et s'en retournèrent avec une réponse favorable. S'étant fait précéder par de riches présents, le prince maure, un peu rassuré, vint trouver le général romain; cependant il montait un cheval agile, et capable au besoin de le tirer du péril. Lorsqu'il fut arrivé, frappé de l'éclat des enseignes et de l'air martial et sévère de Théodose, il sauta à bas de son cheval, se courba presque jusqu'à terre, déplora en fondant en larmes sa coupable témérité, et demanda la paix et l'oubli de ses fautes. L'intérêt de l'État engagea Théodose à embrasser le rebelle, qui alors, plein d'espérance, fournit les vivres nécessaires à la subsistance des troupes. Il s'en retourna, après avoir laissé quelques-uns de ses parents pour otage, jusqu'à ce qu'il eût rendu, comme il s'y était engagé, les prisonniers qu'il avait faits dans les commencements de sa révolte. Deux jours après, il remit sans hésiter, comme on l'avait exigé, la ville d'Icosium, dont j'ai fait plus haut connaître les fondateurs [2], les enseignes militai-

---

Notice de l'Afrique cite au nombre des évêques de la Mauritanie Sitifensienne un Vendemius Lamphactensis.

[1] C'était probablement, selon Lebeau, des évêques donatistes.

[2] Le livre d'Ammien dans lequel cet historien parlait de la fondation d'Icosium, est aujourd'hui perdu. Solin attribue la fondation de cette ville à vingt compagnons d'Hercule qui le quittèrent au moment de son passage en Afrique. (Solin. *Polyhist.*, c. XXV, in fine.) L'ancien Icosium est aujourd'hui Alger. Cette synonymie n'est définitivement établie d'une manière certaine que depuis peu de temps. Une inscription trouvée en place par M. Berbrugger, dans une maison d'Alger, et dans laquelle on lit ces mots : ORDO ICOSIT [*annu-*

res, la couronne sacerdotale [1], enfin tout ce qu'il avait enlevé.

Théodose, après de longues marches, arrive à Tipasa [2]. Là, les députés des Mazices qui s'étaient alliés avec Firmus étant venus demander la paix en suppliants, il leur répondit, avec une dignité fière, qu'il marcherait bientôt contre eux pour punir leur rébellion, et les renvoya ainsi tout effrayés du danger qui les menaçait. Il se rendit ensuite à Césarée, ville autrefois opulente et célèbre, dont j'ai fait connaître exactement l'origine dans la description de l'Afrique [3]. Le déplorable état de cette ville, qu'il trouva presque consumée par des incendies étendus sur un vaste espace, et dont les pierres étaient hideusement blanchies par le feu, l'engagea à y laisser quelque temps la première et la seconde légion, pour en déblayer les ruines, et la mettre à l'abri de nouvelles surprises de la part des barbares. Le bruit de ses succès s'étant répandu et pleinement confirmé, les gouverneurs des provinces et le tribun Vincentius [4], enfin remis de leurs frayeurs, abandonnèrent les retraites où ils s'étaient réfugiés, et vinrent au plus vite se rendre auprès de Théodose. Il leur donna audience et les accueillit gracieusement. Tandis qu'il était encore à Césarée, des amis sûrs lui découvrirent que Firmus, sous les dehors d'un suppliant et d'un allié, cachait le dessein de tomber comme un ouragan imprévu sur notre armée, qui ne s'attendait à aucun acte d'hostilité. Alors il

---

rum], prouve indubitablement, ce qu'on n'avait pu que soupçonner jusqu'alors, que la ville d'Alger actuelle est bâtie sur l'emplacement de l'ancien Icosium.

[1] *Coronam sacerdotalem.* Les évêques d'Afrique portaient alors, selon le témoignage de Tertullien (*De Idol. et de Spect.*, c. XXIII) une couronne d'or sur la tête, *coronæ aureæ sacerdotum provincialium*.

[2] La suite du récit prouve que Tipasa était à l'est de Césarée; et l'*Itinéraire* d'Antonin place *Tipasa colonia* entre cette ville et Icosium. Nous adoptons par conséquent l'opinion de Shaw, qui place Tipasa à treize milles au sud-est de Cherchell, dans un lieu où il a trouvé des ruines considérables, et que les habitants du pays appelaient indifféremment Tefessard ou Bled el Madoune. Shaw, *Observations géographiques*, t. I, p. 56, traduction française.

[3] Cette description se trouvait aussi dans les livres d'Ammien que nous avons perdus. Césarée (Julia Cæsarea, qui avait donné son nom à la Mauritanie Césarienne) est aujourd'hui Cherchell, ainsi que le prouvent deux inscriptions trouvées sur place par l'architecte M. Ravoisié, et qui paraîtront incessamment, avec les travaux de la commission scientifique de l'Algérie.

[4] Il ne faut pas confondre ce personnage avec le Vincentius lieutenant du comte Romanus, qui a paru plus haut.

retourne sur ses pas et se porte à Sugabar, municipe adossé aux pentes du mont Transcellensis [1]. Il y surprit des cavaliers de la quatrième cohorte des archers, qui étaient passés dans le parti du rebelle ; et, pour leur faire croire qu'il se contenterait d'un léger châtiment, il les fit tous descendre aux derniers grades de la milice. Il leur avait ordonné, ainsi qu'à une partie des fantassins nommés Constantiens, de se rendre à Tigavia [2] avec les tribuns, dont l'un avait mis son collier en guise de diadème sur la tête de Firmus.

Gildon et Maxime revinrent alors, amenant chargés de fers Bellenès, l'un des princes des Mazices, et Féricius, préfet de cette nation [3] : l'un et l'autre avaient favorisé le parti du rebelle.

Ayant réuni tous ces coupables, afin de rendre le spectacle de la punition plus terrible, et de n'être pas obligé d'y revenir à plusieurs fois, Théodose ordonna le soir même, à des officiers et à des soldats de confiance, de se saisir pendant la nuit de tous ces traîtres, de les conduire, enchaînés, dans une plaine hors de la ville, et de faire ensuite assembler autour d'eux toute l'armée [4]. L'ordre fut exécuté. Théodose sortit de sa tente au point du jour, se rendit dans ce lieu ; et, trouvant ces criminels environnés de ses troupes : « Fidèles camarades, leur dit-il, que pensez-vous qu'on doive faire de ces scélérats et de ces traîtres ? » Tous s'écrièrent qu'ils méritaient la mort. Alors le

---

[1] Succabar est donnée par Pline (lib. V, c. 11) comme une ville de la Mauritanie qui portait le nom de *Colonia Augusta*. On peut aussi conclure de la suite du récit d'Ammien, que cette position n'était pas éloignée de Tigavia. On pourrait donc regarder comme synonymes le Sugabar d'Ammien, le Sugabar de Pline, et le Sufasar des itinéraires ; celui-ci est mentionné entre Tigavia castra et Melliana (Milianah) au sud-ouest, et Rusucurra (Dellys) au nord-est. Si le colonel Lapie a exactement placé cette ville dans sa carte des anciens itinéraires, elle correspond assez bien à la position actuelle de Blidah. Alors le mont Transcellensis serait la partie de la chaîne de l'Atlas qui s'étend entre Blidah et Médéah.

[2] Cette ville devait se trouver au sud de Milianah, dans l'agalik des Zougzoug, à quelque distance à l'est de l'oued Rouina (carte de 1843).

[3] Les princes étaient des optimates, ou de petits rois. Quant aux préfets, c'étaient des chefs ou des scheiks, établis par les Romains pour commander aux nations barbares qui vivaient paisiblement sur les frontières de la province romaine.

[4] Lacune dans le texte d'Ammien, remplie par Lebeau.

général abandonna aux soldats les Constantiens pour les faire mourir sous les verges, suivant l'ancien usage. Il fit couper la main aux officiers des archers, et trancher la tête aux simples cavaliers. Il suivit, dans cette circonstance, l'exemple de Curion, ce général sévère, qui, par un semblable supplice, abattit la fierté des Dardaniens, dont la rage renaissait comme l'hydre de Lerne. Mais les envieux, qui exaltaient cette action de l'ancien général, blâmaient la conduite de Théodose, comme trop dure et trop cruelle : ils disaient que les Dardaniens étaient des ennemis implacables qui avaient justement subi ce châtiment; mais que des vexillaires des vétérans romains, pour une première faute, ne devaient pas être traités aussi sévèrement [1]. Nous ferons observer à ces censeurs, quoiqu'ils ne l'ignorent peut-être pas, que cette cohorte mérita un tel châtiment et pour sa conduite et pour son pernicieux exemple. Théodose infligea aussi la mort à Bellenès et à Féricius, qui avaient été amenés par Gildon, et à Curandius, tribun des archers, qui n'avait jamais voulu ni en venir aux mains avec l'ennemi, ni même encourager ses soldats à combattre. Théodose, en se conduisant ainsi, se rappelait cette maxime de Cicéron, qu'une rigueur salutaire est préférable à une vaine apparence de clémence [2].

Théodose part de Tigavia, et emporte avec le bélier un château, nommé Gallonate [3], entouré de fortes murailles, et qui offrait aux Maures une retraite assurée. Il en fit raser les remparts, et passer tous les habitants au fil de l'épée. Arrivé ensuite à la forteresse de Tingita, il traversa le mont Ancorarius et tomba sur les Mazices rassemblés, qui d'abord répondirent à l'attaque des archers romains par une grêle de traits; mais lorsque le combat fut engagé de part et d'autre, cette nation,

---

[1] Frontin (*Stratagem.*, IV, 1, in fine) raconte autrement cette histoire. On voit qu'Ammien et lui ont puisé à des sources différentes.

[2] *Voy.* Cicer. ad Brut., *Epist.* 2.

[3] Le fort de Gallonate devait être, d'après le texte d'Ammien, entre Tigava Castra et le Castellum Tingitanum. Celui-ci était placé sur la pente nord du mons Ancorarius, qui est aujourd'hui le Djebel-Ouansèris. Dans la carte publiée en 1843 par le Dépôt de la guerre, le Castellum-Tingitanum devait être placé sur le premier degré de longitude ouest, par 35° 50' de latitude, et baigné par les eaux de l'Oued-Argen.

bien que belliqueuse et endurcie aux dangers, ne put soutenir le choc de nos bataillons bien armés et bien commandés : après des pertes diverses et multipliées, elle prit honteusement la fuite. Les fuyards furent taillés en pièces, excepté ceux qui, ayant eu l'occasion de s'échapper, obtinrent le pardon qu'ils demandaient en suppliants, et que la circonstance exigeait qu'on leur accordât. Suggen, chef des Mazices [1]..... Théodose, qui pénétrait plus dans l'intérieur de l'Afrique, envoya le successeur de Romanus dans la Mauritanie Sitifensienne pour mettre la province à couvert ; et, encouragé par les succès qu'il avait obtenus, il marcha lui-même contre les Musônes, qui, persuadés qu'on ne leur pardonnerait pas les massacres et les ravages qu'ils avaient commis dans la province romaine, s'étaient joints à Firmus, dans l'espoir de le voir bientôt parvenir à de plus hautes destinées.

Lorsqu'il se fut avancé à quelque distance du municipe d'Adda [2], il apprit que des peuples nombreux, différents de mœurs et de langages, s'étaient ligués contre lui, et se préparaient avec une égale ardeur à lui faire une guerre terrible. Ils y étaient excités par les pressantes exhortations et les promesses magnifiques de Cyria, sœur de Firmus, qui, joignant à d'immenses richesses toute l'obstination d'une femme, employa les plus grands efforts pour aider aux succès de son frère. Théodose craignit donc qu'en s'engageant dans un combat trop inégal il ne perdît sa petite armée ; car il n'avait que trois mille cinq cents soldats à opposer à une multitude immense. Partagé entre la honte de céder et le désir de combattre, il se porta d'a-

---

[1] Une lacune de quatre lignes, dans le texte d'Ammien, nous empêche de connaître le sort de ce personnage.

[2] Les manuscrits de la Bibliothèque nationale que M. Guérard a eu la bonté de collationner pour moi, donnent *Udiense* et *Uodiense castellum*. Les Musones, dont parle ici Ammien, me semblent être le même peuple que les Musulans, placés par Tacite (*Annales*, IV, 25) aux environs d'Auzia. L'Addense municipium d'Ammien, serait, dans cette hypothèse, la même position que l'Auzia de Tacite. C'était, dit cet auteur, une forteresse entourée de tous côtés par de vastes forêts ; une excellente position que Tacfarinas avait occupée : « Fisus « loco, quia vastis circum saltibus claudebatur. » Or Shaw nous dit (t. I, p. 104, traduction française) : « Tacite nous a laissé une description très-« exacte de cette ville ; car Auzia est bâtie sur un morceau de terre uni, en-« vironné de rochers et de forêts. »

bord un peu en arrière; mais la foule des ennemis qui le pressait le contraignit à la retraite. Encouragés par ce mouvement, les barbares poursuivent les Romains avec opiniâtreté. Alors, la nécessité le forçant de combattre, Théodose se dévouait à la mort avec toute son armée, lorsqu'une terreur panique arrêta tout à coup ses ennemis. Ils avaient découvert de loin les enseignes des Mazices, précédées par quelques déserteurs romains; et s'imaginant que c'étaient de forts détachements d'ennemis qui venaient fondre sur eux, ils prirent la fuite, et laissèrent libres les passages dont ils s'étaient emparés. Théodose, continuant tranquillement sa retraite, atteignit un château nommé Mazucana[1]. Après y avoir fait brûler quelques déserteurs et couper les mains à quelques autres, comme il l'avait fait aux archers, il rentra dans Tipasa au mois de février. Il y séjourna longtemps, épiant, à l'exemple de l'ancien Fabius, le moment favorable de triompher, plutôt par la ruse et par la prudence que par des combats périlleux, d'un ennemi opiniâtre et habile à lancer les traits. Il envoya de toutes parts des hommes adroits et intelligents, qui par argent, par menaces, par l'espoir du pardon, vinrent à bout de gagner les nations voisines, telles que les Baouares, les Cantauriens, les Avastomates, les Casaves et les Davares[2].

---

[1] La villa Mazucana, dont le nom ressemble à celui des Mazices, peuples de cette contrée, est à chercher entre Hamza et Tefessad. Mazuca était, comme nous le verrons plus bas, un des frères de Firmus. Il est probable que le *fundus Mazucanus* était une propriété de ce Mazuca.

[2] Ces tribus doivent être placées entre Tipasa et Auzia, probablement dans les chaînes du Jibel Zickar (Voyez sur cette chaîne de montagnes et celle de Ouannaséris ou Vaneschérich, *Edrisi*, p. 208, éd. Hartman) et du petit Atlas, au sud d'Alger.

Les Baiuræ sont indiqués par Pline (V, 2) et Ptolémée (IV, 2) sous le nom de Banuri, Βανίουραι, comme peuple gétule; mais leur vrai nom et leur position sont fixés par une inscription très-curieuse trouvée à Auzia par Shaw, qui nous a fourni ainsi la véritable orthographe des noms d'Auzia et de Ruscunia, nommée à tort *Rustonium* sur la belle carte d'Alger. L'inscription est faite en l'honneur de Q. Gargilius, préfet et tribun, commandant deux cohortes et un escadron de vexillaires maures campés dans le territoire d'Auzia[*]. Gargilius était, de plus, décurion des deux colonies d'Auzia et de

[*] « Q. Gargilio Q. F. Martiali præf. cohortis *Britannicæ*, tribuno cohortis Mau-
« ritaniæ Cæsariensis... Præfecto cohortis Singularium et Vexillariorum equitum
« Maurorum in territorio Auziensi prætendentiam, decurioni duarum coloniarum
« Auziensis et Ruscuniensis, et patrono provinciæ, ob insignem in cives amorem et

Cependant les négociations secrètes de Théodose, et les défiances qu'inspirait à Firmus l'infidélité naturelle de ses alliés,

Ruscunia. C'est en reconnaissance de son amour insigne envers ses concitoyens, de son affection singulière pour sa patrie; c'est parce qu'on doit à son courage et à sa vigilance la prise et la destruction du rebelle Faraxen et de sa bande, que, lorsqu'il a succombé, attiré dans une embuscade par les Baouares, *insidiis Bauvarum decepto*, le sénat de la colonie d'Auzia lui a fait élever ce monument aux frais du trésor public. Cette inscription peut être fixée à l'époque de l'un des successeurs des Antonins; mais la mort de ce Q. Gargilius n'est certainement pas arrivée, comme on pourrait le croire, dans la guerre qu'Antonin le Pieux (*Voy.* J. Capitolin, *Vie d'Antonin le Pieux*, et Casaub., not. *Histor. Aug.*, t. I, p. 258) soutint contre les Maures, qu'il força à la soumission, et dont il transporta une partie au delà de l'Atlas. Capitolin et Pausanias (*Arcadica*, p. 273, lin. 19, éd. Sylb. 1593, in-fol.) nous ont transmis le récit succinct de ce fait d'armes.

« singularem erga patriam adfectionem, et quod ejus virtute ac vigilantia Faraxen
« rebellis cum satellitibus suis fuerit captus et interfectus, ordo coloniae Auziensis,
« insidiis Baouarum decepto, pecunia publica fecit, decreto decurionum, VIII ka-
« lendas februarias, provinciae CCXXI. » Orelli, *Inscript. latin selectae*, t. I, p. 144, n. 829. La *Notice de l'empire d'Occident*, p. 163, parle du commandant du pays frontière d'Auzia (*praepositus limitis Auziensis*), et figure ce fort en hexagone. En tout, huit préposés étaient soumis au duc et gouverneur de la Mauritanie Césarienne : « Praepositi L. Vidensis, L. Columnatensis, L. Inferioris, L. Fortensis, L. Mu-
« ticitani, L. Audiensis, L. Caput Cellensis, L. Augustensis. »
Le sigle par lequel se termine l'inscription désigne une ère de province : « Vix alias
« occurrentem, » dit Orelli; mais il se trompe en la citant comme unique, car elle est reproduite dans une autre inscription d'Auzia donnée par Shaw (p. 103, édit. citée): AVZIO de Genio..... Extricatus.... Kal.. Januare... PROV. CLXXXV. Une autre ère de province ou de ville se trouve sur une inscription de Cita (*Mus. Veronens.* Maffei, p. 462, n. 3.) *Coloniae Cilitanae*, curante M. COELIO AN. CV. Une ère de Carthage, celle de sa restauration, qui datait du jour où elle fut délivrée des Vandales par Bélisaire, est inscrite sur un marbre envoyé de Bone en 1833. Il est déposé au cabinet des médailles de la Bibliothèque nationale. Aprilia vécut soixante-treize ans, (mourut) *recessit in pace ann. Kartaginis XXIV*. Des années de cette ère se trouvent aussi sur des médailles de Justinien et de Justin (Kart. III, frontispice de Corippus, éd. Mazzuchelli), décrites par le baron Marchand.
PR. CCXXI est une ère de province; mais M. Orelli a oublié qu'Auzia était dans la Mauritanie Césarienne, à quinze lieues d'Alger; que cette province fut réduite par Auguste en province romaine en 731 V. C., 33 ans avant l'ère chrétienne (Vid. Dion., XLIX, XLIII). M. Orelli cite donc à tort Hirtius (*Bell. Afr.* in fine, lege cap. 97) et la réduction de la Numidie en province par J. César, qui ne regarde en rien Auzia, ville de la Mauritanie Césarienne, possédée alors par Bocchus, allié et ami du dictateur. Si donc l'ère provinciale partit de cette première réduction, c'est 33 ans et non 46 ans avant J.-C. qui est le point de départ : alors la date de l'inscription de Gargilius est 188 de l'ère vulgaire; celle d'Extricatus, PROV. CLXXXIV, arrive à 152 de J.-C.
L'an CV de la colonie Sitifensienne reste inconnu. Nous avons cherché en vain l'époque de la fondation de cette colonie; une légère probabilité indique les règnes d'Auguste ou de Claude.
Nous avons cru devoir rechercher ces différentes ères de provinces et de villes en Afrique; car elles fournissent des dates précises à des inscriptions où manquent les consulats et les années impériales; elles circonscrivent la limite des faits qu'on doit puiser dans l'histoire pour les expliquer; enfin elles peuvent être fort utiles pour les recherches sur la paléographie et la transformation de certains noms propres, et des noms de charges, de dignités municipales ou administratives.

lui causaient de mortelles inquiétudes. Aussitôt qu'il apprit que le général romain approchait, il se crut trahi par les siens ; et, pour éviter sa perte imminente, quoiqu'il se fût bien fortifié, il abandonna les troupes nombreuses qu'il avait levées à grands frais ; il profita des ténèbres de la nuit pour s'évader de son camp et aller s'enfoncer dans les monts Caprariens, que leur éloignement et leurs rochers escarpés rendaient inaccessibles. Alarmée de cette fuite clandestine et abandonnée par son chef, cette multitude barbare se débanda, se dispersa, et fournit aux Romains l'occasion de s'emparer de son camp. Ceux-ci le pillèrent. Tous ceux qui osèrent résister furent ou mis à mort ou faits prisonniers. Théodose ayant ravagé la plus grande partie du pays, et reçu à composition les peuplades qui se trouvaient sur son passage, donna à chacune de ces tribus des préfets d'une fidélité éprouvée. Le rebelle, étonné de cette confiance de Théodose à le poursuivre, et ne pouvant attendre son salut que de la célérité de sa marche, quoiqu'il n'eût gardé avec lui que quelques esclaves, voulant néanmoins n'être arrêté par aucun obstacle, abandonna tous les objets précieux qu'il avait emportés avec lui. Sa femme, épuisée par des fatigues et des inquiétudes continuelles, mourut dans cette fuite précipitée au milieu de ces solitudes inaccessibles. Théodose ne fit grâce à aucun de ceux qui tombèrent entre ses mains. Bientôt, ayant fait rafraîchir ses soldats, auxquels il distribua de l'argent et des vivres, il défit dans un léger combat les Caprariens et les Abenniens leurs voisins, et marcha vers le municipe [1]. Il y apprit, par des avis sûrs, que les ennemis occupaient déjà de hautes collines environnées de tous côtés de précipices, et impraticables à tous autres qu'aux indigènes, qui avaient une connaissance exacte des lieux. Il revint donc sur ses pas, et l'ennemi profita de ce court délai pour augmenter ses forces du puissant secours des Éthiopiens qui étaient dans le voisinage [2]. Lorsque toutes leurs forces furent réunies, sans se ménager, et avec des

---

[1] Le nom manque dans Ammien.
[2] *Æthiopum juxta agentium.* Ce passage curieux prouve que Théodose avait pénétré jusqu'à la dernière chaîne de l'Atlas qui confine au Sahara, et que des peuplades nègres puissantes étaient alors établies au nord de cette chaîne.

cris menaçants, ils s'élancèrent au combat. Leur figure affreuse et leur innombrable multitude jetèrent d'abord l'épouvante dans le cœur des Romains, qui prirent la fuite. Théodose les rallia, les rassura, et parvint à opérer sa retraite. Bientôt, ayant relevé leur courage et s'étant abondamment pourvu de vivres, il se reporta en avant, et affronta de nouveau ces barbares. Ses soldats marchaient les rangs serrés, agitant leurs boucliers avec un geste terrible. Néanmoins, quoiqu'il vît ses cohortes furieuses, frappant leurs boucliers sur leurs genoux, menacer ces noirs Éthiopiens qui, du choc de leurs armes, faisaient jaillir un bruit affreux et, pour ainsi dire, implacable, le sage et prudent Théodose n'osant, avec une armée si faible, risquer une bataille contre un ennemi tellement supérieur en nombre, forme ses soldats en bataillon carré ; il se porte rapidement sur une ville nommée Conté (*civitas Contensis* [1]), où Firmus avait renfermé ses prisonniers, les croyant en sûreté dans une place que son éloignement et sa situation sur une hauteur mettaient hors d'insulte. Il reprit tous les captifs romains, et, selon sa coutume, il sévit contre les traîtres et les satellites de Firmus.

Tandis que la protection d'une grande divinité favorisait ainsi Théodose, un espion fidèle lui rapporta que Firmus s'était réfugié chez la nation des Isafliens. Théodose entre aussitôt sur le territoire de ce peuple, et demande qu'on lui livre Firmus, son frère Mazuca, et leurs autres parents. N'ayant pu les obtenir, il déclare la guerre à cette nation [2]. Il y eut une ba-

[1] Les Capraniens, ainsi que nous venons de le voir, sont désignés par Ammien comme une peuplade voisine des Abanniens. Or les Abennæ, suivant Julius Honorius, auteur d'une cosmographie mentionnée par Cassiodore (*De divin. litt.*, c. XXV), sont désignés comme voisins des Quinquégentiens, que le panégyrique de Maximin place en Mauritanie au milieu des monts abruptes de l'Atlas et des Mazices, renommés par leurs races de chevaux (Némésien, *Cynég.*, v, 259, 260), des Baouares et des Massyliens. Les Massyles sont placés dans Pline (V, 4) entre les Musulans ou Musones, les Ethini et les Mussini. L'emplacement des Mazices et des Baouares étant connu, fixe celui des Abennes : celui de la *civitas Contensis* est bien incertain. On peut néanmoins lui assigner sa place dans cette contrée entre le grand et le petit Atlas.

[2] Ammien Marcellin est le seul auteur ancien qui parle des Isaflenses. C'est peut-être leur nom, un peu altéré, qu'il faut reconnaître dans celui de la tribu des Inshlowa, qui, selon Shaw, habitent au-dessus des plaines fertiles de Castoula, à l'ouest du Jurjura.

taille sanglante. Théodose, se voyant environné de toutes parts, rangea son armée en cercle. Les barbares se battirent avec un acharnement extraordinaire. Mais bientôt le poids des cohortes romaines pressant les lignes amincies des Isafliens, les força de plier; il en tomba un grand nombre. Firmus lui-même, après des efforts inouïs, ne pouvant trouver la mort que cherchait son désespoir, s'enfuit et fut sauvé par la vitesse de son cheval, accoutumé à courir au milieu des rochers et des précipices. Mazuca, son frère, fut mortellement blessé et fait prisonnier. On se disposait à l'envoyer à Césarée, où il avait empreint les terribles marques de sa cruauté; mais il s'arracha la vie en déchirant de ses propres mains les bords de sa blessure. Néanmoins on détacha sa tête de son corps pour la porter dans cette ville : elle y fut reçue avec cette joie cruelle que produit la vengeance.

L'illustre général, après avoir triomphé de l'obstination des Isafliens, leur imposa les châtiments que réclamait la justice. Un riche décurion nommé Evasius, ainsi que son fils Florus et quelques autres, notoirement convaincus d'avoir favorisé le rebelle par de secrets avis, furent brûlés vifs.

De là Théodose s'avança, avec une hardiesse étonnante, dans une contrée nommée la Jubalène. C'était la patrie de Nubel, père de Firmus. Mais il fut arrêté dans sa marche par la hauteur des montagnes, par les défilés tortueux qui en sont les seuls passages. Et quoiqu'il se fût ouvert un chemin en tombant sur les ennemis, dont il fit un grand carnage, il se défia pourtant de ces cimes élevées si propres à cacher des embuscades, et revint sans aucune perte à la forteresse d'Audia. Là il reçut la soumission de la vaillante nation des Jésaliens [1], qui s'engagea volontairement à lui fournir des auxiliaires et des vivres.

Au milieu de la joie que causait à ce grand général cette suite d'actions glorieuses, il n'oubliait pas que tous ses efforts devaient tendre à s'emparer du perturbateur de la paix. Dans

[1] Il serait possible, dit Saint-Martin, que la Jubalène dût son nom à sa disposition physique, ou à sa situation au milieu des montagnes. *Djébal* en arabe, et *Gabal* en hébreu, signifient montagne. Les *Jesalenses* sont peut-être les Ouled-Eisa, vers le T'tteri-Dosh. (Shaw, t. I, p. 99.) La Jubalène serait alors le Djebel-Amm.er, dernière chaîne qui sépare l'Algérie du désert.

cette vue, il s'arrêta longtemps près de la forteresse appelée Medianum[1], espérant qu'à force d'adresse et de persévérance, il pourrait engager les barbares à lui livrer Firmus. Tandis que ce plan occupait profondément ses pensées et ses méditations, il apprit que ce prince était retourné chez les Isafliens. Alors, sans différer, il le poursuit comme auparavant, faisant faire à ses troupes des marches forcées. Le roi Igmazen, distingué dans ces contrées par sa puissance et ses richesses, vint au-devant de lui avec confiance, et lui dit : « Qui es-tu, et que viens-tu faire ici ? » Théodose, exprimant une détermination arrêtée et lui lançant un regard terrible : « Je suis comte, dit-il, général de Valentinien maître de toute la terre. Il m'envoie pour détruire un brigand, fléau de ces contrées. Si tu ne le remets entre mes mains sans différer, tu périras, toi et ta nation ; tel est l'arrêt qu'a prononcé l'empereur invincible. » Un discours si menaçant irrita le barbare Igmazen ; il ne répondit que par de violentes injures, et se retira bouillant de colère.

Le lendemain, dès que le jour parut, les deux armées s'avancèrent, de l'air le plus menaçant, pour en venir aux mains. Le front des barbares était composé d'environ vingt mille hommes. Ils avaient caché derrière cette ligne plusieurs corps de réserve qui devaient peu à peu s'étendre pendant le combat, et, sans être aperçus, envelopper les Romains. Un grand nombre de Jésaliens, qui nous avaient promis, comme je l'ai dit, des vivres et des auxiliaires, s'étaient joints à Igmazen. Les Romains, quoique en très-petit nombre, mais forts de leur courage et animés par le souvenir de leurs victoires précédentes, serrent leurs bataillons, et, se couvrant de leurs boucliers réunis en forme de tortue, soutinrent sans s'ébranler l'attaque des ennemis. Le combat se prolongea depuis le lever du soleil jusque vers la fin du jour. Un peu avant le crépuscule, Firmus parut, monté sur un cheval de grande taille, couvert d'un manteau de pourpre qu'il déployait avec orgueil. Il criait et répétait sans cesse aux Romains que le moment était opportun ;

---

[1] Cette position est tout à fait inconnue.

que s'ils voulaient s'affranchir des combats perpétuels auxquels ils étaient exposés, ils n'avaient qu'à lui livrer Théodose, ce tyran inhumain, cet inventeur de supplices barbares. Ces paroles inattendues excitèrent l'indignation et redoublèrent le courage de la plupart des soldats; d'autres s'y laissèrent séduire, et abandonnèrent le combat. Lors donc que la nuit fut venue et que l'obscurité couvrit les deux armées, Théodose retourna à la forteresse d'Audia. Il y passa ses troupes en revue, et infligea divers châtiments à ceux de ses soldats que la crainte ou les promesses de Firmus avaient détournés du combat : aux uns il fit couper la main droite; les autres furent brûlés vifs. Alors, redoublant de vigilance pour éviter les surprises, il repoussa quelques barbares qui, profitant d'une nuit obscure, étaient venus attaquer son camp, et fit prisonniers ceux qui s'avançaient avec plus de témérité. Il marcha ensuite en diligence vers les Jésaliens qui l'avaient trahi; et ayant pris, pour pénétrer dans leur pays, des routes détournées par lesquelles on ne l'attendait pas, il y porta le fer et le feu, et le réduisit à la dernière misère. De là, par les villes de la Mauritanie Césarienne, il retourna à Sitifis, où il fit mourir dans les tortures et brûler après leur mort Castor et Martinien, complices des rapines et des forfaits de Romanus.

L'année suivante, il recommença la guerre contre les Isafliens. Dans le premier combat, un grand nombre de ces barbares ayant été tués ou dispersés, le roi Igmazen, qui jusque-là avait toujours été vainqueur, fut effrayé de ce brusque changement de fortune; et voyant que s'il s'obstinait à la guerre, l'interruption du commerce le priverait lui et ses sujets des choses les plus nécessaires à la vie, il prit le parti de se dérober seul et aussi secrètement que possible de l'armée. Il alla trouver Théodose, et le supplia de lui envoyer, pour s'aboucher avec lui, Masilla, le chef des Mazices[1]. Ce fut par l'entremise de ce Masilla, avec lequel il eut de secrets entretiens, qu'Igmazen fit savoir à Théodose, dont il avait reconnu l'inébranlable persévérance, qu'il désirait la paix; mais que pour lui fournir les

---

[1] Ce chef servait comme auxiliaire dans l'armée romaine.

moyens d'y arriver il fallait que Théodose attaquât sans relâche les Isafliens, augmentât leur terreur par de fréquents combats ; car, s'ils étaient généralement disposés en faveur de Firmus, ils étaient aussi fatigués de leurs nombreuses défaites. Théodose suivit ce conseil. Il épuisa les Isafliens par tant de combats et de ravages, qu'ils se dispersèrent comme des troupeaux dans leurs montagnes, et que Firmus, forcé de quitter les retraites inabordables où il s'était caché si longtemps, allait s'échapper secrètement, lorsqu'il fut arrêté et mis sous bonne garde par ordre d'Igmazen. Instruit de la secrète intelligence établie entre Igmazen et Masilla, voyant que, dans l'extrémité où il était réduit, il ne lui restait plus qu'une ressource, il résolut de dompter par une mort volontaire cet ignoble désir de la vie. S'étant donc à dessein gorgé de vin et de nourriture, dans une nuit silencieuse, pendant que ses gardes étaient ensevelis dans un profond sommeil, éveillé lui-même par la crainte des maux qui le menaçaient, il se glisse hors de sa chambre à pas silencieux, s'éloigne en rampant sur les pieds et sur les mains ; et le hasard lui ayant fait trouver une corde propre à terminer sa vie, il l'attacha à un clou fixé à la muraille ; il passa son cou dans le nœud coulant, et se donna ainsi une mort prompte et assez douce.

Igmazen fut affligé de se voir enlever le mérite de conduire vivant le rebelle au camp des Romains. Néanmoins, après avoir obtenu un sauf-conduit par l'entremise de Masilla, il chargea le corps de Firmus sur un chameau ; et lorsqu'il approcha du camp de Théodose, qui s'était transporté au *Rusibicarense castellum*[1], il transporta le cadavre sur une bête de somme et le présenta au général, qui le reçut avec joie. Il convoqua à l'instant les soldats et le peuple, leur demanda s'ils reconnaissaient les traits de Firmus. Tous répondirent sans hésiter que c'était bien lui. Théodose s'arrêta quelque temps encore dans cette contrée, et se rendit ensuite comme en triomphe à Sitifis, au milieu des louanges et des acclamations de toute la province, dont il était le libérateur.

[1] Rusibicari était une ville maritime de la Mauritanie Césarienne, à 61 milles à l'est d'Icosium (Alger).

HISTOIRE
DE LA
GUERRE DES VANDALES,
PAR PROCOPE.

LIVRE I.

III. Les Vandales, qui habitaient sur les bords du Palus-Méotide, étant pressés par la famine, se réfugièrent chez les Germains, que maintenant on appelle Francs, et firent alliance avec les Alains, qui sont de race gothique. Ils vinrent depuis, sous la conduite de Godigisèle, s'établir en Espagne, qui, à partir de l'océan [Atlantique], est la première contrée soumise aux Romains. Honorius consentit à leur établissement dans cette province, sous la condition qu'ils n'y feraient ni dégâts ni ravages, et que la possession de trente ans ne les rendrait pas propriétaires par prescription des terrains concédés.

Tel était l'état des affaires dans l'Occident, lorsque Honorius mourut de maladie. Constance, mari de Placidie, qui était sœur d'Arcadius et d'Honorius, avait été associé à l'empire; mais comme il était mort même avant Honorius, il en avait joui si peu de temps, qu'il n'avait eu aucun moyen de s'y faire remarquer. Son fils Valentinien, élevé à la cour de Théodose, venait à peine de quitter le sein de sa nourrice, lorsqu'à Rome les soldats de la garde impériale élurent pour empereur l'un de leurs camarades nommé Jean, homme d'un caractère doux et d'une prudence remarquable, jointe à un grand courage. Bien qu'il eût usurpé l'empire, il se conduisit néanmoins avec une grande modération durant les cinq années qu'il le posséda. Jamais il ne prêta l'oreille aux discours des délateurs, et ne priva injustement aucun citoyen ni de la vie ni de la fortune.

Les guerres qu'il soutint contre l'empire de Byzance ne lui permirent d'exécuter aucune opération importante contre les barbares. Théodose, fils d'Arcadius, leva une armée contre l'empereur Jean; il en donna le commandement à Aspar et à Ardaburius, fils d'Aspar : ceux-ci le vainquirent, le dépouillèrent de la souveraine puissance, et la rendirent au jeune Valentinien. Ce dernier, maître de la personne de l'usurpateur, lui fit couper une main, l'exposa, monté sur un âne, dans le cirque d'Aquilée; et, après l'avoir livré de cette manière aux outrages des histrions et de la populace, il lui fit ôter la vie.

C'est ainsi que Valentinien parvint à l'empire d'Occident. Ce jeune prince fut élevé par sa mère Placidie dans une extrême mollesse, ce qui corrompit tellement son naturel, que, dès les premières années de sa jeunesse, il fit paraître de pernicieuses inclinations. Il faisait sa société familière des alchimistes et des astrologues, et se livrait éperdument à sa passion pour les femmes d'autrui, quoiqu'il en eût une d'une beauté très-remarquable. Cette vie oisive et dissolue fut cause qu'il ne reprit aucune des provinces que l'empire avait perdues; qu'il perdit au contraire l'Afrique, et même la vie; et que sa femme et ses filles tombèrent entre les mains des ennemis. Voici comment s'opéra la séparation de l'Afrique :

Il y avait alors, parmi les Romains, deux fameux capitaines, Aétius et Boniface, qui ne le cédaient à aucun de leurs contemporains en valeur et en talents militaires. Ils suivaient en politique des règles différentes; mais ils avaient tant d'élévation d'esprit et tant de rares qualités, qu'on peut dire qu'ils étaient véritablement les deux plus grands hommes de l'empire, et que toutes les vertus romaines étaient renfermées dans leurs personnes. Lorsque Placidie donna à Boniface le gouvernement de l'Afrique tout entière, Aétius en fut blessé; toutefois il dissimula avec soin sa jalousie, car leur haine mutuelle n'avait point encore éclaté, et chacun la cachait avec soin sous les dehors d'une bienveillance apparente. Lorsque Boniface fut parti pour son gouvernement, Aétius l'accusa devant Placidie de vouloir se rendre maître de l'Afrique; il ajouta que, pour l'en convaincre, il suffisait de le rappeler, et qu'il n'obéirait pas. Cette princesse goûta cet avis, et se résolut de le suivre. Mais Aétius avait déjà écrit secrètement à Boniface, pour le prévenir que l'impératrice lui tendait un piége pour le perdre; qu'elle avait résolu sa mort : il en aurait bientôt lui-même une preuve palpable dans l'ordre qu'il allait recevoir, et qui lui intimerait sa révocation sans en indiquer les motifs. Boniface ne négligea pas cet avis, mais il le cacha soigneusement aux envoyés de l'empereur, et refusa de déférer aux ordres de ce prince et de sa mère. D'après cette conduite, Placidie, pleinement persuadée de l'affection d'Aétius pour le service de son fils, délibéra sur le parti qu'il y avait à prendre contre Boniface.

Ce dernier, se voyant hors d'état de résister à la puissance d'un empereur, et ne trouvant pour lui aucune sûreté à retourner à Rome, rechercha de tout son pouvoir l'alliance des Vandales, qui, comme je l'ai dit, s'étaient établis dans la partie de l'Espagne voisine de l'Afrique. Godigicle était mort; il avait laissé héritiers de ses États ses deux fils : Gontharic, qui était légitime, et Genséric, né d'une concubine. Le premier était encore enfant et d'un caractère faible et indolent; l'autre était très-habile à la guerre, et doué d'une infatigable activité. Boniface envoya donc quelques-uns de ses amis vers les deux princes, et conclut avec eux un traité dont les conditions portaient qu'ils partageraient l'Afrique en trois portions; que chacun gouvernerait séparément la sienne; mais qu'en cas de guerre, ils se réuniraient pour repousser l'agresseur, quel qu'il fût. Par suite de ce traité, les Vandales passèrent le détroit de Cadix et entrèrent en Afrique; les Visigoths, quelque temps après, s'établirent en Espagne.

Cependant, à Rome, les amis intimes de Boniface, qui connaissaient son caractère et pouvaient juger ses actions, regardaient comme improbables tous les bruits répandus sur sa défection, et ne pouvaient se persuader qu'il eût réellement conspiré contre l'État. Quelques-uns d'entre eux, par ordre de Placidie, allèrent le trouver à Carthage, où ils prirent connaissance des lettres d'Aétius; et, instruits par là de toute l'intrigue, ils s'empressèrent de revenir à Rome, et de la dévoiler à l'impératrice. Cette princesse en fut stupéfaite; mais comme les affaires de l'empire étaient dans un état peu prospère, et qu'Aétius était tout-puissant, elle ne chercha point à se venger de la perfidie de son funeste conseiller ; elle ne lui en fit pas même un reproche. Elle se contenta de faire connaître les machinations d'Aétius aux amis de Boniface ; elle les conjura, en leur donnant sa parole royale pour garantie de la sûreté du comte, de l'engager fortement à retourner à Rome, et de faire auprès de lui les plus vives instances pour qu'il n'abandonnât pas aux barbares les possessions de l'empire. Boniface, instruit par eux du changement de sentiments de Placidie, se repentit du traité qu'il avait conclu avec les Vandales, et employa tous les moyens, prières et promesses, pour les décider à quitter l'Afrique. Mais ils rejetèrent cette proposition, empreinte, disaient-ils, d'un mépris outrageant. Boniface fut contraint d'en venir aux mains avec eux, fut vaincu en bataille rangée, et obligé de se retirer à Hippône[1], ville forte de Numidie, située sur le bord de la mer, que ces barbares assiégèrent, sous la conduite de Genséric. Gontharis était déjà mort. Quelques-uns accusent son frère de l'avoir fait périr ; mais les Vandales ont une opinion différente. Ils disent que Gontharis, fait prisonnier en Espagne dans une bataille contre les Germains, fut mis en croix par eux ; et que Genséric régnait seul sur les Vandales lorsqu'il les conduisit en Afrique. Voilà ce que j'ai appris des Vandales eux-mêmes. Après avoir perdu beaucoup de temps devant Hippône, sans pouvoir ni l'emporter d'assaut ni la forcer à capituler, la famine les obligea de lever le siége. Quelque temps après, Boniface ayant reçu de Constantinople et de Rome un renfort considérable conduit par Aspar, maître de l'infanterie, leur présenta de nouveau la bataille. Après une lutte acharnée, les Romains éprouvèrent une sanglante défaite, et prirent la fuite dans le plus grand désordre. Aspar s'en retourna dans sa patrie ; et Boniface, étant venu trouver Placidie, se justifia auprès d'elle des accusations dont on avait voulu le noircir.

IV. C'est ainsi que les Vandales enlevèrent l'Afrique aux Romains et s'en rendirent les maîtres. Ils réduisirent en escla-

---

[1] Hippône (Hippo-Regius) est, comme on le sait, la ville de Bone.

vage ceux de leurs ennemis qu'ils avaient faits prisonniers. Dans le nombre se trouvait Marcien, qui, depuis, parvint à l'empire après la mort de Théodose. Genséric avait un jour rassemblé les prisonniers dans une cour de son palais, pour s'assurer si chacun d'eux était traité par son maître d'une manière convenable à sa condition. Exposés à l'ardeur du soleil de l'été vers l'heure de midi, et affaiblis par l'excès de la chaleur, tous les esclaves s'étaient assis; Marcien s'était endormi au milieu d'eux, à l'endroit où le hasard l'avait placé. On prétend qu'alors on vit se placer au-dessus de sa tête un aigle, qui, planant dans l'air et restant toujours au même endroit, ombrageait de ses ailes étendues le seul visage de Marcien. Genséric, qui était doué d'un esprit vif et pénétrant, ayant aperçu du haut de son palais ce qui se passait, y vit un indice de la faveur des dieux, fit appeler Marcien, et lui demanda qui il était. Celui-ci répondit qu'il était secrétaire d'Aspar, ce que les *Romains*, dans leur langue, appellent *domestique*. Genséric alors, pesant la valeur du présage donné par l'aigle, et le grand crédit dont Aspar jouissait à Byzance, fut convaincu que Marcien était un homme appelé à de grandes destinées. Il résolut donc de l'épargner, s'arrêtant à cette idée que, s'il lui ôtait la vie, il serait évident que l'oiseau n'avait rien prédit, car son ombre officieuse n'aurait point présagé l'empire à un homme qui allait mourir; qu'en outre, la mort de ce prisonnier serait une action injuste. Si le présage était vrai, et si la Providence destinait l'empire à ce prisonnier, ce serait en vain qu'il voudrait attenter à sa vie, puisque tous les efforts des hommes ne sauraient empêcher l'exécution des desseins de Dieu. Genséric fit seulement jurer à Marcien que, quand il serait en liberté, il ne porterait jamais les armes contre les Vandales. Marcien, délivré de ses fers, revint à Constantinople, et fut élevé à l'empire après la mort de Théodose. Ce fut un prince habile et distingué dans son administration, si ce n'est qu'il négligea entièrement ce qui concernait l'Afrique, comme nous le dirons plus tard.

Cependant Genséric, vainqueur d'Aspar et de Boniface, consolida, par une sage prévoyance, les avantages qu'il devait à la fortune. Comme il craignait que Rome et Byzance n'envoyassent contre lui de nouvelles armées, et que ses Vandales, dans cette lutte, n'eussent pas toujours la même vigueur ni la même fortune ....[1], il sut se modérer dans le cours de sa plus grande prospérité, et fit la paix avec Valentinien. Par ce traité il s'engagea à payer à l'empereur un tribut annuel, et, pour gage de l'exécution de ses promesses, il livra en otage Honoric, l'un de ses fils. Ainsi Genséric conserva par sa prudence les avantages qu'il avait acquis par sa bravoure, et gagna si bien l'amitié de l'empereur, que celui-ci lui rendit son fils Honoric...

V. ... Quelque temps après [2] [avoir pillé Rome et l'Italie], Genséric rasa les murailles de toutes les villes d'Afrique, excepté celles de Carthage. Il prit ce parti dans l'idée que si les partisans des Romains excitaient des soulèvements en Afrique, ils n'auraient plus de places fortifiées pour leur servir de refuge, et que les troupes que l'empereur enverrait peut-être contre lui ne pourraient s'établir dans des villes ouvertes, et y placer des garnisons pour incommoder les Vandales. Cette résolution parut alors très-sage, et propre à assurer la conquête des Vandales. Mais depuis, lorsque Bélisaire s'empara, avec une promptitude et une facilité extrêmes, de toutes ces villes dépourvues de murailles, alors Genséric fut universellement blâmé, et sa prudence excessive passa pour une folle extravagance; car les hommes sont ainsi faits, que leur opinion sur la même mesure varie suivant la diversité des résultats. Le roi vandale choisit ensuite parmi les habitants de l'Afrique les plus riches et les plus distingués; il donna leurs domaines, leurs mobiliers et même leurs personnes réduites en état de servage, à ses deux fils Honoric et Genzon; le troisième de ses enfants, Théodose, était mort peu de temps auparavant, sans laisser de postérité. Il enleva ensuite aux autres habitants de l'Afrique leurs terres les plus étendues et les plus fertiles; il les partagea entre ses Vandales, d'où ces propriétés ont reçu et conservent encore le nom de *lot des Vandales*. Les anciens propriétaires furent ré-

---

[1] Nous supprimons ici quelques réflexions philosophiques qui ne font qu'embarrasser la phrase, sans rien apprendre au lecteur.

[2] Marcien était mort alors, et Léon était monté sur le trône d'Orient par le crédit d'Aspar.

duits à la dernière misère ; mais ils conservèrent leur liberté, et purent se fixer où ils voulurent. Genséric exempta de toute espèce d'impôt les propriétés qu'il avait assignées aux Vandales et à ses enfants. Toutes les terres qu'il jugea trop peu productives furent laissées par lui aux anciens possesseurs, mais chargées d'impôts qui en absorbaient tout le revenu. De plus, un grand nombre de provinciaux furent exilés ou mis à mort sous divers prétextes plus ou moins graves, mais en réalité pour avoir caché leur argent. Ainsi tous les genres de calamités pesaient sur les habitants de l'Afrique.

Genséric distribua ensuite en cohortes les Vandales et les Alains, et créa quatre-vingts chefs, qu'il appela chiliarques, pour faire croire qu'il avait quatre-vingt mille combattants présents sous les drapeaux. Néanmoins, dans les temps antérieurs, les Vandales et les Alains ne dépassaient pas, dit-on, cinquante mille hommes ; mais leur nombre s'était considérablement accru depuis, par la naissance des enfants, et par les agglomérations successives d'autres peuples barbares. D'ailleurs les Alains et les autres peuplades barbares adoptèrent le nom de *Vandales*, excepté les Maures, dont Genséric avait obtenu la soumission depuis la mort de Valentinien. Avec leur secours, il faisait chaque année, au printemps, des invasions en Sicile et en Italie. Parmi les villes de ces contrées, il en rasa quelques-unes jusqu'aux fondements, il réduisit en esclavage les habitants de quelques autres ; et après avoir tout ravagé, et épuisé le pays non-seulement d'argent, mais encore d'habitants, il se tourna vers les possessions de l'empereur d'Orient ; il ravagea l'Illyrie, la plus grande partie du Péloponèse et de la Grèce, et les îles voisines ; il fit de nouvelles descentes en Sicile et en Italie, pilla et dévasta toutes les côtes de la Méditerranée. On dit qu'un jour, comme il allait monter sur son vaisseau dans le port de Carthage, et que déjà les voiles étaient déployées, le pilote lui demanda vers quelle contrée il devait diriger sa course, et que Genséric lui répondit : « Vers celle « que Dieu veut châtier dans sa colère. » C'est ainsi que, sans aucun prétexte, il attaquait tous les peuples chez lesquels le hasard le portait.

VI. Léon, voulant venger l'empire de tous les outrages qu'il avait reçus des Vandales, leva contre eux une armée de cent mille hommes, et assembla une flotte recueillie dans toutes les mers de l'Orient. Il se montra extrêmement libéral envers les matelots et les soldats, et n'épargna rien pour réussir dans un dessein qu'il avait si fort à cœur; car on dit qu'il y dépensa 1300 *centenaires* ou 130 millions de francs. Cette énorme dépense fut infructueuse. En effet, comme Dieu n'avait pas voulu que cette puissante flotte détruisît les Vandales, il arriva que Léon en confia le commandement à Basiliscus, frère de sa femme Vérina, homme d'une ambition démesurée, et qui aspirait à monter sur le trône sans violence, et par le seul crédit d'Aspar. Aspar appartenant à la secte des ariens, et ne voulant pas y renoncer, ne pouvait arriver lui-même à l'empire; mais son crédit lui permettait de faire aisément un empereur. Déjà il tramait dans l'ombre une conspiration contre Léon, qui l'avait offensé. On dit aussi qu'alors, dans la crainte que la défaite des Vandales n'affermît trop la puissance de Léon, il donna des instructions secrètes à Basiliscus pour qu'il ménageât Genséric et les Vandales.

Léon avait donné naguère l'empire d'Occident au sénateur Anthème, illustre par sa naissance et par ses richesses, et il l'avait envoyé en Italie, avec ordre de faire, conjointement avec lui, la guerre aux Vandales. Genséric avait sollicité en vain cette dignité pour Olybrius, qui, ayant épousé Placidie, fille de Valentinien, était son parent et son ami. Irrité de ce refus, il porta le ravage sur toutes les terres de l'empire. Il y avait dans la Dalmatie un homme d'une naissance distinguée, nommé Marcellien, qui autrefois avait été l'ami d'Aétius. Après la mort de ce général, Marcellien se révolta contre l'empereur, entraîna dans sa défection les habitants de la province, et se rendit maître de la Dalmatie, sans que personne s'opposât à ses ambitieux desseins. Léon le gagna à force de caresses, et l'engagea à opérer une descente en Sardaigne, île alors soumise aux Vandales. Marcellien les en chassa sans beaucoup de peine, et s'empara de l'île. Dans ce moment aussi Héraclius, qui avait été envoyé de Byzance à Tripoli, y vainquit les Vandales en bataille rangée, prit facilement les villes de cette contrée, et, après avoir laissé ses vaisseaux à l'ancre, s'avança par terre vers Carthage. Tels étaient les préludes de la guerre.

Cependant Basiliscus aborda, avec toute sa flotte, à une petite ville éloignée de Carthage de deux cent quatre-vingts stades [1], et que les Romains appelaient *Mercurium*, à cause d'un vieux temple qu'on y avait élevé en l'honneur de Mercure [2]. S'il n'eût pas à dessein consumé le temps et s'il eût été droit à Carthage, il l'eût emportée d'emblée et soumis les Vandales, qui n'étaient point alors en état de lui résister, tant Genséric redoutait Léon, qu'il regardait comme un empereur invincible, tant l'avait effrayé la conquête de la Sardaigne et de Tripoli, et l'apparition de cette flotte de Basiliscus, la plus formidable qu'eussent jamais équipée les Romains. Mais le retard de Basiliscus, causé par sa lâcheté ou par sa trahison, fit échouer l'entreprise. Genséric sut habilement profiter des avantages que lui laissait la lenteur de son adversaire. Il arma le plus grand nombre de Vandales qu'il put rassembler, les fit monter sur ses grands vaisseaux, et fit préparer beaucoup de barques légères, où il ne mit point d'équipage, mais qu'il remplit de matières combustibles [3]. Ensuite il envoya des députés à Basiliscus, et le pria de remettre le combat au cinquième jour : il demandait ce temps pour délibérer, et promettait ensuite de donner pleine satisfaction à l'empereur. On dit même qu'il envoya, à l'insu de l'armée romaine, une grande somme d'or à Basiliscus, et qu'il lui acheta cette trêve. Il agissait ainsi, dans l'espoir que, pendant ce laps de temps, il s'élèverait un vent favorable ; ce qui arriva en effet. Basiliscus, soit pour s'acquitter de ses engagements envers Aspar, soit pour vendre à prix d'argent l'occasion propice, soit qu'il crût en cela prendre le meilleur parti, accéda aux demandes de Genséric, demeura inactif dans son camp, comme s'il attendait que l'ennemi eût trouvé le moment d'agir. Les Vandales, sitôt qu'ils virent se lever le vent qu'ils avaient

---

[1] Le stade de Procope est de dix au mille romain.

[2] Ville située sur le bord de la mer, entre Kalibia (l'ancienne Clypea) et Kourba (l'ancienne Curubis).

[3] Voyez ce récit dans Gibbon t. V, p. 417, traduction de M. Guizot.

attendu avec tant d'impatience, déploient leurs voiles, et, traînant à la remorque les barques qu'ils avaient préparées comme je l'ai dit, naviguent vers la flotte romaine. Lorsqu'ils en furent tout près, ils mettent le feu aux brûlots, et, déployant toutes les voiles de ces navires, ils les lancent sur la flotte romaine. Comme les vaisseaux en étaient très-serrés, la flamme des brûlots se communiquait facilement de l'un à l'autre, et les navires étaient détruits par le feu, avec les barques qui les avaient incendiés. A mesure que l'embrasement s'accroissait, sur la flotte romaine régnait un tumulte étrange; tout retentissait de cris forcenés, mêlés au murmure du vent et au petillement de la flamme. Les soldats et les matelots, s'exhortant mutuellement dans cette confusion épouvantable, repoussaient de leurs crocs et les barques incendiaires et leurs propres navires, qui, au milieu de cet horrible désordre, se consumaient réciproquement. En même temps les Vandales fondent sur eux, les accablent d'une grêle de traits, coulent à fond les vaisseaux et dépouillent le soldat romain, qui s'enfuyait avec ses armes. Cependant, parmi les Romains, il y eut quelques hommes qui, dans cette lutte, déployèrent un grand courage. Celui qui se distingua le plus fut Jean, lieutenant de Basiliscus, qui n'avait nullement participé à la trahison du général. Son vaisseau avait été entouré d'une multitude d'ennemis : il fit face de tous côtés, en tua un grand nombre; et lorsqu'il se vit enfin sur le point d'être pris, il se précipita du pont dans la mer avec toutes ses armes. Genson, fils de Genséric, adressait de vives instances à ce guerrier courageux, pour le décider à se rendre, lui promettant la vie, lui engageant sa parole. Ce fut en vain; il s'engloutit dans la mer en prononçant cette seule parole : « Qu'il ne se jetterait pas vivant dans la gueule des chiens. » Telle fut l'issue de cette guerre. Héraclius retourna à Constantinople; Marcellien était mort par la perfidie d'un de ses collègues. Basiliscus, de retour à Byzance, gagna un lieu d'asile, se prosterna en suppliant dans l'église consacrée à Jésus-Christ, que les Byzantins appellent le Temple de la Sagesse [1], persuadés que

---

[1] Σοφίας καλοῦσιν οἱ Βυζάντιοι τὸν νεών. C'est l'église de Sainte-Sophie

cette appellation convient parfaitement à Dieu. Il fut sauvé par les prières de l'impératrice Vérina. Quant à l'empire, qui avait été le but de toutes ses actions, il ne put l'obtenir alors, ses protecteurs Aspar et Ardaburius ayant été mis à mort dans le palais par ordre de Léon, qui les soupçonnait d'avoir conspiré contre sa vie.

VII. L'empereur d'Occident Anthémius périt assassiné par son gendre Ricimer. Olybrius, après avoir occupé l'empire pendant quelques mois, termina sa vie de la même manière. Léon aussi étant mort à Byzance, eut pour successeur un autre Léon, fils de Zénon et d'Ariane, fille du premier Léon. Son père lui fut associé à l'empire, à cause de son jeune âge; mais l'enfant ne vécut que peu de temps.

Avant ces événements, l'empire d'Occident avait été occupé par Majorin, que je ne pourrais sans injustice passer sous silence. Celui-ci, qui surpassait en vertus tous les empereurs romains ses prédécesseurs, fut vivement touché des malheurs de l'Afrique. Il leva dans la Ligurie une puissante armée, pour marcher contre les Vandales; et comme il était nourri dans les travaux et dans les dangers de la guerre, il résolut de la conduire lui-même à l'ennemi. Mais, jugeant qu'il était nécessaire de reconnaître d'abord les forces des Vandales, le caractère de Genséric, et de plus les sentiments d'affection ou de haine que portaient aux Vandales les Maures et les Africains, il entreprit lui-même cette exploration. Il prit donc le rôle d'un envoyé de l'empereur, se donna un faux nom, et partit pour aller trouver Genséric. Mais pour n'être pas reconnu, ce qui lui eût attiré des malheurs et suscité des obstacles, il eut recours à cet artifice. Comme il était connu partout pour la beauté de sa chevelure, qui était d'un blond pâle et qui avait l'éclat de l'or le plus pur, il employa une pommade inventée pour la teinture, qui en un moment rendit ses cheveux parfaitement noirs. Quand il fut en présence de Genséric, ce prince barbare, après avoir employé plusieurs moyens pour l'épouvanter, le mena enfin, comme pour lui faire honneur, dans un appartement rempli d'une grande quantité de superbes armures. On dit que ces armes s'entre-choquèrent alors d'elles-mêmes avec un bruit terrible. Genséric crut d'abord que c'était l'effet d'un tremblement de terre. Mais lorsqu'il fut sorti de l'arsenal, qu'il eut demandé si la terre n'avait pas tremblé, et qu'on lui eut unanimement répondu qu'on n'avait ressenti aucune secousse, il fut frappé de terreur, convaincu que c'était un prodige, bien qu'il ne pût deviner ce qu'il présageait.

Quand Majorin eut atteint son but, il s'en retourna dans la Ligurie, où s'étant mis à la tête de son armée, il la conduisit par terre jusqu'aux colonnes d'Hercule [1]. Il avait résolu d'y passer le détroit, et ensuite de marcher par terre directement sur Carthage. Genséric, instruit du projet de Majorin, et ayant appris la manière dont ce prince l'avait déçu sous la figure d'un ambassadeur, conçut de sérieuses craintes, et prépara tout pour la guerre. La haute opinion que les Romains avaient prise des rares qualités de leur empereur, leur donnait l'espoir bien fondé de recouvrer l'Afrique. Mais, au milieu de ses préparatifs, ce prince, chéri de ses sujets et redouté de ses ennemis, fut atteint de la dyssenterie, et mourut en peu de temps.

Népos, qui lui succéda, mourut de maladie, n'ayant régné que quelques jours. Glycérius après lui obtint la même dignité, et en fut privé par le même genre de mort. Auguste fut ensuite revêtu de la pourpre impériale. Il y a eu d'autres empereurs d'Occident dont je tais à dessein les noms, parce qu'ils n'ont régné que peu de temps, et qu'ils n'ont rien fait de mémorable. Voilà ce qui se passa dans l'Occident.

Dans l'Orient, Basiliscus, toujours dévoré du désir de régner, usurpa facilement le trône qu'il convoitait, l'empereur Zénon et sa femme s'étant enfuis dans l'Isaurie, dont ils étaient originaires. Basiliscus avait à peine régné dix-huit mois, lorsque Zénon, qui avait appris que les gardes du palais et presque tous les autres corps de l'armée étaient révoltés de sa tyrannie et de son avidité insatiable, leva une armée et marcha contre lui. Basiliscus rassembla aussi des troupes, dont il donna le commandement à Armatus. Mais lorsque ce général fut en présence de Zénon, il lui livra ses troupes, à condition qu'il créerait

---

[1] Le détroit de Gibraltar.

César son fils Basiliscus [1], encore enfant, et qu'il le désignerait pour son successeur. Basiliscus, abandonné de tous, se réfugia dans la même église qui lui avait déjà servi d'asile. Mais il fut livré à Zénon par Acacius, évêque de Constantinople, qui lui reprocha son impiété, et les troubles que, par son adhésion aux erreurs d'Eutychès, il avait suscités dans l'Église chrétienne. Ces reproches n'étaient pas sans fondement. Quand Zénon eut recouvré la puissance impériale, pour acquitter sa promesse envers Armatus, il nomma son fils *César* ; mais bientôt il lui ôta ce titre, et fit mourir Armatus. Ensuite il relégua l'usurpateur Basiliscus, sa femme et ses enfants, dans la Cappadoce, les contraignit à partir au milieu des rigueurs de l'hiver, et les y laissa sans vivres, sans vêtements, sans aucune assistance. Ces malheureux exilés, également tourmentés par la faim et par le froid, n'avaient d'autre ressource que de se serrer les uns contre les autres pour se réchauffer. Enfin, après une longue et cruelle agonie, ils moururent dans ces tendres et douloureux embrassements. C'est ainsi que Basiliscus expia les maux qu'il avait faits à l'empire ; mais cela arriva plus tard.

Genséric s'étant, comme nous l'avons dit, débarrassé de ses ennemis autant par la ruse que par la force, dévastait plus cruellement que jamais les provinces maritimes de l'empire romain. Enfin Léon transigea avec lui, et conclut un traité de paix perpétuelle, dans lequel il fut convenu que les Vandales et les Romains s'abstiendraient mutuellement de toute espèce d'hostilités. Ce traité fut religieusement observé par Zénon, par Anastase son successeur, et même par l'empereur Justin. Mais sous le règne de Justinien, neveu et successeur de ce dernier, une guerre s'allume entre les Romains et les Vandales, que je raconterai plus tard. Genséric mourut bientôt après, dans un âge fort avancé. Il régla par son testament, entre autres dispositions, qu'à l'avenir le royaume des Vandales appartiendrait toujours à l'aîné de ses descendants en ligne directe et de race masculine. Genséric mourut donc, comme nous l'avons dit,

---

[1] Il ne faut pas confondre ce jeune César Basiliscus avec le vieux Basiliscus, ami d'Aspar, qui détrôna Zénon.

ayant régné trente-neuf ans sur les Vandales, depuis la prise de Carthage.

VIII. Comme Genzon était déjà mort, Honoric, l'aîné des enfants survivant de Genséric, lui succéda sur le trône. Tout le temps qu'Honoric régna sur les Vandales, ils n'eurent d'autre guerre à soutenir que celle des Maures. Ces peuples étaient demeurés en repos durant la vie de Genséric, contenus par la crainte que leur inspirait sa puissance ; mais à peine fut-il mort, qu'il s'éleva entre eux et les Vandales une guerre cruelle, où les deux peuples souffrirent tour à tour. Honoric exerça des injustices et des violences horribles contre les chrétiens d'Afrique. Comme il voulait les contraindre à embrasser la secte des ariens, ceux qu'il trouvait peu disposés à lui obéir, il les faisait périr par le feu ou par d'autres supplices non moins cruels. Il fit couper la langue tout entière à plusieurs d'entre eux, qu'on a vus de notre temps à Constantinople parler très-distinctement, et sans être gênés par l'absence de l'organe qu'ils avaient perdu. Il y en eut deux cependant qui perdirent la parole, pour avoir eu commerce avec des femmes débauchées. Honoric, après huit ans de règne, mourut de maladie, au moment où les Maures du mont Aurès venaient de se détacher des Vandales et de se déclarer indépendants. (Le mont Aurès est situé, dans la Numidie, à treize journées de Carthage, et s'étend du nord au midi.) Depuis, les Vandales ne purent jamais les soumettre, les pentes abruptes et escarpées de ces montagnes les empêchant d'y porter la guerre.

Après la mort d'Honoric, Gondamond, fils de Genzon, parvint au trône des Vandales par la prérogative de l'âge, qui le rendait le chef de la maison de Genséric. Il fit souvent la guerre aux Maures ; plus souvent encore, il soumit les chrétiens à des supplices atroces. Il mourut de maladie dans la douzième année de son règne, et eut pour successeur son frère Trasamond, prince remarquable par la beauté de sa figure, par une prudence et une grandeur d'âme singulières. Celui-ci engagea aussi les chrétiens à abjurer la religion de leurs ancêtres, non pas, comme ses prédécesseurs, par le fouet et les tortures, mais en distribuant des honneurs, des richesses, des dignités à ceux qui changeaient de religion. Quant à ceux, quels qu'ils fussent, qui restaient fermes dans leurs croyances, il feignait seulement de ne pas les connaître; ou si quelqu'un d'entre eux commettait un crime, soit involontairement, soit avec préméditation, il leur offrait l'impunité, pourvu qu'ils consentissent à l'apostasie. Sa femme étant morte sans lui laisser d'enfants, il crut utile de se remarier pour assurer la stabilité de sa dynastie, et envoya une ambassade à Théodoric, roi des Goths, pour lui demander en mariage sa sœur Amalafride, veuve elle-même depuis peu de temps. Théodoric la lui envoya avec une escorte de mille seigneurs goths, qui devaient lui servir de garde. Ceux-ci étaient suivis de compagnons et de servants d'armes choisis parmi les guerriers les plus braves, et dont le nombre s'élevait à cinq mille environ. Il donna aussi à sa sœur le promontoire de Lilybée en Sicile. Cette alliance rendit Trasamond le plus illustre et le plus puissant roi qui eût jamais commandé aux Vandales, et lui acquit l'amitié particulière de l'empereur Anastase. Ce fut cependant sous son règne que les Vandales éprouvèrent, en combattant les Maures, le plus rude échec qu'ils aient jamais essuyé.

Les Maures qui habitent aux environs de Tripoli avaient pour chef un prince très-expérimenté dans la guerre et plein de sagacité, nommé Gabaon. Ce prince, instruit d'avance de l'expédition que préparaient contre lui les Vandales, se conduisit de cette manière : Il commença par ordonner à ses sujets de s'abstenir non-seulement de toute espèce de crimes, mais de tous les aliments propres à amollir le courage, et surtout de l'usage des femmes. Il construisit ensuite deux camps fortifiés, dans l'un desquels il se plaça avec tous les hommes; il mit les femmes dans l'autre camp, et prononça la peine de mort contre ceux qui oseraient pénétrer dans cette enceinte. Cela fait, il envoya des espions à Carthage, et leur commanda d'observer les profanations que les Vandales, en marchant contre lui, exerceraient dans les temples révérés des chrétiens; et quand ceux-ci auraient repris leur route, d'entrer dans ces lieux sacrés, et d'y tenir une conduite tout à fait opposée. On prétend même qu'il dit « qu'il ne connaissait point le Dieu qu'adoraient les chrétiens, mais que puisqu'il avait une puissance infinie, comme on l'assurait, il était bien juste qu'il châtiât ceux qui l'outrageaient, et qu'il protégeât ceux qui lui rendaient des honneurs. » Quand les espions furent arrivés à Carthage, ils examinèrent à loisir les préparatifs des Vandales; et lorsque leur armée se fut mise en marche vers Tripoli, ils la suivirent, revêtus de vêtements très-simples. Dès le premier campement, les Vandales logèrent dans les églises leurs chevaux et leurs bêtes de somme, et, s'abandonnant à une licence effrénée, troublèrent les saints lieux de toute sorte d'outrages et de profanations. Ils accablaient de soufflets et de coups de bâton les prêtres qui tombaient entre leurs mains, et leur imposaient les services réservés ordinairement aux plus vils esclaves. Après le départ des Vandales, les espions de Gabaon s'acquittent exactement de ce qui leur avait été prescrit. Ils nettoyaient les églises, balayaient avec soin et transportaient au dehors le fumier et tout ce qui était de nature à profaner le lieu saint, allumaient toutes les lampes, s'inclinaient respectueusement devant les prêtres, et leur donnaient des marques de bienveillance et d'affection; enfin ils distribuaient des pièces d'argent aux pauvres qui étaient assis autour de l'église. Ils suivirent ainsi l'armée des Vandales, expiant partout les profanations commises par ces barbares. Ceux-ci étaient arrivés assez près des Maures, lorsque les espions, les ayant devancés, allèrent rapporter à Gabaon les sacriléges que les Vandales s'étaient permis dans les temples chrétiens, et ce qu'ils avaient fait eux-mêmes pour les réparer; ils ajoutèrent que l'ennemi était à peu de distance. Gabaon, à cette nouvelle, se prépare au combat. Il trace une ligne circulaire dans la plaine où il avait dessein de se retrancher. Sur cette ligne il dispose obliquement ses chameaux, et en forme une sorte de palissade vivante qui, du côté opposé à l'ennemi, était composée de douze chameaux de profondeur. Au centre il plaça les enfants, les femmes, les vieillards, et la caisse de l'armée. Quant aux hommes en état de combattre, il les place, couverts de leurs boucliers, sous le ventre des chameaux. L'armée des Maures étant rangée dans cet ordre, les Vandales ne surent comment s'y prendre pour l'attaquer; car ils n'étaient accoutumés ni à combattre à pied, ni à tirer de l'arc, ni à lancer des javelots. Ils étaient tous cavaliers, et ne se servaient guère que de la lance et de l'épée. Ils ne pouvaient donc, de loin, causer aucun dommage à l'ennemi, ni faire approcher des Maures leurs chevaux, que l'aspect et l'odeur des chameaux remplissaient d'épouvante. Pendant ce temps-là les Maures, qui, à couvert sous leur rempart vivant, lançaient une grêle de traits, ajustaient à leur aise et abattaient les chevaux et les cavaliers, qui, de plus, avaient le désavantage de combattre très-serrés. Les Vandales prirent la fuite, et les Maures, s'élançant hors de leur retranchement, en tuèrent un grand nombre, en firent beaucoup prisonniers, et de cette nombreuse armée il ne retourna dans leur pays qu'un fort petit nombre de soldats. C'est ainsi que les Maures défirent les Vandales sous le règne de Trasamond, qui mourut après avoir occupé le trône pendant vingt-sept ans.

IX. A Trasamond succéda Ildéric, fils d'Honoric et petit-fils de Genséric; prince extrêmement doux pour ses peuples et de très-facile accès, qui ne persécuta jamais les chrétiens, mais dépourvu de talents militaires, et ne pouvant même entendre parler de guerre. Hoamer, son neveu, guerrier remarquable par ses hauts faits, commandait l'armée, et avait acquis une si belle réputation, qu'on l'appelait l'Achille des Vandales. Sous le règne d'Ildéric, les Vandales furent défaits en bataille rangée par les Maures de la Byzacène que commandait Antallas, et virent se rompre les relations d'amitié qu'ils avaient autrefois contractées avec Théodoric et les Goths. La cause de cette rupture fut l'emprisonnement d'Amalafride, et le massacre de tous les Goths qu'on avait accusés de conspiration contre Ildéric et les Vandales. Cependant Théodoric n'essaya pas d'en tirer vengeance; il sentait que ses trésors ne suffiraient pas à l'armement de la flotte qui lui était nécessaire pour faire une invasion en Afrique. Ildéric était uni par les liens étroits de l'amitié et de l'hospitalité avec Justinien, qui, sans être encore parvenu à l'empire, le gouvernait en effet sous son oncle Justin, que sa vieillesse et son incapacité rendaient inhabile aux affaires. Justinien et Ildéric entretenaient, par de magnifiques présents, leur attachement réciproque.

Il y avait alors à la cour des Vandales un certain Gélimer, fils de Gélarid, petit-fils de Genzon, et arrière-petit-fils de Genséric : comme il était, après Ildéric, le plus âgé des princes du sang royal, tout le monde pensait qu'il devait bientôt arriver au pouvoir. Il passait pour le plus habile capitaine de son siècle ; mais c'était un homme d'un caractère fourbe et rusé, habile à susciter des révolutions et à s'emparer du bien d'autrui. Comme la couronne ne lui arrivait point assez tôt au gré de son impatience, il ne se soumettait qu'avec peine aux lois qui réglaient la succession. Il s'attribuait toutes les fonctions royales, en usurpait d'avance toutes les prérogatives, et le caractère doux et facile d'Ildéric encourageait cette ambition effrénée. Gélimer enfin engagea dans ses intérêts les plus braves des Vandales, et leur persuada de déposer Ildéric, comme un lâche qui s'était laissé vaincre par les Maures, et qui, par jalousie contre un prince issu de Genséric, mais d'une autre branche que la sienne, voulait le priver du trône et livrer à Justin l'empire des Vandales. C'était là, disait-il, l'unique motif de l'ambassade qu'Ildéric avait envoyée à Constantinople. Les Vandales, séduits par ces perfides calomnies, prononcent la déposition de leur roi. Gélimer ayant ainsi usurpé l'autorité suprême dans la septième année du règne d'Ildéric, jeta en prison ce prince, et ses deux frères Hoamer et Évagès.

Quand Justinien, qui dans l'intervalle était arrivé à l'empire, fut instruit de cette révolution, il envoya en Afrique des ambassadeurs chargés de représenter à Gélimer[1] qu'il pouvait bien conserver sur le trône le vieux Ildéric, puisque ce prince n'avait que l'ombre de la souveraineté, et qu'elle reposait tout entière dans les mains de Gélimer ; qu'en consentant à cette transaction, il acquerrait les faveurs du ciel et l'amitié des Romains. Gélimer renvoya des députés sans leur donner de réponse. Pour comble d'insulte, il fit crever les yeux à Hoamer, et resserrer dans une prison plus étroite Ildéric et Évagès, sous prétexte qu'ils avaient le dessein de s'enfuir à Constantinople. Justinien, apprenant ces nouveaux excès, lui envoya une nouvelle am-

---

[1] Nous analysons la lettre, au lieu d'en donner le texte.

bassade[1]. Il somma Gélimer de renvoyer à Constantinople Ildéric et ses deux frères, sinon il le menaçait de sa vengeance, et d'armer contre lui toutes les forces de l'empire. Gélimer répondit[2] « qu'on n'avait point de violence à lui reprocher; que
« les Vandales, indignés contre un prince qui trahissait son
« pays et sa propre maison, avaient jugé à propos de lui ôter la
« couronne, pour la donner à un autre à qui elle appartenait
« de droit; que, chaque souverain ne devant s'occuper que
« du gouvernement de ses propres États, l'empereur pouvait
« s'épargner le soin de porter ses regards sur l'Afrique; qu'a-
« près tout, s'il aimait mieux rompre les nœuds sacrés du traité
« conclu avec Genséric, on saurait lui résister; et que les ser-
« ments par lesquels Zénon avait engagé ses successeurs ne
« seraient pas impunément violés. » Justinien était déjà aigri contre Gélimer. Après avoir lu cette lettre, il sentit redoubler en lui le désir de la vengeance; et comme il était habile à concevoir et actif pour exécuter, il résolut de faire sans retard la paix avec les Perses, et de porter la guerre en Afrique. Bélisaire, général de l'armée d'Orient, était à Constantinople où l'empereur l'avait rappelé, sans lui dire, ni à aucun autre, qu'il lui destinait le commandement de l'expédition d'Afrique. Pour mieux cacher ses projets, il avait fait semblant de le destituer. Cependant la paix fut conclue avec les Perses, comme je l'ai raconté dans les livres précédents.

X. Quand Justinien eut terminé ses différends avec la Perse et mis en bon ordre les affaires de l'intérieur, il s'ouvrit à son conseil de ses projets sur l'Afrique. Mais lorsqu'il eut déclaré sa résolution de lever une armée contre Gélimer et les Vandales, la plupart de ses conseillers furent saisis de terreur en se rappelant l'incendie de la flotte de Léon, la défaite de Basiliscus, le grand nombre de soldats qu'avait perdus l'armée, et les dettes énormes qu'avait contractées le trésor. Surtout le préfet du prétoire, que les Romains appellent préteur, celui de l'*ærarium*, et tous les officiers du fisc et du trésor public, étaient déjà en

---

[1] Nous analysons la lettre de l'empereur.
[2] Nous donnons la lettre du prince africain, d'après Lebeau, *Histoire du Bas-Empire*, t. VIII, p. 206.

proie à de vives angoisses, dans l'attente des rigoureux traitements qu'on leur ferait essuyer pour les contraindre à fournir les sommes immenses que nécessiteraient les dépenses de cette guerre. Il n'y avait point de capitaine qui ne tremblât à la pensée d'être chargé du commandement, et qui ne cherchât à éviter ce pesant fardeau ; car il fallait nécessairement, après avoir subi les hasards et les incommodités d'une longue navigation, asseoir son camp sur une terre ennemie, et, aussitôt après le débarquement, en venir aux mains avec une nombreuse et puissante nation. De plus, les soldats, revenus tout récemment d'une guerre longue et difficile[1], et qui commençaient à peine à goûter les douceurs de la paix et du foyer domestique, montraient peu d'empressement pour une expédition qui les forcerait à combattre sur mer, genre de guerre jusqu'alors étranger à leurs habitudes, et qui, des extrémités de la Perse et de l'Orient, les transporterait au fond de l'Occident pour affronter les Vandales et les Maures. Le peuple, selon sa coutume, voyait avec plaisir arriver un événement qui lui offrait un spectacle nouveau sans compromettre sa sûreté personnelle.

Personne, excepté Jean de Cappadoce, préfet du prétoire, l'homme le plus hardi et le plus éloquent de son siècle, n'osa ouvrir la bouche devant l'empereur, pour le dissuader de cette entreprise : les autres se bornaient à déplorer en silence le malheur des temps. Jean de Cappadoce prit la parole[2], et, après avoir protesté au prince qu'il était entièrement soumis à ses volontés, il lui représenta « l'incertitude du succès, déjà trop
« prouvée par les malheureux efforts de Zénon ; l'éloignement
« du pays, où l'armée ne pouvait arriver par terre qu'après
« une marche de cent quarante jours, et par mer qu'après
« avoir essuyé les risques d'une longue et dangereuse naviga-
« tion, et surmonté les périls d'un débarquement qui trouverait
« sans doute une opposition vigoureuse. Qu'il faudrait à l'em-
« pereur près d'une année pour envoyer des ordres au camp

---

[1] La guerre de Perse.
[2] Ici nous donnons l'analyse du discours de Jean de Cappadoce telle que l'a imprimée Lebeau, *Histoire du Bas-Empire*, t. VIII, p. 208.

« et en recevoir des nouvelles[1] ; que s'il réussissait dans la
« conquête de l'Afrique, il ne pourrait la conserver, n'étant
« maître ni de la Sicile, ni de l'Italie; que s'il échouait
« dans son entreprise, outre le déshonneur dont ses armes
« seraient ternies, il attirerait la guerre dans ses propres États.
« Ce que je vous conseille, prince, ajouta-t-il, n'est pas d'a-
« bandonner absolument ce projet, vraiment digne de votre
« courage, mais de prendre du temps pour délibérer. Il n'est
« pas honteux de changer d'avis avant qu'on ait mis la main à
« l'œuvre : lorsque le mal est arrivé, le repentir est inutile. »

Ce discours ébranla Justinien, et ralentit un peu son ardeur pour la guerre. Mais alors un évêque[2] arriva de l'Orient, et dit qu'il avait une communication importante à faire à l'empereur. Ayant été introduit en sa présence, il lui assura que Dieu lui avait commandé en songe de venir le trouver, et de lui reprocher, en son nom, qu'après avoir résolu de délivrer les chrétiens d'Afrique de la tyrannie des barbares, il eût abandonné par de vaines craintes un si louable dessein. « Le
« Seigneur, dit-il, m'a dit ces mots : Je serai à tes côtés dans
« les combats, et je soumettrai l'Afrique à ton empire. » Après avoir entendu ces paroles du prêtre, Justinien reprend sa première ardeur. Il rassemble des soldats, fait équiper des vaisseaux, préparer des armes et des vivres, et ordonne à Bélisaire de se tenir prêt à partir, au premier jour, pour l'Afrique. Cependant un citoyen de Tripoli, nommé Pudentius, fit révolter cette ville contre les Vandales, et envoya demander quelques troupes à Justinien, lui promettant qu'avec ce secours il réduirait facilement la province sous son obéissance. Justinien y envoya un capitaine nommé Tattimath avec une petite armée, dont Pudentius se servit si habilement, qu'en l'absence des Vandales il s'empara de la province et la soumit à l'empire. Gélimer s'apprêtait à punir la révolte de Pudentius, lorsqu'il en fut empêché par un accident imprévu.

Il y avait parmi les sujets de Gélimer un guerrier de race

---

[1] Gibbon a déjà remarqué, t. VII, p. 343, l'étrange exagération de ce discours.
[2] Saint-Sabas.

gothique, nommé Godas, homme courageux, actif, doué d'une force de corps singulière, et qui, paraissant dévoué au service de son maître, avait reçu de sa libéralité le gouvernement de la Sardaigne, à la charge de lui payer un tribut annuel. Mais comme il avait l'esprit trop faible pour supporter et pour digérer, s'il est permis de parler ainsi, la prospérité de sa fortune, il usurpa la souveraineté, s'empara de l'île tout entière, et refusa même le tribut. Quand il sut que Justinien était tout entier au désir de se venger de Gélimer et de porter la guerre en Afrique, il lui écrivit « qu'il n'avait pas personnellement à se plain-
« dre de son maître; mais que les cruautés de Gélimer lui inspi-
« raient une telle indignation, qu'il croirait s'en rendre complice
« s'il continuait de lui obéir; que, préférant le service d'un prince
« équitable à celui d'un tyran, il se donnait à l'empereur, et
« qu'il le priait de lui envoyer des troupes pour le soutenir
« contre les Vandales. » Justinien apprit avec joie cette nouvelle; il lui envoya Eulogius, avec une réponse dans laquelle il louait Godas de sa prudence et de son zèle pour la justice. Il lui promit de joindre ses armes aux siennes, de lui envoyer des troupes et un commandant pour garder l'île avec lui, et enfin de le protéger contre tous les efforts des Vandales. Eulogius, arrivé en Sardaigne, trouva Godas portant le nom de roi, entouré de gardes, et revêtu des insignes de la souveraine puissance. Après avoir lu la lettre de l'empereur, il répondit « qu'il recevrait avec plaisir un renfort de soldats, mais qu'il n'avait nul besoin de général; » et il renvoya Eulogius avec une lettre conçue à peu près dans cet esprit.

XI. Avant que cette réponse fût parvenue à Constantinople, Justinien avait déjà fait partir Cyrille avec quatre cents hommes, pour défendre la Sardaigne conjointement avec Godas. Il préparait aussi contre l'Afrique une armée composée de dix mille hommes d'infanterie et de cinq mille cavaliers, tant romains que fédérés. Dans l'origine le corps des fédérés n'était composé que de barbares qui, n'ayant pas été vaincus par les Romains, avaient été incorporés dans l'État avec une condition égale à celle des citoyens..... Les fédérés étaient commandés par Dorothée, chef des légions d'Arménie, et par Salomon, que Bélisaire avait nommé son lieutenant [1]. Ce dernier était eunuque, par suite d'un accident qui lui était arrivé dans son enfance. Les autres officiers des fédérés étaient Cyprien, Valérien, Martin, Athias, Jean, Marcel, et Cyrille, dont nous avons déjà parlé. La cavalerie romaine était commandée par Rufin et par Aigan, lieutenants de Bélisaire, et par Barbatus et Pappus; l'infanterie, par Théodore surnommé Ctenat, Térence, Zaide, Marcien, et Sarapis. Jean, originaire de la ville d'Épidamne, nommée aujourd'hui Dyrrachium, commandait à tous les capitaines d'infanterie; Salomon, né dans l'Orient, sur les frontières de l'empire, près de l'endroit où s'élève maintenant la ville de Dara, était le capitaine général. Aigan était issu de parents massagètes, peuples que maintenant on appelle les Huns; les autres commandants étaient presque tous de la Thrace. Il y avait en outre des corps de barbares auxiliaires, quatre cents Érules commandés par Pharas, et près de six cents Massagètes, tous archers à cheval, conduits par deux capitaines très-fermes et très-braves, Sinnion et Balas. La flotte était composée de cinq cents bâtiments de transport, dont les plus grands contenaient cinquante mille médimnes [2], et les plus petits trois mille. Ces navires étaient montés par vingt mille matelots, tirés presque tous de l'Égypte, de l'Ionie et de la Cilicie. Calonyme d'Alexandrie était l'amiral de toute la flotte. Il y avait de plus quatre-vingt-douze vaisseaux longs, à un rang de rames, armés en guerre et couverts d'un toit, afin que les rameurs ne fussent pas exposés aux traits des ennemis. On appelle maintenant ces vaisseaux dromons, à cause de la rapidité de leur course [3]. Les rameurs y étaient au nombre de deux mille, tous de Constantinople; il n'y en avait aucun qui ne fût propre à plusieurs choses. Archélaüs prit part aussi à cette expédition. Il avait été auparavant revêtu de la charge de préfet du prétoire à Cons-

---

[1] Voici la traduction latine du texte de Procope : *Et Salomon, quem Belisarius magisterii militiæ administrum habebat (domesticum Romani vocant).*

[2] Le médimne est à peu près le demi-hectolitre, et pèse en kilogr. 39,018. Voy. *Écon. politique des Romains*, t. I, p. 444.

[3] Du mot δρομός, qui signifie *course*.

tantinople et dans l'Illyrie; il fut alors nommé **questeur de l'armée** : c'est le nom qu'on donne au trésorier chargé des dépenses. Enfin Bélisaire, pour la seconde fois général des armées de l'empire d'Orient, avait été revêtu par l'empereur du commandement suprême de toutes ces forces. Il était entouré d'une garde nombreuse, armée de lances et de boucliers, dont tous les soldats étaient braves, et avaient une longue expérience du métier des armes. De plus, l'empereur lui avait donné par écrit le plein pouvoir de tout régler comme il le jugerait convenable, et avait ordonné que les décisions de Bélisaire auraient la même force que si elles émanaient de l'empereur lui-même; enfin cet écrit lui confiait la plénitude du pouvoir impérial. Bélisaire était originaire de la portion de la Germanie située entre la Thrace et l'Illyrie.

Cependant Gélimer, à qui Pudentius avait enlevé Tripoli et Godas la Sardaigne, n'espérant plus recouvrer la Tripolitaine parce que cette province était trop éloignée, et que les rebelles avaient reçu un renfort de troupes romaines, jugea convenable de différer l'expédition contre Tripoli, et de se hâter d'attaquer la Sardaigne avant qu'elle eût reçu des secours de l'empereur. Il choisit donc cinq mille de ses meilleurs soldats, cent vingt vaisseaux très-légers, et les envoya en Sardaigne, sous le commandement de son frère Tzazon. Ceux-ci, animés par le ressentiment de la perfidie de Godas, se portèrent sur cette île avec une ardeur extrême. L'empereur cependant fit partir d'avance Valérien et Martin, avec ordre d'attendre dans le Péloponèse le reste de la flotte [1].....

XII. Justinien, la septième année de son règne, aux approches du solstice d'été, fit approcher le vaisseau amiral du rivage qui bordait la cour du palais impérial. Le patriarche Épiphane y monta, et, après avoir imploré la bénédiction du ciel, il fit entrer dans le vaisseau un soldat nouvellement baptisé. Après cette solennité, Bélisaire mit à la voile avec sa femme Antonine, et Procope l'auteur de cette histoire, qui certes redoutait beaucoup d'abord les dangers de cette guerre; mais il fut dé-

---

[1] Nous omettons le reste du chapitre XI, qui est sans importance.

puis rassuré par un songe qui calma ses craintes, et le détermina à suivre cette expédition [1]....

Le vaisseau amiral fut suivi par toute la flotte, qui, ayant abordé à la ville d'Héraclée (anciennement Périnthe), s'y arrêta pendant cinq jours pour attendre un grand nombre de chevaux dont Justinien avait fait présent à Bélisaire, et qui avaient été choisis dans les haras impériaux de la Thrace. D'Héraclée la flotte se rendit au port d'Abydos, où le calme la retint quatre jours. Là, deux Massagètes s'étant enivrés, selon la coutume de ces peuples naturellement grands buveurs, tuèrent un de leurs camarades qui les avait irrités en leur lançant des brocards. Bélisaire les fit saisir, et pendre sur-le-champ à un arbre de la colline qui domine Abydos. Cet acte de sévérité révolta les Huns, et surtout les parents des meurtriers. Ils s'écriaient qu'en s'engageant au service des Romains, ils n'avaient pas prétendu s'assujettir aux lois romaines; que, suivant celles de leur pays, un emportement causé par l'ivresse n'était point puni de mort. Comme les soldats romains, qui étaient aussi bien aises que les crimes fussent impunis, joignaient leurs plaintes à celles des Massagètes, Bélisaire les assembla tous, et devant l'armée entière il leur parla ainsi [2] : « Êtes-vous donc de nouveaux
« soldats qui, faute d'expérience, se figurent qu'ils sont maîtres
« de la fortune? Vous avez plusieurs fois taillé en pièces des
« ennemis égaux en valeur et supérieurs en force. N'avez-vous
« pas appris que les hommes combattent, et que Dieu donne la
« victoire? C'est en le servant qu'on parvient à servir utilement
« le prince et la patrie; et le culte principal qu'il demande,
« c'est la justice. C'est elle qui soutient les armées, plus que
« la force du corps, l'exercice des armes, et tout l'appareil de
« la guerre. Qu'on ne me dise pas que l'ivresse excuse le crime :
« l'ivresse est elle-même un crime punissable dans un soldat,
« puisqu'elle le rend inutile à son prince et ennemi de ses
« compatriotes. Vous avez vu le forfait, vous en voyez le châ-

---

[1] Nous avons jugé inutile de rapporter le rêve de l'auteur.
[2] Pour plus de brièveté nous substituons au texte de Procope, pour toute la fin de ce chapitre, l'analyse de Lebeau, *Histoire du Bas-Empire*, t. VIII, p. 214, 215.

« timent. Abstenez-vous du pillage; il ne sera pas moins sévè-
« rement puni. Je veux des mains pures pour porter les armes
« romaines. La plus haute valeur n'obtiendra pas de grâce, si
« elle se déshonore par la violence et par l'injustice. » Ces paroles, prononcées avec fermeté, portèrent dans les cœurs une
impression de crainte qui contint les plus turbulents dans les
bornes du devoir.

XIII. Bélisaire cependant prit de grandes précautions pour
que la flotte restât toujours réunie, et abordât en même temps
dans le même lieu. Il savait qu'un grand nombre de vaisseaux,
surtout lorsque les vents soufflent avec violence, se séparent
pour l'ordinaire, s'écartent de leur route, et que les pilotes
ne savent plus lesquels ils doivent suivre des navires qui les ont
devancés. Après y avoir longtemps pensé, il employa ce moyen :
Il fit teindre en rouge le tiers des voiles du vaisseau amiral et
de deux autres qui portaient ses équipages; sur la poupe de
ces vaisseaux il fit placer des lampes suspendues à de longues
perches, afin que les vaisseaux du général pussent être reconnus
le jour et la nuit, et ordonna à tous les pilotes de les suivre
exactement. De cette manière, les trois vaisseaux dont j'ai
parlé servant de guide à la flotte, aucun des autres navires qui
la composaient ne s'écarta de sa route. Quand il fallait sortir
du port, on donnait le signal avec la trompette.

D'Abydos, ils arrivèrent à Sigée par un vent très-fort, qui
s'apaisa tout à coup et les porta doucement à Malée, où le
calme de la mer leur fut très-utile. Surpris par la nuit à l'entrée
de ce port extrêmement étroit, cette flotte immense et ses énormes vaisseaux furent mis en désordre, et coururent les plus
graves dangers. C'est là que les pilotes et les matelots déployèrent leur vigueur et leur habileté, en s'avertissant par
leurs cris, en écartant avec des perches les vaisseaux qui allaient se choquer, et en les maintenant à une juste distance. Ils
auraient eu, à mon avis, beaucoup de peine à se sauver eux
et leurs vaisseaux, s'il s'était élevé un souffle de vent, même favorable. Ayant échappé au danger, comme je l'ai dit, ils abordèrent à Ténare, nommée aujourd'hui Cænopolis; et ensuite à
Méthone, où ils trouvèrent Valérien et Martin qui étaient arri-

vés peu de temps avant eux. Le vent étant tombé tout à fait, Bélisaire y fit jeter l'ancre à sa flotte, débarquer les troupes, et passa en revue les chefs et les soldats. Le calme régnant toujours, il exerçait ses soldats aux manœuvres, lorsqu'une maladie, dont je vais expliquer les causes, se répandit dans l'armée.

Jean, préfet du prétoire, était un méchant homme, plus habile que je ne pourrais l'exprimer à trouver des moyens de grossir le trésor aux dépens de la vie des sujets de l'empire. J'en ai touché quelque chose dans les livres précédents de cette histoire ; je vais dire maintenant comment il causa la mort de plusieurs soldats. Le pain que l'on distribue à l'armée doit être mis deux fois dans le four, et cuit de manière à pouvoir se conserver longtemps sans se gâter. Le pain ainsi préparé est nécessairement plus léger ; aussi, dans les distributions, les soldats consentent-ils à une diminution du quart sur le poids ordinaire. Jean imagina un moyen d'économiser le bois, et de réduire le salaire des boulangers sans diminuer le poids du pain. Pour cela il fit porter la pâte dans les bains publics, et la fit placer au-dessus du fourneau dans lequel on allume le feu. Lorsqu'elle parut à peu près cuite, il la fit jeter dans des sacs, et charger sur les vaisseaux. Lorsque la flotte fut arrivée à Méthone, les pains étaient brisés, décomposés, réduits en farine, mais en une farine corrompue et couverte d'une moisissure fétide. Les commissaires des vivres mesuraient cette farine aux soldats, en sorte que le pain était distribué par chenices et par médimnes [1]. Une nourriture si malsaine, jointe à la chaleur du climat et de la saison, engendra bientôt une maladie épidémique, qui enleva cinq cents soldats en peu de jours. Le mal eût été plus grand, si Bélisaire n'en eût arrêté le cours en distribuant aux soldats du pain frais cuit à Méthone. Lorsque Justinien en fut instruit, il loua le général, mais sans punir le ministre.

De Méthone ils abordèrent à Zacynthe, et, après y avoir fait une provision d'eau suffisante pour traverser la mer Adriatique et s'être pourvus de tout ce qui leur était nécessaire, ils remirent à la voile ; mais ils eurent des vents si mous et si faibles,

---

[1] Mesures de capacité = à litres 1,084, et à 52,023.

que ce fut seulement au bout de seize jours qu'ils abordèrent à un endroit désert de la Sicile, voisin du mont Etna. Pendant ce long trajet, l'eau qu'on avait embarquée se corrompit, excepté celle que buvait Bélisaire et ceux qui vivaient avec lui. Celle-ci avait été conservée pure, grâce à l'ingénieuse précaution de la femme du général. Ayant rempli d'eau des amphores de verre, elle les plaça dans la cale du navire où les rayons du soleil ne pouvaient pénétrer, et les enfouit dans le sable. Par ce procédé l'eau se conserva parfaitement potable.

XIV. A peine descendu dans cette île, Bélisaire se trouva incertain et agité par mille pensées diverses; il ne connaissait ni le caractère ni la manière de combattre des Vandales qu'il attaquait; il ne savait pas même par quels moyens ni sur quel point il commencerait la guerre. Il était surtout vivement troublé de voir ses soldats frémir à la seule idée d'un combat naval, et déclarer sans rougir qu'ils étaient prêts à combattre avec courage, une fois débarqués; mais que si la flotte ennemie les attaquait, ils tourneraient le dos, parce qu'ils ne se sentaient pas capables de combattre à la fois les flots et les Vandales. Dans cette perplexité, Bélisaire envoie à Syracuse Procope, son conseiller, afin de s'informer si les ennemis n'avaient pas fait de dispositions, soit dans l'île, soit sur le continent, pour s'opposer au passage de la flotte romaine; sur quel point des côtes d'Afrique il serait préférable d'aborder, et par où il serait plus avantageux d'attaquer les Vandales. Il lui ordonna de venir, lorsqu'il aurait rempli sa mission, le rejoindre à Caucane, ville située à deux cents stades de Syracuse, où il se disposait à conduire toute sa flotte. Le but apparent de la mission de Procope était d'acheter des vivres, les Goths consentant à ouvrir leurs marchés aux Romains, en vertu d'un traité conclu entre Justinien et Amalasonthe, mère d'Atalaric, qui, ainsi que je l'ai raconté dans mon *Histoire de la guerre des Goths,* était devenu, encore enfant et sous la tutelle de sa mère, roi des Goths et de l'Italie. En effet, après la mort de Théodoric, le royaume d'Italie étant dévolu à son neveu Atalaric, qui avait déjà perdu son père, Amalasonthe, craignant pour l'avenir du jeune prince et de ses États, avait fait avec Justinien une alliance qu'elle entretenait par toute sorte de bons offices. Dans cette circonstance, elle avait promis de fournir des vivres à l'armée romaine, et fut fidèle à sa parole.

Procope, à peine entré à Syracuse, rencontra, par un heureux hasard, un de ses compatriotes qui avait été son ami d'enfance, et qui était établi depuis longtemps dans cette ville, où il s'occupait du commerce maritime. Cet ami lui apprit tout ce qu'il avait besoin de savoir. Il l'aboucha avec un de ses serviteurs arrivé depuis trois jours de Carthage, qui lui assura que la flotte romaine n'avait point d'embûches à craindre de la part des Vandales; qu'ils ignoraient entièrement l'approche des Romains, que même l'élite de l'armée vandale était occupée à réduire Godas; que Gélimer, ne soupçonnant aucun danger, sans inquiétude pour Carthage et pour les autres villes maritimes, se reposait à Hermione, ville de la Byzacène, à quatre journées de la mer [1]; que les Romains pouvaient naviguer sans redouter aucun obstacle, et débarquer sur le point de la côte où les pousserait le souffle du vent. Procope alors prend le domestique par la main, et tout en lui faisant diverses questions, en l'interrogeant soigneusement sur chaque chose, il l'amène au port d'Aréthuse, le fait monter avec lui sur son vaisseau, ordonne de mettre à la voile et de cingler rapidement vers Caucane. Le maître, qui était resté sur le rivage, s'étonnait qu'on lui enlevât ainsi son serviteur. Procope, du vaisseau, qui déjà était en marche, lui cria qu'il ne devait pas s'affliger; qu'il était nécessaire que son domestique fût avec le général, pour l'instruire de vive voix et pour guider la flotte en Afrique; qu'on le renverrait promptement à Syracuse avec une ample récompense.

En arrivant à Caucane, Procope trouva la flotte dans un grand deuil. Dorothée, commandant de l'Arménie, venait de

---

[1] Hermione, dont il est fait deux fois mention dans Procope (voir ci-dessous, ch. XVII) comme étant située dans la Byzacène, à quatre journées de la mer, est encore indéterminée. Cependant le récit de cet historien indique qu'elle était entre Syllecte et Carthage, à gauche de la grande route tracée entre ces deux villes. Car c'est en partant de Syllecte que Bélisaire prend ses précautions et fortifie sa gauche et son arrière-garde, soupçonnant que Gélimer allait partir d'Hermione pour l'attaquer par derrière, ce qu'il fit en effet.

mourir extrêmement regretté de tous ses compagnons d'armes. Bélisaire, à la vue du domestique, aux nouvelles qu'il apprit de sa bouche, manifesta une vive joie, et loua beaucoup Procope de le lui avoir amené. Aussitôt il commande aux trompettes de donner le signal du départ, aux matelots de hisser rapidement les voiles; et la flotte touche aux îles de Gaulos et de Malte, qui séparent la mer Adriatique de la mer Tyrrhénienne. Le lendemain, il s'éleva un vent d'est qui poussa la flotte sur la côte d'Afrique, à la ville que les Romains appellent Caput-Vada [1], d'où un bon marcheur peut se rendre en cinq journées à Carthage.

[1] Caput-Vada est aujourd'hui Ras Kapoudiah, dans le midi de la régence de Tunis. Bélisaire suivit sans doute ce point de débarquement, parce que la Tripolitaine était révoltée contre les Vandales [*], et occupée par un officier de Justinien. En cas de revers sur terre ou sur mer, il avait sa retraite assurée sur les provinces impériales de la Cyrénaïque et de l'Égypte. Gibbon, Lebeau et M. Saint-Martin n'ont pas fait cette observation, que Bélisaire, en général habile, dissimule dans son exposé des motifs de sa conduite [**]. Ce que l'orateur ne dit pas est, en général, le fond de sa pensée.

« Caput-Vada, dit Procope [***], est éloignée de Carthage de cinq journées de marche (soixante-cinq à soixante-dix lieues de poste [****] de deux mille toi-

[*] Procop., I, x, p. 347.
[**] I, xv, *Bell. Vandal.*
[***] I, xiv, p. 372.
[****] Voici notre calcul : la distance prise au compas entre le Ras Kapoudiah et le cap Carthage, positions bien déterminées, est 110,840 toises (cinquante-cinq lieues et demie de poste); pour les detours et les sinuosités du terrain nous ajoutons un sixième ou un septième : alors dans Procope la journée d'un bon piéton est de treize à quatorze lieues de poste, 26 à 28,000 toises, ou trente-cinq à trente-sept milles romains. Selon Shaw, *Travels* (p. 193, 217, traduction française). Kapoudiah est le *Caput-Vada* de Procope, l'*Ammonis Promontorium* de Strabon, le *Brachodes* de Ptolémée.

En estimant la journée de Procope à trente-cinq milles romains, on trouve la distance de Carthage à plusieurs villes donnée, dans son récit, par journées de marche :

	JOURNÉES.	MILLES ROMAINS.	LAPIE, en + 1/4 pour les sinuosités.	ITINÉRAIRE D'ANTONIN.
Theveste.......	6	210	217	195
Bulla.........	4	140	125	131
Sicca Veneria [*]...	3	105	137.5	152

Membresa, 350 stades de Carthage, de même que Grasse. Ces deux distances sont égales sur la carte de Lapie et dans Procope.

[*] Shaw place Sicca à 24 lieues à l'ouest sud-ouest de Tunis, ce qui est égal à 90 milles romains, p. 179, in-fol.

XV. Lorsque la flotte fut près de la côte, Bélisaire ordonna de serrer les voiles et de jeter les ancres..... Le débarquement des troupes s'opéra le troisième mois après leur départ de Constantinople. Bientôt Bélisaire ayant choisi sur le rivage l'emplacement du camp, ordonna aux soldats et aux matelots de creuser le fossé et d'élever les retranchements. On lui obéit sur-le-champ. Le nombre des travailleurs était considérable; leur zèle était excité tant par leurs propres craintes que par la voix et les exhortations du général; aussi, dans le même jour, le fossé et les glacis furent achevés, et les palissades plantées sur le retranchement. Par un hasard presque miraculeux, au moment où l'on creusait le fossé, il jaillit à la surface du sol une source abondante, jusqu'alors inconnue en ce lieu, et qui sembla une faveur du ciel, d'autant plus inespérée que cette partie de la Byzacène est extrêmement aride. Cette source suffit abondam-

---

ses) pour un voyageur leste et sans bagages : Πέντε ἡμερῶν ὁδὸν εὐζώνῳ ἀνδρὶ Καρχηδόνος διέχων.

Cette mesure est souvent indiquée par Procope, et peut être vérifiée sur plusieurs points. Elle diffère de plus de moitié en sus de la marche journalière d'une armée. Il fallait la déterminer avant d'entamer les recherches sur la géographie du pays et les expéditions en Zeugitane et en Numidie, décrites par Procope, qui en fit partie. Dans le discours d'Archélaüs *, la distance de Carthage à Iouca, Ouaca des manuscrits, Vacca près de Zéta ** d'Hirtius ***, ville placée à douze ou quinze lieues de Caput-Vada, est de neuf jours de marche pour l'armée ****; donc, en mettant deux marches pour l'armée entre Caput-Vada et Iouca ou Ouaca, on trouve le rapport de cinq à onze entre la journée du piéton leste et celle d'une armée avec vivres, bagages, tentes, armes, machines, etc. La première journée de marche est de Caput-Vada à Sullectum ***** (Sullecto), position bien fixée le long de la côte, et nommée jadis *la Tour d'Annibal*. La distance du cap à Sullecte est de douze minutes ou douze mille cinq cents toises; mais le camp était en avant, ce qui confirme toutes les estimations précédentes.

* I, xv.
** La position de cette ville est fixée par Strabon (lib. XVII, p. 831). Dans le voisinage de Thapsus, sont Zella et Acholla, villes libres. Zéta et Zella sont le même nom, un peu altéré dans la transcription des manuscrits.
*** Bell. Afr., c. LXXIV.
**** Ὃς ταύτην τὴν ἀκτὴν ἐννέα ἡμερῶν ὁδόν, λέγω δὲ εἰς Ἰούχην ἐκ Καρχηδόνος. Bell. Vand., I, xv.
***** Procope, Bell. Vand., I, xvi, p. 379. Plus loin, Procope (I, xvii, p. 382) dit que l'armée faisait quatre-vingts stades par jour, ὀγδοήκοντα σταδίους εἰς ἡμέραν, dans la marche sur Carthage. Le stade de Procope est de sept au mille romain; donc l'armée, avec ses bagages et tout son attirail de vivres, d'armes, de machines, faisait onze milles et demi romains = 8,094 toises. En résumé, la marche ordinaire de l'armée peut être évaluée de huit à neuf mille toises par jour.

ment à tous les besoins des hommes et des animaux. Procope félicita son général de cette heureuse découverte. Il se réjouissait, disait-il, de voir le camp abondamment pourvu d'eau, moins à cause des avantages qu'elle lui procurerait, que parce qu'elle était un présage certain, envoyé par Dieu même, de la facilité de la victoire; ce qui fut en effet prouvé par l'événement. L'armée passa la nuit suivante dans le camp, dont la sûreté fut garantie, suivant l'usage, par des patrouilles et des gardes avancées. Cinq archers seulement, par ordre de Bélisaire, veillèrent sur chacun des navires, qu'on fit aussi entourer par les vaisseaux de guerre, afin de les défendre en cas d'attaque.

XVI. Le lendemain, quelques soldats s'étant écartés dans la campagne pour y piller des fruits mûrs, le général les fit battre de verges, et prit cette occasion de représenter à son armée[1] « que le pillage, criminel en lui-même, était encore contraire à « leurs intérêts : que c'était soulever contre eux tous les habi- « tants de l'Afrique, Romains d'origine, et ennemis naturels « des Vandales. Quelle folie de compromettre leur sûreté et « leurs espérances par une misérable avidité! Que leur en « coûterait-il pour acheter ces fruits que les possesseurs étaient « prêts à leur donner presque pour rien? Vous allez donc avoir « pour ennemis les Vandales et les naturels du pays, et Dieu « même, toujours armé contre l'injustice. Votre salut dépend de « votre modération : celle-ci vous rendra Dieu propice, les Afri- « cains affectionnés, et les Vandales faciles à vaincre. »

Bélisaire, après ce discours, rompit l'assemblée. Apprenant ensuite qu'il y avait à une journée de son camp, sur la route de Carthage, une ville maritime nommée Syllecte[2], dont les remparts avaient été autrefois ruinés, mais dont les habitants avaient fortifié les maisons pour se défendre contre les incursions des Maures, il y envoya un de ses gardes nommé Moraïde, avec quelques soldats. Il lui ordonne d'essayer de surprendre cette ville, et s'il y réussissait, de ne faire aucun mal aux habitants;

---

[1] Discours analysé par Lebeau, *Histoire du Bas-Empire*, t. VIII, p. 222.
[2] Le nom de cette ville, un peu altéré, se conserve encore aujourd'hui dans celui de Salekto, petite ville maritime située à huit lieues environ au nord de Kapoudiah (la lieue de vingt-cinq au degré).

de leur donner au contraire de magnifiques promesses, et, pour ménager à l'armée romaine un favorable accueil, de déclarer qu'elle n'est venue que pour protéger contre les barbares la liberté de l'Afrique. Cette troupe arriva le soir dans un vallon voisin de la ville, où elle se tint cachée pendant toute la nuit. Au point du jour, ils se mêlèrent sans bruit aux paysans qui conduisaient leurs chariots vers la ville, y entrèrent avec eux, et s'en rendirent maîtres sans aucune difficulté. Quand le jour fut plus avancé, sans commettre aucun désordre, ils convoquèrent l'évêque et les principaux habitants, leur exposèrent les intentions de Bélisaire ; et les clefs des portes leur ayant été remises, d'un consentement unanime ils les envoyèrent à leur général.

Ce même jour, le directeur des postes livra volontairement tous les chevaux qui appartenaient au gouvernement. Un des courriers qui portent les ordres du prince (les Romains les nomment veredarii) fut arrêté, présenté à Bélisaire, qui le reçut avec bonté, lui fit un riche présent, et lui confia une lettre de Justinien aux Vandales, après avoir reçu de lui le serment qu'il la remettrait aux officiers civils et militaires du pays. Voici le contenu de cette lettre : « Nous ne prétendons pas faire « la guerre aux Vandales, ni rompre le traité de paix conclu « avec Genséric. Nous n'attaquons que votre tyran, qui, au « mépris du testament de Genséric, tient dans les fers votre roi « légitime, et qui, après avoir massacré une partie de la famille « royale, a fait crever les yeux à ses autres parents qu'il retient « en prison, et dont il ne diffère la mort que pour prolonger « leur torture. Aidez-nous donc à vous délivrer d'une si cruelle « tyrannie. Nous prenons Dieu à témoin que notre dessein est « de vous rendre la paix et la liberté. » Ces lettres ne produisirent aucun effet, parce que le courrier, n'osant pas les rendre publiques, se contenta de les communiquer à ses amis.

XVII. Bélisaire prit la route de Carthage avec son armée, rangée en ordre de bataille. Il choisit dans sa garde trois cents braves guerriers, et les mit sous le commandement de Jean, intendant de sa maison [1]. Celui-ci était Arménien de nation, d'une

---

[1] Procope dit que cette charge correspond, chez les Romains, à celle d'*op-*

prudence et d'une valeur à toute épreuve. Bélisaire lui ordonna de marcher en avant de l'armée, à vingt stades de distance, et s'il apercevait l'ennemi, d'en donner avis aussitôt, pour que l'armée ne fût pas forcée de combattre sans y être préparée. Sur la gauche il plaça les fédérés massagetes, avec ordre de se tenir toujours au moins à la même distance. Lui-même s'avança le dernier avec l'élite de l'armée, s'attendant à chaque instant que Gélimer, qui, pour l'observer, devait avoir quitté Hermione, viendrait fondre sur lui. Il n'appréhendait rien pour sa droite, puisqu'il côtoyait le rivage de la mer. Il commanda aux matelots de suivre toujours l'armée sans s'écarter de la côte, de serrer les grandes voiles, et de n'employer que les petites lorsqu'ils auraient le vent en poupe; si le vent tombait tout à coup, de se servir vigoureusement de leurs rames.

Arrivé à Syllecte, Bélisaire défendit aux soldats toute violence, toute insulte, et les contint dans la plus exacte discipline. Sa douceur et son humanité gagnaient si bien le cœur des Africains, que nous pûmes croire, à partir de ce moment, que nous traversions une des provinces de l'empire. Loin de s'éloigner et de rien cacher à notre approche, les habitants du pays nous apportaient des vivres et tout ce qui était nécessaire à l'armée. Jusqu'à Carthage, nous parcourûmes régulièrement quatre-vingts stades par jour [1], passant les nuits soit dans des villes, s'il s'en trouvait sur notre route, soit dans des camps entourés de toutes les fortifications que les circonstances nous permettaient d'établir. Ainsi, en passant par les villes de Leptis et d'Adrumète, nous arrivâmes à Grasse [2], située à trois cent cinquante stades de Carthage, et où se trouvait un palais des rois

tion, que Du Cange assimile aux commissaires des vivres. L'identité de ces deux fonctions ne nous semble pas clairement établie.

[1] Le stade employé par Procope dans le récit de la guerre des Vandales est de cent huit toises. L'armée parcourait donc huit mille six cent soixante toises, ou quatre lieues un quart.

[2] Leptis est aujourd'hui Lenta, nommée aussi Lamba. L'ancienne ville d'Adrumète est maintenant nommée Sousa. L'une et l'autre sont sur le bord de la mer, au nord de Kapoudiah et de Salecto. Quant à Grasse, où était un palais et un parc, παράδεισος, des rois vandales : c'est, nous le croyons, Faradise, anciennement Aphrodisium, que Shaw place à quelque distance au nord-ouest d'Adrumète. Du moins le nom est le même. Grasse n'est peut-être qu'une syncope d'Aphrodisium.

vandales, entouré des plus magnifiques jardins que nous eussions jamais vus. Ils étaient arrosés par de nombreuses sources, et plantés d'arbres chargés de fruits mûrs de toute espèce. Nos soldats se construisirent des huttes au milieu de ces vergers, et mangèrent de ces fruits jusqu'à satiété; mais il y eu avait une si grande abondance, qu'il paraissait à peine qu'on y eût touché.

Dès que Gélimer eut appris à Hermione l'arrivée des Romains, il écrivit à son frère Ammatas qui était à Carthage, et lui ordonna de faire mourir Ildéric, les parents et les amis de ce prince, qu'il gardait en prison; d'armer les Vandales et tout ce qui dans la ville était propre à la guerre, et de se tenir prêt à se porter sur Decimum, dans la banlieue de Carthage. De cette manière, lorsque l'ennemi se serait engagé dans cet étroit défilé, il serait enveloppé entre les deux armées, et pris comme dans un filet, sans aucun moyen de salut. Ammatas, suivant cet ordre, fit tuer Ildéric, Évagès, et tous ceux qui leur étaient attachés. Hoamer était mort quelque temps auparavant. Il fit prendre les armes aux Vandales, et les tint préparés à fondre sur les Romains. Gélimer marchait derrière nous, sans que nous en eussions connaissance. Mais, la nuit où nous campâmes à Grasse, les coureurs des deux armées se rencontrèrent, et, après une légère escarmouche, retournèrent chacun dans leur camp. Ce fut seulement alors que nous apprîmes que l'ennemi était près de nous. A partir de ce lieu, la flotte cessa d'être visible, parce que le promontoire en deçà duquel est située la ville de Mercure, et qui, bordé de rochers escarpés, s'avance au loin dans la mer, oblige les vaisseaux à faire un long circuit. C'est pourquoi Bélisaire ordonna au questeur de l'armée, Archélaüs [1], de ne pas aborder à Carthage, d'en tenir la flotte éloignée de deux cents stades, et de ne faire aucun mouvement que sur un ordre de lui. Nous arrivâmes en quatre jours de Grasse à Decimum, qui est éloigné de Carthage de soixante-dix stades [2].

XVIII. Ce jour-là, Gélimer détacha son neveu Gibamond

[1] Calonyme était commandant de la flotte. Cependant il paraît soumis à Archélaüs, qui était patrice, et intendant général de la flotte et de l'armée.
[2] Le nom seul de Decimum, que Procope met à soixante-dix stades de Carthage, prouve que son stade est de sept au mille romain.

avec deux mille Vandales, et lui ordonna de se porter en avant sur la gauche. Par cette manœuvre il espérait envelopper les Romains, qui auraient Ammatas devant eux, Gibamond à leur gauche, et derrière eux Gélimer avec le gros de l'armée..... Certainement si Bélisaire n'avait pris les sages dispositions que nous avons rapportées [1], s'il n'eût fait marcher Jean l'Arménien en avant de l'armée, et les Massagètes à une certaine distance sur la gauche, l'armée entière eût été la proie des Vandales. Et même, malgré ces sages précautions de Bélisaire, si Ammatas eût attendu le moment favorable, s'il n'eût attaqué quatre heures trop tôt, la puissance des Vandales n'aurait pas croulé aussi rapidement. Mais Ammatas, emporté par son impatience, arriva vers midi à Decimum, lorsque notre armée et celle des Vandales en étaient encore éloignées. Ce ne fut pas la seule faute qu'il commit : il y joignit celle de laisser à Carthage le plus grand nombre de ses Vandales, auxquels il ordonna seulement de marcher au plus vite vers Decimum, et celle d'oser attaquer l'avant-garde de Jean avec quelques cavaliers qui n'étaient même pas l'élite de ses troupes. Ammatas tua, à la vérité, de sa main douze de nos plus braves soldats qui combattaient au premier rang; mais enfin il fut tué lui-même, après avoir vaillamment combattu. Effrayés par la mort de leur chef, les Vandales prirent aussitôt la fuite; et cette fuite précipitée jeta le trouble et la terreur parmi ceux qui venaient de Carthage à Decimum, et qui accouraient sans ordre, sans garder leurs rangs, par bandes, par pelotons de vingt ou trente au plus. Ceux-ci voyant la confusion et l'effroi des Vandales qui avaient suivi Ammatas, les crurent poursuivis par toute l'armée romaine : ils tournèrent le dos eux-mêmes, et se mirent à fuir avec rapidité. Jean et ses braves cavaliers poursuivirent les fuyards jusqu'aux portes de Carthage, massacrant tout ce qui se trouvait devant eux; et dans cet espace de soixante-dix stades il en fit un si grand carnage, qu'on aurait pu croire que les vainqueurs étaient pour le moins au nombre de vingt mille.

Au même moment, Gibamond et les deux mille hommes qu'il

---

[1] *Voy.* plus haut, p. 245.

commandait arrivèrent dans la plaine salée qui est à main gauche du chemin de Carthage et à quarante stades de Decimum. Cette plaine, entièrement stérile, dépourvue d'arbres et d'habitations, ne fournit que du sel ; la salure de ses eaux s'oppose à toute autre espèce de productions[1]. Gibamond y rencontra les Massagètes, qui lui firent éprouver un terrible échec. Il y avait parmi eux un officier remarquable par sa vigueur et par sa bravoure, qui ne commandait qu'à un petit nombre d'hommes, mais qui possédait le privilége héréditaire, partout où combattait sa nation, d'attaquer le premier l'ennemi. En effet, il n'était permis à aucun Massagète de lancer une flèche contre leurs adversaires, que lorsqu'un guerrier de cette famille avait engagé le combat. Lorsque les deux troupes furent en présence, cet officier, ayant poussé son cheval, s'avança, tout seul, près de la ligne des Vandales. Ceux-ci ne firent pas un mouvement, ne lancèrent pas un trait sur le Massagète, soit qu'ils fussent stupéfaits de son audace, soit qu'ils crussent que c'était un piége tendu par l'ennemi. Pour moi, je pense que, ne s'étant jamais mesurés avec les Massagètes, mais instruits par la renommée de la bravoure de cette nation, ils tremblèrent à l'idée d'en venir aux mains avec eux. L'officier retourne vers les siens, et leur crie que Dieu leur livre ces étrangers comme une proie toute prête à être dévorée. Les Vandales ne soutinrent même pas le choc des Massagètes ; ils rompirent leurs rangs, et sans opposer la moindre résistance ils furent honteusement massacrés jusqu'au dernier.

XIX. Cependant nous marchions toujours vers Decimum, sans rien savoir de ce qui s'était passé. Bélisaire ayant reconnu, à trente-cinq stades de ce défilé, une position favorable pour établir un camp, l'entoura de bons retranchements, y laissa sa femme, ses bagages, son infanterie tout entière ; et, après avoir exhorté ses soldats à montrer dans les combats leur vigueur accoutumée, se porta en avant, suivi de toute la cavalerie. Il ne crut pas à propos de hasarder d'abord toutes ses troupes ; il jugea plus pru-

[1] Ces plaines salées sont, à n'en pas douter, les lagunes saumâtres de la Sebka, située au nord-ouest de Carthage. (*Voyez* le plan de Carthage par M. Falbe. Voy. la *Topographie de Carthage*, p. 167.)

dent d'éprouver par quelques escarmouches de cavalerie les forces de l'ennemi, avant d'en venir à une action générale. Il fit prendre les devants aux corps des fédérés, et les suivit lui-même avec sa garde et la cavalerie romaine. Lorsque les fédérés furent arrivés à Decimum, ils virent étendus par terre les douze guerriers de la troupe de Jean, qu'Ammatas avait tués; et à côté de ces cadavres, ceux d'Ammatas et de quelques Vandales. Ayant appris des habitants du voisinage ce qui s'était passé en cet endroit, ils restèrent incertains sur le point où ils devaient diriger leur marche. Tandis que, dans cette indécision, ils exploraient, du haut des collines, tout le pays d'alentour, ils aperçurent au midi un épais nuage de poussière, et bientôt un grand nombre de cavaliers vandales. A l'instant ils envoient un courrier à Bélisaire; ils lui mandent que les ennemis approchent, et qu'il se hâte d'arriver. Les chefs furent partagés d'opinion; les uns voulaient marcher droit aux Vandales, les autres ne se jugeaient pas assez forts pour une entreprise aussi périlleuse. Pendant ces discussions, les barbares approchaient, Gélimer à leur tête; ils marchaient entre la cavalerie de Bélisaire et le corps des Massagètes qui avait défait Gibamond. Mais les nombreuses collines entre lesquelles s'avançait Gélimer lui cachaient à la fois et le champ de bataille où Gibamond avait été défait, et le camp de Bélisaire, et même la route que suivait ce général[1]. Lorsque les Vandales et les fédérés se furent rapprochés, ils se disputèrent la possession d'une colline très-élevée, qui leur paraissait offrir une position favorable soit pour s'y retrancher, soit pour fondre sur l'ennemi. Les Vandales, gagnant de vitesse, occupent les premiers la hauteur; et, repoussant leurs ennemis déjà saisis d'épouvante, ils les forcent à prendre la fuite. Les fuyards rencontrèrent, à sept stades de Decimum, huit cents gardes de Bélisaire, commandés par Uliaris. Personne ne doutait qu'Uliaris ne tînt ferme lorsqu'il aurait reçu les fédérés dans ses rangs, et que même il ne chargeât avec eux contre les Vandales. Mais lorsque les deux

---

[1] Les collines sont les coteaux d'Arrianah, dont M. Falbe a fait la hauteur à cinq cents pieds, et qu'il a figurés sur ses cartes, pl. II. Voy. *Topographie de Carthage*, p. 167, note, et ma planche IV dans le même ouvrage.

troupes se furent mêlées, elles se mirent à fuir ensemble, se sauvèrent à bride abattue, et rejoignirent le corps commandé par Bélisaire.

Je ne puis m'expliquer comment Gélimer, qui tenait la victoire entre ses mains, la livra en quelque sorte à ses ennemis;.... car il me semble certain que, s'il eût poursuivi vivement les fuyards, Bélisaire lui-même n'aurait pu résister; et il eût fallu renoncer à soumettre l'Afrique, tant l'armée vandale paraissait puissante, tant l'armée romaine était effrayée! Si même Gélimer eût marché droit à Carthage, il eût facilement passé au fil de l'épée tous les soldats de Jean l'Arménien, qui, sans défiance, erraient dispersés dans la plaine et s'occupaient à dépouiller les morts. Bien plus, il eût conservé sa capitale et ses trésors, et en s'emparant de notre flotte, qui n'en était pas éloignée, il nous eût enlevé tout moyen de victoire ou de retraite. Mais il ne prit aucun de ces deux partis. Il descendit lentement de la colline dans la plaine; et là, ayant aperçu le cadavre de son frère, il s'abandonna aux regrets et aux pleurs, perdit beaucoup de temps à lui rendre les honneurs funèbres, et laissa échapper ainsi une occasion qu'il ne put jamais ressaisir. Bélisaire s'avance au-devant des fuyards, leur ordonne de s'arrêter, rétablit l'ordre parmi eux, et leur adresse de sanglants reproches. Ensuite, ayant appris la défaite d'Ammatas, le succès de Jean l'Arménien, et s'étant pleinement instruit de la situation des lieux et de l'état de l'ennemi, il s'élance contre Gélimer et les Vandales. Ces barbares, qui étaient en désordre et ne s'attendaient pas à cette attaque imprévue, ne soutinrent pas le premier choc, et s'abandonnèrent à une fuite précipitée; il en périt un grand nombre, et la nuit seule mit fin au carnage. Ils ne se retirèrent même pas à Carthage ni dans la Byzacène, d'où ils étaient venus; mais ils dirigèrent leur fuite vers la plaine de Bulla, par la route qui conduit en Numidie[1]. Au coucher du

---

[1] La plaine de Bulla, dit plus loin Procope (II, 15), est située sur les confins de la Numidie, à quatre jours de marche de Carthage pour un bon piéton. La distance prise au compas entre Carthage et Bulla, position fixée par saint Augustin (*epist.* LXV, ad Xantipp.), l'*Itinéraire* d'Antonin (p. 43, éd. Wesel.) et l'Arabe Békri (*Notice des manuscrits*, t. XII, p. 508), est d'un degré vingt minutes, quatre-vingt trois mille trois cent trente-trois toises;

soleil, Jean et les Massagètes vinrent nous rejoindre, apprirent avec joie notre victoire, nous racontèrent leurs exploits, et passèrent avec nous la nuit à Decimum.

XX. Le lendemain, arriva l'infanterie avec Antonine, femme de Bélisaire; et tous ensemble nous marchâmes vers Carthage. Nous y arrivâmes le soir; et quoique personne ne s'opposât à notre entrée dans la ville, nous choisîmes, hors des murs, une position convenable pour y passer la nuit. Les portes étaient ouvertes; les Carthaginois avaient illuminé les édifices publics; la ville fut toute la nuit éclairée par des feux de joie, et les Vandales qui étaient restés dans ses murs se prosternaient en suppliants dans les églises. Toutefois Bélisaire fit défense d'entrer dans la ville, soit qu'il redoutât quelque piége caché, soit qu'il craignît que la nuit ne favorisât le pillage.

Le même jour, nos vaisseaux, poussés par un vent favorable, doublèrent le promontoire de Mercure [1]. Aussitôt que les Carthaginois les aperçurent, ils s'empressèrent de leur ouvrir l'entrée du port appelé Mandracium [2], en ôtant les chaînes de fer qui le fermaient. Il y avait dans le palais du roi une prison obscure [3], où le tyran jetait tous ceux qui avaient le malheur de lui déplaire. Gélimer y tenait alors renfermés plusieurs marchands byzantins, qu'il accusait d'avoir excité l'empereur à la guerre; et il avait commandé de les faire mourir le même jour qu'Ammatas fut tué à Decimum.... Lorsque le geôlier eut appris les événements survenus à Decimum, et qu'il eut vu la flotte romaine en deçà du promontoire, il entra dans la prison, où les marchands plongés dans les ténèbres, et ignorant les succès de

ce qui confirme l'évaluation de treize à quatorze lieues que nous avons faite de la journée de marche du piéton. Car il faut ajouter un quart pour les détours et le relief du terrain. Le nom actuel de Bulla est Bull. Quant à la route de Numidie, c'est probablement la voie romaine de Carthage à Théveste, construite par Adrien; fait curieux que nous apprend une inscription (Gruter, p. 208, n. 3; Shaw, t. I, p. 197) transportée de Carthage à Tunis : HADRIANUS... TRIB. POT. VII COS. III VIAM A CARTHAGINE THEVESTEM STRAVIT PER LEG. III. AUG. *Voy.* ma *Topographie de Carthage*, p. 146.

[1] Le cap Bon, nommé aussi Bas-Addar.

[2] Le port appelé Mandracion par Procope paraît être le même que le Cothon, ou port intérieur de l'ancienne Carthage. *Voy.* ma *Topographie de Carthage*, p. 65.

[3] Les Carthaginois l'appelaient Ancône.

l'armée byzantine, attendaient dans les angoisses l'heure de leur supplice : « Que me donnerez-vous, leur dit-il, pour racheter votre vie et votre liberté? » Ceux-ci promirent de lui donner tout ce qu'il exigerait. Lui, ne demanda ni or ni argent ; il se contenta de leur faire promettre avec serment qu'une fois rendus à la liberté, ils le protégeraient de tout leur pouvoir dans les dangers qu'il pourrait courir. Ils acceptèrent avec joie cette condition. Le geôlier alors leur exposa l'état des affaires, ouvrit une fenêtre qui donnait sur la mer, leur montra la flotte romaine qui approchait, brisa leurs fers, et sortit de la prison avec eux.

Cependant les commandants de la flotte, n'ayant encore rien connu de ce qu'avait fait l'armée, ne savaient à quel parti s'arrêter. Ils serrent donc les voiles, et dépêchent un messager à la ville de Mercure; ils apprirent ainsi la victoire de Decimum, et, pleins de joie et d'espérance, continuèrent leur navigation. Lorsque, poussés par un vent favorable, ils furent arrivés à cent cinquante stades de Carthage, Archélaüs et ses soldats, respectant les ordres de Bélisaire, voulurent qu'on jetât l'ancre à l'endroit où l'on se trouvait. Les marins s'y opposèrent; ils représentèrent que la côte était dangereuse ; que, suivant l'opinion générale, ils allaient avoir à subir cette tempête furieuse que les habitants du pays appellent Cyprienne[1] ; ils ajoutaient (et c'était la vérité) que si l'ouragan les surprenait sur cette côte, ils ne sauveraient pas un seul de leurs vaisseaux. Ils ployèrent donc pour un moment les voiles, et, après avoir délibéré sur le parti qu'ils devaient prendre, ils résolurent de ne pas essayer d'entrer dans le Mandracium, tant pour obéir aux ordres de Bélisaire, que parce qu'ils croyaient le port fermé par des chaînes, et que d'ailleurs ils ne le jugeaient pas assez vaste pour contenir la flotte tout entière. Le lac de Tunis leur sembla plus commode; il n'était éloigné de Carthage que de quarante stades ; aucun obstacle n'en obstruait l'entrée, et sa vaste enceinte devait renfermer aisément toute la flotte. Ils se diri-

---

[1] Parce qu'elle arrivait tous les ans, vers l'époque de la fête de saint Cyprien, qui était le 16 septembre, c'est-à-dire un peu avant l'équinoxe d'automne.

gèrent donc vers le lac, les flambeaux allumés, et y entrèrent tous, excepté Calonyme et quelques marins qui, au mépris des ordres du général et de la résolution arrêtée par le conseil, s'introduisirent clandestinement, sans rencontrer aucun obstacle, dans le Mandracium, et dépouillèrent les négociants carthaginois ou étrangers qui avaient leur demeure sur le bord de la mer.

Le jour suivant, Bélisaire fit débarquer les soldats de marine, les joignit à ses troupes, et marcha vers Carthage avec toute son armée, disposée comme pour un jour de bataille; car il redoutait toujours quelque embûche de la part de l'ennemi. Avant d'entrer dans la ville, il rappela longuement aux soldats qu'ils étaient redevables de leurs succès à leur modération envers les Africains; il les engagea à conserver une exacte discipline, surtout à Carthage; à se souvenir que les Africains, qui avaient tous les mœurs et la langue romaine, et avaient subi malgré eux le joug des Vandales, avaient été cruellement traités par ces barbares; que c'était pour les en délivrer que l'empereur avait entrepris la guerre; que ce serait un crime de maltraiter des peuples qu'ils étaient venus mettre en liberté. Après cette exhortation, il entra dans Carthage, où il ne trouva point de résistance, et monta au palais, où il s'assit sur le trône de Gélimer. Là, les marchands, et d'autres Carthaginois dont les maisons bordaient le rivage de la mer, entourèrent en foule le général romain, demandant justice à grands cris contre les marins qui les avaient pillés la nuit précédente. Bélisaire exigea de Calonyme le serment de rapporter exactement tout ce qui avait été pris. Calonyme jura, et, manquant à la foi donnée, retint une grande partie des sommes qu'il avait volées. Mais il ne tarda pas à expier son parjure. Frappé d'apoplexie à Byzance, il perdit complétement la raison, et mourut après s'être coupé la langue avec les dents.

XXI. L'heure du dîner étant arrivée, Bélisaire ordonna qu'on le servît dans la même salle où Gélimer avait coutume de donner des festins aux principaux chefs des Vandales, et il admit à sa table les officiers les plus distingués de son armée. Le jour précédent, par un hasard singulier, on avait fait pour Gélimer les apprêts d'un grand repas : ce fut ce repas même qui fut servi devant nous. Bien plus, ce furent les serviteurs de Gélimer qui nous présentèrent les mets, qui remplirent nos coupes, et qui s'acquittèrent, en un mot, de tout le service de la table. Il semble que la fortune, en cette occasion, se faisait gloire de montrer l'empire absolu qu'elle exerce sur les affaires humaines, et qu'une possession durable n'est pas le partage de l'humanité. Ce jour-là, Bélisaire obtint une gloire qui l'éleva au-dessus nonseulement de ses contemporains, mais encore des plus grands généraux de l'antiquité. Jamais alors les soldats romains, quelque faible que fût leur nombre, n'entraient dans une ville ennemie sans y commettre du désordre, surtout lorsque la place avait été surprise. Bélisaire sut si bien contenir toutes ses troupes, que les habitants de Carthage n'eurent à supporter ni injures ni menaces, que leur commerce ne fut pas un instant suspendu, et que dans une ville prise, qui venait de changer de gouvernement et de maître, les boutiques restèrent constamment ouvertes. Les officiers municipaux de la ville distribuèrent des billets de logement aux soldats, qui achetèrent leurs vivres, et se retirèrent tranquillement dans les maisons qu'on leur avait assignées.

Bélisaire ensuite, ayant promis sûreté aux Vandales qui s'étaient réfugiés dans les églises, s'occupa de réparer les murs de la ville, que la négligence des rois avait laissés tomber en ruines, et dont les brèches offraient à l'ennemi un passage facile. Les Carthaginois prétendaient que Gélimer ne s'était pas enfermé dans Carthage, parce qu'il n'avait pas cru avoir assez de temps pour réparer les remparts, de manière à garantir la sécurité de la place.....

XXIII. Pendant ce temps, Gélimer, qui, par son affabilité et ses largesses, avait gagné la plus grande partie des paysans africains, les détermina, en leur promettant une certaine somme d'or pour chaque meurtre, à massacrer tous les Romains qu'ils trouveraient répandus dans la campagne. Ceux-ci tuèrent donc un grand nombre non pas à la vérité de soldats romains, mais d'esclaves et de valets de l'armée, que l'espoir du butin attirait dans les villages, où ils se laissaient surprendre. Les paysans rapportaient les têtes à Gélimer, qui en payait le prix convenu, comme si elles eussent réellement appartenu à des soldats de l'armée.

Ce fut alors que Diogène, officier des gardes de Bélisaire, se distingua par une action mémorable. Envoyé avec vingt-deux cavaliers pour reconnaître l'ennemi, il s'était arrêté dans un bourg à deux journées de Carthage. Les habitants, n'étant pas assez forts pour s'en défaire, dénoncèrent son arrivée à Gélimer. Celui-ci expédia sur-le-champ trois cents cavaliers vandales, tous hommes d'élite, et leur ordonna de saisir et de lui amener vivants l'officier des gardes de Bélisaire et les vingt-deux soldats qu'il commandait. Il attachait une grande importance à tenir entre ses mains de tels prisonniers. Cependant Diogène et ses compagnons entrèrent dans une maison du bourg, s'établirent dans les étages supérieurs, et s'y livrèrent au sommeil, croyant n'avoir rien à craindre des ennemis, qu'on leur avait dit très-éloignés. Les Vandales, arrivés pendant la nuit, ne jugèrent pas à propos de briser les portes et de faire irruption dans la maison avant le jour, craignant de se blesser les uns les autres dans la confusion d'un combat nocturne, et de laisser aux ennemis le moyen de s'échapper à la faveur des ténèbres. Cette résolution leur était dictée par la crainte, qui leur enlevait le jugement. Il leur eût été facile en effet, soit avec des flambeaux, soit même dans l'obscurité, de s'emparer de leurs adversaires, qui non-seulement étaient sans armes, mais encore couchés tout nus dans leurs lits ; et néanmoins ils se contentèrent d'investir la maison et de placer des gardes devant les portes. Cependant un des soldats romains s'était réveillé ; et, prêtant l'oreille au bruit sourd que produisaient les armes des Vandales et le chuchotement de leurs voix, il en devina la cause. Aussitôt il réveille sans bruit ses compagnons l'un après l'autre, et leur fait part de ce qui se passait. Sur l'ordre de Diogène, ils revêtent en silence leurs habits et leurs armes, descendent sans être aperçus, brident leurs chevaux, se mettent en selle, et se tiennent quelques instants immobiles derrière les portes de la cour. Tout à coup les portes s'ouvrent, et les Romains s'élancent sur les gardes. Se couvrant de leurs boucliers, et repoussant avec leurs piques les Vandales qui essayent de les arrêter, ils pressent vivement leurs chevaux, et s'échappent à travers leurs ennemis. Diogène sauva ainsi sa troupe, dont il ne perdit que deux cavaliers. Il reçut lui-même au cou et au visage trois blessures qui le mirent en danger de mort, et une quatrième à la main gauche, qui lui enleva l'usage du petit doigt.

Cependant Bélisaire, payant libéralement les terrassiers et les autres ouvriers, entoura Carthage d'un fossé profond et d'une forte palissade, fit réparer solidement les brèches, reconstruire les parties faibles des murailles; et tout cela en si peu de temps, que les Carthaginois et Gélimer plus tard en furent étonnés. Lorsque le prince vandale fut pris et conduit à Carthage, il resta stupéfait à la vue de ses nouveaux remparts, et il attribua tous ses malheurs à sa seule négligence.

XXIV. Tzazon, frère de Gélimer, ayant abordé en Sardaigne avec sa flotte, comme je l'ai dit plus haut [1], descendit au port de Calaris, prit la ville d'assaut, tua le tyran Godas, et passa tous ses partisans au fil de l'épée. Il apprit alors l'arrivée de la flotte romaine en Afrique; mais, ignorant encore ce qui s'y était passé, il écrivit à Gélimer en ces termes : « Roi des Van-
« dales et des Alains, l'usurpateur Godas a payé la peine de ses
« forfaits : nous sommes maîtres de l'île entière. Célèbre notre
« victoire par des fêtes. Quant aux ennemis qui ont osé envahir
« notre territoire, leur audace ne sera pas plus heureuse que
« n'a été celle de leurs pères. » Ceux qui étaient chargés de cette lettre entrèrent dans le port de Carthage sans concevoir aucune défiance. Conduits par les gardes en présence de Bélisaire, ils lui remirent la lettre, et lui donnèrent tous les renseignements qu'il demanda. La stupeur dont ils furent frappés à la vue d'une révolution si subite et d'un changement si extraordinaire les empêcha de déguiser la vérité. Du reste, Bélisaire ne prit contre eux aucune mesure de rigueur.....

Cyrille, qui s'était approché des côtes de Sardaigne [2], ayant appris le désastre de Godas, dirigea sa navigation vers Carthage,

---

[1] Chap. xi.
[2] Ibid.

où il trouva Bélisaire et l'armée victorieuse. Le général dépêcha Salomon vers l'empereur, pour l'informer de ses heureux succès.

XXV. Non loin des frontières de la Numidie, dans la plaine de Bulla, éloignée de quatre journées de Carthage, Gélimer rassembla tous les Vandales et les Maures qu'il avait pu rallier à sa cause. Ceux-ci étaient en petit nombre et sans chef; car ceux qui commandaient aux Maures dans la Byzacène, la Numidie et la Mauritanie, avaient envoyé des ambassadeurs à Bélisaire pour lui offrir le secours de leurs armes, et l'assurer de leur soumission à l'empereur. Plusieurs d'entre eux donnèrent même à Bélisaire leurs enfants en otages, et voulurent recevoir de lui les insignes de la royauté. C'était un ancien usage que les princes maures, quoique ennemis des Romains, ne prissent la qualité de rois qu'après avoir reçu de l'empereur une sorte d'investiture; et parce que depuis la conquête ils ne la tenaient que de la main des Vandales, ils ne se croyaient pas solidement établis. Ces ornements étaient un sceptre d'argent doré, un diadème d'argent orné de bandelettes, un manteau blanc attaché sur l'épaule droite par une agrafe d'or, dans la forme d'une chlamide thessalienne, une tunique blanche peinte de diverses figures, et enfin des brodequins parsemés de broderies d'or. Tels furent les présents que Bélisaire envoya à chaque prince maure; il y ajouta une grande somme d'argent. Cependant aucun d'eux ne lui fournit des troupes; ils n'osèrent néanmoins se joindre aux Vandales, et, se renfermant dans une stricte neutralité, ils attendirent l'issue de la guerre.

Cependant Gélimer dépêcha l'un de ses Vandales, chargé d'une lettre, avec ordre de la porter en Sardaigne à son frère Tzazon. Le messager, à peine arrivé au bord de la mer, trouva un vaisseau prêt à partir, qui le transporta au port de Calaris; et il remit à Tzazon la lettre du roi, dont voici la substance [1] :

« Ce n'est pas Godas, c'est la colère divine qui nous a enlevé
« la Sardaigne, pour vous séparer de nous et pour détruire plus
« facilement la maison de Genséric, en lui ôtant le secours de
« votre valeur et l'élite de nos guerriers. Votre départ a rendu

---

[1] Lebeau, *Histoire du Bas-Empire*, t. VIII, p. 239.

« Justinien maître de l'Afrique. Nos désastres font bien sentir
« que le ciel avait résolu notre perte. Bélisaire n'est descendu
« qu'avec peu de troupes ; mais le courage des Vandales a disparu,
« et notre fortune est détruite. Ammatas et Gibamond ne sont
« plus ; nos villes, nos ports, Carthage et l'Afrique entière sont
« aux ennemis. Les Vandales, insensibles à la perte de leurs biens,
« de leurs femmes et de leurs enfants, paraissent s'être oubliés
« eux-mêmes. Il ne nous reste que la plaine de Bulla, où nous
« vous attendons comme notre dernière ressource. Laissez là
« le tyran, abandonnez-lui la Sardaigne ; venez nous joindre
« avec vos braves soldats. Venez, mon frère ! En réunissant nos
« forces, nous réparerons nos infortunes, ou nous les adouci-
« rons en les partageant ensemble. »

Quand Tzazon eut lu cette lettre et qu'il l'eut communiquée aux autres Vandales, ce ne fut parmi eux que plaintes et que regrets. Néanmoins ils ne laissaient pas leur douleur éclater en public, ils s'observaient devant les habitants de l'île, et ce n'était qu'entre eux qu'ils donnaient un libre cours à leurs larmes. Après avoir mis ordre aux affaires de Sardaigne le plus promptement qu'il fut possible, ils montèrent sur leurs vaisseaux, mirent à la voile, et arrivèrent en trois jours sur la côte d'Afrique, au point qui sépare la Numidie de la Mauritanie [1]. De là ils se rendirent à pied dans la plaine de Bulla, où ils se joignirent aux restes de l'armée vandale. Ce fut une douloureuse entrevue, dont j'essayerais vainement de donner une idée par des paroles : un ennemi même, s'il en eût été témoin, n'aurait pu s'empêcher de pleurer sur le sort des Vandales et sur les misères de l'humanité. Gélimer et Tzazon se tenaient étroitement embrassés ; pas un mot ne s'échappait de leur bouche ; ils ne pouvaient que se serrer les mains, et s'arrosaient mutuellement de leurs larmes. Les Vandales des deux armées s'abordèrent avec le même désespoir : attachés les uns aux autres et ne pouvant se séparer, ils se rassasiaient de la triste consolation de se com-

---

[1] Ce point, vaguement désigné par l'auteur byzantin, doit être voisin de l'Hippi Promontorium (Ras-el-Hamrah), près d'Hippone ou Bone, qui séparait alors la Numidie de la Mauritanie Sitifisienne. Lebeau, Gibbon et Saint-Martin ont tous négligé d'éclaircir cette position.

muniquer leurs douleurs. Le sentiment de leurs disgrâces présentes avait absorbé tous les autres; ils ne se demandaient rien les uns de la Sardaigne, les autres de l'Afrique, dont leur situation même annonçait assez les malheurs. Ils ne s'informaient ni de leurs femmes ni de leurs enfants, persuadés que ceux qu'ils ne voyaient plus autour d'eux étaient ou plongés dans la tombe, ou dans les fers de leurs ennemis.

LIVRE DEUXIÈME.

I. Dès que Gélimer eut réuni tous ses Vandales, il marcha vers Carthage avec son armée. Arrivés près de la ville, ils coupèrent l'aqueduc, ouvrage d'une structure admirable [1], y restèrent campés pendant quelque temps, et se retirèrent ensuite lorsqu'ils virent que l'ennemi se tenait obstinément renfermé dans ses murailles. Ils se divisèrent alors en plusieurs corps, et occupèrent toutes les routes, dans l'espérance de réduire Carthage par la famine. Ils ne pillaient ni ne ravageaient les campagnes; ils les ménageaient et les conservaient au contraire comme leur patrimoine. Gélimer comptait encore sur quelque trahison en sa faveur de la part des Carthaginois, et même des soldats ariens de l'armée de Bélisaire. Il avait fait aussi de grandes promesses aux chefs des Massagètes, pour les attirer sous ses drapeaux. Ces barbares, peu affectionnés à l'empire, ne se soumettaient qu'à regret au service militaire, car ils affirmaient qu'ils avaient été attirés à Constantinople par un serment du général Pierre, qui s'était ensuite parjuré. Ils avaient donc accédé aux propositions des Vandales, et promis que, lorsque le combat serait engagé, ils tourneraient leurs armes contre les Romains. Bélisaire, instruit par les transfuges de ces menées secrètes, ne voulut pas se hasarder à faire de sortie contre l'ennemi avant d'avoir achevé la réparation des murailles, et affermi son pouvoir dans l'intérieur de la ville. D'abord il fit pendre, sur une colline voisine de Carthage, un citoyen nommé

---

[1] J'ai cru devoir attribuer à l'empereur Adrien, dans mes *Recherches sur la topographie de Carthage*, la construction de ce grand monument hydraulique, qui, depuis la montagne de Zaghocian jusqu'à cette ville, parcourt une distance de vingt lieues. Voy. ma *Topographie de Carthage*, p. 156-159, et la dissertation de M. Dusgate, *ibid.*, p. 259 et suiv.

Laurus, qui avait été convaincu de trahison par le témoignage de son secrétaire. Cet exemple porta l'épouvante dans tous les cœurs, et y étouffa tous les germes de trahison. Enfin il sut si bien gagner les Massagètes en les admettant à sa table, en les comblant de présents et de caresses, qu'il obtint d'eux-mêmes l'aveu des promesses que leur avait faites Gélimer, et de la défection qu'ils avaient méditée. Ces barbares ne lui dissimulèrent pas qu'ils ne se sentaient pas beaucoup de zèle pour cette guerre, parce qu'ils craignaient que les Romains, même après la ruine des Vandales, ne leur permissent pas de retourner dans leur patrie, et ne les contraiguissent à vieillir et à mourir sur le sol africain. Ils témoignèrent aussi la crainte d'être privés de leur part dans le butin. Alors Bélisaire leur engagea sa parole que, la guerre finie, il les renverrait aussitôt dans leur pays avec tout leur butin; et, à leur tour, ils jurèrent qu'ils le serviraient avec zèle et fidélité.

Bélisaire ayant tout remis en bon ordre et terminé la reconstruction des remparts, rassembla toute son armée, et l'encouragea, en lui retraçant le tableau de ses victoires et des désastres de ses ennemis, à combattre vaillamment les Vandales [1].

II. Le même jour, il fit sortir de Carthage Jean l'Arménien avec l'infanterie légère et toute la cavalerie, dont il ne se réserva que cinq cents hommes. Il lui ordonna d'inquiéter l'ennemi, de le harceler par des escarmouches, s'il en trouvait l'occasion favorable. Il partit lui-même le lendemain avec le reste de l'infanterie et les cinq cents cavaliers. Les Massagètes tinrent conseil entre eux, et, pour se donner l'apparence d'avoir tenu les promesses qu'ils avaient faites à Gélimer et à Bélisaire, ils résolurent de rester inactifs au commencement du combat, et de ne prendre part à l'action que lorsqu'ils en pourraient prévoir l'issue : alors seulement ils se joindraient aux vainqueurs pour achever la défaite de celle des deux armées qui aurait plié la première. L'armée romaine rencontra les Vandales campés près de Tricamara, à cent quarante stades de Carthage [2]. Les deux

---

[1] Nous supprimons le texte du discours de Bélisaire, qui remplit le reste du ch. 1.

[2] Cette position de Tricamara, au bord d'un ruisseau qui ne tarit pas, nous

armées passèrent la nuit à une assez grande distance l'une de l'autre. Au milieu de la nuit arriva, dans le camp des Romains, le phénomène que je vais rapporter. On vit du feu briller à la pointe des lances, dont le fer sembla tout embrasé. Le petit nombre de ceux qui aperçurent ce prodige en furent étonnés, mais ne devinèrent pas ce qu'il présageait. Longtemps après, la même chose arriva en Italie : les Romains, instruits par l'expérience, y virent un présage de la victoire. Mais comme il s'offrait alors à leurs yeux pour la première fois, ils en furent effrayés, et passèrent la nuit entière dans les alarmes.

Le lendemain, Gélimer ordonna aux Vandales de rassembler au milieu du camp, quoiqu'il ne fût pas fortifié, les femmes, les enfants, et tout le bagage. Ensuite ayant rassemblé ses soldats, il leur fit un discours pour les encourager à bien combattre, tandis que, non loin du camp, Tzazon exhortait de son côté les Vandales qu'il avait ramenés de Sardaigne [1].

III. Les deux princes conduisent aussitôt leurs troupes contre les Romains. C'était l'heure du dîner, et les soldats de Bélisaire, qui ne s'attendaient pas à être attaqués, s'occupaient à préparer leur repas. Les Vandales se rangèrent en bataille à quelque distance du bord d'un ruisseau qui ne tarit jamais, mais dont le cours est si faible que les habitants du pays ne lui ont pas donné de nom. Les Romains s'étant armés et préparés à la hâte, s'avancèrent vers l'autre bord du ruisseau, et se disposèrent pour le combat dans l'ordre suivant : A l'aile gauche étaient placés Martin, Valérien, Jean, Cyprien, Althias, Marcellus, et les autres chefs des fédérés ; à la droite, Pappus, Barbatus, Aigan et

---

qui est si petit que les indigènes ne lui ont pas donné de nom (voy. *plus bas*), reste encore incertaine, malgré ces détails, et la distance soigneusement indiquée par Procope. La suite du récit fait connaître seulement que Tricamara devait être à huit lieues environ au sud-ouest de Carthage ; car Gélimer, après la perte de la bataille, s'enfuit par la route qui conduisait en Numidie. Nous le voyons ensuite (ci-dessous, ch. IV) près d'Hippo-Regius, sur le mont Pappua, l'Edough de Bone. De plus, le bon sens indique cette direction, car la seule retraite de Gélimer était la Sardaigne, qu'il tenait encore, ou l'Espagne occupée par ses compatriotes ; et c'était près du mont Pappua, situé aux confins de la Numidie et de la Mauritanie, qu'était restée la flotte qui avait amené de Sardaigne les troupes de Tzazon.

[1] Nous supprimons ici les discours des deux généraux, qui remplissent le reste du ch. II.

les autres commandants de la cavalerie romaine. Au centre, autour du drapeau impérial, se tenait Jean l'Arménien, avec un corps de cavalerie d'élite et tous les gardes de Bélisaire. Il y fut rejoint fort à propos par le général lui-même, qui, à la tête de ses cinq cents cavaliers, avait devancé la marche trop lente de son infanterie. Les Massagètes se tenaient à l'écart, séparés des Romains. C'était à la vérité chez eux un ancien usage; mais la résolution qu'ils venaient d'adopter était le principal motif qui les empêchait de se réunir au reste de l'armée. Tel était l'ordre de bataille des Romains. Aux deux ailes de l'armée des Vandales étaient placés les chiliarques, chacun à la tête de leurs corps de mille hommes [1]; au centre, Tzazon, frère de Gélimer; les Maures, sur les derrières de l'armée, formaient un corps de réserve. Gélimer était partout; il exhortait ses soldats, il excitait leur courage; il leur avait interdit la lance et le javelot, et leur avait ordonné de ne se servir que de leurs épées.

Les deux armées étaient depuis longtemps en présence, lorsque Jean l'Arménien, par ordre de Bélisaire, passa le ruisseau avec quelques cavaliers d'élite, et attaqua le centre des Vandales. Repoussé et poursuivi ensuite par Tzazon, il se replia sur son corps d'armée; les Vandales, dans leur poursuite, s'avancèrent jusqu'au ruisseau, mais ne le traversèrent point. Jean, à la tête d'un plus grand nombre de gardes de Bélisaire, fait une seconde charge contre Tzazon; il est encore repoussé, et se replie de nouveau sur l'armée romaine. Enfin, saisissant la bannière impériale, il entraîne à sa suite toute la garde de Bélisaire, il s'élance avec des menaces et des clameurs terribles, et attaque l'ennemi pour la troisième fois. Les barbares avec leurs seules épées soutiennent vigoureusement le choc, et la mêlée devient terrible. Les plus braves des Vandales y périrent en grand nombre, et parmi eux Tzazon, frère de Gélimer. Alors toute l'armée romaine s'ébranle, passe le ruisseau, et fond sur l'ennemi. Le centre ayant commencé à plier, tous les barbares lâchèrent pied, et furent mis facilement en déroute par les corps qui leur étaient opposés. A cette vue, les Massagètes, ainsi qu'ils

---

[1] Ci-dessus, liv. I, ch. v.

l'avaient résolu, s'élancèrent avec l'armée romaine sur la trace des fuyards. Mais la poursuite ne fut pas longue, car les Vandales rentrèrent promptement dans leur camp. Les Romains, n'espérant pas les y forcer, dépouillèrent les morts, et retournèrent dans leurs retranchements. Nous perdîmes dans cette action moins de cinquante soldats; la perte des Vandales fut d'environ huit cents hommes.

Enfin Bélisaire, ayant été rejoint par son infanterie, se mit en marche vers le soir, et avec toutes ses troupes se porta rapidement sur le camp des Vandales. Gélimer, instruit de l'approche de l'armée romaine, sauta sur son cheval, et, sans prononcer une parole, sans laisser aucun ordre, il s'enfuit à toute bride vers la Numidie, avec quelques parents et quelques serviteurs qui le suivaient tremblants et en silence. Les Vandales ignorèrent quelque temps la fuite de leur roi; mais le bruit s'en étant répandu, ce ne fut plus parmi eux que désordre et que tumulte : les hommes criaient, les enfants glapissaient, les femmes hurlaient; tous se sauvaient éperdus, abandonnant le soin de tout ce qu'ils avaient de plus cher et de plus précieux. Les Romains accourent, s'emparent du camp désert, de toutes les richesses qu'il renferme; puis, se mettant à la poursuite des fuyards, pendant toute la nuit ils massacrent les hommes qu'ils rencontrent, enlèvent les femmes et les enfants, qu'ils destinent à l'esclavage. On trouva dans le camp une énorme quantité d'or et d'argent. Depuis longtemps les Vandales ravageaient les provinces de l'empire romain, et rapportaient en Afrique le fruit de leurs rapines et de leurs pillages. De plus, comme cette contrée est extrêmement fertile, qu'elle produit en abondance tout ce qui est nécessaire aux besoins de la vie, ils n'avaient rien dépensé pour leur nourriture, et avaient accumulé les revenus des propriétés, dont ils avaient joui pendant les quatre-vingt-quinze années de leur domination sur l'Afrique. Tous ces trésors entassés par l'avarice furent en ce jour la proie des vainqueurs. Le jour de la bataille où les Vandales furent battus et perdirent leur camp arriva trois mois après l'entrée de l'armée romaine dans Carthage, vers le milieu du dernier mois de l'année, que les Romains appellent décembre.

IV. Bélisaire passa toute la nuit dans de vives inquiétudes. Il voyait toute son armée désunie et dispersée de toutes parts, et craignait qu'elle ne fût taillée en pièces, si les Vandales venaient à se rallier. Pour moi, je suis convaincu que s'ils nous eussent attaqués dans ce moment, aucun de nos soldats n'en eût réchappé, ni profité du butin acquis par la victoire. Les soldats, hommes grossiers et en proie à toutes les passions humaines, se voyant possesseurs de si grandes richesses et d'esclaves d'une beauté si remarquable, ne pouvaient ni modérer ni rassasier leurs désirs; enivrés de leur bonheur, ils ne songeaient qu'à enlever tout ce qui se trouvait devant eux, et à retourner à Carthage. Dispersés de toutes parts, seuls, ou au plus deux ou trois ensemble, ils s'enfonçaient dans les bois, dans les rochers, fouillaient les grottes et les cavernes, dans l'espoir d'y trouver quelque chose à prendre. La crainte de l'ennemi, le respect pour leur général, le sentiment de leurs devoirs, étaient bannis de leur esprit; tout cédait à leur avidité pour le pillage. Bélisaire, considérant cet état des choses et des esprits, ne savait quel parti prendre. Sitôt qu'il fit jour, il monta sur une éminence voisine de la grande route, et, s'efforçant de rétablir l'ordre, il adressa à tous, soldats et capitaines, de vives réprimandes. Ceux qui étaient à portée de le voir et de l'entendre, et surtout ses gardes, envoient à Carthage leur butin et leurs prisonniers, sous la garde de quelques-uns de leurs camarades, et, entourant leur général, se montrent prêts à exécuter ses ordres.

Bélisaire commanda à Jean l'Arménien de prendre deux cents cavaliers, et de poursuivre Gélimer jour et nuit, jusqu'à ce qu'il l'eût pris vif ou mort. Il écrivit au gouverneur de Carthage d'épargner tous les Vandales qui s'étaient réfugiés dans les églises des environs; de se contenter de les désarmer pour leur ôter tout moyen de révolte; de les faire entrer dans la ville, et de les y garder jusqu'à son retour. Cependant il courait de tous côtés avec ses gardes; il redoublait d'activité pour rassembler ses soldats épars, et lorsqu'il rencontrait des Vandales, leur donnait sa parole qu'il ne leur serait fait aucun mal. Déjà tous les Vandales s'étaient réfugiés en suppliants dans les églises; on se contentait de les désarmer, et de les envoyer à Carthage avec une escorte et par bandes séparées, pour leur enlever tout moyen de se rallier et de tenter une nouvelle résistance. Après avoir donné ordre à tout, il s'avance lui-même à grandes journées contre Gélimer, et prend avec lui la plus grande partie de ses troupes.

Il y avait déjà cinq jours et cinq nuits que Jean poursuivait le prince fugitif; il était près de l'atteindre, et même le lendemain il devait l'attaquer. Mais Dieu, ne voulant pas sans doute que Jean eût l'honneur de la prise de Gélimer, retarda l'événement par un accident fortuit. Il y avait, dans la troupe envoyée avec Jean à la poursuite du prince vandale, un garde de Bélisaire nommé Uliaris, homme très-brave, doué d'une force de corps et d'âme remarquable, mais peu réglé dans ses mœurs, fort adonné au vin et à la raillerie. Le matin du sixième jour que l'on poursuivait Gélimer, Uliaris, déjà ivre, vit un oiseau se poser sur un arbre; il tendit à l'instant son arc, et fit partir la flèche; mais au lieu d'abattre l'oiseau, il perça d'outre en outre le cou de Jean l'Arménien. Celui-ci, frappé d'une blessure mortelle, mourut peu de temps après, extrêmement regretté par l'empereur Justinien, par Bélisaire son général, par tous les Romains, et même par les Carthaginois; car cet homme, remarquable par sa grandeur d'âme et ses talents militaires, ne le cédait à personne en douceur et en affabilité. Lorsque Uliaris eut repris sa raison, il gagna un bourg voisin, et s'y réfugia dans l'église. Les soldats, suspendant la poursuite de Gélimer, prodiguèrent leurs soins au blessé tant qu'il vécut, célébrèrent ses obsèques après sa mort, et instruisirent Bélisaire de cet événement. Quand il eut appris cette triste nouvelle, il accourut au tombeau de Jean, répandit des larmes sur sa fin déplorable, et assigna une rente annuelle pour l'entretien de ce monument. Il ne sévit point contre Uliaris, les soldats lui ayant assuré que Jean leur avait fait promettre avec serment de faire tous leurs efforts pour obtenir l'impunité de cet officier, qui n'était coupable que d'une imprudence.

C'est ainsi que Gélimer échappa, pour le moment, aux mains de ses ennemis. Bélisaire se mit lui-même à sa poursuite. Mais arrivé à Hippone, ville de Numidie, bien fortifiée, bâtie aux bords de la mer, à dix journées de Carthage, il reconnut qu'il lui était impossible de le prendre, parce qu'il s'était réfugié sur le mont Pappua. Cette montagne, située à l'extrémité de la Numidie, est entièrement bordée de rochers aigus, partout escarpés et presque inaccessibles. Elle était habitée par des Maures, amis et alliés de Gélimer. Sur les derniers contre-forts s'élève une ville ancienne, nommée Medenos, où le roi des Vandales s'était réfugié avec sa suite. Bélisaire, reconnaissant l'impossibilité de s'emparer de cette forteresse naturelle surtout pendant l'hiver, et jugeant d'ailleurs en ce moment sa présence nécessaire à Carthage, laissa quelques troupes d'élite, mit Pharas à leur tête, et le chargea de bloquer étroitement la montagne. Pharas était actif, vigilant, et, quoique Érule de nation, fidèle et vertueux. Je le remarque, parce que c'est une chose bien rare de trouver un Érule qui ne soit ni ivrogne, ni perfide, ni entaché de vice. Pharas n'en est que plus digne de louanges, puisque tous les Érules qui servaient sous ses ordres suivaient son exemple. Bélisaire, connaissant bien ce capitaine, lui enjoignit de camper tout l'hiver au pied du mont Pappua, et d'y faire une garde vigilante, pour empêcher Gélimer d'en sortir et les vivres d'y entrer. Pharas exécuta fidèlement cet ordre. Un grand nombre de Vandales des plus distingués s'était réfugié dans les églises d'Hippone. Bélisaire, en leur engageant sa parole, les tira de leurs asiles, et les envoya à Carthage, où ils furent soigneusement gardés.

Gélimer avait parmi ses domestiques un secrétaire africain, nommé Boniface, natif de la Byzacène, dont il avait éprouvé la fidélité. Au commencement de la guerre, il lui avait confié un vaisseau très-léger, chargé de tous ses trésors, et lui avait donné ordre de jeter l'ancre à Hippone. De là, s'il voyait chanceler la puissance des Vandales, il devait se diriger en hâte sur l'Espagne avec le trésor royal, et se rendre auprès de Theudis, prince des Visigoths, chez qui Gélimer se promettait de trouver lui-même, dans sa disgrâce, un asile assuré. Tant que les affaires des Vandales ne furent pas désespérées, Boniface resta dans Hippone; mais, après la bataille de Tricamara et les autres événements que nous avons racontés, il exécuta l'ordre de Gélimer, et fit voile pour l'Espagne. Un vent impétueux l'ayant rejeté dans le port d'Hippone, où il apprit l'approche de l'ennemi, il obtint des matelots, à force de prières et de promesses, qu'ils feraient tous leurs efforts pour gagner soit une île, soit quelque côte du continent. Mais toutes les tentatives furent inutiles. La tempête se déchaînant avec fureur, et les vagues, comme il arrive ordinairement dans la mer Tyrrhénienne, s'élevant à une hauteur immense, Boniface et l'équipage crurent, dans ce désordre des éléments, reconnaître la main de Dieu, qui arrêtait la marche du vaisseau pour livrer aux Romains les trésors des Vandales. Étant sortis du port non sans difficulté, ils jetèrent l'ancre, et s'arrêtèrent, en courant de grands dangers, à peu de distance de la côte. Aussitôt que Bélisaire fut arrivé à Hippone, Boniface y expédia des messagers qui devaient se réfugier dans une église, se dire envoyés par Boniface, dépositaire des trésors de Gélimer; mais cacher le lieu de sa retraite jusqu'à ce que le général lui eût garanti pleine sûreté pour lui et la jouissance de ses biens propres, moyennant qu'il remettrait les richesses du prince vandale. Bélisaire, ravi de cette proposition, s'engagea par un serment solennel, et envoya quelques-uns de ses affidés pour recevoir le trésor de Gélimer. Boniface s'en était approprié une bonne partie; néanmoins il le laissa partir en liberté avec son équipage.

V. De retour à Carthage, Bélisaire commanda que tous les Vandales prisonniers fussent prêts à faire voile vers Constantinople au commencement du printemps. En même temps il expédia sur divers points divers corps de troupes, pour remettre l'empire en possession de ce que les Vandales lui avaient enlevé. Il dépêcha ensuite en Sardaigne Cyrille avec un corps de troupes considérable, et la tête de Tzazon. Les insulaires refusaient de se soumettre aux Romains, redoutant le ressentiment des Vandales, et regardant comme une fable le bruit de leur défaite à Tricamara. Cyrille avait aussi reçu l'ordre d'envoyer une partie de son armée en Corse, de purger cette île des Vandales, et d'y reconstituer l'autorité impériale. La Corse, située près de la Sardaigne, portait anciennement le nom de Cyrnus. Cyrille, arrivé en Sardaigne, montra aux habitants la tête de Tzazon, et rétablit sans peine dans les deux îles les tributs qu'elles payaient auparavant à l'empire romain. Jean, à la tête de la cohorte d'infanterie qu'il commandait, fut envoyé par Bélisaire à Césarée dans la Mauritanie, ville maritime, grande, et depuis longtemps bien peuplée, qui est située à trente journées de Carthage. Un autre officier des gardes de Bélisaire, nommé aussi Jean, fut expédié vers le détroit de Cadix, pour s'emparer d'une forteresse appelée Septum[1], qui en domine l'entrée. L'Italien Apollinaire reçut la mission de s'emparer des îles situées non loin de l'endroit où l'Océan se joint à la Méditerranée[2], savoir, l'île d'Ébuse et celles qu'en langue vulgaire on appelle Majorque et Minorque. Cet officier, arrivé fort jeune en Afrique, y avait été enrichi par la libéralité d'Ildéric, roi des Vandales. Lorsque ce prince eut été détrôné et jeté dans une prison, ainsi que nous l'avons raconté, Apollinaire se joignit aux fidèles Africains, qui allèrent implorer la protection de l'empereur. Il suivit ensuite la flotte romaine dans son expédition contre Gélimer et les Vandales, se distingua par sa bravoure dans tout le cours de la guerre, et particulièrement à la bataille de Tricamara. Ce fut ce qui décida Bélisaire à lui confier le recouvrement des îles de la Méditerranée. Le général romain expédia ensuite une armée à Tripoli pour aider Pudentius et Thattimulh contre les Maures, et raffermit ainsi dans cette contrée l'autorité des Romains....

VI. Cependant Pharas, ennuyé de la longueur du blocus durant les rigueurs de l'hiver, se persuadant d'ailleurs que les Maures ne pourraient lui résister, essaya une attaque de vive force sur le mont Pappua. Ayant donc bien armé tous ses soldats, il se met à leur tête, s'avance sur la montagne, et l'escalade hardiment. Les Maures viennent à sa rencontre, et, favorisés par l'inclinaison d'un terrain si difficile à gravir, si contraire aux assaillants, ils les repoussent avec perte. Pharas s'étant obstiné à une nouvelle attaque, vit tomber à ses côtés

---

[1] Aujourd'hui Ceuta.
[2] Ἀγχοῦ τῆς ὠκεανοῦ Ἐσθυκῆς. Procope n'avait pas sans doute la carte sous les yeux, puisqu'il mit près du détroit de Cadix les Baléares, qui en sont éloignées de cent quarante lieues.

cent dix de ses soldats, et fut obligé de faire retraite avec ceux qui lui restaient. A partir de ce moment, il n'osa plus tenter une entreprise trop difficile : il se contenta de bloquer étroitement le mont Pappua, et de n'y point laisser entrer de vivres, pour que la faim contraignît à se rendre ceux qui y étaient renfermés. Alors Gélimer, ses neveux, et les nobles Vandales qui l'avaient suivi, souffrirent des misères si grandes, que la parole est impuissante à les exprimer. Les Vandales sont de tous les peuples que nous connaissons, ceux qui mènent la vie la plus délicate; et les Maures, au contraire, ceux qui vivent le plus misérablement. Ceux-là, depuis qu'ils s'étaient emparés de l'Afrique, s'étaient accoutumés à l'usage journalier des bains, et à des festins où la terre et la mer fournissaient à l'envi ce qu'elles produisaient de plus exquis. L'or brillait sur leurs parures et sur leurs robes de soie, flottantes comme celles des Mèdes. Ils employaient presque toutes leurs journées en spectacles, en jeux du cirque, en de frivoles amusements, et surtout à la chasse, qu'ils aimaient avec passion. Des danseurs, des comédiens, des pantomimes enivraient leurs yeux et leurs oreilles de toutes les jouissances que procurent aux hommes des spectacles variés et d'harmonieux concerts. La plupart d'entre eux habitaient des maisons de plaisance, entourées de vergers fertiles et abondamment arrosées. Ils se donnaient de fréquents repas, et l'amour était la principale occupation de leur vie. Les Maures, au contraire, passent l'hiver, l'été, toutes les saisons, dans des huttes étroites où l'on peut à peine respirer, et ni le froid, ni la chaleur, ni aucune autre incommodité, ne sauraient les en faire sortir. Ils ont pour lit la terre; les riches quelquefois y étendent la peau velue d'un animal. Toujours vêtus d'un épais manteau et d'une tunique grossière, jamais ils ne changent d'habits selon les saisons de l'année. Ils ignorent l'usage du pain, du vin, et des autres aliments que l'homme doit à la civilisation. Le blé, l'orge, l'épeautre, ils les mangent, comme les animaux, sans les moudre ni les faire bouillir. Gélimer et ses compagnons, depuis longtemps renfermés avec ces Maures, étaient tombés du faîte de la prospérité dans un abîme de misère. Privés des choses les plus nécessaires à la vie, ils succombaient à l'horreur de leur position, et déjà ne trouvaient plus dans leurs pensées ni la mort pénible, ni la servitude honteuse.

Pharas, instruit de leur situation, écrivit ainsi à Gélimer : « Je ne suis moi-même qu'un barbare ; je n'ai jamais ni étudié « les lettres ni appris l'art de la parole ; je n'ai reçu d'autres le- « çons que celles de la nature : c'est elle qui me dicte ce que je « vais vous écrire. Comment est-il possible, mon cher Géli- « mer, que vous restiez plongé, vous et votre famille, dans cet « abyme de misère, au lieu de vous soumettre à votre vain- « queur? Vous chérissez la liberté, direz-vous sans doute, et « vous la considérez comme un bien qui mérite qu'on s'expose « à tout pour le conserver. Mais, dites-moi, n'êtes-vous pas « l'esclave de ces misérables Maures, quand vous attendez de « leur secours la conservation de votre vie et de votre dignité? « Ne vaudrait-il pas mieux servir ou mendier chez les Romains, « que d'être roi des Maures et souverain du mont Pappua? Il « est donc dégradant et honteux, selon vous, d'obéir à un prince « auquel obéit Bélisaire. Revenez de cette erreur, illustre Géli- « mer. Je suis né prince, et je me fais gloire de servir l'empe- « reur. On dit que le dessein de Justinien est de vous faire en- « trer dans le sénat, de vous élever à l'éminente dignité de « patrice, de vous donner de vastes domaines, une fortune « considérable; que Bélisaire vous engagera sa foi, et vous « sera garant de tous ces avantages. Peut-être pensez-vous « qu'étant homme, vous êtes né pour supporter avec patience « tous les caprices de la fortune. Mais si Dieu veut adoucir vo- « tre condition malheureuse, pourquoi vous y refuser? Les fa- « veurs de la fortune ne sont-elles pas faites pour les hommes, « aussi bien que ses rigueurs? L'aveugle et stupide désespoir « pourrait seul le nier. Étourdi par des coups si rudes, vous « n'êtes peut-être pas en état de prendre conseil de vous-même, « car le poids de la tristesse accable l'esprit et le rend incapable « de résolution. Si vous pouvez ranimer votre courage, et sup- « porter avec résignation le changement de votre fortune, vous « serez délivré des maux qui vous oppriment, et vous jouirez en « échange de brillants avantages. »

Gélimer ne put lire cette lettre sans la tremper de ses lar-

mes. Il répondit en ces termes : « Je vous remercie de votre
« conseil; mais je ne puis me résoudre à me rendre l'esclave
« d'un injuste agresseur. Si Dieu exauçait mes désirs, je vou-
« drais me venger d'un homme qui, sans aucun motif légitime,
« sans que je l'eusse jamais offensé par mes paroles ou par mes
« actions, me fait une guerre cruelle, et m'envoie, je ne sais
« d'où, un Bélisaire pour me réduire en l'état où je suis. Qu'il
« apprenne de moi qu'étant homme et prince, il peut lui arri-
« ver de semblables revers. Je ne puis en écrire davantage; le
« chagrin qui m'accable me trouble l'esprit. Adieu, cher Pha-
« ras; envoyez-moi, je vous en supplie, une cithare, un pain,
« et une éponge. » Ces derniers mots semblaient une énigme à
Pharas, jusqu'à ce que le porteur de la lettre lui eût rendu raison d'une demande si singulière. « Gélimer, dit-il, demande du
« pain, parce qu'il n'en a ni goûté, ni même vu, depuis qu'il
« est chez les Maures; il a besoin d'une éponge pour nettoyer ses
« yeux, enflammés par l'air fétide et malsain de sa demeure;
« enfin il est habile à jouer de la cithare, et voudrait accompa-
« gner de notes plaintives un chant qu'il a composé sur ses
« malheurs. » Pharas, touché de compassion du déplorable état
où était Gélimer, lui envoya ce qu'il demandait. Mais il continua
le blocus, et garda attentivement toutes les avenues de la montagne.

VII. Il y avait trois mois que durait l'investissement; l'hiver
approchait de sa fin, et Gélimer, agité de continuelles alarmes,
s'attendait chaque jour à voir les Romains escalader les rocs qui
lui servaient d'asile. Plusieurs de ses jeunes parents avaient
le corps presque entièrement rongé par la pourriture. Quelque
douleur qu'il en ressentît, il supportait néanmoins ces maux
avec une constance inébranlable, et sa résignation opiniâtre
trompait toutes les prévisions, lorsqu'enfin il fut témoin du spectacle que je vais décrire. Une femme maure avait fait un petit
gâteau d'un reste d'orge à peine broyé, et l'avait placé, pour le
cuire, sous la cendre du foyer, selon la coutume du pays. Devant
le feu étaient assis deux enfants, dont l'un était le neveu de Gélimer, et l'autre le fils de la femme qui avait pétri le gâteau. Tous
deux, poussés par l'aiguillon de la faim, dévoraient des yeux ce

gâteau, tout prêts à s'en saisir sitôt qu'il leur paraîtrait cuit. Le jeune Vandale s'en empare le premier, et, égaré par la faim, il se met à le dévorer avidement, bien qu'il fût encore brûlant et couvert de cendre. Le Maure lui saute aux cheveux, et, le frappant à coups redoublés sur les joues, il lui arrache de force le gâteau du gosier. Gélimer, qui avait assisté dès le commencement à cette scène déplorable, sentit faiblir son courage et sa résolution. Il écrivit aussitôt à Pharas la lettre suivante : « Je suis
« homme, cher Pharas, et je change de sentiment après avoir
« supporté l'adversité avec constance. Loin de rejeter aujour-
« d'hui votre conseil, je me décide à le suivre. Je cesse de ré-
« sister à la fortune, et de lutter contre ma destinée : partout
« où elle m'appelle, me voici prêt à la suivre. Faites en sorte
« seulement que Bélisaire consente à me garantir, sur sa parole
« et au nom de l'empereur, les conditions que vous m'avez ré-
« cemment offertes. Sitôt que j'aurai reçu sa promesse, je me
« livrerai entre vos mains avec mes parents et les Vandales qui
« sont avec moi. »

Telle fut la lettre de Gélimer. Pharas l'ayant envoyée, avec les lettres précédentes, à Bélisaire, le prie de lui faire connaître sa décision le plus promptement possible. Le général, qui souhaitait ardemment de conduire à l'empereur cet illustre prisonnier, fut ravi de joie à la lecture de ces lettres. Il envoya, vers le mont Pappua, Cyprien, chef des fédérés, et quelques autres capitaines, avec ordre de promettre en son nom et avec serment que Gélimer et ses parents auraient la vie sauve, que le prince vandale serait même traité avec distinction par l'empereur, et qu'on pourvoirait honorablement à son existence. Ceux-ci, arrivés au camp de Pharas, se rendirent avec lui au pied de la montagne. Gélimer vint les y trouver; et ayant reçu d'eux leur serment et toutes les garanties qu'il pouvait désirer, il partit avec eux pour Carthage. Bélisaire faisait sa résidence dans le faubourg d'Aclas : ce fut là qu'il reçut Gélimer, qui, au moment où il parut devant le général romain, partit d'un grand éclat de rire. Quelques-uns pensèrent que son esprit avait été ébranlé par les violentes secousses de la mauvaise fortune, et que ce rire sans sujet était un indice de folie. Ses amis assuraient ou contraire qu'il avait le plein usage de sa raison. Gélimer, disaient-ils, issu de race royale, roi lui-même, nourri depuis l'enfance jusqu'à la vieillesse dans les splendeurs et l'opulence, ensuite vaincu, fugitif, accablé de misères, et enfin privé de sa liberté, jugeait, pour en avoir fait une complète expérience, que toutes les grandeurs et les infortunes humaines n'étaient dignes que de risée.... Bientôt Bélisaire informa l'empereur que Gélimer était prisonnier à Carthage, et demanda la permission de le conduire lui-même à Constantinople. En attendant il fit préparer sa flotte, et garder avec honneur le prince et ses Vandales.

..... Je ne sais s'il est jamais arrivé des événements plus extraordinaires que ceux que je viens de raconter. On a vu en effet l'arrière-petit-fils de Genséric, et un empire florissant appuyé sur une armée nombreuse, soutenu par d'immenses richesses, renversés en un clin d'œil par cinq mille étrangers, qui d'abord ne savaient pas même où ils pourraient aborder ; car la cavalerie, qui seule prit part à la guerre sous les ordres de Bélisaire, ne dépassait pas le nombre de cinq mille hommes. OEuvre certainement admirable, soit qu'on l'attribue à la fortune, soit qu'on la considère comme le résultat du courage de nos troupes. Maintenant je reviens à mon sujet.

VIII. La prise de Gélimer termina la guerre des Vandales. Mais l'envie, qui attaque toujours les grandes fortunes, méditait déjà la ruine de Bélisaire, quoique sa conduite fût à l'abri de tout reproche. Quelques capitaines l'accusèrent auprès de l'empereur d'aspirer à se créer en Afrique un État indépendant, ce qui était bien loin de sa pensée. Justinien ne divulgua point cette accusation, soit qu'il la méprisât, soit qu'il crût le silence plus utile à sa politique ; mais il lui envoya Salomon, et laissa à Bélisaire le choix ou de venir lui-même à Constantinople avec Gélimer et les Vandales, ou d'envoyer ses prisonniers et de rester en Afrique. Celui-ci, n'ignorant pas les malveillantes accusations de ses capitaines, se hâta de se rendre à Constantinople, pour dissiper la calomnie et confondre les calomniateurs. Je vais expliquer de quelle manière il découvrit la trame ourdie par ses délateurs. Ces derniers, craignant de manquer leur but si le courrier qu'ils envoyaient à l'empereur venait à faire naufrage, écrivirent deux lettres contenant leur dénonciation, et les confièrent à deux messagers qu'ils expédièrent par deux vaisseaux différents. L'un d'eux traversa la mer sans obstacle; l'autre, ayant inspiré quelques soupçons, fut arrêté à Carthage, dans le Mandracium, et, se voyant pris, il livra la lettre dont il était chargé, et révéla toute l'intrigue : c'est ce qui excita Bélisaire à se rendre en toute hâte auprès de l'empereur.

Cependant les Maures de la Byzacène et de la Numidie, sans autre sujet que l'inconstance et la mobilité de leur caractère, rompirent les traités, et se soulevèrent à l'improviste contre les Romains. De pareils actes ne sont pas rares chez des peuples qui n'ont ni vénération pour la Divinité, ni respect pour les hommes; qui ne sont retenus ni par les liens sacrés du serment, ni par la crainte de compromettre leurs otages, dont ils s'inquiètent fort peu, lors même qu'ils seraient les enfants ou les frères de leurs rois; qui, enfin, ne sauraient être maintenus dans la tranquillité que par la présence d'un ennemi redoutable. Voici de quelle manière les Maures avaient fait un traité avec Bélisaire, et comment ils le rompirent. Quand le bruit de l'approche de la flotte romaine se répandit parmi eux, les Maures, alarmés pour leur indépendance, consultèrent leurs devineresses. Car chez eux il n'est pas permis aux hommes de prédire l'avenir; ce sont les femmes qui, après avoir accompli certaines cérémonies, remplies de l'esprit divin comme les anciennes pythonisses, ont le privilége de dévoiler les événements futurs. Elles répondirent à ceux qui les interrogèrent : que du sein des eaux sortirait une armée, la ruine des Vandales, la défaite et la perte des Maures, quand les Romains auraient un général sans barbe. D'après cette prophétie, lorsqu'ils virent l'armée impériale s'élancer de la mer, les Maures épouvantés renoncèrent à l'alliance des Vandales, traitèrent avec Bélisaire ainsi que je l'ai dit plus haut, et gardèrent une neutralité complète en attendant l'issue de la guerre. Quand la puissance des Vandales fut abattue, ils envoyèrent des espions dans l'armée romaine, pour s'assurer si elle n'avait point parmi ses commandants un officier sans barbe. Lorsqu'on leur eut assuré que tous les chefs en étaient bien pourvus, ils s'imaginèrent que la prophétie ne s'appliquait pas au moment présent, mais qu'elle ne devait s'accomplir que dans les générations futures. Ils prirent donc la résolution de rompre les traités, et ne furent contenus que par la terreur que leur inspirait le nom de Bélisaire, et leur intime conviction qu'ils ne pourraient l'emporter sur les Romains tant que ceux-ci auraient ce grand général à leur tête. Lorsqu'ils apprirent que Bélisaire partait avec ses gardes et l'élite de ses troupes, et qu'il avait déjà embarqué les Vandales, ils reprirent tout à coup les armes, et exercèrent contre les indigènes toutes sortes de ravages. Les soldats romains postés sur les frontières n'étaient ni assez nombreux, ni assez bien équipés, pour réprimer les pillages incessants et les incursions furtives par lesquelles ces barbares désolaient tout le pays. Les hommes étaient cruellement massacrés, les femmes avec leurs enfants traînées en esclavage; toutes les frontières étaient ravagées; partout la fuite et la terreur. Bélisaire n'apprit cette nouvelle que lorsqu'il mettait à la voile, et, ne pouvant retourner sur ses pas, il confia à Salomon le gouvernement de l'Afrique, lui laissa les plus braves officiers et la plus grande partie de ses gardes, pour réprimer le plus tôt possible les déprédations des Maures. Justinien envoya de son côté à Salomon un renfort considérable, commandé par Théodore de Cappadoce et par Ildiger, gendre d'Antonine, femme de Bélisaire. Et comme on ne pouvait plus lever les impôts d'après les ordonnances et les registres administratifs établis autrefois par les Romains, car Genséric les avait anéantis au commencement de son règne, l'empereur envoya aussi Tryphon et Eustratius pour faire une nouvelle répartition basée sur la valeur des propriétés, ce qui parut intolérable aux habitants de l'Afrique.

IX. Arrivé à Constantinople avec Gélimer et les Vandales, Bélisaire y reçut les honneurs décernés autrefois aux généraux romains qui avaient remporté les plus éclatantes victoires. Personne, depuis six cents ans, n'en avait obtenu de pareils, excepté Titus, Trajan, et les autres empereurs qui avaient ramené à Rome leur armée victorieuse de quelque nation barbare. Il traversa la ville avec une brillante pompe, étalant aux regards le butin et les prisonniers, mais sans observer toutes les antiques cérémonies du triomphe. Il s'avança à pied depuis sa maison jusqu'à l'entrée du cirque, et de là jusqu'au trône de l'empereur. On portait devant lui toute la dépouille des rois vandales : des trônes d'or, les chars de parade qui servaient à la reine, une immense quantité de bijoux ornés de pierreries, des coupes d'or, toute la vaisselle des banquets royaux, des vases précieux de toutes sortes, et plusieurs myriades de talents d'argent. Toutes ces richesses, comme je l'ai dit, avaient été enlevées par Genséric dans le palais des empereurs à Rome. Parmi ces riches dépouilles on remarquait les vases sacrés des Juifs, que Titus, fils de Vespasien, avait transportés à Rome après la ruine de Jérusalem. Un Juif les ayant aperçus, s'adressa à un officier de l'empereur, et lui dit : « Autant que j'en puis juger, il « n'est ni utile ni convenable que ces vases soient gardés dans « le palais de Constantinople. Ils ne peuvent être conservés que « dans le lieu où ils furent placés d'abord par Salomon, roi des « Juifs. C'est leur enlèvement sacrilége qui a causé autrefois « le pillage de Rome par Genséric, et tout récemment celui du « palais des rois vandales par l'armée romaine. » Ces paroles, rapportées à Justinien, lui firent craindre de retenir ces redoutables dépouilles; il les envoya de suite aux églises de Jérusalem. Les prisonniers marchaient ainsi dans la pompe de ce triomphe : Gélimer, revêtu d'un manteau de pourpre flottant sur ses épaules, puis tous ses parents, puis ceux des Vandales qui étaient les plus remarquables par la grandeur de leur stature et la beauté de leurs traits. Quand Gélimer fut entré dans le cirque, qu'il vit l'empereur assis sur un trône élevé, et tout le peuple debout alentour, il sentit plus encore qu'auparavant la grandeur de son infortune, et, sans verser une larme, sans jeter un soupir, il eut toujours à la bouche cette parole empruntée aux livres des Hébreux : *Vanité des vanités! tout est vanité.* Lorsqu'il fut arrivé devant le trône impérial, on l'obligea de quitter la pourpre, et de se prosterner devant l'empereur pour l'adorer. Bélisaire rendit à Justinien le même hommage, avec autant d'humilité que Gélimer. L'empereur Justinien et l'impératrice Théodora assignèrent des revenus considérables aux filles d'Ildéric et à toute la famille de Valentinien. Ils donnèrent à Gélimer de beaux domaines en Galatie, où il lui fut permis de se retirer avec ses parents. Mais on n'accorda pas au prince vandale la dignité de patrice, parce qu'il refusa de renoncer à l'arianisme.

Peu de temps après, Bélisaire, élevé au consulat, reçut l'honneur d'un second triomphe, qui fut célébré selon les anciens usages des Romains. Il fut porté au sénat dans la chaise curule, sur les épaules des prisonniers; et, pendant sa marche, il distribua au peuple les dépouilles des Vandales. Le peuple s'arracha les vases d'argent, les ceintures d'or, une foule d'objets précieux qui avaient servi à l'usage des vaincus; et ce jour sembla ressusciter de vieilles coutumes que le temps et la désuétude avaient abolies.

X. Cependant Salomon, qui avait reçu, comme nous l'avons dit, le commandement de l'armée d'Afrique et le gouvernement de cette province, voyant les Maures en révolte et la nouvelle domination mal affermie, ne savait quel parti prendre, ni quels remèdes apporter à ce désordre. Il avait appris, par des messagers fidèles, que les barbares, après avoir détruit les garnisons de la Byzacène et de la Numidie, brûlaient et ravageaient tout le pays. Mais ce qui lui causa le plus de douleur, ce qui répandit le deuil dans toute la ville, ce fut la cruelle destinée que trouvèrent, dans la Byzacène, le Massagète Aigan et le Thrace Rufin. Ils étaient tous deux attachés à la personne de Bélisaire, et très-distingués dans l'armée romaine; Aigan faisait partie de la garde du général : quant à Rufin, sa vigueur et sa bravoure lui avaient mérité l'honneur de porter dans tous les combats la bannière impériale. Ces deux officiers, qui étaient dans la Byzacène à la tête d'un corps de cavalerie, indignés de voir le pays ravagé et les habitants traînés en esclavage, se postèrent en embuscade dans un défilé, surprirent les Maures chargés de butin, les taillèrent en pièces, et délivrèrent tous les prisonniers. Au premier avis de cette défaite, les chefs des Maures Cuzinas, Isdilasas, Juphruthes et Medisinissas, qui n'étaient pas loin de là, accoururent vers la fin du jour, avec toutes leurs forces. Les Romains en fort petit nombre, et resserrés dans un étroit espace par plusieurs milliers d'hommes qui les enveloppaient de toutes parts, ne purent soutenir une lutte aussi inégale. De quelque côté qu'ils se tournassent, ils étaient criblés de traits. Aigan et Rufin, avec quelques-uns de leurs soldats, s'emparent d'une roche élevée, d'où ils arrêtent les Maures. Tant qu'ils purent faire usage de leurs arcs, l'ennemi n'osa ni les attaquer de front, ni en venir aux mains avec eux : il se contenta de les harceler de loin, en leur lançant des traits. Mais quand leurs carquois furent épuisés, ils se virent insensiblement pressés par une multitude de Maures, contre lesquels ils n'avaient plus d'autre arme que leurs épées. Enfin il fallut céder au nombre; Aigan tomba criblé de blessures; Rufin fut pris et emmené par le chef maure Médisinissas, qui, pour se délivrer de la crainte que lui inspirait un si terrible adversaire, lui fit sur-le-champ trancher la tête. Le barbare rapporta en trophée dans sa maison et offrit à ses femmes cette tête, remarquable par la longueur et l'épaisseur de sa chevelure.

Puisque le plan de notre histoire nous a conduit à parler des Maures, il ne sera pas hors de propos de reprendre les choses de plus haut, et de dire d'où ils sont partis pour venir en Afrique, et de quelle manière ils s'y sont établis.

Lorsque les Hébreux, après leur sortie d'Égypte, atteignirent les frontières de la Palestine, ils perdirent Moyse, leur sage législateur, qui les avait conduits pendant le voyage. Il eut pour successeur Jésus, fils de Navé [1], qui, ayant introduit sa nation dans la Palestine, s'empara de cette contrée, et, déployant dans la guerre une valeur surhumaine, subjugua tous les indigènes, se rendit facilement maître de leurs villes, et s'acquit la réputation d'un général invincible. Alors, toute la région maritime qui s'étend depuis Sidon jusqu'aux frontières de l'Égypte se nommait Phénicie; elle avait de tout temps obéi à un seul roi, ainsi que l'attestent tous les auteurs qui ont écrit sur les antiquités phéniciennes. Là, vivaient un grand nombre de peuplades différentes, les Gergéséens, les Jébuséens, et d'autres dont les noms sont inscrits dans les livres historiques des

[1] Josué.

Hébreux. Lorsqu'elles virent qu'elles ne pouvaient résister aux armes du conquérant, elles abandonnèrent leur patrie, et se retirèrent d'abord en Égypte. Mais s'y trouvant trop à l'étroit, parce que, depuis fort longtemps, ce royaume était encombré d'une population considérable, ils passèrent en Afrique, occupèrent ce pays jusqu'au détroit de Cadix, et y fondèrent de nombreuses villes, dont les habitants parlent encore aujourd'hui la langue phénicienne. Ils construisirent aussi un fort dans une ville nommée alors Numidie, qui porte aujourd'hui le nom de Tigisis. Là, près d'une source très-abondante, s'élèvent deux colonnes de marbre blanc, portant, gravée en lettres phéniciennes, une inscription dont le sens est : « Nous sommes « ceux qui avons fui loin de la face du brigand Jésus, fils de « Navé. » Avant leur arrivée, l'Afrique était habitée par d'autres peuples qui, s'y trouvant fixés depuis des siècles, étaient appelés les enfants du pays. C'est de là qu'on a donné le nom de fils de la terre à Antée, leur roi, avec lequel Hercule soutint une lutte à Clipea. Dans la suite, ceux qui émigrèrent de Phénicie avec Didon allèrent retrouver les habitants de l'Afrique, qui leur étaient unis par la communauté d'origine, et, avec leur consentement, ils fondèrent Carthage, et s'y établirent. Les Carthaginois étant devenus dans la suite des temps puissants en nombre et en richesses, firent la guerre à leurs voisins, qui, comme nous venons de le dire, étaient les premiers arrivés de Palestine, et qu'on appelle aujourd'hui les Maures, les battirent en plusieurs rencontres, et les forcèrent à transporter leurs foyers bien loin de Carthage. Plus tard, les Romains, après avoir subjugué les uns et les autres, assignèrent pour demeures aux Maures les régions les plus éloignées de l'Afrique habitable, et soumirent au tribut les Carthaginois et les autres peuples libyens. Enfin les Maures, après avoir souvent défait les Vandales, s'emparèrent du pays nommé aujourd'hui Mauritanie, qui s'étend depuis le détroit de Cadix jusqu'à la ville de Césarée, et de la plus grande partie du reste de l'Afrique.

XI. Quand Salomon eut appris le massacre d'Aigan et de Rufin, il se prépara pour la guerre, et écrivit en ces termes aux chefs des Maures : « Le monde a toujours vu assez d'insensés, qui ont

« couru à leur perte, sans qu'il leur ait été possible de prévoir
« l'issue de leurs folles entreprises. Mais vous qui avez devant
« les yeux l'exemple de vos voisins les Vandales, qui avez été
« avertis par leur chute, quelle démence vous pousse à sacri-
« fier votre vie, et à prendre les armes contre un si puissant
« empereur? Oubliez-vous les serments solennels signés de
« votre main, et vos enfants livrés en otage? Voulez-vous donc
« faire connaître à toute la terre que vous n'avez ni Dieu, ni
« foi, ni soin de vos proches et de vous-mêmes? Si vous trai-
« tez Dieu de cette manière, quel sera votre appui dans la
« guerre contre l'empereur des Romains? Si vous ne la savez
« commencer sans perdre vos enfants, quel est donc le puis-
« sant motif qui vous fait affronter les périls? Réfléchissez; et
« si vous avez quelque repentir de vos torts, témoignez-le-moi
« par une lettre. Si vous ne mettez un terme à vos coupables fu-
« reurs, attendez-vous à nous voir marcher contre vous, ar-
« més des serments que vous avez violés, et des supplices que
« vous avez imposés à vos otages. » Telle fut la lettre de Salomon; voici la réponse des Maures : « Bélisaire nous a engagés
« par de magnifiques promesses à reconnaître l'autorité de
« l'empereur Justinien; mais les Romains, sans nous faire au-
« cun bien, en nous apportant même la famine, veulent nous
« avoir pour amis et pour alliés. N'est-il pas clair que c'est
« vous et non les Maures qu'on doit taxer de perfidie? Les in-
« fracteurs des traités sont ceux qui violent leurs promesses, et
« non ceux qui rompent une alliance pour des injustices pal-
« pables. Ils n'encourent pas la haine de Dieu, ceux qui attaquent
« les ravisseurs pour reprendre leurs propres biens, mais ceux
« qui commencent la guerre et qui volent le bien d'autrui. C'est
« à vous qui ne pouvez avoir qu'une femme, à être touchés du
« soin de vos enfants; mais nous qui pouvons en avoir cin-
« quante, nous n'appréhendons pas de manquer de postérité. »
Quand Salomon eut lu cette réponse, il résolut de s'avancer
contre les Maures; et, après avoir pourvu à la sûreté de Carthage, il marcha avec toutes ses troupes vers la Byzacène.
Lorsqu'il fut arrivé dans la plaine de Mamma, où s'étaient
campés les quatre chefs des Maures dont j'ai parlé plus haut,

il s'y retrancha. Là s'élèvent de hautes montagnes ; à leur pied s'étend une plaine où les barbares, se préparant au combat, disposèrent ainsi leur ordre de bataille. Le front était formé de douze rangs de chameaux, disposés en cercle, à peu près de la même manière que Gabaon les avait employés, comme nous l'avons vu dans le livre précédent. La coutume de ces barbares est d'admettre parmi les combattants et de mêler dans les rangs quelques enfants et quelques femmes ; la majeure partie des femmes était placée au centre du cercle. Ce sont les femmes qui construisent les huttes et les retranchements, qui soignent habilement les chevaux, qui nourrissent les chameaux, qui aiguisent les armes, et qui soulagent leurs maris d'une grande part des travaux de la guerre. Les fantassins étaient debout, entre les jambes des chameaux, armés de boucliers et d'épées, et pourvus de javelots qu'ils lançaient avec adresse. La cavalerie, peu nombreuse, se tenait sur le penchant des montagnes. Salomon n'opposa aucune portion de ses forces à la partie de la phalange orbiculaire des Maures qui regardait la montagne. Il craignait que le corps d'armée qu'il aurait chargé de cette attaque, placé entre les cavaliers maures qui descendraient des hauteurs, et les fantassins qui, pour envelopper l'ennemi, changeraient leur ligne circulaire, ne succombât sous les traits dont on l'aurait ainsi accablé de deux côtés à la fois. Il opposa donc toute son armée au demi-cercle des troupes ennemies qui regardait la plaine ; et, voyant que le souvenir de la défaite d'Aigan et de Rufin inspirait à beaucoup de ses soldats un sentiment de frayeur et de défiance, il les rassura et releva leur courage par ses exhortations [1]. Les chefs des Maures, de leur côté, encouragèrent leurs soldats, que la belle disposition des troupes romaines avait un peu épouvantés.

Le combat s'engage, et, dès la première charge, le désordre se met dans les escadrons des Romains. Leurs chevaux en effet, effarouchés par l'aspect et les cris des chameaux, n'avançaient qu'en regimbant, et la plupart, après avoir renversé leurs cavaliers, s'enfuyaient au hasard dans la plaine. Alors les Maures

---

[1] Nous omettons ici la harangue militaire de Salomon et celle des chefs maures.

s'élancent, accourent, dardent leurs javelots, portent dans les lignes ennemies le trouble et le désordre, et percent impunément leurs adversaires désunis, et qui n'opposent aucune résistance. A cet aspect, Salomon saute le premier à bas de son cheval, et commande à tous ses cavaliers d'en faire autant. Ceux-ci ayant mis pied à terre, il ordonne à une partie d'entre eux de se tenir fermes, les rangs serrés, et d'opposer leurs boucliers aux traits de l'ennemi. Lui-même, à la tête de cinq cents soldats, il fond sur le cercle des Maures, et commande à ses guerriers de diriger surtout contre les chameaux les coups de leurs épées. Alors tous les Maures, que protégeaient ces animaux, se mirent à prendre la fuite. Salomon et sa troupe tuèrent environ deux cents chameaux, et par cette brèche les Romains pénètrent au cœur de l'armée ennemie. Ils s'élancent aussitôt vers le milieu de l'enceinte, où les femmes des Maures avaient été déposées. Les barbares, consternés, se sauvent vers les montagnes voisines, pressés par leurs ennemis, qui en font un horrible carnage. On rapporte que dix mille Maures périrent dans ce combat. Les femmes furent prises avec leurs enfants, et réduites en esclavage; et les soldats s'emparèrent des chameaux que le fer avait épargnés. Les Romains, avec tout leur butin, retournèrent à Carthage, où leur victoire fut célébrée par des fêtes publiques.

XII. Irrités de leur défaite, les barbares rassemblent tous les hommes de leur nation en état de porter les armes, recommencent la guerre contre les Romains, et ravagent la Byzacène, massacrant tout ce qu'ils rencontrent, sans distinction de sexe ni d'âge. A peine Salomon était-il rentré à Carthage, qu'il reçut la nouvelle qu'une grande armée de Maures avait envahi la Byzacène et dévastait toute la contrée. Il part aussitôt avec toute son armée, et se hâte d'aller à leur rencontre. Arrivé au pied du mont Burgaon, où les ennemis s'étaient retranchés, il s'y arrêta quelques jours, en face de leur camp, prêt à les combattre s'ils descendaient dans la plaine. Ceux-ci restaient toujours sur leur montagne. Alors Salomon rangea lui-même son armée en bataille. Mais les Maures s'obstinaient à ne point hasarder un combat dans la plaine, et, saisis d'une terreur profonde, ils ne se sentaient rassurés que par l'avantage de leur position. Le mont Burgaon est presque partout escarpé; du côté de l'orient, il est inaccessible; du côté opposé, il s'abaisse en pente douce et présente un accès facile. Il est couronné par deux pics, que sépare une gorge étroite, profonde et impraticable. Les Maures n'avaient pas placé de troupes sur la montagne; ils ne croyaient pas que l'ennemi pût les attaquer par ce point. Ils n'avaient pas non plus occupé le pied de la montagne du côté où elle offre un abord facile. Ils avaient établi leur camp à mi-côte, afin d'avoir l'avantage du terrain, si l'ennemi osait gravir la hauteur pour les attaquer. Ils tenaient à côté d'eux, sur la montagne, un grand nombre de chevaux, prêts à s'en servir soit pour fuir, soit pour poursuivre l'ennemi, s'ils remportaient la victoire.

Salomon, voyant que les Maures ne voulaient pas livrer bataille dans la plaine, et qu'un plus long séjour dans un pays désert ferait souffrir son armée, se hâte d'en venir aux mains avec eux sur le mont Burgaon. Il commence par raffermir le courage de ses soldats, qu'avait ébranlé le nombre extraordinaire de leurs ennemis [1]. Puis, au déclin du jour, il envoie Théodore, commandant des vigiles, avec mille fantassins et quelques enseignes, vers la partie du mont Burgaon qui regarde l'orient. Il lui ordonne de gravir la montagne, du côté où elle est escarpée et presque inaccessible, de s'arrêter lorsqu'ils seront parvenus près de la cime, et d'y passer la nuit; de se montrer au point du jour, de déployer leurs enseignes, et de profiter de leur position élevée pour accabler l'ennemi de leurs traits. Ces ordres furent exécutés. Pendant une nuit obscure, ce détachement gravit les rochers, et atteignit l'une des cimes à l'insu des Maures et même de tous les Romains; car il était parti en apparence pour battre la campagne et garder les avenues du camp. Au premier point du jour, Salomon, avec toutes ses troupes, marche à l'ennemi par la pente occidentale du mont Burgaon. Lorsque le jour permit aux deux armées de se reconnaître, et que la lumière augmentant insensiblement eut éclairé

---

[1] Nous omettons ici la harangue de Salomon.

le sommet de la montagne, non plus désert comme auparavant, mais couvert de guerriers déployant les enseignes romaines, tous les esprits de part et d'autre restèrent en suspens. Enfin, quand le détachement qui occupait l'éminence eut commencé le combat, alors les Romains reconnurent que c'étaient leurs compagnons d'armes; et les barbares, qu'ils étaient enveloppés par leurs ennemis. Bientôt, attaqués de deux côtés à la fois et désespérant de se défendre, les Maures ne songent plus à résister, et cherchent leur salut dans la fuite. Ils ne pouvaient ni se réfugier sur la cime du Burgaon, déjà occupée par l'ennemi, ni se sauver dans la plaine, dont la route leur était fermée par l'armée de Salomon. Ils gagnèrent donc en désordre, les uns à pied, les autres à cheval, cette gorge impraticable qui coupe en deux le mont Burgaon, dans l'espoir d'atteindre le pic opposé à celui dont s'était emparé Théodore. Au milieu du tumulte de cette foule pressée, dont une aveugle terreur précipitait la fuite, les uns se perçaient mutuellement de leurs armes, les autres tombaient dans l'abîme ouvert à leurs pieds, et y périssaient, sans que ceux qui les suivaient s'aperçussent de leur mort. Enfin lorsque les corps amoncelés des hommes et des chevaux ayant comblé la gorge, eurent aplani le passage d'un pic à l'autre du Burgaon, les Maures qui restèrent se sauvèrent en marchant sur les cadavres de leurs frères. Dans cet horrible désastre, si on en croit ceux qui en sont réchappés, il périt cinquante mille Maures et pas un seul Romain. Aucun même des soldats de Salomon ne reçut une blessure ni par accident, ni par les armes de l'ennemi; et cette grande victoire ne leur coûta pas une goutte de sang. Les chefs des barbares parvinrent à s'évader, excepté Esdilasas, qui, sur la promesse qu'on lui fit de lui laisser la vie, se rendit aux Romains. Ceux-ci prirent une si grande multitude de femmes et d'enfants, qu'ils vendaient un enfant maure au même prix qu'une brebis. Alors seulement ceux qui avaient échappé au carnage comprirent cette prédiction des femmes maures, qui avaient annoncé qu'un général sans barbe causerait la ruine de leur nation [1]. L'armée romaine, avec

---

[1] Salomon était eunuque.

Esdilasas et tout le butin qu'elle avait fait, reprit le chemin de Carthage. Le reste des Maures, ne trouvant plus assez de sûreté dans la Byzacène, où leur petit nombre courait le risque d'être écrasé par les Libyens du voisinage, se retirèrent avec leurs chefs en Numidie, et implorèrent la protection d'Iadas, que les Maures du mont Aurès reconnaissaient pour leur souverain. Il ne resta en Byzacène que les Maures sujets d'Antalas, qui, étant demeurés fidèles aux traités conclus avec les Romains, n'avaient eu aucun dommage à souffrir dans cette guerre.

XIII. Pendant que ces événements se passaient dans la Byzacène, Iabdas, prince des Maures du mont Aurès, suivi de trente mille combattants, ravageait la Numidie et emmenait prisonniers un grand nombre d'habitants du pays. Althias, placé dans la ville de Centuria, était chargé de la garde des forts de ce canton. Il désirait vivement reprendre à l'ennemi quelques prisonniers, et fit sortir de la place les Massagètes qu'il commandait, et qui n'étaient qu'au nombre de soixante-dix. Réfléchissant ensuite qu'il ne pouvait, avec soixante-dix hommes, attaquer une nombreuse armée de Maures, il songeait à s'emparer de quelque défilé au passage duquel il pût surprendre les barbares et leur enlever leur butin. Mais comme ces plaines, rases et d'une vaste étendue, ne lui offraient point de lieu propre à une embuscade, il imagina cet expédient : Tigisis, ville située dans le voisinage, et qui était alors entourée de fortes murailles, possédait dans une gorge étroite une source abondante. Althias résolut de s'emparer de cette fontaine, persuadé que la soif y amènerait les Maures, qui du reste n'auraient pu trouver une goutte d'eau dans le voisinage. Il n'y a personne qui, en considérant l'inégalité des forces des Huns et des Maures, ne juge l'entreprise d'Althias comme un acte de démence. Cependant les Maures, dévorés par la soif ardente que produit la fatigue et la chaleur, car on était alors au fort de l'été, accourent sans défiance vers la fontaine. Lorsqu'ils la virent occupée par l'ennemi, ils s'arrêtèrent tous, ne sachant quel parti prendre, et sentirent défaillir le peu de forces que la soif leur avait laissées. Iabdas, s'étant approché du capitaine romain, lui offrit le tiers de son butin, s'il voulait permettre à tous les Maures de se désaltérer. Althias rejeta cette offre, et proposa au roi maure de trancher leur différend par un combat singulier. Iabdas ayant accepté le défi, il fut convenu que si Althias était vaincu, les Maures auraient le libre usage de la source. L'espérance et la joie se répandirent alors dans l'armée africaine, qui comptait sur une victoire assurée parce qu'Althias était petit et grêle, tandis qu'Iabdas était le plus grand et le plus robuste des guerriers de sa nation. Ils s'avancèrent donc à cheval l'un contre l'autre. Iabdas lance le premier son javelot. Althias, par un rapide mouvement de la main droite, saisit le trait au vol avant d'en être atteint, et par cette preuve d'adresse frappe d'étonnement Iabdas et les Maures; ensuite, ayant tendu son arc de la main gauche, dont il se servait aussi habilement que de la droite, il abat d'un coup de flèche le cheval de son adversaire. Les Maures amènent un nouveau cheval à leur roi, qui le monte précipitamment et prend la fuite, suivi de toute son armée en désordre. Althias se rendit maître des prisonniers et du butin, et cet exploit mémorable lui acquit dans toute l'Afrique une brillante réputation.

Salomon, après avoir séjourné quelque temps à Carthage, conduisit ses troupes vers le mont Aurès, accusant Iabdas, et non sans raison, d'avoir profité des embarras de l'armée romaine dans la Byzacène pour ravager une partie de la Numidie. Il était encore excité à cette guerre par deux princes maures, Massonas et Orthaïas, qui avaient contre Iabdas de graves motifs d'inimitié. Massonas l'accusait de la mort de son père Méphanias, qu'Iabdas avait fait périr par trahison, quoiqu'il eût épousé l'une de ses filles. Orthaïas avait pour grief la ligue formée entre Iabdas et Massinas, roi des barbares de la Mauritanie, pour l'expulser, lui et ses Maures, de la contrée qu'il avait de tout temps possédée. L'armée romaine, commandée par Salomon et guidée par les Maures alliés, alla camper sur les bords de l'Amigas, qui coule en avant du mont Auras et arrose toute la contrée. Iabdas, persuadé qu'il ne serait pas en état de résister aux Romains dans la plaine, s'occupa à fortifier de toutes parts le mont Aurès, et à le rendre de plus en plus impraticable à l'ennemi. Cette montagne, la plus grande que nous connaissions, est située à treize journées de Carthage. Son circuit est de trois fortes journées de marche. On ne peut la gravir que par des sentiers escarpés et des solitudes sauvages ; mais, parvenu au sommet, on trouve un plateau immense, arrosé par des sources jaillissantes qui donnent naissance à des rivières, et couvert d'une prodigieuse quantité de vergers. Les grains et les fruits y ont une grosseur double de celle qu'ils atteignent dans le reste de l'Afrique. Les habitants ne se sont point occupés d'y bâtir des forteresses, le lieu se défendant assez de lui-même ; et, depuis que les Maures avaient chassé les Vandales du mont Aurès, ils croyaient n'avoir plus rien à craindre. Ils avaient même détruit Tamugadis, ville grande et peuplée, adossée au flanc oriental de la montagne, et dominant de l'autre côté toute la plaine ; ils en avaient transporté ailleurs les habitants, et en avaient rasé les murs jusqu'au sol, pour que les ennemis ne pussent s'y retrancher, ni s'en servir comme de place d'armes dans leurs attaques contre l'Auras. Les mêmes Maures s'étaient aussi rendus maîtres de la grande et fertile contrée qui s'étend à l'occident de l'Auras et touche à la région habitée par les Maures sujets d'Orthaïas, prince qui, ainsi que je l'ai dit, avait fait alliance avec les Romains. Il m'a raconté lui-même qu'à la frontière de ses États commence un vaste désert, au delà duquel habite une race d'hommes qui ne sont pas basanés comme les Maures, mais qui ont la peau blanche et la chevelure blonde.

Salomon ayant distribué de grandes sommes d'argent aux Maures ses alliés, et les ayant exhortés à bien faire leur devoir, commence à gravir le mont Aurès avec toutes ses troupes rangées en ordre de bataille, persuadé qu'il en viendrait ce jour-là aux mains avec l'ennemi, et résolu de s'en remettre à la décision de la fortune. C'est par cette raison que les soldats ne s'étaient pas suffisamment pourvus de vivres pour eux et leurs chevaux. Ils s'arrêtèrent pour se reposer la nuit, après avoir fait, à travers des pentes escarpées, une marche d'environ cinquante stades. Ils firent le même chemin pendant les six jours suivants. Enfin le septième jour, ils arrivèrent dans un lieu que les Romains, dans leur langue, appellent *mons Aspidis*. Là, s'élève une vieille forteresse, baignée par une rivière qui ne tarit jamais, et l'on disait que l'ennemi avait pris position dans le voisinage. Les Romains ayant atteint cette montagne sans que personne s'opposât à leur passage, y établirent leur camp, et attendirent pendant trois jours, prêts à combattre l'ennemi, qui s'était éloigné avant leur arrivée. Alors, comme il ne reparaissait plus et que les vivres commençaient à manquer, Salomon et ses soldats conçurent des soupçons sur la fidélité des Maures leurs alliés. Ceux-ci s'étaient chargés du soin de guider la marche de l'armée romaine sur le mont Aurès. Mais quoiqu'ils fussent vraisemblablement instruits des mouvements de l'ennemi, puisqu'ils avaient, disait-on, avec lui des conférences secrètes et journalières, quoique très-souvent ils eussent été envoyés en avant pour explorer le pays, jamais ils n'avaient donné de renseignements vrais, de peur que les Romains, bien informés des difficultés qu'ils auraient à vaincre, ne fissent de plus grandes provisions de vivres, et ne se déterminassent à tenter l'ascension de l'Aurès qu'après avoir fait tous les préparatifs nécessaires. Ces soupçons de la trahison de ses alliés jetaient la crainte dans l'armée, qui se rappelait que les Maures étaient naturellement perfides, surtout lorsqu'ils servaient les Romains ou quelques autres peuples, contre les hommes de leur nation. Salomon, ayant pesé ces difficultés et d'ailleurs manquant de vivres, renonce à l'entreprise, opère sa retraite et ramène son armée dans la plaine, où il construit un camp retranché.

Comme l'hiver approchait, il laissa en Numidie une partie de ses troupes pour défendre la province, et ramena le reste à Carthage. Là, il fit tous les préparatifs nécessaires pour entreprendre, au retour du printemps, une nouvelle expédition dans le mont Aurès, mais avec de plus grands moyens et, si c'était possible, sans la coopération des Maures alliés. Il envoya en même temps d'autres capitaines, des troupes et des vaisseaux, contre les Maures qui occupaient la Sardaigne. Cette île est vaste et surtout opulente. Elle égale en étendue les deux tiers de la Sicile, car un marcheur agile n'en peut fait le tour en moins de vingt journées. Placée entre Rome et Carthage, elle est ravagée par les déprédations des Maures qui l'habitent.

Irrités autrefois contre ces barbares, les Vandales en avaient relégué en Sardaigne un petit nombre avec leurs femmes, et les y avaient emprisonnés. Avec le temps, ils s'échappèrent, se cantonnèrent dans les montagnes voisines de Calaris, et commencèrent par faire secrètement des incursions sur les pays d'alentour. Lorsqu'ils se furent accrus jusqu'au nombre de trois mille, ils renoncèrent à leur retraite, et se mirent à piller ouvertement les campagnes. Les indigènes leur donnaient le nom de *Barbaricins*. Ce fut contre eux que Salomon envoya cet hiver une flotte.

XIV. Au commencement du printemps, pendant que les chrétiens célébraient la fête de Pâques, il éclata dans l'armée d'Afrique une sédition dont je vais rapporter l'origine et l'issue. Après la défaite des Vandales que j'ai rapportée plus haut, leurs veuves et leurs filles épousèrent des soldats romains. Chacune d'elles excitait son mari à ressaisir les terres qu'elles avaient autrefois possédées. N'était-il pas souverainement injuste, disaient-elles, que ces biens dont elles avaient joui lorsqu'elles étaient les femmes des Vandales, elles en fussent dépouillées aujourd'hui qu'elles avaient épousé les vainqueurs? Gagnés par ces insinuations, ils résolurent de s'opposer au projet de Salomon, qui voulait réunir, soit au domaine public, soit au domaine de l'empereur, les propriétés prises sur les Vandales. Salomon s'efforça vainement de leur faire entendre que les soldats n'avaient droit qu'au partage du butin, de l'argent et des prisonniers; que les biens immeubles appartenaient à l'empereur et à l'État; que, nourris et entretenus par le prince, leur devoir était, non d'envahir au préjudice de l'empire les propriétés conquises sur les barbares, mais d'en assurer la possession au trésor public, d'où l'armée tout entière tirait sa subsistance. Ce fut l'une des causes de la sédition. A celle-ci s'en joignit une autre qui jeta le trouble dans toute l'Afrique. Il y avait dans l'armée romaine environ mille soldats ariens, presque tous étrangers, parmi lesquels on comptait quelques Érules. Ils étaient surtout excités à la rébellion par les prêtres vandales, irrités de se voir privés de leurs fonctions sacerdotales, et même du libre exercice de leur religion. Il est vrai que Justinien avait interdit l'usage du baptême et des autres mystères à tous les chrétiens qui n'étaient pas dans des sentiments orthodoxes. Leur rage redoubla au retour de la fête de Pâques, où il leur fut défendu de porter leurs enfants sur les fonts sacrés, et de célébrer aucune des solennités de ce grand jour. Il arriva en outre un incident favorable aux desseins de ceux qui machinaient la sédition. L'empereur avait formé, avec les Vandales que Bélisaire avait transportés à Constantinople, cinq régiments de cavalerie qui devaient tenir garnison dans les villes de l'Orient. Il leur avait donné le nom de *Vandales Justiniens*, et les avait envoyés par mer à leur destination. La plupart arrivèrent dans les corps qu'ils étaient destinés à compléter, et font encore maintenant la guerre contre les Perses. Les autres, au nombre d'environ quatre cents, parvenus à Lesbos, changèrent, malgré la résistance de l'équipage, la direction des navires qui les portaient, touchèrent la côte du Péloponèse, et allèrent ensuite prendre terre sur une partie déserte du rivage d'Afrique. Là, ayant abandonné leurs vaisseaux et s'étant chargés du bagage, ils se retirèrent sur le mont Aurès et dans la Mauritanie. Toutes ces causes agirent puissamment sur l'esprit des soldats, déjà disposés à la révolte. Ils se rassemblaient fréquemment, s'excitaient les uns les autres, se liaient par des serments réciproques. Les ariens de leur côté, à mesure que la fête de Pâques approchait, pressaient d'autant plus vivement l'explosion du complot, qu'ils sentaient davantage la sévérité de l'interdit qui pesait sur eux.

Les chefs de la conspiration résolurent donc d'assassiner Salomon dans l'église le premier jour de la fête, qu'on nomme le Grand Jour. Cette résolution ne transpira point au dehors. Le nombre des conspirateurs était, il est vrai, considérable; mais ils ne parlaient de leurs projets que devant les personnes qui en avaient accepté la complicité. Quant à Salomon, il lui était d'autant plus difficile de pénétrer ce complot, que la plupart de ses officiers, de ses gardes et de ses domestiques s'y étaient engagés, dans l'espoir d'obtenir la propriété des terres dont ils n'avaient que la jouissance. Déjà le jour convenu était arrivé, et Salomon, agenouillé dans l'église, était loin de se douter du danger qui le menaçait, lorsque les conjurés entrèrent dans le temple, s'exhortèrent mutuellement du regard, et portèrent la main à leurs épées. Mais ils furent arrêtés dans l'exécution de leur crime, soit par la sainteté du lieu et la solennité des cérémonies, soit par un retour du respect qu'ils avaient jusque-là porté à leur illustre général ; soit enfin par une secrète influence de la puissance divine. L'office terminé, les conjurés rentrèrent dans leurs maisons, se reprochèrent mutuellement leur faiblesse, et remirent l'exécution au lendemain. Ce jour-là, ils furent assaillis des mêmes impressions que la veille, et sortirent une seconde fois de l'église sans avoir rien fait. Arrivés sur la place publique, ils s'injurient publiquement les uns les autres, et se reprochent mutuellement leur lâcheté, leur perfidie, leur servile condescendance envers Salomon. La conspiration ayant été ainsi divulguée, plusieurs des conjurés, ne se jugeant plus en sûreté dans Carthage, sortirent précipitamment de la ville, et se mirent bientôt à piller les bourgs et à traiter en ennemis les habitants de la campagne. Ceux qui étaient restés dans la ville ne donnaient aucun signe de leur participation au complot, et feignaient sur ce point une complète ignorance.

Instruit et vivement alarmé des désordres que commettait dans la campagne une partie de ses soldats, Salomon ne cessait d'exhorter ceux qui étaient dans Carthage à garder la soumission et la fidélité qu'ils devaient à l'empereur. Ils semblèrent d'abord l'écouter avec faveur. Mais, au bout de cinq jours, lorsqu'ils virent que leurs compagnons, qui s'étaient jetés dans la campagne, s'y livraient impunément à toute leur violence, ils se rassemblèrent dans le cirque, et, abjurant toute retenue, ils se répandirent en propos insultants contre leur général et leurs autres capitaines. Salomon leur envoya Théodore de Cappadoce, qui essaya vainement de les adoucir par de flatteuses paroles ; ils ne lui prêtèrent aucune attention. Cependant il s'était élevé quelques différends entre Salomon et Théodore, qui était même soupçonné d'avoir conspiré contre son général. Les factieux, qui ne l'ignoraient point, choisissent Théodore pour leur chef, le proclament à grands cris, lui forment une garde, et se précipitent en tumulte vers le palais. Ils égorgent, en y entrant, un autre Théodore, capitaine des gardes, guerrier aussi distingué par sa valeur que par ses talents militaires. Enivrés par ce premier meurtre, ils ne connaissent plus de frein. Africains et Romains prodiguent inutilement l'or pour conserver leur vie ; ils tombent indistinctement sous le fer implacable des factieux ; le titre d'ami de Salomon est à lui seul un arrêt de mort. Ils s'abandonnent ensuite au pillage, pénètrent dans les maisons, en enlèvent les objets les plus précieux, et ne s'arrêtent dans leurs déprédations que lorsque la nuit et l'ivresse viennent les contraindre au repos. Cependant Salomon se tenait caché dans la grande église du palais, où Martin vint le trouver vers la fin du jour. Ils en sortirent lorsque les révoltés furent ensevelis dans le sommeil, et se rendirent dans la maison de Théodore de Cappadoce. Celui-ci, les ayant forcés à prendre quelque nourriture, les accompagna jusqu'au port, où il les fit embarquer sur la chaloupe d'un grand vaisseau qui avait été préparée pour Martin. Procope, l'auteur de cette histoire, se joignit à eux avec cinq seulement des domestiques de Salomon. Après avoir parcouru trois cents stades, ils arrivèrent à Messua, où était l'arsenal de la marine carthaginoise. Une fois en sûreté, Salomon envoie Martin à Valérien et aux autres officiers qui commandaient en Numidie ; il leur recommande de faire tous leurs efforts pour se concilier l'affection du soldat, et d'employer l'argent et tous les moyens qui seront en leur pouvoir pour le maintenir dans la fidélité. Il écrit aussi à Théodore, lui ordonne de veiller à la sûreté de Carthage, et de prendre les mesures qu'il jugera les plus propres à y rétablir l'ordre et la subordination. Ensuite il se rend lui-même à Syracuse avec Procope, expose à Bélisaire l'état des affaires d'Afrique, et le supplie instamment de se transporter au plus tôt à Carthage, afin d'y venger l'autorité impériale, outrageusement méconnue par les soldats.

XV. Les séditieux, après avoir pillé Carthage, se rassemblent dans la plaine de Bulla, y choisissent pour les commander Stozas, l'un des gardes de Martin, homme entreprenant et hardi, persuadés qu'ils étaient qu'après s'être débarrassés des généraux nommés par l'empereur, ils s'empareraient aisément de l'Afrique tout entière. Stozas ayant réuni et armé environ huit mille soldats, marcha vers Carthage avec autant d'assurance que si la prise de cette capitale n'avait dû lui coûter aucun effort. Il envoya aussi des émissaires chez les Vandales, et appela sous ses drapeaux non-seulement ceux qui s'étaient échappés par mer de Constantinople, mais encore ceux qui, s'étant cachés ou ayant été oubliés par les officiers chargés de la conduite des prisonniers, n'avaient pas quitté l'Afrique à la suite de Bélisaire. Tous ces Vandales, au nombre de mille au moins, se rendirent avec empressement au camp de Stozas, où accoururent en même temps un grand nombre d'esclaves. Aussitôt que l'armée fut en vue de la ville, Stozas la fit sommer de se rendre, si elle voulait éviter les violences et le pillage. Théodore et ceux qui occupaient Carthage avec lui, sans tenir compte de cette sommation, déclarèrent qu'ils tenaient la ville au nom de l'empereur, et enjoignirent à Stozas de s'abstenir de toute violence ultérieure. Ils chargèrent de ce message Joséphius, autrefois secrétaire des gardes du palais, attaché maintenant à la maison de Bélisaire, et qui venait d'arriver à Carthage pour une commission particulière. Irrité de la réponse de Théodore, Stozas fit tuer Joséphius, et commença le siége. Les habitants, effrayés du danger qui les menaçait, songeaient à capituler et à se sauver eux et leur ville, en se livrant aux mains de Stozas. Tel était l'état des affaires en Afrique.

Cependant Bélisaire, avec un seul vaisseau, n'amenant avec lui que Salomon et cent hommes choisis dans sa garde, aborda au port de Carthage à l'entrée de la nuit. C'était le lendemain que la ville devait ouvrir ses portes; et les assiégeants, qui attendaient ce moment avec une vive impatience, passèrent la nuit éveillés par cette brillante perspective. Mais sitôt qu'il fit jour, la seule annonce de la présence de Bélisaire jeta le trouble et le désordre parmi les factieux, qui décampèrent en toute hâte et prirent honteusement la fuite. Bélisaire réunit à peine deux mille soldats, dont il sut animer le zèle par ses exhortations et par ses libéralités; il se mit à la poursuite des rebelles, et les atteignit près de la ville de Membresa, à trois cent cinquante stades de Carthage. Les deux corps d'armée campèrent en cet endroit, et se préparèrent au combat. Bélisaire se retrancha sur le bord du fleuve Bagrada, Stozas sur une colline élevée et d'un accès difficile; aucun d'eux n'ayant voulu s'enfermer dans la ville, qui était dépourvue de remparts. Le lendemain, on se rangea en bataille de part et d'autre. Les factieux se fiaient à la supériorité de leur nombre; les soldats de Bélisaire n'avaient que du mépris pour une troupe sans chef, sans ordre et sans discipline.

Tout à coup, lorsque les deux armées s'avancèrent l'une contre l'autre pour en venir aux mains, il s'éleva un vent violent et très-incommode qui frappait au visage les factieux de Stozas. Celui-ci, persuadé qu'il combattrait avec désavantage parce que le vent redoublerait la force des traits de l'ennemi et arrêterait ceux de ses soldats, fit un mouvement oblique, espérant que les Romains, dans la crainte d'être attaqués par derrière, feraient un mouvement analogue, et se trouveraient ainsi à leur tour directement exposés au souffle du vent. Comme cette évolution ne se faisait pas sans trouble et sans désordre, Bélisaire profita du moment, et les fit charger avec vigueur. Étourdis de cette brusque attaque, sans résister, sans se rallier, ils s'enfuient de toutes leurs forces jusqu'en Numidie, où, s'étant enfin réunis, ils reconnurent qu'ils n'avaient perdu que peu de soldats, dont la plupart étaient des Vandales. Bélisaire ayant si peu de troupes, ne jugea pas à propos de poursuivre les rebelles; il se contenta de les avoir vaincus et de les avoir chassés du pays. Ses soldats, avec sa permission, entrèrent dans le camp ennemi, dont il leur abandonna le pillage. On n'y trouva point d'hommes, mais beaucoup d'argent, et un grand nombre de ces femmes qui avaient été la première cause de la révolte. Bélisaire, après cette expédition, retourna à Carthage. Il y reçut de Sicile la nouvelle qu'il s'était élevé une sédition dans son armée, et qu'il était à craindre qu'elle n'eût des suites funestes, si, par un prompt retour, il ne se hâtait de la réprimer. Ayant donc mis ordre de son mieux aux affaires d'Afrique, et confié la garde de Carthage à Ildiger et à Théodore, il repassa en Sicile.

Cependant les officiers romains qui stationnaient en Numidie, sitôt qu'ils apprirent que Stozas y avait ramené et rallié ses

troupes, se préparèrent à la guerre. Marcellus et Cyrille commandaient les fédérés, Barbatus la cavalerie, Terentius et Sarapis l'infanterie; mais tous ces officiers étaient sous les ordres de Marcellus, qui avait le gouvernement de la Numidie. Celui-ci apprenant que Stozas était, avec peu de monde, à Gazophyla, ville située à deux journées de Constantine, y conduisit rapidement son armée, résolu à le combattre avant qu'il eût rallié sous son drapeau tous les soldats rebelles. Les deux corps étaient en présence et prêts à en venir aux mains, lorsque Stozas, s'avançant seul vers le centre de l'armée romaine :
« Camarades, s'écria-t-il, quelle aveugle fureur vous pousse à
« combattre des amis, des parents, que le sentiment de vos
« misères et des injustices dont vous êtes victimes a seul
« entraînés à prendre les armes contre l'empereur et contre les
« Romains? Avez-vous donc oublié qu'on vous refuse la solde
« qui vous est due depuis si longtemps, qu'on vous enlève les
« dépouilles de l'ennemi, récompense bien légitime que les lois
« de la guerre attribuent au vainqueur pour prix des dangers
« qu'il a courus? D'autres s'arrogent insolemment tout l'hon-
« neur et tous les fruits de la victoire; et vous, réduits à la vile
« condition d'esclaves, vous vous mettez humblement à leur
« suite. Si vous me regardez comme votre ennemi, me voilà ;
« exercez votre colère sur moi seul, et ne l'étendez pas sur les
« autres. Si vous n'avez contre moi aucun sujet de plainte,
« c'est le moment de joindre nos armes pour la défense de nos
« intérêts communs. » Les soldats romains accueillirent avec faveur le discours de Stozas, et lui témoignèrent par leurs gestes la plus vive sympathie. A cette vue, les officiers se retirent sans bruit, et se réfugient dans l'église de Gazophyla. Stozas ayant réuni les deux corps d'armée sous son commandement, les poursuit, les prend dans leur asile, et, par un parjure sacrilége, les fait tous égorger sous ses yeux.

XVI. Instruit de ces événements, l'empereur envoie son neveu le patrice Germain, accompagné d'une faible escorte, et suivi de Symmaque et de Domnicus, tous deux sénateurs, et chargés de fonctions importantes : le premier était intendant et trésorier de l'armée; le second, maître de l'infanterie, avait succédé dans cette charge à Jean, récemment mort de maladie. Sitôt qu'il fut arrivé à Carthage, Germain se fit donner l'état des soldats présents sous les drapeaux. En lisant les rôles où sont consignés les noms de tous les soldats, il s'aperçut qu'il en restait seulement le tiers à Carthage et dans les autres villes; que tout le reste combattait pour Stozas contre les Romains. Cet état de choses fut pour lui un motif de différer les opérations militaires, et d'employer d'abord tous ses soins à reconstruire une armée. Comme parmi les soldats qui restaient à Carthage beaucoup étaient parents ou amis des factieux, il s'attacha à les gagner par des caresses, et les assura que l'empereur l'avait envoyé en Afrique pour soulager les soldats opprimés, et pour châtier leurs oppresseurs. Les rebelles, instruits des dispositions bienveillantes du nouveau général, commencèrent à revenir peu à peu se ranger sous ses drapeaux. Germain les reçut avec bonté dans Carthage, leur promit un entier oubli du passé, et leur fit payer la solde, même pour le temps qu'ils avaient servi contre l'empire. Quand la renommée eut répandu partout le bruit d'un si généreux accueil, les soldats de Stozas désertèrent par bandes, et s'empressèrent de retourner à Carthage. Alors Germain, se voyant en état d'attaquer l'ennemi sans désavantage, commença les préparatifs de la guerre.

Cependant Stozas, voyant le mal s'étendre et craignant de voir enfin son armée anéantie par la défection, résolut d'employer au plus tôt ce qui lui restait de forces, et de saisir la première occasion qui s'offrirait d'en venir aux mains. Il avait quelque espoir d'attirer à lui les soldats de la garnison de Carthage, et comptait que, s'il se rapprochait de la ville, il les déterminerait plus facilement à passer dans son parti. Ayant raffermi le courage des siens en leur faisant part de ses espérances, il marcha rapidement vers Carthage avec toutes ses forces, et campa dans un lieu voisin de la mer, à trente-cinq stades de la ville. Germain fit prendre les armes à ses soldats, et les rangea en bataille hors des murs. Il n'ignorait pas les projets de Stozas, et les insinuations que ce chef rebelle avait fait répandre dans la ville [1].

[1] Cette phrase est destinée à remplacer le long discours de Germain, que nous supprimons.

Pour en arrêter l'effet, il développa, dans un long discours, tous les motifs qui devaient porter ses soldats à la fidélité et à la reconnaissance envers l'empereur. Il leur reprocha doucement aussi leurs fautes passées, et les exhorta à saisir avec empressement l'occasion qui s'offrait de les réparer. Le discours de Germain fut accueilli par des acclamations unanimes, et chaque soldat s'empressa de prêter, entre les mains du général, un serment de fidélité envers l'empereur.

XVII. Lorsque les deux armées furent restées pendant quelque temps en présence, et que les factieux eurent vainement attendu la réalisation des promesses de Stozas, alors à leurs espérances déçues succéda un invincible sentiment de terreur. Ils rompirent leurs rangs et se retirèrent en Numidie, où ils avaient laissé leurs femmes et le butin de toute espèce, fruit de leurs pillages. Germain s'y porta bientôt avec toutes ses troupes, traînant après lui, indépendamment des bagages nécessaires, une immense quantité de chariots. Ayant atteint l'ennemi dans une plaine appelée par les Romains *Scalæ Veteres*, voici comment il disposa son armée : Il forme, en face de l'ennemi, une ligne de chariots. En avant de cette ligne il place toute son infanterie, commandée par Domnicus, afin que, n'ayant rien à craindre pour ses derrières, elle combatte avec plus de confiance et de valeur. Il se posta lui-même à la gauche des fantassins avec l'élite de la cavalerie et le petit nombre de soldats qu'il avait amenés de Constantinople. Le reste des cavaliers forma l'aile droite, non pas réunis en masse, mais divisés en trois corps commandés, le premier par Ildiger, le second par Théodore de Cappadoce, le dernier, qui était aussi le plus considérable, par Jean, frère de Pappus. En face de l'armée romaine ainsi disposée se tenaient les rebelles, mais sans aucun ordre, et dispersés à la manière des barbares. Non loin de là étaient postés des milliers de Maures, commandés par Iabdas, Orthaïas et d'autres chefs dont je passe les noms sous silence. Tous ces barbares ne gardaient point la foi qu'ils avaient jurée à Stozas ; déjà plusieurs d'entre eux avaient promis à Germain, par l'intermédiaire de leurs messagers, que lorsque le combat serait commencé, ils se tourneraient contre les rebelles. Germain, qui connaissait le caractère naturellement perfide des Maures, n'ajouta point à leur parole une confiance entière. Ces barbares s'étaient donc placés à l'écart derrière l'armée des factieux, attendant l'événement du combat, afin de se joindre aux vainqueurs dans la poursuite des vaincus. De plus, ils étaient convenus entre eux de laisser les rebelles engager tout seuls la bataille. Quand Stozas, s'étant approché de l'ennemi, eut aperçu la bannière de Germain, il encouragea les soldats qui l'entouraient, et voulut les conduire contre ce général. Mais il fut retenu par les Érules ses complices. Ceux-ci lui représentèrent qu'il ne connaissait point les forces de Germain; que l'aile droite des ennemis ne ferait certainement pas la moindre résistance; que si on l'attaquait elle plierait au premier choc, et que sa déroute jetterait à coup sûr le désordre dans toute l'armée; que si au contraire, repoussés par Germain, ils étaient obligés de prendre la fuite, leurs affaires seraient en un moment ruinées sans ressource. Convaincu par ces raisons, Stozas laisse à d'autres le soin d'engager le combat contre Germain; lui-même, avec l'élite de ses soldats, il attaque Jean et la troupe qu'il commandait. Ceux-ci, enfoncés du premier choc, prennent la fuite en désordre, vivement poursuivis par les rebelles, qui s'emparent en un instant de tous leurs drapeaux. Quelques-uns même avaient attaqué l'infanterie, dont les rangs déjà commençaient à se rompre, lorsque Germain s'élançant, l'épée nue à la main, à la tête de toute son aile gauche, disperse, après un vif combat, le corps des factieux qui lui était opposé, et se retourne en toute hâte contre la troupe de Stozas. Il fut promptement secondé par les efforts combinés d'Ildiger et de Théodore; et les deux armées se mêlèrent au point que plusieurs factieux furent faits prisonniers, tandis qu'ils poursuivaient les soldats romains qu'ils avaient vaincus et forcés à fuir devant eux. Au milieu de cette effroyable confusion qui redoublait de moment en moment, Germain pressait l'ennemi par derrière avec tant de vigueur, que déjà, frappé d'épouvante, il ne songeait plus à se défendre. Personne ne pouvait distinguer un ami d'un ennemi; dans l'un et dans l'autre parti c'étaient la même langue, les mêmes armes, la même physionomie, le même vêtement. C'est pourquoi Germain commanda à ses soldats de demander à tous ceux qu'ils prendraient quelle était leur bannière. S'ils se disaient de l'armée de Germain, on leur demandait le mot d'ordre, et ceux qui ne pouvaient répondre étaient tués à l'instant. Ce fut alors qu'un trait, lancé au hasard, frappa mortellement le cheval de Germain. Ce général fut renversé, et aurait couru risque de la vie, si ses gardes, se jetant promptement autour de lui, ne lui eussent fait un rempart de leurs armes, et ne l'eussent monté sur un autre cheval.

Stozas profita de ce moment de tumulte, pour s'échapper avec un petit nombre des siens. Germain, encourageant ses soldats du geste et de la voix, les conduit directement au camp de l'ennemi. La garnison, à qui Stozas en avait confié la garde, sortit des retranchements pour tenir tête à l'ennemi. Un combat acharné s'engagea à l'entrée du camp, et peu s'en fallut que les assaillants ne fussent repoussés par les rebelles. Germain alors détacha une partie des troupes qu'il avait avec lui, et l'envoya tenter une attaque sur un autre point. Ceux-ci ayant trouvé un endroit qui n'était pas défendu, pénétrèrent dans les retranchements. Les rebelles prirent aussitôt la fuite, et Germain entra dans le camp avec toute son armée. Là, les soldats trouvant un butin facile, se livrèrent ardemment au pillage, sans songer aucunement à l'ennemi, sans égard pour les représentations de leur général. Germain, craignant que les rebelles ne se rallient et ne reviennent fondre sur lui, se tient debout à l'entrée du camp avec quelques amis, se fatigue et s'épuise à rappeler aux règles de la discipline des soldats qui ne l'écoutent point. Alors, parmi les Maures, les uns se mirent à la poursuite des factieux; les autres prirent part au pillage du camp avec les soldats de Germain. Stozas, qui se fiait aux promesses des Maures, s'était d'abord enfui de leur côté, comptant qu'avec leur secours il pourrait rétablir le combat. Mais, s'apercevant de leur perfidie, il eut à peine le temps de leur échapper avec une centaine d'hommes. Le nombre de ses compagnons s'étant insensiblement accru dans la suite, ils essayèrent de recommencer la guerre; mais, repoussés avec plus de vigueur encore que dans leur première attaque, ils furent tous contraints de faire leur soumission. Quant à Stozas, tout à fait abandonné des Romains ses complices, il se retira dans la Mauritanie avec quelques Vandales, y épousa la fille d'un prince du pays, et y passa le reste de ses jours. Telle fut la fin de la sédition.

XVIII. Il y avait parmi les gardes de Théodore de Cappadoce un très-méchant homme, nommé Maximin, qui aspirait à se faire chef de parti, en s'appuyant sur les nombreux soldats qui avaient conspiré contre l'empereur. En cherchant à étendre le nombre de ses complices, il s'ouvrit de ses projets avec plusieurs personnes, entre autres avec Asclépiade, qui était d'une des plus illustres familles de la Palestine et l'ami intime de Théodore. Asclépiade, après en avoir conféré avec son ami, dénonce à Germain la conspiration qui se formait. Mais comme la soumission de l'Afrique était récente et encore mal affermie, Germain, afin de prévenir de nouveaux troubles, résolut d'employer les caresses plutôt que les châtiments pour contenir Maximin dans le devoir, et de tirer de lui un nouveau serment de fidélité à l'empire. C'est une très-ancienne coutume chez les Romains, que personne ne soit admis au nombre des gardes d'un gouverneur de province, s'il n'a d'abord solennellement juré d'être fidèle au gouverneur et à l'empereur lui-même. Germain appela donc auprès de lui Maximin; et, après avoir donné des éloges à sa bravoure, il lui dit qu'il voulait l'avoir au nombre de ses gardes. Celui-ci, joyeux d'un si brillant honneur, et le considérant comme un acheminement à l'exécution de ses perfides projets, prêta le double serment d'usage. Mais à peine fut-il inscrit au nombre des gardes de Germain, qu'il foula aux pieds la sainteté de la foi jurée, et redoubla d'activité pour organiser la révolte. Un jour enfin que toute la ville célébrait une fête solennelle, vers l'heure du dîner, les complices de Maximin se rendirent en grand nombre au palais, selon qu'ils en étaient convenus. Germain donnait un festin à ses amis; Maximin et les autres gardes étaient debout autour de la table. Le repas était déjà avancé, lorsqu'on vint annoncer à Germain qu'aux portes du palais il y avait une multitude confuse de soldats, se plaignant qu'on ne leur payât pas leur solde depuis longtemps arriérée. Aussitôt il enjoint secrètement à des gardes dont la fidélité lui était connue, de veiller sur Maximin sans qu'il s'en aperçût. Alors les factieux, poussant des cris menaçants, courent au cirque, où leurs complices, sortant de leurs maisons, se hâtent de les rejoindre ; et s'ils avaient eu le temps de se réunir tous, personne, à mon avis, n'aurait été assez fort pour réprimer leur audace. Mais Germain les prévint par sa diligence : il envoya sans retard dans le cirque, où il n'y avait encore qu'un petit nombre de séditieux, tous les soldats qu'il savait être restés fidèles à lui et à l'empereur. Ceux-ci attaquèrent brusquement les factieux, qui, n'ayant avec eux ni Maximin, qu'ils désiraient ardemment voir à leur tête pendant le combat, ni cette multitude de complices sur le secours desquels ils avaient compté, surpris d'ailleurs par l'attaque inopinée des soldats de Germain, perdirent courage, et furent facilement vaincus et dispersés. Beaucoup d'entre eux périrent sur la place, d'autres en assez grand nombre furent faits prisonniers et conduits à Germain. Ceux des conjurés qui ne s'étaient pas encore réunis dans le cirque dissimulèrent leurs sentiments envers Maximin, et Germain ne voulut point les rechercher. Quant à Maximin, on lui demanda si, depuis le serment qu'il avait prononcé, il s'était occupé de la conjuration. Convaincu de l'avoir encore plus activement propagée depuis qu'il avait été reçu au nombre des gardes de Germain, il fut conduit, par ordre du général, hors des murs de Carthage, et pendu à un gibet. C'est ainsi que la sédition fut étouffée, et que les intrigues de Maximin reçurent leur châtiment.

XIX. Justinien, dans la treizième année de son empire, rappela à Constantinople Germain, Symmaque et Domnicus, et confia de nouveau à Salomon le gouvernement de l'Afrique. Il lui donna de nouvelles troupes et de nouveaux capitaines, parmi lesquels Rufin et Léonce, fils de Zanna, petit-fils de Pharesmane, et Jean, fils de Sisinniole. Déjà auparavant Martin et Valérien étaient retournés à Constantinople. Lorsque Salomon fut débarqué à Carthage, trouvant la faction de Stozas entièrement détruite, il ne songea qu'à gouverner l'Afrique avec modération, et à pourvoir à la sûreté du pays. Donnant surtout ses soins au rétablissement de la discipline, il envoyait, soit à Constantinople, soit à Bélisaire, tous les soldats dont la fidélité lui paraissait suspecte, et s'occupait à remplir par des recrues les cadres des légions. Enfin il bannit à jamais tous les Vandales, hommes ou femmes, qui étaient restés en Afrique. Il environna de murailles toutes les villes, fit observer exactement les lois, rétablit l'administration publique, et rendit l'Afrique riche et heureuse par la sagesse de son gouvernement.

Après avoir partout rétabli l'ordre, Salomon entreprit une nouvelle expédition contre Iabdas et les Maures qui habitent le mont Aurès. Gontharis, l'un de ses gardes, capitaine distingué, envoyé en avant avec une partie de l'armée, arriva au fleuve Abigas, et établit son camp non loin d'une ville déserte, nommée Bagaï. Dans ce lieu il eut un engagement avec l'ennemi, fut vaincu et forcé de se retirer dans ses retranchements, où il commençait à être étroitement bloqué par les Maures, lorsque Salomon, arrivant avec le reste de l'armée, établit son camp à soixante stades du camp de Gontharis. Il apprend dans ce lieu la défaite de ce capitaine, et il envoie, pour le secourir, une partie de ses soldats, avec ordre d'attaquer vigoureusement l'ennemi. Mais les Maures, quoiqu'ils eussent été vainqueurs, comme nous l'avons dit, eurent recours à cet artifice. L'Abigas prend sa source dans le mont Auras, et, en descendant dans la plaine, arrose les campagnes au gré des habitants, qui en dérivent les eaux selon les besoins de leurs cultures. Car cette plaine est coupée par de nombreux conduits dans lesquels le fleuve se partage, et d'où il ressort après avoir longtemps coulé sous la terre, et réuni toutes ses eaux en un seul lit. Ces dispositions existant dans la plus grande partie de la vallée, l'eau du fleuve est réellement entre les mains des habitants, qui peuvent la porter où ils veulent, en bouchant ou en ouvrant les conduits. Les Maures ayant alors fermé toutes les issues de ces canaux, dirigèrent le fleuve entier contre le camp romain, qui devint tout à coup un lac profond et impraticable. Les troupes furent saisies d'épouvante, et se trouvèrent réduites aux dernières extrémités. Salomon, instruit de leur détresse, se hâte de venir à leur secours. Les Maures n'osent l'attendre ; ils se retirent au pied de l'Aurès, et s'y retranchent dans un lieu qu'ils appellent Babosis. Salomon les y poursuit, leur livre bataille avec toutes ses forces, les bat complétement et les met en déroute. Les Maures, après cette défaite, renoncèrent à disputer la victoire aux Romains en bataille rangée. Ils comptaient que la nature abrupte et escarpée de l'Aurès, et les fatigues d'une poursuite à travers ces obstacles, contraindraient bientôt les Romains à se retirer, comme cela était arrivé dans leur première expédition. Dans cette persuasion, une partie des Maures se retira dans la Mauritanie (Sitifensienne) et chez les barbares qui habitent au sud de l'Auras. Iabdas resta dans ces montagnes à la tête de vingt mille hommes, et s'enferma avec eux dans une place forte nommée Zerbulé, qu'il y avait bâtie. Salomon, au lieu de perdre son temps à l'assiéger, se porte, aussitôt que les grains sont mûrs, sur la ville de Tamugadis, y fait entrer son armée, et de là ravage les campagnes. Après avoir tout dévasté par le fer et par le feu, il revient contre le fort de Zerbulé.

Pendant que les Romains ravageaient le pays, Iabdas, craignant de manquer de vivres s'il était assiégé dans Zerbulé, laisse dans cette forteresse ceux de ses Maures qu'il juge les plus capables de la défendre, et avec le reste de ses troupes il va se poster sur la cime de l'Aurès. Il y choisit une position défendue de tous côtés par des précipices et des rochers taillés à pic ; ce lieu est nommé Tumar. Les Romains attaquèrent pendant trois jours le fort de Zerbulé. Ils avaient des archers habiles ; et comme les murailles étaient très-basses, un grand nombre de Maures furent tués sur les créneaux, et, par un hasard singulier, tous leurs chefs y perdirent la vie. Les Romains, ignorant cette heureuse circonstance, se décidèrent à lever le siége pendant la nuit qui suivit le troisième jour de l'attaque. En effet, Salomon jugeait plus convenable de marcher contre Iabdas et l'armée des Maures, pensant que, s'il venait à bout de les vaincre, la forteresse de Zerbulé ne tarderait pas ensuite à capituler. Pendant ce temps les barbares, se sentant trop faibles pour soutenir plus longtemps le siége, et se voyant privés de tous leurs chefs, prenaient la résolution de s'enfuir au plus vite et d'abandonner le château. Ils l'exécutèrent sur-le-champ, dans le plus profond silence, et sans éveiller l'attention de l'ennemi. Au point du jour, les Romains ployèrent leurs bagages et se préparèrent à la retraite. Mais n'apercevant personne sur les murailles, où leurs apprêts de départ auraient dû attirer les assiégés, ils furent étonnés, et restèrent quelque temps dans le doute et l'incertitude. En proie à cette irrésolution, ils font le tour du château, et aperçoivent ouverte la porte par où les Maures s'étaient enfuis. Ils entrent dans la place et pillent tout ce qu'ils y trouvent, renonçant à poursuivre les fuyards, à qui la légèreté de leurs armes et leur connaissance des chemins donnaient trop d'avantages. Après avoir recueilli tout le butin, ils y laissèrent une garnison dans le fort, et marchèrent tous à pied vers le sommet de la montagne.

XX. Lorsqu'ils furent arrivés à Tumar, où l'ennemi s'était renfermé et se tenait en repos, ils campèrent à quelque distance de la place, dans un lieu aride et couvert de rochers, où ils eurent à souffrir du manque d'eau et de vivres. Ils y consumèrent beaucoup de temps, sans que les barbares fissent une seule sortie; et ils souffrirent eux-mêmes autant et plus que les assiégés. Leur privation la plus sensible était la disette d'eau; elle était si rare que Salomon la distribuait lui-même, et n'en donnait à chaque soldat qu'un verre par jour. Enfin, lorsqu'il vit que les plaintes des soldats éclataient publiquement, et qu'ils ne pouvaient plus supporter l'excès de leur misère, il résolut de braver les difficultés de la position, et d'essayer une attaque contre la place [1].

Salomon fit donc une reconnaissance pour découvrir le point sur lequel il pourrait diriger ses efforts avec le plus d'avantage; mais la position lui sembla de tous les côtés également inaccessible. Pendant qu'il était plongé dans une incertitude voisine du découragement, la fortune lui offrit un moyen d'arriver au but de ses désirs. Un fantassin, nommé Gezon, payeur de sa cohorte [2], soit par jactance, soit par désespoir, soit enfin

---

[1] Nous omettons ici un discours de Salomon à ses soldats.
[2] Procope l'appelle τοῦ καταλόγου ὀπτίων εἰς ὃν αὐτὸς ἀνεγέγραπτο; et il ajoute : οὕτω γὰρ τὸν τῶν συντάξεων χορηγὸν καλοῦσι Ῥωμαῖοι.

par une sorte d'inspiration divine, résolut de marcher à l'ennemi, et se mit seul à gravir la montagne. Quelques-uns de ses compagnons, étonnés de la hardiesse de son entreprise, le suivirent à quelque distance. Trois Maures qui gardaient les avenues du fort, le voyant s'avancer contre eux, coururent à lui, mais séparément, le sentier étant trop étroit pour les laisser marcher de front. Gezon frappe et tue le premier qui se présente; les deux autres subissent le même sort. Animés par ce beau fait d'armes, ceux qui étaient derrière lui s'élancent avec ardeur sur l'ennemi en poussant leur cri de guerre. Soudain tous les corps de l'armée, enflammés à l'aspect de cet exploit inespéré, sans attendre ni l'ordre du général ni le signal de la trompette, sans garder aucun rang, mais poussant de grands cris et s'animant les uns les autres, s'élancent ensemble vers le camp de l'ennemi. Là, Rufin et Léonce, fils de Zanna, petits-fils de Pharesmane, se signalèrent par de mémorables exploits. Les Maures, frappés d'épouvante, découragés par la perte de leurs gardes avancés, se mettent à fuir de tous les côtés, et périssent la plupart dans les précipices. Iabdas, quoique blessé d'une flèche à la cuisse, parvint à s'échapper, et se sauva dans la Mauritanie. Les Romains, après avoir pillé le camp des ennemis, résolurent de ne jamais abandonner le mont Aurès; et ils gardent encore avec soin les forteresses que Salomon y fit construire, afin d'empêcher les Maures de se rendre de nouveau les maîtres de cette montagne.

Il existe dans l'Aurès une roche abrupte, entourée de précipices, appelée le rocher de Géminien. Les anciens habitants du pays y avaient construit une tour, petite à la vérité, mais qui, grâce à la nature du terrain, offrait une retraite sûre et inexpugnable. Iabdas y avait déposé, quelques jours auparavant, ses femmes et ses trésors sous la garde d'un vieux capitaine; car il n'avait pas songé que jamais l'ennemi pût approcher de cette position, bien moins encore prendre la tour de vive force. Mais les Romains, qui fouillaient alors les parties les plus inaccessibles de la montagne, arrivèrent au pied de cette tour. Un d'entre eux par bravade essaya d'y monter, et servit d'abord de risée aux femmes, qui se moquaient de sa présomption et de sa témérité. Le vieil officier, qui le regardait de la tour, s'en moquait de même. Cependant, lorsqu'en s'aidant des pieds et des mains, le soldat romain se fut approché, il tira sans bruit son épée, et, s'élançant légèrement, frappa d'un bras sûr le col du vieillard, dont la tête roula sur la terre. Les soldats, enflammés par cet exemple, se soulèvent mutuellement, et atteignent le haut de la tour, d'où ils enlèvent les femmes, et des sommes énormes en argent qui servirent à Salomon pour la reconstruction des remparts de plusieurs villes.

Lorsque les Maures, après la défaite que je viens de raconter, eurent abandonné la Numidie, Salomon rendit tributaire la province de Zaba, située au delà de l'Aurès. Cette province se nomme aussi la première Mauritanie, et a la ville de Sétifis pour métropole. Césarée est le chef-lieu de la seconde Mauritanie, occupée par Mastigas et ses Maures. Toute cette province est soumise à ce chef maure et lui paye tribut, excepté la ville de Césarée, que Bélisaire, ainsi que je l'ai raconté, avait reconquise. Les Romains communiquent par mer avec cette capitale; mais ils ne peuvent s'y rendre par terre, à cause que les Maures occupent tout le pays. Depuis ce moment, tous les Africains sujets de l'empire romain, jouissant d'une paix assurée sous le gouvernement sage et modéré de Salomon, ont abjuré toute idée de rébellion, et sont devenus le plus heureux peuple de l'empire.

XXI. Cette félicité fut troublée au bout de quatre ans, lorsque Justinien, dans la dix-septième année de son règne, confia la garde des villes de l'Afrique à Cyrus et à Sergias, fils de Bacchus, frère de Salomon. Cyrus, l'aîné, eut le gouvernement de la Pentapole; Sergius, celui de la province de Tripoli. Ce dernier était dans la ville de Leptis Magna, lorsque les Maures, qu'on appelle Lévathes, allèrent le trouver en grand nombre et en armes, faisant courir le bruit qu'ils venaient, selon les anciens usages, recevoir les présents, les insignes du pouvoir, et sanctionner ainsi la paix. Sergius, d'après le conseil du Tripolitain Pudentius, qui dès le commencement de la guerre contre les Vandales avait, comme je l'ai dit plus haut, servi utilement l'empereur Justinien, reçut dans la ville quatre-vingts des plus considérables de ces barbares, promit de satisfaire à leurs demandes, et exigea seulement que leur suite restât dans les faubourgs. Bientôt, après leur avoir donné sa parole pour garantie de leur sûreté, il invita à un festin ces quatre-vingts chefs, qui, disait-on, étaient venus avec des intentions perfides, et le dessein de le surprendre et de l'assassiner. Lorsqu'ils furent réunis dans la salle du festin, les Maures alléguèrent plusieurs sujets de mécontentement, et se plaignirent entre autres des ravages que les Romains causaient à leurs moissons. Sergius, sans tenir compte de leurs représentations, se leva de son siége et voulut s'en aller. Un des barbares, lui portant la main sur l'épaule, s'efforça de l'arrêter; et tous les autres, se levant en tumulte, se pressaient déjà autour de Sergius, lorsqu'un des gardes de ce dernier tira son épée et tua le Maure qui s'était opposé à sa sortie. De là, comme on devait s'y attendre, une rixe terrible, dans laquelle tous les Maures périrent sous les coups des gardes de Sergius, à l'exception d'un seul qui, voyant le massacre de ses compagnons, parvint à s'échapper sans être aperçu, et alla porter à ses compatriotes la nouvelle de cet événement. Aussitôt les Maures s'empressent de retourner dans leur camp, et toute la nation prend les armes. Quand ils approchèrent de Leptis, Sergius et Pudentius conduisirent à leur rencontre toute l'armée romaine. Le combat s'étant engagé de très-près, les Romains furent d'abord vainqueurs, firent un grand carnage des barbares, pillèrent leur camp, s'emparèrent de toutes leurs richesses, et emmenèrent en esclavage une prodigieuse multitude de femmes et d'enfants. Mais bientôt Pudentius ayant péri victime de sa témérité, Sergius, au commencement de la nuit, rentra dans Leptis avec l'armée romaine.

Bientôt les barbares ayant réuni contre les Romains des forces plus considérables, Sergius alla trouver Salomon, son oncle, pour le prier de marcher lui-même contre eux avec une armée plus nombreuse. Il trouva auprès de lui son frère Cyrus. Les barbares étaient entrés dans la Byzacène, et avaient dévasté, par leurs incursions, la plus grande partie de cette province. Déjà même Antalas, qui, pour prix de sa fidélité constante envers les Romains, avait obtenu seul, ainsi que je l'ai déjà raconté, le commandement des Maures de la Byzacène, était en mauvaise intelligence avec Salomon. Il accusait ce général de lui avoir arbitrairement retranché la solde en vivres qui lui était assignée par l'empereur; il lui imputait aussi la perte de son frère, que Salomon avait fait mourir, sous le prétexte qu'il avait excité quelques troubles dans la Byzacène. Par ces motifs, Antalas vit avec plaisir le soulèvement des barbares; et, s'étant ligué avec eux, il les mena contre Salomon et contre Carthage. Salomon, instruit des projets de l'ennemi, marcha au-devant de lui avec toutes ses troupes; et, l'ayant rencontré près de Théveste, ville située à six journées de Carthage, il campa dans ce lieu avec les fils de son frère Bacchus, Sergius, Cyrus, et le plus jeune, qui portait le nom de Salomon. Effrayé par le nombre des barbares, il envoya une députation aux chefs des Lévathes. Il leur exposait qu'il avait sujet de se plaindre qu'au mépris des anciens traités d'alliance, ils eussent pris les armes contre les Romains; il les exhortait fortement à la paix, et leur offrait de s'engager, par les serments les plus saints, à mettre complétement en oubli leurs fautes passées. Les barbares se raillèrent de ces propositions; ils lui répondirent que le serment qu'on leur offrait se ferait probablement sur ces livres sacrés nommés par les chrétiens *les Évangiles*; que Sergius, après un serment pareil, n'avait pas craint de massacrer ceux qui s'étaient fiés à sa foi; qu'ils étaient conséquemment bien aises d'éprouver par une bataille si ces livres, qu'on dit être divins, ont en effet quelque vertu pour punir les parjures; qu'après cette expérience, ils se trouveraient plus disposés à traiter. Quand Salomon eut reçu cette réponse, il se prépara au combat.

Le lendemain, ayant rencontré un détachement ennemi chargé d'un riche butin, il le battit, le dépouilla, et répondit à ses soldats, qui se plaignaient hautement de n'être pas admis au partage de cette proie, qu'il fallait attendre la fin de la guerre; que chacun alors serait récompensé suivant ses services. Les barbares étant revenus présenter la bataille avec toutes leurs forces, une partie des soldats refusa de combattre; les autres ne s'y résolurent qu'avec hésitation, et comme à contre-cœur. Toutefois, dans le commencement, l'avantage fut égal; mais bientôt les Maures, par la supériorité de leur nombre, mirent en déroute la plus grande partie de l'armée romaine. Salomon, entouré d'un petit nombre de ses gardes, soutint quelque temps l'effort de l'ennemi. Enfin, ne pouvant plus résister, ils se sauvèrent à toute bride jusqu'au bord d'un torrent qui coulait dans le voisinage. Là, le cheval de Salomon s'abattit, et le général lui-même fut renversé. Il fut tout de suite relevé et remis à cheval par ses gardes; mais les douleurs qu'il ressentait de sa chute le mettant hors d'état de se conduire, il fut pris et massacré par les barbares, avec une partie de ceux qui l'entouraient. C'est ainsi que Salomon termina ses jours.

XXII. Après la mort de Salomon, Sergius, neveu de ce général, fut nommé par l'empereur au gouvernement de l'Afrique. C'est surtout à lui qu'on peut attribuer les nombreuses calamités qui affligèrent la Province. Son administration devint odieuse à tous : aux officiers, que, malgré son inexpérience et sa jeunesse, il traitait avec une insupportable arrogance, les outrageant sans raison, leur témoignant du mépris, abusant souvent de ses richesses, de sa puissance, et des prérogatives attachées à sa dignité; aux soldats, qui le savaient plongé dans une mollesse honteuse ; aux Africains enfin, qui, indépendamment de tous les vices que je viens d'énumérer, avaient à lui reprocher une passion effrénée pour les femmes, et une insatiable avidité pour l'argent d'autrui. Mais celui que l'élévation de Sergius avait le plus vivement blessé était Jean, fils de Sisimiole, qui, en dépit de ses talents militaires et de la grande renommée qu'il s'était acquise, n'avait trouvé auprès du nouveau général qu'indifférence et ingratitude. Aussi ni cet officier, ni aucun de ses collègues, n'était disposé à prendre les armes et à repousser l'ennemi. Presque tous les Maures s'étaient réunis sous les ordres d'Antalas; Stozas lui-même, appelé par ce prince, était accouru de la Mauritanie ; et tous ensemble, ne rencontrant aucune résistance, pillaient et ravageaient le pays impunément. Antalas écrivit alors à Justinien une lettre conçue en ces termes : « Je ne nie point que je ne sois l'esclave de votre majesté.
« Mais, depuis l'alliance qui a été conclue entre nous, les Mau-
« res, traités par Salomon avec la dernière injustice, ont pris
« les armes malgré eux, non contre vous, mais contre un en-

« nemi qui les opprimait, et dont, plus que tout autre, j'avais
« moi-même à me plaindre. En effet, il ne s'est pas contenté
« de me supprimer la solde en vivres que, sur la proposition
« de Bélisaire, vous m'aviez depuis longtemps accordée ; il a
« osé plus encore, il a fait mourir mon frère, quoiqu'il fût in-
« nocent. Le trépas de cet inique gouverneur a satisfait ma
« juste vengeance. Si vous voulez à présent maintenir les Maures
« dans la soumission et en recevoir les services qu'ils sont ha-
« bitués à vous rendre, rappelez Sergius, le neveu de Salomon,
« et envoyez en Afrique un autre général. Vous ne manquez
« certainement pas d'hommes habiles qui l'emportent sur Ser-
« gius en tout genre de mérite. Jamais, tant que celui-ci com-
« mandera vos armées, il n'y aura de paix possible entre les
« Romains et les Maures. » Lorsque l'empereur eut lu cette lettre, bien que tout s'accordât à prouver que Sergius s'était rendu
généralement odieux, il ne put cependant se résoudre à lui ôter
le commandement : c'était un hommage qu'il croyait devoir aux
vertus et à la mort funeste de Salomon.

Le jeune Salomon, frère de Sergius, passait pour avoir péri
avec Salomon, son oncle. Aussi personne ne songeait plus à
lui, et Sergius moins que tout autre. Cependant il vivait encore ; car les Maures, après l'avoir fait prisonnier, avaient
épargné ses jours, en considération de sa jeunesse. Interrogé
par eux sur sa patrie et sur sa famille, il répondit qu'il était
Vandale, esclave de Salomon, et qu'à Laribe, ville voisine, il
avait pour ami un médecin nommé Pégasius, qui payerait sa
rançon. Les Maures s'approchent des murs de Laribe, font venir Pégasius, lui montrent Salomon, et lui demandent s'il veut
le racheter? Le prix est fixé à 50 *auréus* : Salomon est remis à
Pégasius. Le jeune homme, à peine entré dans la ville, se mit à
railler les Maures, qui s'étaient laissé tromper par un enfant ; et il
leur déclara qu'il était le fils de Bacchus, frère de Salomon. Les
Maures, irrités de s'être laissé surprendre, et d'avoir perdu par
leur négligence un otage si précieux pour Sergius et pour les
Romains, se rassemblent en foule sous les murs de Laribe et
l'assiégent, résolus à s'emparer à la fois de la ville et de Salomon. Les habitants, frappés de terreur, et n'ayant d'ailleurs

aucune provision de vivres, traitent avec les Maures, et offrent une grande somme d'argent, s'ils veulent lever le siége et se retirer aussitôt. Les Maures, désespérant d'emporter la ville de force, car ils sont complétement inexpérimentés dans l'attaque des places, ignorant d'ailleurs que les assiégés manquaient de vivres, acceptent la proposition, et se retirent moyennant 3,000 *auréus*. Alors tous les Lévathes retournèrent dans leurs foyers.

XXIII. Cependant Antalas, à qui Stozas s'était joint avec une poignée de soldats romains et vandales, réunissait l'armée des Maures dans la Byzacène. Jean, fils de Sisinniole, vaincu par les sollicitations des Africains, rassembla quelques troupes, et donna ordre à Himérius de Thrace, qui commandait les garnisons de la Byzacène, de venir le joindre à Ménéphèse, ville de cette province, avec tous ses soldats et leurs officiers. Plus tard, ayant appris que l'ennemi était campé près de cette ville, il écrivit à Himérius pour l'en instruire, et lui indiquer un autre lieu où ils devraient réunir leurs forces. Le hasard voulut que le courrier porteur de la lettre se trompa de chemin et manqua Himérius, qui, n'étant pas prévenu, alla donner dans le camp ennemi, et fut fait prisonnier. Il y avait dans l'armée d'Himérius un jeune capitaine de cavalerie, nommé Sévérianus, fils d'Asiaticus, Phénicien d'origine, et natif d'Émèse. Seul, à la tête de ses cinquante cavaliers, il osa en venir aux mains avec l'ennemi. Ces braves soutinrent quelque temps le combat; mais enfin, accablés par le nombre, ils gagnèrent à toute bride une colline voisine, sur laquelle s'élevait un fort à demi ruiné; aussi furent-ils obligés de se rendre aux ennemis, qui les y poursuivirent. Les Maures épargnèrent la vie de Sévérianus et de tous les Romains. Ils livrèrent à Stozas tous les soldats, qui s'empressèrent de promettre qu'ils porteraient les armes contre l'empire. Quant à Himérius, après l'avoir jeté en prison, ils le menacèrent de la mort, s'il refusait d'exécuter les ordres qu'on lui donnerait. Ensuite ils lui commandèrent de trouver quelques moyens pour faire tomber Adrumète, ville maritime, au pouvoir des Maures. Himérius ayant témoigné qu'il était prêt à s'y employer, ils marchent avec lui vers cette ville. Lorsqu'ils furent proche des murailles, ils l'envoyèrent devant eux, accompagné de quelques soldats de Stozas, et de quelques Maures qu'ils traînaient enchaînés comme des prisonniers de guerre. Eux-mêmes les suivaient à quelque distance. Himérius avait reçu l'ordre d'annoncer aux gardes des portes que l'ennemi avait été battu et mis en déroute par l'armée impériale, et que Jean allait bientôt arriver avec une quantité innombrable de Maures prisonniers. Il devait ainsi se faire ouvrir la porte, et entrer dans la ville avec ses compagnons. Il exécuta les ordres qu'il avait reçus, et trompa les habitants d'Adrumète, qui, n'ayant aucune raison de se défier du commandant de toutes les garnisons de la Byzacène, ouvrirent leurs portes, et introduisirent leurs ennemis dans la ville. Ceux qui accompagnaient Himérius tirèrent tout à coup leurs épées, empêchèrent les gardes de fermer la porte, et firent entrer dans la ville toute l'armée des Maures. Ceux-ci se retirèrent après l'avoir pillée, et n'y laissèrent qu'une faible garnison. Quelques-uns des Romains qui étaient tombés vivants au pouvoir des Maures s'échappèrent, et se retirèrent à Carthage; de ce nombre furent Sévérianus et Himérius. La fuite était d'ailleurs facile à ceux qui voulaient se soustraire à l'esclavage des Maures; mais la plus grande partie des soldats ne voulut point se séparer de Stozas.

Quelque temps après, un prêtre nommé Paul, qui avait l'administration de l'hôpital, se concerta avec quelques-uns des principaux citoyens d'Adrumète. « Je pars, leur dit-il, pour Carthage; j'ai l'espoir d'en revenir bientôt avec un corps de troupes, si vous voulez vous charger d'introduire dans la ville les soldats de l'empereur. Il se fit lier avec des cordes, et descendre, pendant la nuit, du haut des murs de la cité. Arrivé au bord de la mer, il y trouva un bateau de pêcheur, et obtint, à force d'argent, que le patron de cette barque le conduirait à Carthage. Lorsqu'il y fut arrivé, Paul se fit présenter à Sergius, lui fit le récit de ce qui s'était passé, et lui demanda des forces suffisantes pour exécuter le dessein qu'il avait conçu de reprendre Adrumète. Sergius refusait, alléguant la faiblesse de la garnison de Carthage; mais Paul fit de nouvelles instances, et demanda au moins quelques soldats. N'ayant pu en obtenir plus de quatre-vingts, il imagina ce stratagème : Il rassembla un grand nombre d'esquifs et d'autres embarcations, qu'il remplit de matelots et de paysans vêtus à la manière des soldats romains. Ensuite il mit à la voile, et se dirigea en droite ligne vers Adrumète avec cette flotte improvisée. Arrivé à quelque distance de la ville, il envoie des messagers annoncer aux principaux citoyens que Germain, neveu de l'empereur, vient d'arriver à Carthage ; qu'il amène au secours des habitants d'Adrumète une armée florissante ; qu'ils aient en conséquence à tenir, la nuit suivante, une des portes ouvertes. Cet ordre fut exécuté ; et Paul, pénétrant dans la ville avec son escorte, massacra la garnison ennemie, et rendit Adrumète à l'empire. Le bruit qu'il avait fait courir de l'arrivée de Germain se répandit jusqu'à Carthage. Cette nouvelle et la prise d'Adrumète portèrent la terreur parmi les Maures et les soldats de Stozas, qui, dans le premier mouvement de leur frayeur, abandonnèrent la Byzacène. Mais ensuite, mieux instruits du véritable état des choses, ils furent violemment irrités d'avoir été traités aussi inhumainement par les habitants d'Adrumète, qu'ils avaient tous épargnés. Ils se jetèrent de nouveau sur la province, et tous les Africains, sans aucune distinction d'âge ni de sexe, furent les victimes de leur brutale férocité. Les campagnes d'Afrique devinrent presque désertes ; car les habitants qu'avait épargnés le fer ennemi s'étaient réfugiés les uns dans les villes, les autres en Sicile et dans les autres îles voisines. Les plus distingués se rendirent à Constantinople, et dans le nombre fut le prêtre Paul, qui avait remis Adrumète sous l'autorité de l'empereur. Cependant tous les Maures étaient soulevés, et, ne rencontrant aucune résistance, ils ravageaient impunément tout le pays. Avec eux était Stozas, qui avait recouvré son ancienne puissance. Il traînait à sa suite un grand nombre de soldats romains, dont une partie s'était volontairement rangée sous ses drapeaux ; les autres, faits prisonniers et contraints d'abord par la force à le servir, en étaient venus enfin à le suivre librement et de plein gré. Quant à Jean, dont les Maures avaient encore quelque crainte, ses sujets de plainte contre Sergius le retenaient dans une inaction complète.

XXIV. A cette époque, Justinien envoya en Afrique un autre

général, accompagné d'un petit nombre de soldats. C'était Aréobinde, sénateur d'une naissance distinguée, mais tout à fait inexpérimenté dans l'art militaire. Justinien envoya aussi, avec Aréobinde, le préfet Athanase, récemment revenu d'Italie, un corps d'Arméniens commandé par Artabane et par Jean, fils de Jean, de la race des Arsacides : ces deux chefs venaient de passer au service de l'empereur, dans le temps que les Arméniens avaient abandonné le parti des Perses pour rentrer sous l'obéissance des Romains. Aréobinde avait avec lui sa sœur, et Projecta, sa femme, qui était fille de Vigilantia, sœur de Justinien. L'empereur ne révoqua pourtant pas Sergius ; il voulut qu'ils exerçassent tous deux avec une égale autorité le pouvoir militaire en Afrique ; et leur partageant par égale part les provinces et les légions, il chargea Sergius de la guerre contre les barbares de Numidie, et ordonna à Aréobinde de soumettre les Maures de la Byzacène. Quand la flotte fut arrivée à Carthage, Sergius partit avec ses troupes pour la Numidie. Aréobinde, ayant appris que Stozas était campé près de Sicca Veneria, ville située à trois journées de Carthage, fit partir Jean, fils de Sisinniole, avec l'élite de son armée, et écrivit à Sergius de se joindre à ce capitaine, afin d'attaquer l'ennemi avec toutes leurs forces réunies. Celui-ci n'ayant tenu aucun compte ni de la lettre, ni de l'opération importante qu'elle concernait, Jean se vit obligé de combattre, avec une poignée de soldats, contre une immense multitude d'ennemis. Il y avait longtemps que Jean et Stozas étaient animés l'un contre l'autre d'une haine implacable ; elle était si vive, que chacun d'eux eût trouvé la mort douce, s'il eût vu auparavant son ennemi périr de sa main. Dans cette circonstance, avant que le combat commençât, ils sortirent tous deux des rangs, et, poussant leurs chevaux, ils coururent l'un contre l'autre. Stozas s'avançait encore, lorsque Jean, ayant tendu son arc, envoya une flèche dans l'aine droite de son ennemi. Stozas, frappé mortellement, tomba de cheval ; il respirait encore ; mais la blessure qu'il avait reçue ne lui laissait que quelques instants de vie. Tous ses soldats maures et romains accoururent à l'instant. Après avoir placé leur chef défaillant au pied d'un arbre, ils s'élancent avec impétuosité contre Jean et sa troupe, et les mettent en fuite sans effort, par la seule supériorité de leur nombre. On rapporte que Jean dit alors que la mort lui serait agréable, à présent que sa haine et sa vengeance contre Stozas étaient satisfaites. Comme il achevait ces mots, son cheval s'abattit dans une descente, et le jeta par terre. Pendant qu'il s'efforçait de se remettre en selle, il fut pris par les ennemis, percé de plusieurs coups, et termina ainsi une vie glorieuse et illustrée par de nombreux exploits. Stozas ayant appris la nouvelle de cette mort, rendit le dernier soupir en disant que maintenant il mourait avec joie. Jean l'Arménien, frère d'Artabane, périt aussi dans cette rencontre, après s'être signalé par des exploits dignes d'un grand cœur. L'empereur fut vivement affligé de cette défaite ; il plaignit le courage malheureux de ses capitaines, et, comprenant enfin les graves inconvénients que produisait le partage du commandement militaire, il révoqua Sergius, l'envoya en Italie avec une armée, et chargea Aréobinde du gouvernement de l'Afrique entière.

XXV. Deux mois après le départ de Sergius, Gontharis essaya de se rendre indépendant, et voici les moyens qu'il employa : Comme il commandait les garnisons de la Numidie, et qu'il était retenu dans cette province par les devoirs de sa charge, il excita secrètement les Maures à marcher en armes contre Carthage. En conséquence, des troupes nombreuses levées dans la Numidie et dans la Byzacène, se réunirent en un seul corps d'armée, qui se dirigea tout à coup sur la capitale de l'Afrique. Cutzimas et Iabdas commandaient aux Numides ; Antalas, aux Maures de la Byzacène : à ce dernier s'était joint, avec ses partisans, un aventurier nommé Jean, que les soldats romains révoltés s'étaient donné pour chef, après la mort de Stozas. Aréobinde, instruit de l'approche de cette armée, rappela aussitôt à Carthage tous les capitaines et tous les soldats, et avec eux Gontharis lui-même, sous les ordres duquel était Artabane et les Arméniens attachés à ce prince. Ayant reçu d'Aréobinde l'ordre de conduire toutes les troupes contre l'ennemi, Gontharis, tout en prodiguant au général les plus belles promesses, se prépara à le trahir. Il avait parmi ses serviteurs un cuisinier maure, qu'il envoya dans le camp ennemi, avec ordre de se donner en public pour un esclave échappé, et de dire en secret à Antalas que Gontharis était disposé à partager avec lui l'empire de l'Afrique. Le Maure s'acquitta habilement de sa commission. Antalas accueillit avec plaisir ces ouvertures, mais répondit seulement que des affaires de cette importance ne se traitaient pas d'ordinaire par l'entremise d'un cuisinier. Cette réponse ayant été rapportée à Gontharis, il choisit un de ses gardes nommé Ulithée, en qui il avait pleine confiance, et l'envoie promptement auprès d'Antalas, pour l'engager à s'approcher des murs de Carthage, assurant que par ce moyen il serait facile de se débarrasser d'Aréobinde. Ulithée parvint à conclure avec Antalas, à l'insu des autres barbares, un accord par lequel le prince maure aurait la Byzacène avec la moitié du trésor d'Aréobinde et quinze cents soldats romains, et Gontharis, avec le titre de roi, posséderait Carthage et le reste de l'Afrique. Après avoir arrêté cette convention, Ulithée retourne à l'armée romaine, qui était rangée tout entière autour de l'enceinte extérieure, et qui avait partagé entre les divers corps la garde des portes. Peu de temps après, les barbares se hâtèrent de marcher directement sur Carthage, et campèrent au lieu appelé *Decimum*. Le lendemain, ils quittèrent cette position, et ils s'avançaient vers la ville, lorsqu'une partie de l'armée romaine les surprit dans leur marche, et par une attaque imprévue leur fit éprouver un assez rude échec. Mais Gontharis se hâta de faire rentrer ses soldats dans leurs retranchements, leur reprocha leur audace inconsidérée, et les accusa d'avoir exposé à un péril évident la puissance romaine.

Cependant Aréobinde, qui par de secrets messages exhortait Cutzinas à la défection, obtint de ce prince maure la promesse qu'au fort du combat il tournerait ses armes contre Antalas et les Maures de la Byzacène; car ces barbares n'ont pas entre eux plus de bonne foi qu'envers les nations étrangères. Gontharis, instruit de ce projet par Aréobinde, et désirant en empêcher ou du moins en retarder l'exécution, engagea le général à ne pas se fier à Cutzinas avant qu'il lui eût livré ses enfants pour otages. Pendant que Cutzinas et Aréobinde emploient beaucoup de temps à préparer, par de fréquents messages, la perte d'Antalas, Gontharis envoie de nouveau Ulithée au chef des Maures de la Byzacène, pour le prévenir de ce qui se tramait contre lui. Celui-ci résolut en lui-même de ne faire aucun reproche à Cutzinas, et de feindre avec lui une ignorance complète de sa trahison : il ensevelit aussi dans un profond secret les conventions qu'il avait lui-même arrêtées avec Gontharis. Ainsi ces deux chefs, divisés d'affection et nourrissant des projets différents, restaient associés par des vues criminelles, et, réunis sous le même drapeau, n'aspiraient pourtant qu'à se perdre l'un l'autre. Pendant que, dans ces dispositions, Cutzinas et Antalas menaient l'armée des Maures vers Carthage, Gontharis méditait le meurtre d'Aréobinde. Mais, afin d'éviter tout soupçon d'avoir ambitionné la royauté, il voulait que le général fût tué dans une bataille : de cette manière sa mort pourrait être imputée aux ennemis, et lui-même semblerait ne s'être emparé du pouvoir que par nécessité, et pour ne pas le laisser tomber aux mains de la soldatesque. Dans ce dessein, il va trouver Aréobinde, l'exhorte à marcher avec lui contre les Maures qui approchaient de Carthage, et le décide à partir le lendemain, au lever du soleil, avec toute l'armée. Mais Aréobinde, qui n'avait ni courage, ni expérience dans le métier des armes, traîna le temps en longueur sous divers prétextes, et consuma la plus grande partie du jour à se faire ajuster son armure et à préparer sa sortie. Il remit donc la bataille au jour suivant, et se renferma dans son palais. Gontharis, s'imaginant que ces délais étaient concertés et que sa trahison était découverte, se détermina à poursuivre ouvertement l'exécution de ses desseins, et à se défaire d'Aréobinde par la violence.

XXVI. Le lendemain, Gontharis ouvrit la porte dont il avait la garde, fit rouler contre ses panneaux inférieurs de grosses pierres pour qu'on ne pût facilement la fermer, plaça aux créneaux des murailles un grand nombre d'archers revêtus de cuirasses, et lui-même, couvert d'une armure pareille, se plaça au milieu de la porte. Son dessein, en agissant ainsi, n'était pas de faciliter l'entrée des Maures dans la ville. En effet, ces peuples, qui n'ont aucune bonne foi, doivent naturellement suspecter tout le monde. Il est dans la nature d'un caractère perfide, de ne se fier à personne ; car, jugeant les autres d'après lui-même, il doit supposer partout de la trahison et de la mauvaise foi. Gontharis n'espérait donc pas que les Maures, s'en rapportant à sa parole, entreraient dans Carthage. Mais il se flattait qu'Aréobinde épouvanté se hâterait de fuir, abandonnerait Carthage, et retournerait à Constantinople. Son projet eût réussi, s'il n'avait été contrarié par une tempête qui s'éleva tout à coup sur la mer. Aréobinde, instruit de ce qui se passait, fait venir Athanase et quelques-uns des principaux officiers. Artabane, qui revenait du camp avec deux autres capitaines, se présente devant le général. Il l'exhorte à ne pas se laisser abattre, à ne pas plier devant l'audace de Gontharis ; il le presse de se mettre à la tête de ceux qui l'entourent, et d'attaquer aussitôt le rebelle avant que la révolte ait eu le temps de se propager. Mais d'abord Aréobinde envoie Phrédas, l'un de ses amis, s'assurer des dispositions de Gontharis ; et ce ne fut que lorsque Phrédas, de retour, eut annoncé que Gontharis usurpait ouvertement l'autorité souveraine, que le gouverneur se résolut enfin à l'attaquer.

Cependant Gontharis ne cessait d'invectiver contre Aréobinde devant les soldats ; il le représentait comme un lâche, qui, épouvanté par l'approche de l'ennemi et enflammé du désir de s'approprier la caisse de l'armée, se disposait à s'enfuir avec Athanase. Tous deux, ajoute-t-il, vont quitter le port de Carthage, laissant les soldats aux prises avec la faim et les Maures. Il leur demande ensuite s'ils ne jugeaient pas à propos de les arrêter tous deux et de les mettre en prison. Il espérait ainsi ou qu'Aréobinde s'enfuirait en apprenant la révolte, ou que, jeté entre les mains du soldat, il serait tué au milieu du désordre. Du reste, il promettait à l'armée de lui payer toute la solde arriérée qui lui était due par le trésor. Pendant que les soldats applaudissent à ces propositions, Aréobinde arrive avec Artabane et sa troupe ; le combat s'engage et sur les créneaux et au dessous, devant la porte qu'occupait Gontharis. La victoire restait incertaine, et déjà l'on voyait accourir du camp tous ceux qui, restés fidèles à l'empereur, se disposaient à réduire les factieux. En effet, les insinuations perfides de Gontharis n'avaient pas gagné tous les esprits, et la plus grande partie des soldats était restée fidèle et soumise au représentant de l'empereur. Mais Aréobinde, qui voyait pour la première fois répandre le sang sous ses yeux, et qui n'était pas accoutumé aux terribles scènes de la guerre, fut saisi d'épouvante, trembla de tous ses membres, et, ne pouvant soutenir la vue d'un pareil spectacle, se hâta de prendre la fuite. Il y a dans les murs de Carthage, sur le bord de la mer, une église desservie par ces hommes dévoués au service de Dieu, que nous appelons des moines. Salomon, qui l'avait fondée peu de temps auparavant, l'avait environnée de murailles, afin que, dans l'occasion, elle pût servir de forteresse. Aréobinde se réfugia dans cet asile, où il avait envoyé d'avance sa femme et sa sœur. Artabane parvint à s'échapper aussi; les autres se sauvèrent où ils purent. Gontharis, ayant obtenu une victoire complète, s'empara du palais à l'aide des factieux, et confia à de forts détachements la garde du port et des portes de la ville. Il fait d'abord appeler Athanase, qui, s'empressant d'accourir et composant sa physionomie, prodigue au chef rebelle de flatteuses paroles, et l'assure qu'il approuve tout ce qui s'est passé. Gontharis fait dire ensuite par l'évêque de Carthage, à Aréobinde, que, s'il veut se rendre au palais sur sa parole, il ne lui sera fait aucun mal; mais que s'il refuse, au lieu des garanties qu'on lui offre, il doit s'attendre à être assiégé, forcé dans sa retraite, et enfin mis à mort. Réparatus (c'était le nom de l'évêque) promit avec serment à Aréobinde, au nom de Gontharis, qu'il n'aurait à supporter aucun mauvais traitement; mais il lui retraça aussi tous les malheurs qu'attirerait sur lui son refus. Aréobinde, frappé de terreur, promit au prélat de le suivre aussitôt, s'il voulait, en administrant le baptême à un enfant avec les cérémonies accoutumées, jurer de nouveau, par ce sacrement, que sa vie ne courait aucun danger. L'évêque y ayant consenti, Aréobinde le suivit sans retard, vêtu non comme un gouverneur de province ou un général d'armée, mais d'un habit grossier qui aurait plutôt convenu à un esclave, ou tout au plus à un simple particulier [1]. Arrivé près

---

[1] Procope ajoute : Κασοῦλαν αὐτὸ τῇ Λατίνων φωνῇ καλοῦσι Ῥωμαῖοι.

du palais, il reçut des mains du prélat le livre des Évangiles; et quand il fut en présence de Gontharis, il se prosterna à ses pieds et y resta longtemps, lui présentant l'Évangile d'une main, de l'autre l'enfant que l'évêque venait de baptiser, et qui était en quelque sorte le témoin du serment fait au nom de Gontharis. Aréobinde se relève enfin, et conjure Gontharis, par tout ce qu'il y a de plus sacré, de lui dire si sa vie est en sûreté. Celui-ci le rassure, et lui promet qu'il quittera Carthage le lendemain avec sa femme et sa fortune. Ensuite ayant congédié Réparatus, il engagea Aréobinde et Athanase à souper avec lui. A table, Aréobinde eut la première place; et Gontharis, après lui avoir fait les honneurs du repas, le retint auprès de lui, et lui fit accepter un lit à part dans un appartement du palais. Mais bientôt il y envoya Ulithée avec quelques soldats, qui le massacrèrent malgré ses cris, ses pleurs et ses lamentables supplications. Ils laissèrent vivre Athanase, et ne l'épargnèrent, je crois, que par mépris pour sa vieillesse.

XXVII. Le jour suivant, Gontharis envoya à Antalas la tête d'Aréobinde; mais il garda l'argent et les soldats qu'il avait promis de lui donner. Antalas, irrité de cette infraction du traité, et considérant la gravité des serments par lesquels Gontharis s'était engagé envers Aréobinde, était plongé dans une perplexité cruelle. Il n'était pas probable, en effet, qu'un homme qui avait violé de pareils serments, attachât beaucoup d'importance aux promesses qu'il avait faites à Antalas ou à tout autre. Après avoir longtemps délibéré, il résolut d'embrasser le parti de l'empereur. Il retourna donc sur ses pas; et ayant appris que Marcentius, commandant des garnisons de la Byzacène, s'était retiré dans une île voisine de la côte, il lui envoya un messager pour lui communiquer son projet et l'appeler auprès de lui, en lui garantissant sa sûreté. Pendant que Marcentius restait dans le camp d'Antalas, tous les soldats des garnisons de la Byzacène, qui étaient demeurés fidèles à l'empereur, gardaient la ville d'Adrumète. Cependant les anciens soldats de Stozas, au nombre de mille environ, ayant été informés de ce qui était arrivé, vinrent, avec Jean leur général, se joindre à Gontharis, qui les reçut avec plaisir dans Carthage. Il y avait parmi eux cinq cents

Romains et quatre-vingts Massagètes ; le reste était composé de Vandales. Artabane, ayant obtenu des garanties suffisantes, se rendit au palais avec ses Arméniens. Il promit ses services au tyran, mais il n'en commença pas moins à conspirer sa perte, de concert avec Grégoire son neveu et un officier nommé Artasires.

Gontharis ayant fait sortir du couvent fortifié la sœur et la femme d'Aréobinde, leur assigna une demeure convenable, pourvut généreusement à leurs besoins, et veilla surtout à ce que personne ne les molestât, soit en action, soit en paroles. Il leur laissa aussi une pleine liberté de parler et d'agir ; seulement il exigea de Préjecta une lettre par laquelle elle assurait Justinien, son oncle, que Gontharis la traitait avec beaucoup d'honneur, et qu'il était tout à fait innocent du meurtre d'Aréobinde, meurtre commis contre son gré par Ulithée. Gontharis suivait en cela les conseils de Pasiphile, chef des factieux de la Byzacène, et l'un des principaux fauteurs de la rébellion. Ce Pasiphile l'assurait que par ce moyen il déterminerait l'empereur à lui accorder Préjecta en mariage, et la famille de la veuve à lui donner une riche dot. Cependant Artabane reçut ordre de conduire l'armée contre Antalas et les Maures de la Byzacène. Cutzinas, depuis longtemps en mésintelligence avec Antalas, était ouvertement passé dans le parti de Gontharis, auquel il livra son fils et sa mère en otages. L'armée marcha directement à la rencontre d'Antalas, sous la conduite d'Artabane, auquel s'étaient joints Jean, capitaine des soldats de Stozas, Ulithée, chef des gardes de Gontharis, et les Maures de Cutzinas. Elle rencontra l'ennemi un peu au delà d'Adrumète, s'arrêta dans cet endroit, s'y retrancha et y passa la nuit. Le lendemain, Artabane, laissant à la garde du camp Jean, Ulithée et une partie des troupes, s'avance avec le reste et les Maures de Cutzinas, et attaque l'armée d'Antalas, qui, enfoncée au premier choc, se débande et prend la fuite. Artabane, réprimant à dessein l'ardeur de ses soldats, fait tout à coup retourner les enseignes, et ramène ses troupes en arrière : ce mouvement excita si vivement la défiance d'Ulithée, qu'il pensa à se défaire d'Artabane aussitôt que ce capitaine serait rentré dans le camp. Celui-ci parvint à se justifier : il avait craint, dit-il, que Marcentius, maître d'Adrumète, ne vînt les attaquer par derrière et ne leur fît éprouver une perte considérable ; il ajouta que, pour terminer cette guerre, il était nécessaire que Gontharis se mît lui-même en campagne avec toutes ses forces. Artabane avait songé d'abord à se réfugier dans Adrumète, et à se réunir, avec ses Arméniens, aux soldats restés fidèles à l'empereur. Mais ensuite, ayant mûrement examiné l'état des choses, il jugea que la mort de Gontharis pouvait seule délivrer l'empereur et l'Afrique des maux que leur avait causés la révolte de l'usurpateur. Il retourna donc à Carthage, et déclara au tyran qu'il était besoin de forces plus considérables. Gontharis, après en avoir délibéré avec Pasiphile, résolut de faire prendre les armes à tous ses soldats, et de les conduire lui-même contre l'ennemi, après avoir laissé dans la ville une garnison suffisante. Ensuite, il se défit peu à peu d'un grand nombre de personnes qui lui étaient suspectes, la plupart sans motif réel, et donna ordre à Pasiphile, qu'il devait laisser à Carthage en qualité de gouverneur, de faire tuer tout ce qu'il y restait de Grecs, sans en épargner aucun.

XXVIII. Lorsque Gontharis eut achevé de régler à son gré les affaires, il résolut de donner un festin à ses amis, la veille de son départ. Le banquet fut préparé dans une salle depuis longtemps consacrée à cet usage, et dans laquelle il y avait trois lits disposés autour de la table. Gontharis occupa le premier, comme de raison, avec Athanase, Artabane, Pierre de Thrace, ancien garde de Salomon, et quelques autres de ses amis ; les deux autres lits furent donnés aux Vandales les plus distingués par leur naissance et par leur bravoure. Pasiphile traitait chez lui Jean, capitaine des soldats de Stozas ; et le reste des officiers dînait en divers endroits chez les amis de Gontharis. Aussitôt qu'il eut été convié à ce festin, Artabane, jugeant l'occasion favorable pour se défaire du tyran, se mit à préparer l'exécution du projet qu'il avait conçu. Il s'en ouvrit à Grégoire, à Artasire, et à trois autres gardes. Ceux-ci devaient entrer avec leurs épées dans la salle du festin ; car il est d'usage que lorsqu'un gouverneur est à table, les gardes se tiennent debout et armés derrière lui. Artabane leur recommanda de se tenir prêts à frapper le tyran quand le moment serait venu, et quand Artasire, qui devait commencer, leur en aurait donné le signal. Il ordonna à Grégoire de choisir parmi les Arméniens une troupe de soldats d'élite armés seulement de leurs épées (c'est la seule arme qu'il soit permis de porter dans la ville, à la suite des officiers supérieurs), de les placer dans le vestibule du palais, d'entrer lui-même ensuite avec les gardes sans laisser deviner son projet à personne, de dire seulement qu'il avait craint que l'invitation de Gontharis à Artabane ne cachât quelque intention malveillante, et qu'il avait amené ses Arméniens pour partager en quelque sorte, avec les soldats de Gontharis, la garde du palais. Les soldats arméniens devaient aussi prendre, comme par désœuvrement, les boucliers des autres gardes, s'amuser à les agiter, à les manier dans tous les sens, et s'ils entendaient du bruit et des cris dans l'intérieur du palais, s'emparer de ces mêmes boucliers et accourir aussitôt. Grégoire exécuta ponctuellement les ordres d'Artabane. Artasire de son côté eut recours à cet expédient : Ayant coupé en deux le bois de quelques flèches, il disposa ces fragments autour de son bras gauche depuis le poignet jusqu'au coude, les assujettit avec des courroies, et recouvrit cet appareil avec la manche de sa tunique. Par ce moyen, s'il était attaqué à coups de sabre, il se garantirait en présentant son bras gauche en guise de bouclier, et le fer, amorti par le bois, ne pourrait même entamer sa peau. Après avoir terminé ces préparatifs, Artasire pria Artabane de le tuer lui-même sur-le-champ, s'il manquait son coup, « de crainte, lui dit-il, que la « violence du supplice n'arrache de ma bouche un aveu qui vous « serait funeste (1). » Ensuite il entra dans la salle du festin avec Grégoire et l'un des gardes, et se tint debout derrière Artabane. Les soldats arméniens exécutèrent auprès des gardes extérieurs du palais les ordres qu'ils avaient reçus.

Dès le commencement du repas, Artasire, impatient d'exécuter son projet, portait déjà la main à la garde de son cimeterre, lorsque Grégoire l'arrêta, et lui dit, en langue arménienne, que Gontharis n'avait pas assez bu, et qu'il jouissait encore de

---

[1] Nous remplaçons par cette phrase de Lebeau le discours que Procope met dans la bouche d'Artasire. *Histoire du Bas-Empire*, t. IX, p. 90.

toute sa raison. Artasire lui répondit en soupirant : « Mon ami, « que vous m'avez arrêté mal à propos, quand j'étais si bien « disposé ! » Le repas durait depuis longtemps, quand Gontharis déjà échauffé par le vin, dans un mouvement de libéralité fastueuse, donna quelques parts à ses gardes, qui sortirent de la salle pour aller manger, excepté trois, parmi lesquels était Ulithée. Artasire sortit aussi, comme pour aller prendre sa part du repas. Il lui vint alors en pensée qu'il pourrait, le moment venu, éprouver quelque difficulté pour tirer son cimeterre. Il en jette donc le fourreau sans être aperçu, et, plaçant sous son bras la lame nue recouverte par sa robe, il rentre, et court à Gontharis comme pour lui dire quelque chose en secret. Aussitôt qu'Artabane l'aperçut, dévoré d'une vive impatience et plongé dans de cruelles appréhensions, il secoua la tête, changea plusieurs fois de couleur, et donna des marques évidentes d'une forte préoccupation. A ces signes, Pierre devina ce qui se préparait ; mais il n'en témoigna rien à personne, parce que, dans son dévouement pour l'empereur, il se réjouissait d'avance de la perte du tyran. Artasire s'était approché de Gontharis, lorsqu'un des domestiques de ce dernier le repoussa en arrière, et, apercevant la lame du sabre, jeta un cri d'étonnement. Gontharis, portant la main droite à son oreille, se retourna pour le regarder. Au même instant Artasire, le frappant de son cimeterre, lui enlève une partie du crâne et les doigts de la main. Alors Pierre, élevant la voix, exhorte Artasire à tuer le plus scélérat de tous les hommes. Gontharis allait s'élancer pour se défendre ; mais Artabane, qui était près de lui, tire aussitôt une épée longue et à deux tranchants qu'il portait sur la cuisse, l'enfonce jusqu'à la garde dans le côté gauche du tyran, et la laisse dans la blessure. Gontharis fit encore un effort pour se relever ; mais la blessure était mortelle, et il retomba aussitôt. A l'instant Ulithée porte à Artasire un coup de sabre qui devait l'atteindre au visage ; mais celui-ci, couvrant sa tête avec son bras gauche, recueillit dans ce péril extrême, le fruit de son ingénieuse invention ; car les fragments de flèche dont il avait entouré son bras l'ayant garanti contre le tranchant du fer, il vint facilement à bout de tuer Ulithée. Cependant Pierre et Artabane s'étant armés des épées de Gontharis et d'Ulithée, massacrèrent les autres gardes. Le tumulte et les cris inséparables d'une pareille exécution frappèrent les oreilles des Arméniens qui étaient restés avec les gardes extérieurs du palais. Aussitôt, suivant l'ordre qu'ils en avaient reçu, ils s'emparèrent des boucliers et accoururent dans la salle du festin, où ils taillèrent en pièces les Vandales et les amis du tyran. Alors Artabane charge Athanase de veiller sur le trésor caché dans le palais, et qui devait renfermer tout l'argent laissé par Aréobinde. Enfin les gardes extérieurs, qui avaient été pour la plupart au service de ce gouverneur, en apprenant la mort de Gontharis, se joignirent aux soldats arméniens, et tous d'une seule voix proclamèrent le nom de l'empereur. Ces cris, répétés par la foule qui s'accroissait à chaque instant, se firent entendre dans une grande partie de la ville. Aussitôt les partisans de l'empereur pénétrèrent de force dans les maisons des factieux, et les massacrèrent les uns au lit, les autres à table, d'autres dans le trouble que causent la frayeur et l'indécision : Pasiphile périt dans ce carnage. Jean, avec quelques Vandales, s'était réfugié dans une église ; Artabane, les ayant fait sortir en leur engageant sa parole, les envoya à Constantinople, et garda Carthage, qu'il avait remise sous l'obéissance de l'empereur. C'est ainsi que Gontharis fut abattu, la dix-neuvième année du règne de Justinien, trente-six jours après avoir usurpé la suprême puissance.

Cette action jeta un grand éclat sur le nom d'Artabane. Prejecta, veuve d'Aréobinde, s'empressa de lui offrir de très-riches présents ; puis ayant été nommé par l'empereur gouverneur de toute l'Afrique, il demanda bientôt et obtint la permission de retourner à Constantinople. Il fut remplacé par Jean, frère de Pappus, qui ne partagea le commandement avec personne. Ce général, à peine arrivé en Afrique, défit en bataille rangée Antalas et les Maures de la Byzacène, reprit sur eux et envoya à l'empereur tous les drapeaux dont ces barbares s'étaient emparés après la défaite et la mort de Salomon, et repoussa, jusqu'aux dernières limites des possessions romaines en Afrique, les débris de l'armée vaincue. Ensuite les Lébathes, partis avec une armée nombreuse du fond de la Tripolitaine, entrèrent dans la Byzacène, et se joignirent aux troupes d'Antalas. Jean, ayant marché à leur rencontre, fut défait à son tour et obligé de se réfugier à Laribe, après avoir perdu un grand nombre de ses soldats. A partir de ce moment, les ennemis, poussant leurs incursions jusque sous les murs de Carthage, exercèrent d'horribles cruautés sur les habitants du pays. Mais, quelque temps après, Jean ayant réuni les débris de son armée vaincue, et attiré dans son alliance les Maures de Cutzinas et quelques autres tribus, livra de nouveau bataille à l'ennemi, et remporta sur lui une victoire inespérée. Les Romains se mirent à la poursuite des Maures qui fuyaient en désordre, en massacrèrent une grande partie, et repoussèrent le reste dans les contrées les plus reculées de l'Afrique. Depuis lors, le petit nombre des Africains que la guerre avait épargnés, bien déchus de leur ancienne opulence, commencèrent à goûter quelque tranquillité.

TABLE.

	Pages.
INTRODUCTION.	1
GUERRE DE SCIPION CONTRE ANNIBAL.	XLIX
EXAMEN DES MOYENS EMPLOYÉS PAR LES ROMAINS POUR LA CONQUÊTE ET LA SOUMISSION DE L'AFRIQUE SEPTENTRIONALE.	1
Aperçu géographique sur la Numidie.	ib.
État du pays.	6
Nombre et composition de l'armée romaine.	44
Composition de l'armée numide.	49
Plan de campagne des généraux romains et de Jugurtha.	52
Résumé des principaux faits.	176
EXAMEN DES MOYENS EMPLOYÉS PAR LES ROMAINS POUR LA CONQUÊTE ET LA SOUMISSION DE LA NUMIDIE.	181
EXPÉDITION DE THÉODOSE CONTRE FIRMUS.	193
HISTOIRE DE LA GUERRE DES VANDALES, PAR PROCOPE.	211

FIN.

Original en couleur

NF Z 43-120-8

BIBLIOTHÈQUE NATIONALE

CHÂTEAU
de
SABLÉ
1989

www.ingramcontent.com/pod-product-compliance
Lightning Source LLC
Chambersburg PA
CBHW050420170426
43201CB00008B/484